高品质桥面铺装耐久性提升成套技术

王朝辉 高志伟 陈 谦 著

科学出版社

北 京

内 容 简 介

本书以作者研究团队在桥面耐久性提升技术领域的研究成果为基础撰写而成。围绕国家及交通运输行业关于增强交通基础设施耐久性和可靠性的战略需求，针对桥面铺装建设及品质管控过程中存在的一系列技术难题，提出高品质桥面铺装耐久性提升成套技术体系。全书共7章，内容包括绪论、桥面铺装结构与材料调查及评价、现浇混凝土铺装层平整度实时检测与提升技术、现浇混凝土铺装层细微裂缝精准修复技术、多功能高强防水层间材料研发与性能、重载桥面铺装层高模量沥青混合料制备与性能、高品质桥面铺装层精细化施工技术等，可为桥面铺装耐久性提升技术的研发及应用提供借鉴。

本书内容全面、系统，可供道路交通行业科研、工程技术人员阅读，也可供高等院校道路桥梁与渡河工程、土木工程等专业的师生学习参考。

图书在版编目(CIP)数据

高品质桥面铺装耐久性提升成套技术/王朝辉，高志伟，陈谦著. —北京：科学出版社，2023.8

ISBN 978-7-03-074491-3

Ⅰ. ①高… Ⅱ. ①王… ②高… ③陈… Ⅲ. ①桥面铺装-耐用性-研究 Ⅳ. ①U443.33

中国版本图书馆 CIP 数据核字（2022）第 257866 号

责任编辑：杨 丹 / 责任校对：崔向琳
责任印制：张 伟 / 封面设计：陈 敬

科学出版社 出版
北京东黄城根北街 16 号
邮政编码：100717
http://www.sciencep.com

北京中石油彩色印刷有限责任公司 印刷
科学出版社发行 各地新华书店经销

*

2023 年 8 月第 一 版 开本：720×1000 1/16
2023 年 8 月第一次印刷 印张：18
字数：360 000

定价：198.00 元
（如有印装质量问题，我社负责调换）

序

随着我国交通运输体系不断完善，运输服务能力显著增强，交通基础设施建造水平大幅提升，有效促进了城乡区域协调发展，在经济社会发展中充分发挥了基础性、先导性、战略性和服务性作用。同时，我国交通运输行业发展还存在一些短板，交通基础设施建设重点领域科技创新能力、安全智慧耐久绿色发展水平有待进一步提高。研发新材料、新技术、新工艺，攻克交通基础设施建设关键环节服役功能及周期寿命提升的技术瓶颈，形成完备自主的技术体系，提高交通基础设施质量和使用寿命，是支撑"交通强国"战略实施的重要保障。

《国家综合立体交通网规划纲要》提出：到2035年，国家综合立体交通网实体线网总规模合计70万公里左右（不含国际陆路通道境外段、空中及海上航路、邮路里程）。其中，公路约46万公里。公路工程的服役性能和使用寿命对综合立体交通网的服务能力和水平具有显著影响。作为公路工程的关键节点和重要纽带，桥梁工程耐久性不仅贯穿在桥梁自身的整个生命周期中，也关乎着整条路线的快速畅达，提升桥梁工程的结构耐久性和功能耐久性对于增强公路交通网络服务保障能力具有重要意义。

《高品质桥面铺装耐久性提升成套技术》一书作者针对桥面铺装耐久性提升的重大技术需求，系统研究了桥面铺装层功能与寿命协同增强技术，从现浇混凝土铺装层平整度智能管控、现浇混凝土铺装层细微裂缝精准修复、多功能高强防水粘结层研发、沥青混凝土铺装层性能提升等方面开展科研攻关，研发了一系列新材料、新技术和新装备，形成了具有自主知识产权的桥面铺装耐久性提升成套技术体系，实现了结构-材料相统一、功能-寿命协同增强的铺装耐久性提升技术目标。

该书作者结合科研团队在桥面铺装耐久性提升技术领域长期的研究成果与工程实践，实现了新材料、新技术、新工艺的成功应用。书中提出的基于无人机的现浇混凝土铺装层平整度无扰动实时检测技术和现浇混凝土铺装层精平优化工艺，提升了桥面现浇混凝土铺装层整平效率与管控水平；研发的现浇混凝土铺装层细微裂缝灌浆修复材料，实现了桥面现浇混凝土铺装层细微裂缝的无压渗透快速处治；开发的抗冲击-防水-粘结-耐久型水性环氧改性乳化沥青高强防水粘结层与高模量沥青混合料铺装层显著提升了桥面铺装长期服役性能。书中的研究成果为解决当前我国桥面铺装品质管控中存在的一系列共性技术难题提供了科学依据，也为推动桥面铺装耐久性提升技术的可持续发展提供了新思路，对于增强我国公路桥梁桥面铺装耐久性及使用品质、提高公路交通网络运输保障能力具有十分重要的现实意义。

长安大学　王选仓

2022 年 5 月

前 言

本书围绕我国交通强国重大发展战略及新型交通基础设施服役耐久性提升的现实需求，以提升桥面铺装层使用品质及耐久性为目标，结合大量调研、理论分析、试验研究和工程应用，系统介绍了现浇混凝土铺装层平整度实时检测与控制、现浇混凝土铺装层细微裂缝精准修复、多功能高强防水层间材料研发、重载桥面铺装层高模量沥青混合料制备、高品质桥面铺装层精细化施工等关键技术，为桥面铺装层施工品质管控及铺装耐久性提升技术的研发应用提供借鉴。

全书共7章。第1章主要介绍了桥面铺装耐久性提升技术研究背景。第2章梳理了国内外桥面铺装结构与材料应用情况，明确了不同类型材料的组成及工作性能，揭示了桥面铺装层常见病害特点及破坏成因。第3章探明了现浇混凝土铺装层局部整平对沥青铺装层及防水粘结层应力状态劣化效应的影响，介绍了基于无人机平台的桥面现浇混凝土铺装层平整度高精度无扰动实时检测技术及基于整平效率提升的桥面现浇混凝土铺装层精平优化工艺。第4章通过桥面铺装结构有限元数值仿真分析，明确了现浇混凝土铺装层细微裂缝对桥面铺装层的损伤效应，提出了现浇混凝土铺装层细微裂缝检测方法，研发了适用于桥面现浇混凝土铺装层细微裂缝的低黏高性能灌浆材料，评价了研发的低黏高性能细微裂缝灌浆材料的工作性能、力学特性及环境适应性。第5章针对传统防水粘结材料在抗冲击、耐久性等方面的不足，详述了路用高性能水性环氧树脂研发过程及桥面铺装防水粘结层用水性环氧改性乳化沥青制备工艺，评价了水性环氧改性乳化沥青防水粘结层的结构性能及耐久性能。第6章提出了高模量沥青及其混合料性能等级划分标准，阐述了兼具性能与经济优势的高模量沥青及其混合料制备工艺，评价了高模量沥青及其混合料路用性能，探明了其与动态模量的相关性，建立了高模量沥青混合料动态模量预估模型。第7章全面介绍了现浇混凝土铺装层、桥面防水粘结层和高模量沥青混凝土铺装层精细化施工技术，为桥面铺装施工品质管控提供指导。

本书基于作者研究团队多年的科研成果撰写而成，研究和写作过程中得到了有关专家、技术人员、同行和学生的大力支持。本书相关项目研究过程中傅豪、肖绪荡、傅一、刘鲁清、樊振通、张丹等参与了理论分析、试验研究，做了大量工作，对于书中的一些分析论证和重要观点的形成起到了积极作用，在此对他们表示衷心的感谢。

由于作者的水平及实践经验有限,书中难免有不足之处,恳请广大读者给予指正。

作 者

2023 年 3 月于长安大学

目 录

序

前言

第1章　绪论 ··· 1

第2章　桥面铺装结构与材料调查及评价 ·· 3

2.1　桥面铺装结构应用情况调查及评价 ·· 3
    2.1.1　国外桥面沥青铺装结构应用调查及评价 ·· 3
    2.1.2　国内桥面沥青铺装结构应用调查及评价 ·· 5
    2.1.3　桥面防水粘结层应用调查及评价 ·· 9
    2.1.4　桥面铺装典型结构推荐 ·· 13

2.2　高性能桥面铺装材料调查及评价 ·· 14
    2.2.1　高模量沥青混凝土铺装材料调查及评价 ······································ 14
    2.2.2　浇注式沥青混凝土铺装材料调查及评价 ······································ 22
    2.2.3　环氧沥青混凝土铺装材料调查及评价 ·· 27
    2.2.4　SMA沥青混凝土铺装材料调查及评价 ······································ 32

2.3　桥面铺装防水粘结层材料调查及评价 ·· 37
    2.3.1　沥青类桥面防水粘结层调查及评价 ·· 37
    2.3.2　树脂类桥面防水粘结层调查及评价 ·· 40

2.4　桥面铺装层常见病害类型与成因 ·· 44
    2.4.1　桥面铺装层常见病害类型 ·· 45
    2.4.2　桥面铺装层常见病害成因 ·· 46

第3章　现浇混凝土铺装层平整度实时检测与提升技术 ································ 48

3.1　基于现浇混凝土局部整平的铺装层损伤效应分析 ·································· 48
    3.1.1　铺装层局部整平模拟与力学分析模型构建 ·································· 48
    3.1.2　基于局部整平尺寸的铺装结构内力分析 ······································ 50

3.2　现浇混凝土铺装层平整度施工控制方法 ·· 55
    3.2.1　平整度控制工艺流程 ·· 55
    3.2.2　平整度控制施工机械配置 ·· 57

　　　　3.2.3 平整度施工控制指标与标准 ································ 57
3.3 现浇混凝土铺装层平整度智能化实时检测技术 ························ 60
　　　　3.3.1 现有平整度实时检测技术评价 ····························· 60
　　　　3.3.2 无人机平台平整度实时检测原理 ··························· 62
　　　　3.3.3 平整度实时检测方案选择 ································ 63
　　　　3.3.4 无人机平台高程数据采集与高精度点云数据处理技术 ········· 65
　　　　3.3.5 平整度实时检测系统开发 ································ 72
3.4 基于整平效率提升的现浇混凝土铺装层精平优化工艺 ·················· 74
　　　　3.4.1 抹光机工作路径优化原则与规划策略 ······················· 74
　　　　3.4.2 抹光机允许工作时间与最大工作长度 ······················· 76

第4章 现浇混凝土铺装层细微裂缝精准修复技术 ·························· 79
4.1 细微裂缝影响下桥面铺装层损伤效应分析 ···························· 79
　　　　4.1.1 有限元模型构建与最不利荷位确定 ························· 79
　　　　4.1.2 基于裂缝与荷载不同位置的铺装层损伤效应分析 ············· 81
4.2 桥面现浇混凝土铺装层细微裂缝识别技术 ···························· 88
　　　　4.2.1 探地雷达法 ··· 88
　　　　4.2.2 显微摄像测宽与超声波测深技术 ··························· 89
4.3 面向细微裂缝尺寸维度的灌浆修复材料组成优化 ······················ 91
　　　　4.3.1 面向细微裂缝尺寸维度的灌浆材料优选 ····················· 91
　　　　4.3.2 基于活性稀释剂降黏的环氧灌浆材料性能研究 ··············· 95
　　　　4.3.3 基于DEA方法的最佳配方优选 ···························· 101
4.4 硅基改性环氧灌浆材料制备调控 ··································· 107
　　　　4.4.1 材料优选及制备方法 ···································· 107
　　　　4.4.2 最佳制备工艺确定 ····································· 109
　　　　4.4.3 基于性能调控的材料组成优化研究 ························ 118
4.5 硅基改性环氧灌浆修复材料性能评价 ································ 122
　　　　4.5.1 性能测试方法 ··· 122
　　　　4.5.2 工作性能 ··· 124
　　　　4.5.3 力学性能 ··· 125
　　　　4.5.4 环境适应性 ··· 131

第5章 多功能高强防水层间材料研发与性能 ····························· 148
5.1 聚氨酯改性水性环氧树脂制备调控及性能研究 ························ 148
　　　　5.1.1 水性环氧树脂原材料优选 ································ 148

5.1.2　水性环氧树脂材料组成及配比优化 ·· 153
　　　5.1.3　聚氨酯改性水性环氧树脂组成调控 ·· 161
　　　5.1.4　改性水性环氧树脂粘结和抗冲击性能 ·· 171
　　　5.1.5　改性水性环氧树脂耐久性能 ··· 172
　5.2　水性环氧改性乳化沥青配比优化及性能研究 ·· 183
　　　5.2.1　水性环氧改性乳化沥青制备 ··· 183
　　　5.2.2　配伍及储存稳定性 ·· 184
　　　5.2.3　固化时间及力学性能 ··· 187
　　　5.2.4　黏附性及高低温性能 ··· 190
　　　5.2.5　耐久性能 ··· 196
　5.3　水性环氧改性乳化沥青防水粘结层路用性能 ·· 197
　　　5.3.1　层间粘结和防水性能 ··· 197
　　　5.3.2　抗冲击性能 ··· 200
　　　5.3.3　耐久性能 ··· 201
　5.4　水性环氧改性乳化沥青防水粘结层施工方法优化 ·· 202
　　　5.4.1　施工现存问题 ·· 202
　　　5.4.2　防水粘结层固化状态综合评价 ·· 203
　　　5.4.3　基于有机玻璃界面状态的压实方法评价 ·· 205
　　　5.4.4　基于粘结强度的压实方法评价 ·· 208

第6章　重载桥面铺装层高模量沥青混合料制备与性能 ·· 212
　6.1　高模量沥青及其混合料性能等级划分 ·· 212
　6.2　原材料优选与超高分子聚合物改性沥青制备 ·· 214
　　　6.2.1　原材料优选与制备工艺 ··· 214
　　　6.2.2　基本性能及流变性能研究 ··· 221
　　　6.2.3　微观结构及性能机理 ··· 226
　　　6.2.4　性能等级评价 ·· 228
　6.3　高模量沥青混合料制备及性能评价 ·· 229
　　　6.3.1　原材料优选与配合比设计 ··· 229
　　　6.3.2　力学性能 ··· 233
　　　6.3.3　路用性能 ··· 239
　　　6.3.4　综合性能评价 ·· 241
　6.4　高模量沥青混合料动态模量预估 ·· 247
　　　6.4.1　传统多元回归预估模型 ··· 247
　　　6.4.2　广义回归预估模型 ·· 252

6.4.3　支持向量机预估模型 ……………………………………………… 254
　　6.4.4　不同模型预估结果对比分析 ……………………………………… 256

第 7 章　高品质桥面铺装层精细化施工技术 …………………………………… 258

7.1　现浇混凝土铺装层精细化施工技术 ……………………………………… 258
　　7.1.1　材料检验 ……………………………………………………………… 258
　　7.1.2　现浇混凝土铺装层浇筑 ……………………………………………… 259
　　7.1.3　桥面板抛丸 …………………………………………………………… 261
　　7.1.4　细微裂缝处治 ………………………………………………………… 262
　　7.1.5　施工品质管控 ………………………………………………………… 263

7.2　桥面防水粘结层精细化施工技术 ………………………………………… 267
　　7.2.1　粘结材料生产 ………………………………………………………… 267
　　7.2.2　防水粘结层施工及养生 ……………………………………………… 268
　　7.2.3　施工品质管控 ………………………………………………………… 269

7.3　高模量沥青混凝土铺装层精细化施工技术 ……………………………… 271
　　7.3.1　高模量沥青混凝土铺装层施工 ……………………………………… 271
　　7.3.2　施工品质管控 ………………………………………………………… 274

参考文献 ………………………………………………………………………………… 276

第1章 绪　　论

我国交通基础设施经过 20 多年的高速发展，在建设技术、装备、管理方面积累了丰富的实践经验，在工程质量安全耐久方面已经具备了再上新台阶的现实需要和坚实基础。为引领推进交通基础设施高质量发展，中共中央、国务院印发了《交通强国建设纲要》和《国家综合立体交通网规划纲要》，国务院印发了《"十四五"现代综合交通运输体系发展规划》，强调要以交通强国、质量强国建设为统领，以品质工程建设为基础，不断提升我国交通基础设施安全耐久水平，为从交通大国向交通强国迈进奠定基础。交通运输部出台了《关于打造公路水运品质工程的指导意见》《"平安百年品质工程"建设研究推进方案》《交通运输部关于推动交通运输领域新型基础设施建设的指导意见》《关于进一步提升公路桥梁安全耐久水平的意见》《关于深入推进公路工程技术创新工作的意见》《公路"十四五"发展规划》等一系列政策性文件，强调提高工程耐久性和使用寿命的重要性，提出要加快新技术、新结构、新材料和新工艺的研发与应用，全面提升工程实体质量，增强交通基础设施耐久性和可靠性，提高交通基础设施服务保障能力，为加快建设交通强国提供有力支撑。

随着我国交通事业蓬勃发展，大型交通基础设施规模日益庞大，尤其是公路桥梁，逐渐向着大跨径、宽桥面、高耐久等方向发展。我国交通运输部《2021 年交通运输行业发展统计公报》显示，截至 2021 年底，全国公路桥梁已达 96.11 万座、7380.21 万延米，其中，特大桥及大桥 141917 座、5063.76 万延米。面对我国新型交通基础设施密集部署的政策支持、公路桥梁通病根治和服役可靠性提升的现实需求，亟需大力推动桥面铺装技术升级换代，增强公路桥梁长期服役性能，改善交通运输服务品质。

对于公路桥梁耐久性提升而言，桥面铺装品质工程管控至关重要，直接影响桥梁建成后运营期间的行车安全性及结构耐久性。相比于普通桥梁，长大桥梁跨度大、桥面宽，在流固耦合环境下整体受力情况复杂，由此引起的桥面铺装损坏情况较为严重。建设过程中，通常会出现施工管控不当造成的诸如现浇混凝土铺装层细微裂缝亟需处治、平整度合格率难以有效保障且整平效率低、层间防水粘结体系抗冲击性能及耐久性亟需提升、高温重载工况下沥青铺装材料使用品质不足等问题。这些问题如果不能及时解决，将在后期运营中按照"点-线-面"的发展模式，由局部到整体，逐步扩大，严重影响桥梁正常服役性能和使用寿命。

因此，基于国家及交通运输部对桥面铺装使用品质提升的明确要求，本书结合作者研究团队近年来相关研究成果，全面调查梳理了国内外典型桥面铺装实体工程及研究动态，明确了不同类型桥面铺装结构、材料、性能及病害成因；针对桥面现浇混凝土铺装层施工质量缺乏有效保障、平整度合格率难以进一步提升的问题，研发了基于无人机的现浇混凝土铺装层平整度无扰动实时精准检测技术，建立了基于整平效率提升的精平工艺优化理论方法，形成了桥面现浇混凝土铺装层平整度保障体系；针对桥面现浇混凝土铺装层细微裂缝（宽度小于1mm）亟需处治的技术难题，研发了适用于桥面现浇混凝土铺装层细微裂缝的低黏高性能硅基改性环氧系列灌浆修复材料，提出了灌浆修复材料力学特性、工作性能及环境适应性评价指标与评价方法，形成了桥面现浇混凝土铺装层细微裂缝处治成套技术，实现了桥面现浇混凝土细微裂缝的精准修复；针对桥面传统防水粘结材料抗冲击及耐久性不足、易引起层间开裂的技术难题，调控合成了兼具优异强度与柔韧性的路用改性水性环氧树脂及其乳化沥青，开发了抗冲击-防水-粘结-耐久型水性环氧乳化沥青高强防水层，创建了水性环氧同步碎石防水层两阶段分步式压实方法，进一步增强了桥面防水粘结层使用品质与耐久性；针对高温重载工况下沥青铺装材料使用品质不足的技术难题，开发了兼具性能与经济优势的超高分子量微粉高模量改性沥青及其混合料，建立了外掺剂型、自调合型、低标号型高模量沥青及其混合料性能等级划分标准，提出了基于支持向量机的高模量沥青混合料动态模量预估方法，为桥面沥青铺装层耐久性能提升提供了技术支撑；最终形成了具有自主知识产权的高品质桥面铺装耐久性提升成套技术，为解决当前桥面铺装品质管控过程中遇到的一系列技术难题提供科学依据，对于提升我国公路桥梁桥面铺装耐久性及使用品质、增强公路交通运输长期保障能力具有重要意义。

第 2 章 桥面铺装结构与材料调查及评价

为明确桥面铺装适宜结构组合、厘定更科学合理的铺装材料性能评价指标及要求，本章系统梳理国内外桥面铺装实体工程及研究动态，对比分析不同桥面铺装结构的实际应用效果，提出适用于不同桥面类型的典型铺装结构，明确高模量、浇注式、环氧、沥青玛蹄脂碎石（SMA）等不同类型高性能沥青铺装材料与树脂类、沥青类不同类型防水粘结体系的材料组成及工作性能，揭示桥面铺装常见病害特点及其破坏成因，为桥面铺装材料研发及性能评价奠定坚实基础。

2.1 桥面铺装结构应用情况调查及评价

全面调查国内外 128 项实体工程的桥型、桥梁结构、铺装结构、使用效果及国内 82 项实体工程的防水粘结层，分析铺装结构与防水粘结层组合规律，推荐桥面典型铺装结构[1-2]。

2.1.1 国外桥面沥青铺装结构应用调查及评价

对国外实体工程桥面沥青铺装进行了全面调查，将 35 项实体工程的桥型、桥梁结构、铺装结构、使用效果等进行汇总，具体见表 2.1。特别说明，后文对表中数据的分析只针对有确切数值的数据，本章余同。

表 2.1 国外桥面铺装层实体工程

序号	实体工程名称	桥型	桥梁结构	主跨/m	国家	铺装结构	使用效果
1	福斯桥	悬臂梁桥	钢箱梁	519	英国	38mm 单层沥青玛蹄脂混合料（MA）	纵向开裂
2	塞文桥	梁式桥	钢箱梁	988	英国	38mm 单层 MA	总体良好
3	亨伯桥	悬索桥	钢箱梁	1410	英国	38mm 单层 MA	总体良好
4	科隆动物园大桥	梁式桥	—	—	德国	54mm 双层浇注式沥青混凝土（GA）	总体良好
5	欧伯卡塞尔大桥	斜拉桥	钢箱梁	257	德国	60mm 双层 GA	总体良好
6	小贝尔特桥	悬索桥	钢箱梁	1080	丹麦	双层 GA	总体良好
7	大贝尔特桥	悬索桥	钢箱梁	1624	丹麦	55mm 双层 GA	总体良好
8	厄勒海峡大桥	斜拉桥	钢桁梁	490	丹麦	MA+改性 SMA	总体良好

续表

序号	实体工程名称	桥型	桥梁结构	主跨/m	国家	铺装结构	使用效果
9	南备赞桥	悬索桥	钢桁梁	1100	日本	GA+改性密集配沥青混凝土（AC）	总体良好
10	横滨海湾大桥	斜拉桥	钢箱梁	860	日本	40mm GA+40mm 改性 AC	总体良好
11	明石海峡大桥	悬索桥	钢桁梁	1991	日本	35mm GA+30mm 改性 AC	总体良好
12	多多罗大桥	斜拉桥	钢桁梁	890	日本	35mm GA+30mm 改性 AC	总体良好
13	来岛大桥	悬索桥	钢箱梁	600	日本	35mm GA+30mm 改性 AC	总体良好
14	维拉扎诺桥	悬索桥	钢桁梁	1298	美国	50mm 双层环氧沥青混凝土（EA）	总体良好
15	圣马特奥-海沃德桥	—	钢桁梁	—	美国	50mm 双层 EA	总体良好
16	圣迭戈-科罗拉多桥	梁式桥	钢桁梁	—	美国	50mm 双层 EA	总体良好
17	长滩奎恩斯威立交桥	—	钢桁梁	—	美国	50mm 双层 EA	总体良好
18	旧金山-奥克兰海湾大桥	悬索桥	预应力混凝土（PC）梁	—	美国	13mm 单层 EA	总体良好
19	长青点浮桥	—	混凝土	—	美国	13mm 单层 EA	总体良好
20	赛尔伍德桥	—	PC 梁	—	美国	22mm 单层 EA	总体良好
21	弗里蒙特大桥	拱桥	混凝土	382	美国	50mm 双层 EA	桥面严重损坏
22	黑尔·博格斯纪念桥	—	钢桁梁	—	美国	57mm 双层 EA	稳定性问题
23	本·富兰克林桥	悬索桥	钢桁梁	533	美国	42mm 双层 EA	使用性能较差
24	金门大桥	悬索桥	钢桁梁	1280	美国	50mm 双层 EA	总体良好
25	尚普兰湖大桥	—	—	—	美国	10mm 单层 EA	破损严重
26	麦凯桥	—	钢桁梁	—	加拿大	50mm 双层 EA	总体良好
27	麦克唐纳大桥	悬索桥	混凝土	—	加拿大	38mm 单层 EA	总体良好
28	默瑟岛桥	—	钢桁梁	—	加拿大	38mm 单层 EA	总体良好
29	狮门桥	悬索桥	钢桁梁	472	加拿大	35mm 单层 EA	总体良好
30	奥克兰海岸大桥	—	钢桁梁	—	加拿大	76mm 双层 EA	总体良好
31	博斯普鲁斯海峡大桥	悬索桥	钢箱梁	1560	土耳其	60mm 双层 GA	总体良好
32	希尔瓦海岸桥	—	PC 梁	300	巴西	50mm 双层 EA	总体良好
33	西门大桥	斜拉桥	钢箱梁	124	澳大利亚	50mm 双层 EA	脱空、钢板磨损、层底破坏
34	诺曼底大桥	斜拉桥	钢箱梁	856	法国	60mm 双层 GA	总体良好
35	高海岸大桥	悬索桥	钢箱梁	1210	瑞典	21mm GA+35mm SMA	总体良好

由表 2.1 可知，国外实体工程铺装结构可分为四类：EA、MA/GA+改性 AC/SMA、双层 GA 及单层 MA，占比分别为 54.3%、20%、17.1% 及 8.6%。德国多采用双层 GA，具体为 54~60mm GA；日本常采用 GA+改性 AC，其中 75%采用 35mm GA+30mm 改性 AC；美国、加拿大等国家则倾向于采用 EA 组合，其中

单层 EA 占 36.8%，双层 EA 占 63.2%，值得注意的是，75%的双层 EA 厚度为 50mm。已铺筑实体工程中，82.9%的铺装总体上使用效果良好，17.1%桥面铺装出现不同程度车辙、脱层、纵向裂缝等病害，其中，铺装层损坏占 83.3%，层间破坏占 16.7%。调查中发现，美国尚普兰湖大桥由于采用 10mm 单层 EA，其铺装层厚度不足，产生了严重损坏。

2.1.2 国内桥面沥青铺装结构应用调查及评价

我国不同交通状况的桥面铺装使用效果差异明显，部分桥面累计当量轴载作用次数大、重载和超载情况严重。基于此，调查时将国内实体工程分为普通桥面与重载桥面。

1. 国内普通桥面铺装层应用调查及评价

普通桥面主要分为钢桥面和混凝土桥面，将国内 66 座不同类型桥梁的 67 项铺装结构及使用效果进行汇总，见表 2.2 和表 2.3。

表 2.2　国内普通钢桥面铺装层实体工程

序号	实体工程名称	桥型	主跨/m	铺装结构	使用效果
1	台北关渡桥	拱桥	165	50mm EA	铺装产生破坏
2	新东大桥	斜拉桥	376	40mm GA+40mm 改性 AC	总体良好
3	香港青马大桥	悬索桥	1377	38mm MA+10～20mm 预拌碎石	鼓包，修复后良好
4	台北大直桥	斜拉桥	—	40mm GA+40mm 改性 AC	总体良好
5	高屏溪大桥	斜拉桥	510	40mm GA+40mm 改性 AC	总体良好
6	上海卢浦大桥	拱桥	550	35mm SMA-10+35mm SMA-10	铺装完好
7	天津大沽桥	拱桥	106	25mm EA-10+25mm EA-10	—
8	滨州黄河公路大桥	斜拉桥	300	40mm SMA-13+70mm 聚丙烯酸纤维改性 AC-20	—
9	上海青浦西大盈港桥	拱桥	75.6	双层 SMA	铺装完好
10	重庆石板坡长江大桥（部分）	梁式桥	330	35mm GA-10+35mm SMA-10	总体良好
11	重庆菜园坝长江大桥	拱桥	420	35mm GA-10+35mm SMA-10	总体良好
12	长江三汊矶大桥	悬索桥	328	25mm GA+35mm SMA	总体良好
13	沈北新区蒲河斜拉桥	斜拉桥	100	35mm GA-10+30mm SMA-10	总体良好
14	舟山桃夭门大桥	斜拉桥	580	30mm EA-10+25mm AC-13	—
15	珠江黄埔大桥南汊桥	悬索桥	1108	30mm EA-10+30mm EA-10	—
16	珠江黄埔大桥北汊桥	斜拉桥	383	30mm EA-10+30mm EA-10	—
17	深圳湾大桥	斜拉桥	390	MA+SMA	总体良好
18	厦门五石路大桥	梁式桥	—	30mm EA-10+40mm EA-10	—

续表

序号	实体工程名称	桥型	主跨/m	铺装结构	使用效果
19	武汉阳逻大桥	悬索桥	1280	60mm EA	中间车道大量修补
20	杭州湾跨海大桥	斜拉桥	318	40mm SMA-13+60mm SMA-16	开裂、脱层
21	舟山西堠门大桥	悬索桥	1650	30mm EA-10+25mm EA-10	总体良好
22	江西贵溪大桥	斜拉桥	209	GA+SMA	—
23	武汉天兴洲大桥	斜拉桥	504	双层 EA	不规则裂缝，总体良好
24	江西南昌英雄大桥	斜拉桥	385	35mm GA-10+35mm SMA	总体良好
25	香港昂船洲大桥	斜拉桥	1018	25mm MA+31mm SMA	总体良好
26	重庆朝天门大桥	拱桥	552	35mm GA-10+35mm SMA-10	总体良好
27	上海长江大桥	斜拉桥	730	35mm GA-10+45mm SMA-13	局部修补，整体良好
28	重庆鱼嘴长江大桥	悬索桥	616	30mm EA-10+25mm EA-10	—
29	上海闵浦大桥	斜拉桥	708	30mm EA-10+25mm EA-10	—
30	上海闵浦二桥	斜拉桥	251	35mm GA-10+38mm SMA-10	总体良好
31	山东平阴黄河大桥	梁式桥	611	双层 SMA	脱层、车辙、推拥裂缝
32	南昌艾西湖大桥	悬索桥	108	双层 SMA	少量裂缝、轻微车辙
33	南京长江四桥	悬索桥	1418	40mm GA+35mm 改性 AC	总体良好
34	南溪长江大桥	悬索桥	820	30mm GA-10+35mm SMA-10	总体良好
35	泰州长江大桥	悬索桥	2160	35mm GA-10+25mm EA-10	总体良好
36	厦漳跨海大桥	斜拉桥	780	35mm GA-10+35mm SMA-10	总体良好
37	太原市北中环钢桥	斜拉桥	310	35mm GA-10+35mm SMA-10	总体良好
38	马鞍山长江大桥	悬索桥	1080	33mm GA-10+35mm SMA-10	总体良好
39	太原市北中环钢桥	斜拉桥	310	35mm GA-10+35mm SMA-10	总体良好
40	大榭二桥	斜拉桥	392	30mm EA-10+25mm EA-10	—
41	高坎浑河大桥	悬索桥	456	55mm EA	总体良好
42	盘锦辽东湾新区内湖大桥	拱桥	200	30mm EA-10+30mm EA-10	—
43	范蠡大桥	斜拉桥	500	40mm SMA-13+40mm EA-10	总体良好
44	港珠澳大桥	组合桥	268	30mm GA-10+38mm SMA-13	总体良好

表 2.3　国内普通混凝土桥面铺装层实体工程

序号	实体工程名称	桥型	主跨/m	铺装结构	使用效果
1	北京复兴门立交桥	—	—	40~70mm 中粒式 AC	病害较严重，横缝、拥包
2	北京德胜门桥	—	—	50mm AC	横缝、龟裂严重
3	北京大北窑立交桥	—	—	70mm 改性 AC	拥包、裂缝较严重
4	汕头海湾大桥	悬索桥	—	钢纤维混凝土 SMA-13+SMA-16	良好
5	福建闽江大桥	斜拉桥	—	30mm SMA-13+50mm SMA-16	整体性能良好
6	重庆鹅公岩大桥	T 型梁桥	—	40mm AC	—
7	廊坊滩里特大桥	梁式桥	—	90mm AC	纵缝明显、横缝多且乱

续表

序号	实体工程名称	桥型	主跨/m	铺装结构	使用效果
8	廊坊安里屯大桥	梁式桥	—	50mm AC	坑槽、横缝
9	廊坊电厂桥	梁式桥	—	100mm AC	纵缝
10	廊坊胜芳大桥	梁式桥	—	90mm AC	纵缝
11	崁津大桥	拱桥	776	40mm GA+40mm 改性 AC	—
12	廊坊潮白河大桥	梁式桥	—	100mm AC	严重车辙
13	廊坊沿口桥	梁式桥	—	100mm AC	横缝
14	重庆石板坡长江大桥（部分）	梁式桥	330	GA+SMA	裂缝
15	重庆嘉华大桥	钢构桥	252	35mm GA-10+40mm OGFC-13	良好
16	重庆长江二桥	斜拉桥	—	40mm AC-16	—
17	贵州北盘江大桥	拱桥	236	33mm GA-10+30mm SMA-10	良好
18	福州鼓山大桥	悬索桥	235	35mm GA-10+35mm SMA-10	良好
19	西铜高速渭河桥	梁式桥	1049	25～40mm GA+30～40mm SMA	良好
20	沈阳北海高架桥	—	—	40mm GA-10+50mm SMA-13	良好
21	矮寨特大桥	悬索桥	1432	35mm GA-10+40mm SMA-13	良好
22	深圳疏港路高架桥	—	—	30mm GA-10+50mm SMA-13	良好
23	汾河大桥	—	—	40mm EA-10+30mm EA-10	—

由表 2.2 和表 2.3 可知，调查的 44 项普通钢桥面沥青铺装层实体工程中，典型铺装结构可分为五类：GA/MA+SMA、双层 EA、双层 SMA、GA+AC 及其他类型，所占比例分别为 38.6%、22.7%、11.4%、9.1% 和 18.2%。GA/MA+SMA 结构中，厚度为 55～59mm 的占 6.7%，60～64mm 占 6.7%，65～69mm 占 26.7%，大于等于 70mm 占 60%（因小数取舍，比例总和非 100%，后文出现同样情况时不再赘述）。在占比最大的≥70mm 中又以 35mm GA+35mm SMA 居多，占比 77.8%。双层 EA 结构中，总厚度在 50～54mm 的占 11.1%，55～59mm 占 44.4%，60～64mm 占 33.3%，65～70mm 占 11.1%。占比最大的 55～59mm 均为 30mm+25mm。

调查的 23 项普通混凝土桥面沥青铺装层实体工程中，典型铺装结构可以分为四类：AC、GA+SMA、双层 SMA 以及其他类型，所占比例分别为 45.8%、29.2%、8.3% 及 16.7%。AC 结构中厚度为 40～70mm 与 90～100mm 的桥面分别占 54.5%、45.5%。分析使用效果可知，国内早期多采用普通 AC 作为桥面铺装层，然而随着交通量不断增大，桥面多出现严重裂缝、龟裂等病害，普通 AC 结构已不能满足使用条件。2000 年国内引进浇注式沥青混凝土，多采用 GA+SMA 结构，使用效果良好。GA+SMA 结构中，厚度在 60～69mm 的占 33.3%，70～79mm 占 33.3%，大于等于 80mm 占 33.3%。常用组合为 30～35mm GA+30～35mm SMA。

2. 国内重载桥面铺装层应用调查及评价

将国内 25 项重载桥面铺装层实体工程的铺装结构及使用效果等进行汇总，见表 2.4。

表 2.4 国内重载桥面铺装层实体工程

序号	实体工程名称	桥型	桥梁结构	主跨/m	铺装结构	使用效果
1	广东马房北江大桥	梁式桥	钢箱梁	913	70mm 氯丁橡胶沥青混凝土	推挤严重、开裂、脱层
					70mm 双层 AC	裂缝、推移、坑槽、车辙
					改性碎石沥青混凝土（SAC）+改性 SAC	裂缝、坑槽、推移
2	西陵长江大桥	悬索桥	钢箱梁	900	40mm EA-10+40mm EA-10	—
					65mm 双层 SMA	—
3	虎门大桥	悬索桥	钢箱梁	888	30mm SMA-13+30mm SMA-13	拥包、坑槽、车辙
					30mm SMA-13+30mm SMA-13	坑槽、推移、脱空、裂缝、车辙
					33mm SMA-10+33mm SMA-10	细小裂缝、轻度车辙
					40mm EA+30mm EA	—
4	江阴长江大桥	悬索桥	钢箱梁	1385	38mm MA+预拌碎石	纵向裂缝、层间滑移
					25mm GA+25mm EA	总体良好
5	厦门海沧大桥	悬索桥	PC 箱梁	648	35mm SMA-13+30mm SMA-10	2 年后出现大面积裂缝
					65mm 双层 SMA-13	车辙严重、划线扭曲
6	汕头礐石大桥	斜拉桥	PC 箱梁	518	30mm SMA-13+30mm SMA-13	—
					40mm GA+35mm SMA-10	轻微车辙、划线扭曲
7	武汉白沙洲长江大桥	—	钢箱梁	618	双层 EA	大量环状网裂
8	重庆鹅公岩长江大桥	悬索桥	钢箱梁	600	35mm 双层 GA	纵向裂缝、网裂
9	南京长江第二大桥	斜拉桥	钢箱梁	628	25mm EA+25mm EA	少量裂缝、总体良好
10	山东胜利黄河大桥	斜拉桥	钢箱梁	288	35mm GA-10+35mm SMA-10	纵向裂缝
11	天津子牙河大桥	悬索桥	钢箱梁	115	35mm GA-10+35mm SMA-10	总体良好
12	安庆长江公路大桥	斜拉桥	钢箱梁	510	30mm GA-10+40mm SMA-10	局部裂缝、泛油
13	润扬长江大桥南汊桥	悬索桥	钢箱梁	1490	25mm GA-10+35mm EA-10	纵向裂缝、网裂、沉陷
14	润扬长江大桥北汊桥	斜拉桥	钢箱梁	406	EA+EA	纵向裂缝、网裂、沉陷
15	润扬长江大桥连接线	—	—	200	25mm EA-10+30mm EA-10	—
16	南京长江第三大桥	斜拉桥	钢箱梁	648	25mm EA-10+25mm EA-10	纵向裂缝、总体良好
17	上海东海大桥	斜拉桥	混凝土	420	30mm GA-10+50mm SMA-13	—
18	江苏 S342 跨线桥	—	钢箱梁	322	35mm GA-10+35mm SMA-13	总体良好
19	连云港港南疏港路高架桥	—	混凝土	50	35mm GA-10+50mm SMA-13	—
20	苏通大桥	斜拉桥	钢箱梁	1088	30mm EA-10+25mm EA-10	总体良好

续表

序号	实体工程名称	桥型	桥梁结构	主跨/m	铺装结构	使用效果
21	上海昌吉东路大桥	桁拱组合	钢箱梁	135	30mm EA-10+25mm EA-10	总体良好
					40mm SMA-13+40mm SMA-10	—
					40mm SMA-13+40mm EA-10	—
22	青岛胶州湾大桥	斜拉桥	钢箱梁	260	30mm GA-10+60mm SMA-13	总体良好
23	京杭运河特大桥	斜拉桥	混凝土	175	40mm SMA-13+35mm EA-10	—
24	江顺大桥	斜拉桥	钢箱梁	700	25mm 公称最大粒径 10mm 的富沥青混凝土（FAC）+30mm EA-10	—
25	南沙大桥（虎门二桥）	悬索桥	钢箱梁引桥部分		双层 EA	—
					双层 SMA	—

由表 2.4 可知，调查的 25 项重载桥面沥青铺装层实体工程铺装结构中，典型铺装结构可以分为四类：双层 EA、双层 SMA、GA+SMA 以及其他类型，所占比例分别为 27.0%、24.3%、21.6%及 27.0%。双层 EA 结构中，铺装总厚度在 50~69mm 的桥面占 71.4%，大于等于 70mm 的桥面占 28.6%，在占比最大的 50~69mm 中又以 25mm+25mm 和 30mm+25mm 居多，占比均为 40%。双层 SMA 结构中，铺装总厚度在 60~69mm 的桥面占 87.5%，大于等于 70mm 的桥面占 12.5%，常用形式为 30~35mm+30~35mm。

分析使用效果可发现，重载桥面病害情况较普通桥面严重。2006 年以前采用双层 SMA 的桥面中 60%出现裂缝病害，80%出现车辙病害，2006 年后采用双层 EA 的桥面增多，随着技术逐渐成熟，病害得以缓解。

2.1.3 桥面防水粘结层应用调查及评价

防水粘结层结构对桥面铺装服役性能有着显著影响，设计不当易导致铺装层早期病害产生。基于此，全面调查国内普通、重载桥面铺装结构及对应的防水粘结层，系统分析铺装结构与防水粘结层组合规律。

1. 普通桥面防水粘结层应用调查及评价

普通桥面分为钢桥面与混凝土桥面，将国内 62 座桥梁普通桥面铺装结构及其对应防水粘结层汇总，结果见表 2.5 和表 2.6。

表 2.5 国内普通钢桥面铺装防水粘结层应用

序号	实体工程名称	铺装结构	防水粘结层
1	陈佛大桥	双层 SMA	环氧树脂防水粘结层
2	青马大桥	MA	甲基丙烯酸甲酯（MMA）防水体系
3	新东大桥	GA+改性 AC	溶剂粘结材料
4	高屏溪大桥	GA+改性 AC	溶剂粘结材料
5	台北大直桥	GA+改性 AC	溶剂粘结材料
6	上海卢浦大桥	双层 SMA	3～6mm 橡胶沥青胶砂防水缓冲层+溶剂型底涂层，0.1～0.2L/m²+环氧树脂防水粘结层
7	天津大沽桥	双层 EA	双层环氧沥青防水粘结层
8	滨州黄河大桥	SMA+AC	15mm 单粒级预拌碎石+苯乙烯-丁二烯-苯乙烯嵌段共聚物（SBS）热改性沥青防水层，1.1～1.3kg/m²
9	南京长江第三大桥	双层 EA	双层环氧沥青防水粘结层，0.68L/m²
10	舟山桃夭门大桥	双层 EA	双层环氧沥青防水粘结层（0.4～0.5L/m²+0.6～0.7L/m²）
11	广东佛山平胜大桥	双层 EA	双层环氧沥青防水粘结层
12	湛江海湾大桥	双层 EA	双层环氧沥青防水粘结层
13	上海青浦西大盈港桥	双层 SMA	MMA 防水体系
14	沈北新区蒲河斜拉桥	GA+SMA	双层 MMA 防水体系
15	重庆石板坡长江大桥	GA+SMA	3～5mm 橡胶沥青砂胶缓冲层+环氧树脂，0.2～0.3kg/m²，撒 0.3～0.6mm 碎石，0.3～0.4kg/m²+环氧树脂，0.5～0.6kg/m²，撒 1.18～2.36mm 碎石，0.5～0.8kg/m²
16	长江三汊矶大桥	GA+SMA	沥青砂胶缓冲层+环氧树脂撒砂+溶剂型粘结材料
17	重庆菜园坝长江大桥	GA+SMA	双层 MMA 防水体系（MMA，2.5～3.5kg/m²+粘结材料，0.1～0.2kg/m²+Zed S94 底涂层，0.1～0.2kg/m²）
18	珠江黄埔大桥	双层 EA	TAF 环氧沥青防水粘结层，0.4L/m² 美国环氧沥青防水粘结层，0.78L/m²
19	深圳湾大桥	MA+SMA	MMA 防水体系
20	武汉阳逻大桥	双层 EA	双层环氧沥青防水粘结层
21	舟山西堠门大桥	双层 EA	0.4～0.5L/m² 环氧沥青+0.6～0.65L/m² 环氧沥青
22	广州东沙大桥	EA	TAF 环氧沥青防水粘结层
23	贵州北盘江大桥	GA+SMA	MMA 防水体系
24	江西贵溪大桥	GA+SMA	MMA 防水体系
25	江西南昌洪都大桥	GA+SMA	MMA 防水体系
26	武汉天兴洲大桥	双层 EA	双层环氧沥青防水粘结层
27	昂船洲大桥	MA+SMA	MMA 防水体系
28	重庆朝天门大桥	GA+SMA	双层 MMA 防水体系（MMA，2.5～3.5kg/m²+粘结材料，0.1～0.2kg/m²+Zed S94 底涂层，0.1～0.2kg/m²）
29	上海长江大桥	GA+SMA	冷涂防水胶
30	虎门大桥	双层 EA	TAF 环氧沥青防水粘结层，0.45L/m²
31	江西南昌英雄大桥	GA+SMA	双层 MMA 防水体系（MMA，3～3.5kg/m²+粘结材料+Zed S94 底涂层，0.15～0.25kg/m²）
32	重庆鱼嘴长江大桥	双层 EA	0.68L/m² 环氧沥青防水粘结层+60～80μm 环氧富锌漆

续表

序号	实体工程名称	铺装结构	防水粘结层
33	上海闵浦大桥	双层EA	0.68L/m² 环氧沥青防水粘结层+60~80μm 环氧富锌漆
34	山东平阴黄河大桥	双层SMA	高黏度改性沥青
35	江西赣州公路大桥	GA+SMA	MMA 防水体系
36	上海闵浦二桥	GA+SMA	双层MMA 防水体系（MMA，2.5~3.5kg/m²+粘结材料，0.1~0.2kg/m²+Zed S94 底涂层）
37	福州鼓山大桥	GA+SMA	双层MMA 防水体系（MMA，2.5~3.5kg/m²+粘结材料，0.1~0.2kg/m²+Zed S94 底涂层）
38	上海北翟路立交桥	GA+SMA	环氧沥青防水粘结层
39	川杨河钢桥	EA+SMA	环氧沥青防水粘结层，0.6~0.8L/m²
40	南昌艾西湖大桥	双层SMA	MMA 防水体系
41	西铜高速渭河大桥	GA+SMA/AC	双层MMA 防水体系（MMA，2.5~3.5kg/m²+粘结材料，0.1~0.2kg/m²+Zed S94 底涂层，0.1~0.2kg/m²）
42	南京长江四桥	GA+改性AC	溶剂粘结材料，0.3~0.4L/m²
43	大榭二桥	双层EA	TAF 环氧沥青防水粘结层，0.45kg/m²+环氧富锌漆
44	南溪长江大桥	GA+SMA	2mm 双层MMA 防水体系
45	南京南站钢桥	双层EA	0.68L/m² 环氧沥青防水粘结层
46	泰州长江大桥	GA+EA	0.5mm 环氧沥青防水粘结层
47	太原北中环钢桥	GA+SMA	双层MMA 防水体系
48	马鞍山长江大桥	GA+SMA	双层MMA 防水体系（MMA，2.5~3.5kg/m²+粘结材料，0.1~0.2kg/m²+防腐底漆，0.1~0.2kg/m²）
49	厦漳跨海大桥	GA+SMA	双层MMA 防水体系（MMA，2.5~3.5kg/m²+丙烯酸树脂，0.15~2kg/m²+丙烯酸防腐漆，0.1~0.2kg/m²）
50	江顺大桥	FAC+EA	KD-HYP 环氧材料，0.5kg/m²+80um 环氧富锌漆
51	港珠澳大桥	GA+SMA	2mm 双层MMA 防水体系+0.05~0.1mm 粘结层，0.15~0.2kg/m²

表2.6 国内普通混凝土桥面铺装防水粘结层应用

序号	实体工程名称	铺装结构	防水粘结层
1	汕头海湾大桥	双层SMA	苯乙烯改性沥青，0.7~1.5kg/m²
2	崁津大桥	GA+改性AC	溶剂粘结材料，0.2~0.4L/m²
3	重庆石板坡长江大桥	GA+SMA	3~5mm 橡胶沥青砂胶缓冲层+反应性环氧树脂，0.4~0.6kg/m²+0.6~1.18mm 碎石，0.3~0.8kg/m²
4	重庆嘉华大桥	GA+OGFC	反应性树脂下封层+溶剂粘结材料
5	重庆长江二桥	AC	渗透性水泥基防水剂
6	贵州北盘江大桥	GA+SMA	2mm 双层MMA 防水层+Zed S94 底涂层
7	杭州湾跨海大桥	双层SMA	25mm 橡胶沥青砂胶缓冲层+反应性树脂下封层
8	西铜高速渭河大桥	GA+SMA	双层MMA 防水体系（MMA，0.25~0.35kg/m²+粘结材料，0.1~0.2kg/m²+Zed S94 底涂层，0.1~0.2kg/m²）
9	沈阳北海高架桥	GA+SMA	反应性树脂下封层+溶剂粘结材料
10	矮寨特大桥	GA+SMA	3~5mm 橡胶沥青砂胶缓冲层+溶剂粘结材料，0.2~0.25L/m²+纤维 0.08~0.1kg/m²
11	深圳疏港路高架桥	GA+SMA	3~5mm 橡胶沥青砂胶缓冲层+溶剂粘结材料，0.2~0.4L/m²

由表2.5和表2.6可知，对于普通钢桥面，GA/MA+SMA/EA及单层MA等以浇注式沥青混凝土作为铺装下层的铺装结构中，采用MMA防水粘结体系所占比例高达67.9%，良好的变形性能和耐久性使得MMA体系被大范围应用。其中，GA+SMA结构采用MMA防水体系的比例占80%，具体为0.1~0.2kg/m² 粘结材料+2.5~3.5kg/m² 双层MMA。普通钢桥面双层EA结构均采用环氧沥青类防水粘结层，主要是因为环氧沥青的施工特性以及其与桥面板之间的粘结都需要环氧沥青作为防水粘结层，具体为双层环氧沥青防水粘结层（0.6~0.7L/m²）。普通混凝土桥面GA+SMA/AC/OGFC等以浇注式沥青混凝土作为铺装下层的铺装结构中，采用溶剂型防水粘结层的占62.5%。其中GA+SMA铺装结构采用溶剂型防水粘结层的占50%，具体为双层溶剂型防水粘结层（0.2~0.4L/m²）。

2. 重载桥面防水粘结层应用调查及评价

汇总国内17项重载桥面防水粘结层工程应用调查结果，见表2.7。

表2.7　国内重载桥面铺装防水粘结层应用

序号	实体工程名称	桥面	铺装结构	防水粘结层
1	虎门大桥	钢桥面	单层SMA	1.5~2mm粘结材料+5~10mm预拌碎石+双层MMA防水层
			双层SMA	1.5~2mm粘结材料+5~10mm预拌碎石+双层MMA防水层
			双层SMA	2.5mm溶剂粘结材料+0.4~0.6mm改性环氧沥青，撒碎石+0.2~0.3mm改性环氧沥青，撒砂
			双层EA	TAF环氧树脂，0.5kg/m²
			MA	8L/m² 橡胶沥青+1.5~2mm橡胶沥青防水层
2	江阴长江大桥	钢桥面	双层EA	环氧沥青防水粘结层
			GA+EA	双层环氧沥青防水粘结层（0.45L/m²+0.68L/m²）
3	厦门海沧大桥	钢桥面	双层SMA	0.8~1.2mm高黏度沥青，2.36~4.75mm沥青预拌碎石
4	南京长江第二大桥	钢桥面	双层EA	0.68L/m² 环氧沥青防水粘结层+40~80μm富锌防锈层
5	重庆鹅公岩长江大桥	钢桥面	双层GA	W-19热熔型防水材料
6	山东胜利黄河大桥	钢桥面	GA+SMA	4~6mm橡胶沥青砂缓冲层+溶剂型底涂料，0.1~0.2L/m²+环氧树脂防水粘结层
7	天津子牙河大桥	钢桥面	GA+SMA	3~6mm溶剂型粘结层+双层环氧树脂+溶剂粘结材料，0.1~0.2L/m²
8	安庆长江公路大桥	钢桥面	GA+SMA	双层溶剂型粘结层（0.1~0.12L/m²+0.12~0.15L/m²）
9	润扬长江大桥南汊桥	钢桥面	GA+EA	Bostik 9225溶剂型粘结层
10	润扬长江大桥北汊桥	钢桥面	双层EA	双层环氧沥青防水粘结层（0.4~0.5L/m²+0.6~0.7L/m²）
11	润扬长江大桥连接线	钢桥面	双层EA	双层环氧沥青防水粘结层（0.4~0.5L/m²+0.6~0.7L/m²）
12	上海东海大桥	混凝土桥面	GA+SMA	反应性树脂，0.4~0.6kg/m²+0.6~1.18mm预拌碎石，0.3~0.8kg/m²+溶剂型粘结层，0.2~0.4L/m²
13	江苏S342跨线桥	钢桥面	GA+SMA	双层MMA防水体系（2.5~3.5kg/m²+粘结材料，0.15~0.25kg/m²+Zed S94底涂层，0.15~0.25kg/m²）
14	汕头礐石大桥	钢桥面	GA+SMA	双层溶剂型粘结层（0.1~0.12L/m²+0.120.15L/m²）

续表

序号	实体工程名称	桥面	铺装结构	防水粘结层
15	苏通大桥	钢桥面	双层 EA	双层环氧沥青防水粘结层（0.45~0.5L/m²+0.65~0.7L/m²）
16	武汉白沙洲长江大桥	钢桥面	双层 EA	双层环氧沥青防水粘结层
			双层 EA	双层环氧沥青防水粘结层+环氧富锌漆
17	上海嘉定昌吉东路大桥	钢桥面	双层 SMA	双层 MMA 防水体系
			SMA+EA	环氧沥青防水粘结层+环氧富锌漆

自南京长江二桥首次采用环氧沥青混凝土与配套的环氧沥青防水粘结层进行铺装后，润扬长江大桥、武汉白沙洲长江大桥等均陆续采用了环氧沥青防水粘结层，应用效果良好。双层 EA 铺装结构中，62.5%采用双层环氧沥青防水粘结层（0.6~0.7L/m²）。对于重载桥面 GA+SMA 铺装结构，50%采用双层溶剂型防水粘结层，具体用量为上层：0.1~0.12L/m²，下层：0.12~0.15L/m²。

2.1.4 桥面铺装典型结构推荐

基于上述调查与文献资料的综合分析，分别推荐适用于普通钢桥面、普通混凝土桥面和重载桥面的典型铺装结构。

1. 普通钢桥面典型铺装结构推荐

普通钢桥面推荐采用 SMA+GA/EA 双层铺装结构，其相应防水粘结层采用双层 MMA 防水体系（0.1~0.2kg/m² 粘结材料+2.5~3.5kg/m² 双层 MMA）或双层环氧沥青防水粘结层（0.6~0.7L/m²），具体见图 2.1。

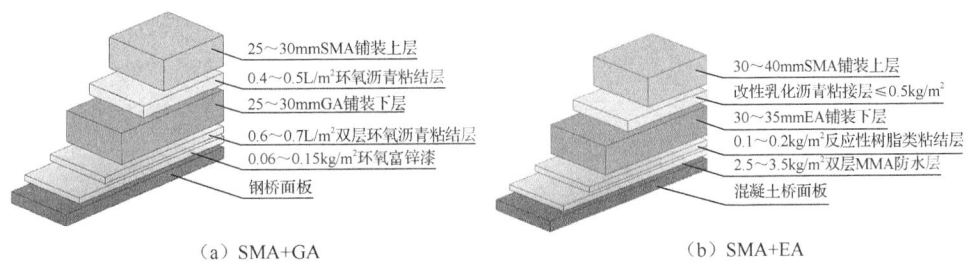

图 2.1 普通钢桥面典型铺装结构推荐

2. 普通混凝土桥面典型铺装结构推荐

普通混凝土桥面推荐采用 SMA/OGFC+SBS 改性 AC 双层铺装结构，其相应防水粘结层采用双层溶剂型防水粘结层（0.2~0.4L/m²），具体见图 2.2。

3. 重载桥面典型铺装结构推荐

重载钢桥面推荐采用双层 EA，其相应防水粘结层采用双层环氧沥青粘结层

（0.6～0.7L/m²）；重载混凝土桥面推荐采用 SMA+GA/SMA 铺装结构，其相应防水粘结层采用双层 MMA 防水体系（反应性树脂+双层 MMA），具体见图 2.3。

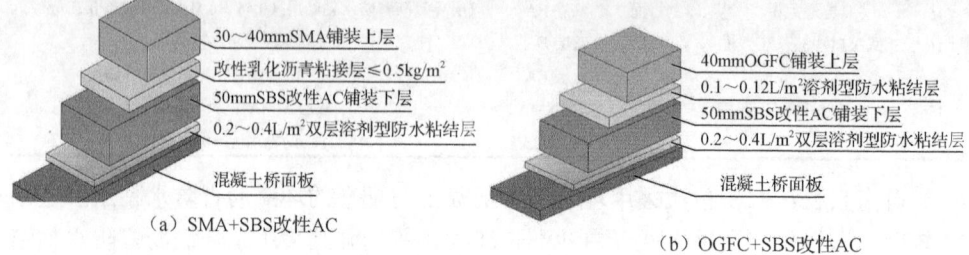

图 2.2　普通混凝土桥面典型铺装结构推荐

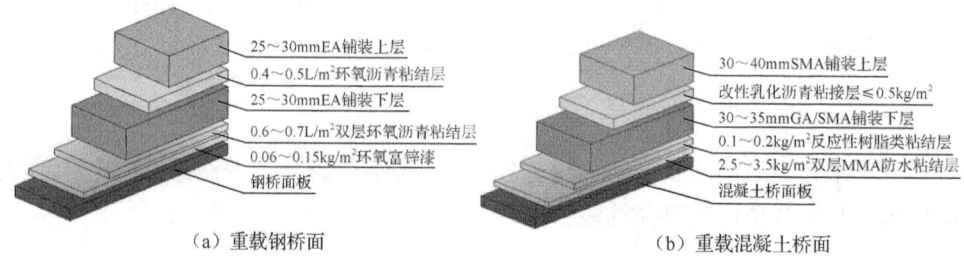

图 2.3　重载桥面典型铺装结构推荐

2.2　高性能桥面铺装材料调查及评价

随着铺装结构组合应用与研究的不断深入，逐渐形成了以高模量沥青混凝土、浇注式沥青混凝土、环氧沥青混凝土和沥青玛蹄脂碎石混合料等高性能铺装材料为主的组合桥面铺装体系。基于此，全面调查高模量沥青混凝土、浇注式沥青混凝土和环氧沥青混凝土及沥青玛蹄脂碎石混合料的实体工程和研究动态，评价分析不同类型沥青铺装材料的材料组成与使用性能。

2.2.1　高模量沥青混凝土铺装材料调查及评价

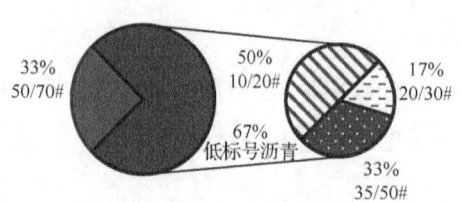

图 2.4　国外高模量沥青混合料基质沥青使用情况

国外硬质沥青生产工艺较为完善，因此制备高模量沥青混合料以硬质沥青为主，也有部分地区采用外掺剂制备高模量沥青混合料，外掺剂以回收塑料为主，具有一定的环保意义。将国外制备高模量沥青混合料使用的基质沥青汇总，见图 2.4[3]。

由图 2.4 可知，67%研究单位采用低标号沥青制备高模量沥青混合料，33%采用添加外掺剂的形式制备高模量沥青混合料。考虑到目前研究应用更为广泛的高模量沥青混合料为法国高模量沥青混合料（EME），其本质是由硬质沥青混合而成的热拌沥青，因此国外多采用 EN 13924 中推荐的低标号沥青制备高模量沥青混合料。但由于各国硬质沥青工艺进展不同，出于环境、经济及工程考虑，部分地区偏向于采用外掺剂制备高模量沥青混合料，并加入 1.4%高分子聚合物与橡胶纳米复合物、3%～5%低分子量聚合物的混合物、多官能聚合物体系、温室大棚回收塑料等改性剂改善其性能。将国外高模量沥青混合料路用性能调查数据汇总，见图 2.5。

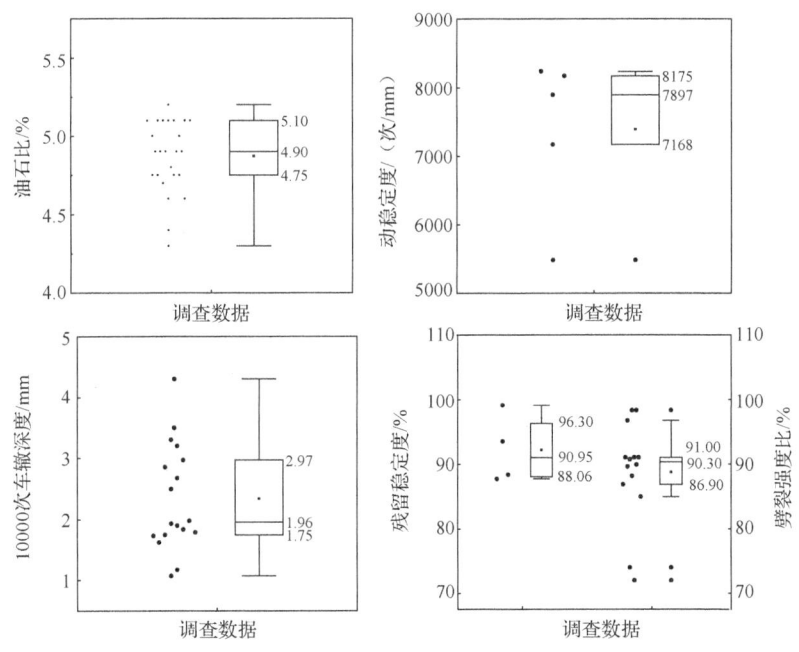

图 2.5　国外高模量沥青混合料路用性能调查结果

由图 2.5 可知，国外高模量沥青混合料的沥青用量集中在 4.75%～5.10%，仅两项数据低于 4.5%，说明较高的沥青用量能使混合料获得更优异的性能。高温效果评价指标包括动稳定度与车辙深度，其中动稳定度指标主要分布在 7168～8175 次/mm。部分学者认为室内车辙试验应变与现场性能相关性更高，倾向于采用 EN 12697-22 所规定车辙深度评价混合料高温稳定性能，加载次数从 10000～30000 次不等。从图 2.5 中可看出国外车辙试验加载 10000 次后深度四分位间距在 1.75～2.97mm，变形较小，观察可知箱形图尾重偏向下方分布，表明数据多集中于较小四分位数与中位数之间，即 1.75～1.96mm。分析认为，不同研究单位对添加剂的使用与否及种类异同均是导致车辙深度指标上下须线差距较大的原因。此外，水稳定性试验中残留稳定度最低为88.06%，多数研究单位的劈裂强度比（TSR）集中于86.90%~91.00%，最高可达97%以上，表现出良好水稳定性。

目前国内制备高模量沥青混合料的方法分为三类：采用低标号硬质沥青制备高模量沥青混合料，采用自调合沥青制备高模量沥青混合料，以及采用外掺剂制备高模量沥青混合料。沥青调合一般是在基质沥青中添加高熔点天然沥青，如湖沥青、岩沥青等；外掺剂主要为聚烯烃类物质，如法国PR PLAST.S（PRS）、PR MODULE（PRM）高模量剂以及我国自主研制的高模量剂等。本节从高模量沥青及高模量沥青混合料性能两方面调查国内研究动态，并进行汇总。

1. 国内高模量沥青性能调查及评价

市面上已有可直接用于制备高模量沥青混合料的低标号沥青，同时部分研究单位正积极探索用硬质组分调配高标号沥青以制备自调合沥青，也有部分学者采取将直投式外掺剂与基质沥青混合的方式研究其改性效果及机理。整理各单位研究成果发现，在上述三种基本改性手段基础上另掺加SBS沥青、橡胶粉等材料时对高模量沥青性能影响较大，为有效区分并保证评价准确度，将此类沥青性能测试数据另归类为复合改性沥青，见图2.6和图2.7。

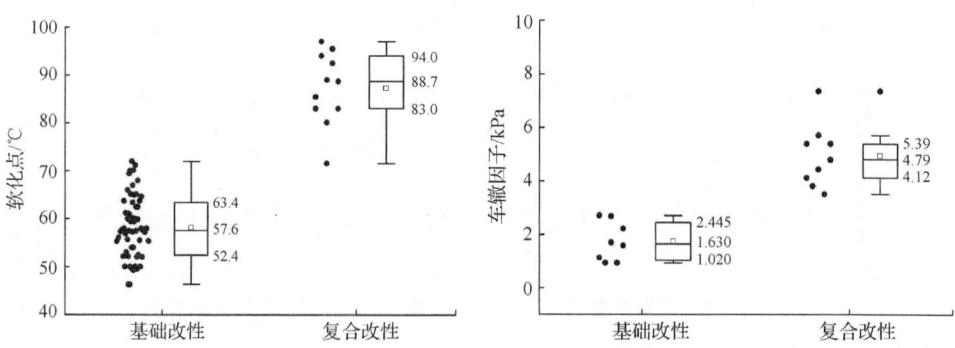

图2.6　高模量沥青软化点调查结果　　图2.7　高模量沥青车辙因子调查结果

由图2.6和图2.7可知，调查结果中经复合改性的高模量沥青软化点整体高于基础改性的高模量沥青，采用基础改性手段制备的高模量沥青软化点较小四分位数Q1为52.4℃，中位数Q2为57.6℃，较大四分位数Q3为63.4℃，表示调查结果中有50%的高模量沥青软化点集中于52.4~63.4℃，表明不同研究单位制备的高模量沥青软化点差距可达10℃甚至更高。作为沥青的高温性能参数，车辙因子$G^*/\sin\delta$（G^*为复数剪切模量，δ为相位角）越大，能量耗散越小，在高温状态下沥青的永久变形就越小。调查结果中复合改性高模量沥青车辙因子整体高于基础改性高模量沥青，数据集中于4.12~5.39kPa。基础改性高模量沥青较小四分位数

Q1 为 1.020kPa,中位数 Q2 为 1.630kPa,较大四分位数 Q3 为 2.445kPa,四分位间距 Iqr=Q3-Q1=1.425kPa,表明不同单位研究结果相差可达 1.425kPa 及以上。

国内高模量沥青混凝土相关规范并未对高模量沥青的延度指标作出要求,部分研究以沥青低温弯曲蠕变试验研究高模量沥青的低温性能,高模量沥青的蠕变劲度模量 S 与蠕变速率 m 调查数据见图 2.8 和图 2.9。

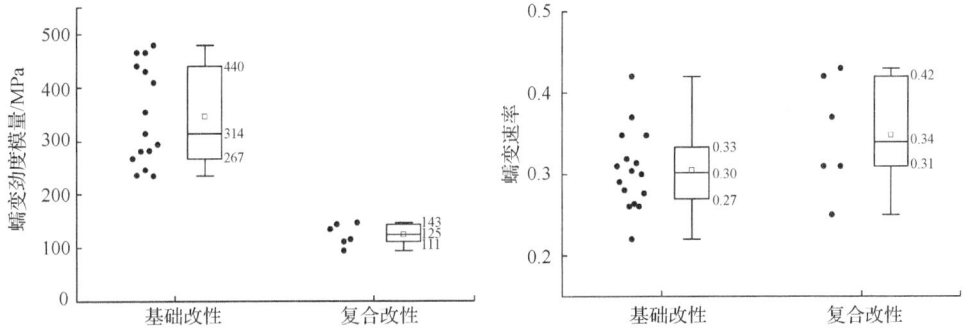

图 2.8　高模量沥青蠕变劲度模量调查结果　　图 2.9　高模量沥青蠕变速率调查结果

由图 2.8 和图 2.9 可知,复合改性高模量沥青的蠕变劲度模量和蠕变速率均满足低温使用要求,而 50%以上的基础改性高模量沥青蠕变劲度模量和蠕变速率不满足低温使用要求,不满足要求的样本包括掺加岩沥青制备的高模量沥青、掺加直投式高模量外加剂制备的高模量沥青以及成品低标号沥青,可以看出三种技术途径制备的高模量沥青都存在低温性能受到损害的问题,这说明沥青的低温性能与高温性能是一对存在矛盾关系的性能。高模量沥青尤其适用于高温过程影响显著的炎热地区以减少车辙病害,而这类地区基本没有低温过程的影响,因此对高模量沥青低温性能的要求并不苛刻。

2. 国内高模量沥青混合料力学性能

考虑到高模量沥青混合料在力学方面的特殊性以及在应用中的实际需求,调查了各研究单位在不同温度和加载频率下测得的动态模量值,并利用数理统计原理分析不同技术途径制备的高模量沥青混合料动态模量差异,见图 2.10。

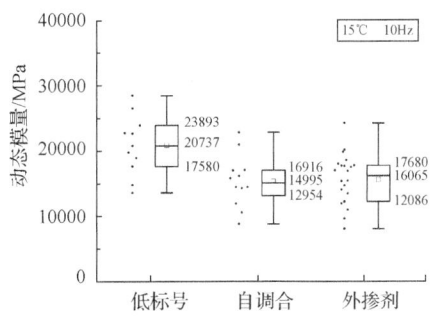

图 2.10　不同技术途径制备的高模量沥青混合料动态模量

由图 2.10 可知,采用低标号沥青制备的高模量沥青混合料动态模量值较小四分位数 Q1 为 17580MPa,中位数 Q2 为 20737MPa,较大四分位数 Q3 为

23893MPa，四分位间距 Iqr=Q3-Q1=6313MPa，Q1 与 Q3 之间的间距 Iqr 代表该组 50%的数据处于 17580~23893MPa，它可以表征数据集中程度，其值越小，数据越集中；采用自调合沥青制备的高模量沥青混合料 Q1 为 12954MPa，Q2 为 14995MPa，Q3 为 16916MPa，Iqr 为 3962MPa；采用外掺剂制备的高模量沥青混合料 Q1 为 12086MPa，Q2 为 16065MPa，Q3 为 17680MPa，Iqr 为 5594MPa。由三类高模量沥青混合料的中位数 Q2 可以看出，采用不同方法制备的高模量沥青混合料动态模量在 15℃、10Hz 条件下较普通混合料均有明显提高，都达到了≥14000MPa 的要求。对比三类高模量沥青混合料的四分位间距 Iqr 可知，低标号型高模量沥青混合料数据分散性最大，其次为外掺剂型高模量沥青混合料。另外，采用低标号沥青制备的高模量沥青混合料的箱体明显高于其他两类高模量沥青混合料，说明其整体效果好于其他两类高模量沥青混合料。分析认为自调合沥青在技术生产及品质等方面相对不成熟，而多数外掺剂需达较高温度才会融化，拌和时温度较普通沥青混凝土高 10~20℃，导致两者力学稳定性有所下降。

以数据较为翔实的外掺剂型高模量沥青混合料的动态模量为例，分析加载条件与环境温度对力学性能的影响，见图 2.11。

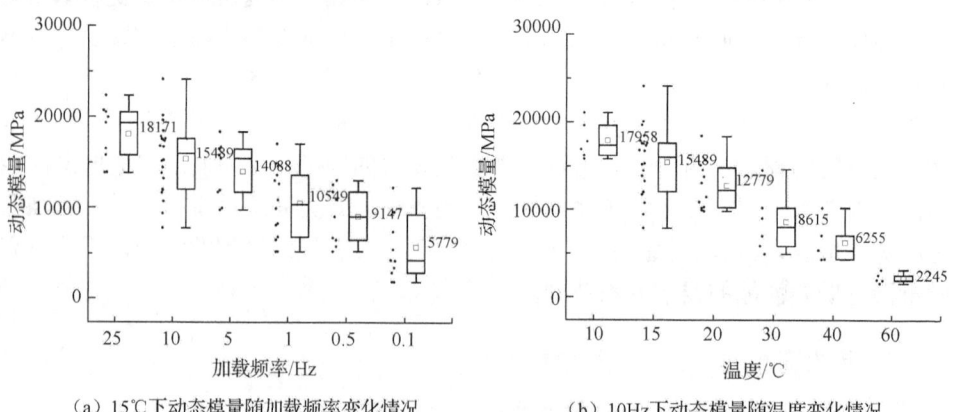

(a) 15℃下动态模量随加载频率变化情况　　(b) 10Hz下动态模量随温度变化情况

图 2.11　外掺剂型高模量沥青混合料动态模量

由图 2.11 可知，相同温度下，加载频率越低，混合料的动态模量越小，这与路面慢速车道、停车场容易出现车辙的现象相吻合；加载频率相同时，环境温度越高，混合料的动态模量越小，这与高温季节路面容易出现车辙的现象相吻合，说明混合料的动态模量能较好地反映出高模量沥青混合料抵抗车辙变形的能力。

3. 国内高模量沥青混合料路用性能

调查发现，不同研究单位高模量沥青混合料疲劳性能试验的方法、条件差异较大，试验结果差距较大，无法进行对比，因此本节路用性能调查结果汇总只包括油石比、动稳定度、极限弯拉应变、残留稳定度与冻融劈裂强度比（TSR）五个指标，见图 2.12～图 2.14。

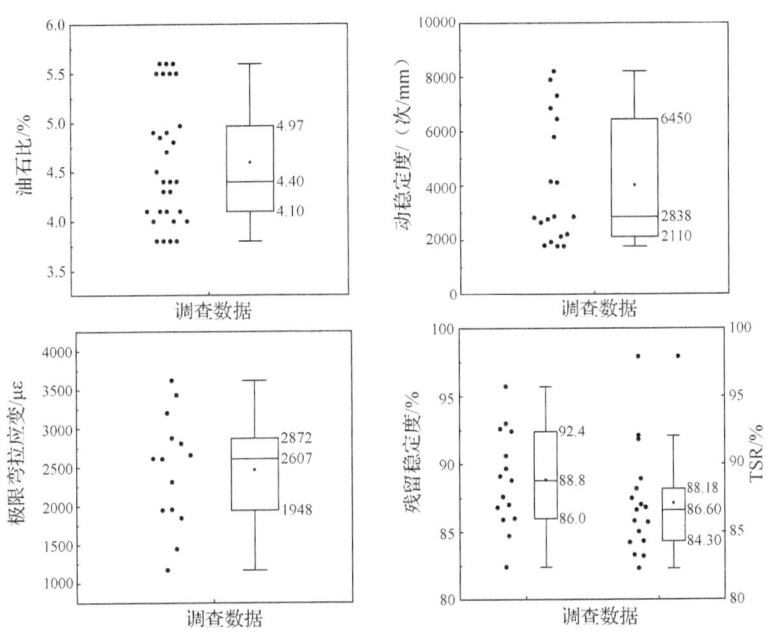

图 2.12 低标号型高模量沥青混合料路用性能

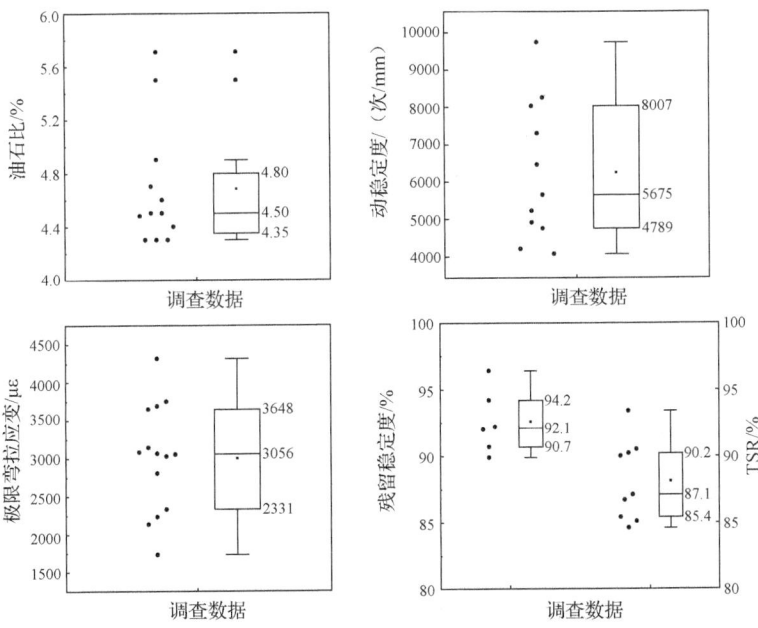

图 2.13 自调合型高模量沥青混合料路用性能

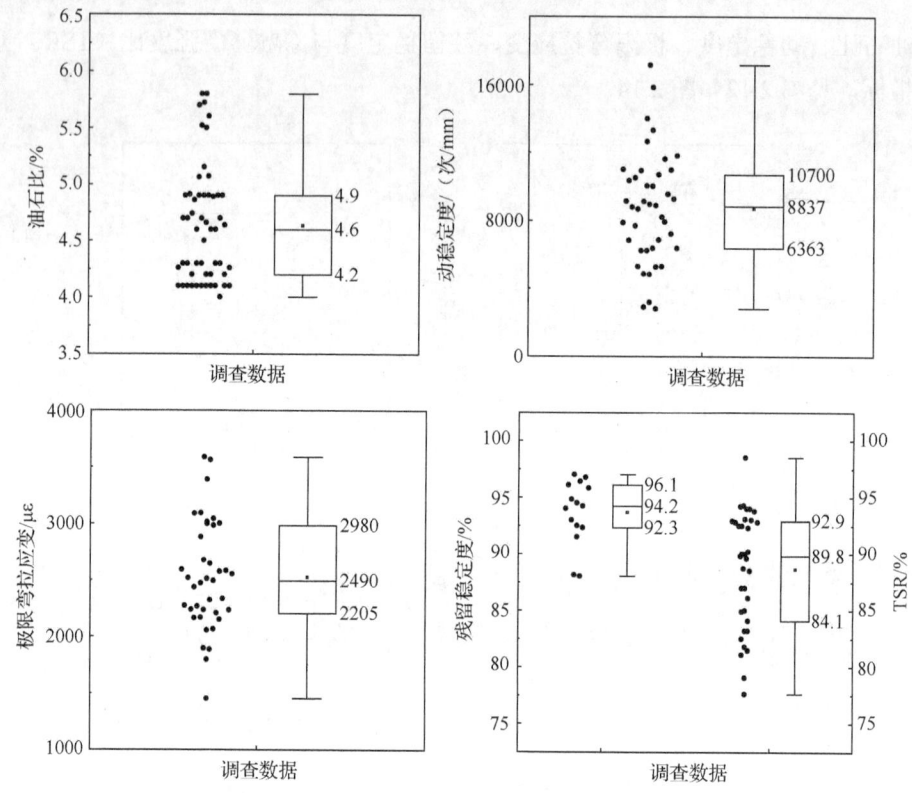

图 2.14 外掺剂型高模量沥青混合料路用性能

由图 2.12～图 2.14 可知，低标号型高模量沥青混合料油石比主要分布在 4.10%～4.97%，数据重心偏下；动稳定度主要分布在 2110～6450 次/mm，数据重心偏下，且分散程度大；极限弯拉应变主要分布范围为 1948～2872με，数据重心偏上但整体较分散；残留稳定度和 TSR 分布范围分别为 86.0%～92.4% 和 84.30%～88.18%，前者四分位间距比后者大，分散性大。

自调合型高模量沥青混合料油石比主要分布范围为 4.35%～4.80%；动稳定度主要分布在 4789～8007 次/mm，数据重心偏下，分散性大；极限弯拉应变主要分布范围为 2331～3648με，数据对称性较好；残留稳定度和 TSR 分布范围分别为 90.7%～94.2% 和 85.4%～90.2%。

外掺剂型高模量沥青混合料油石比主要分布范围为 4.2%～4.9%，中位数上方数据分散大，尾重较大；动稳定度主要分布范围为 6363～10700 次/mm，数据集中在中位数下方，说明大部分外掺剂高温性能相近；极限弯拉应变主要分布范围为 2205～2980με，数据分布集中；残留稳定度和 TSR 分布范围分别为 92.3%～96.1% 和 84.1%～92.9%，后者数据分布比前者分散。

为便于比较不同技术途径制备的高模量沥青混合料各项性能，作不同技术途径制备的高模量沥青混合料的路用性能指标对比图，见图 2.15。

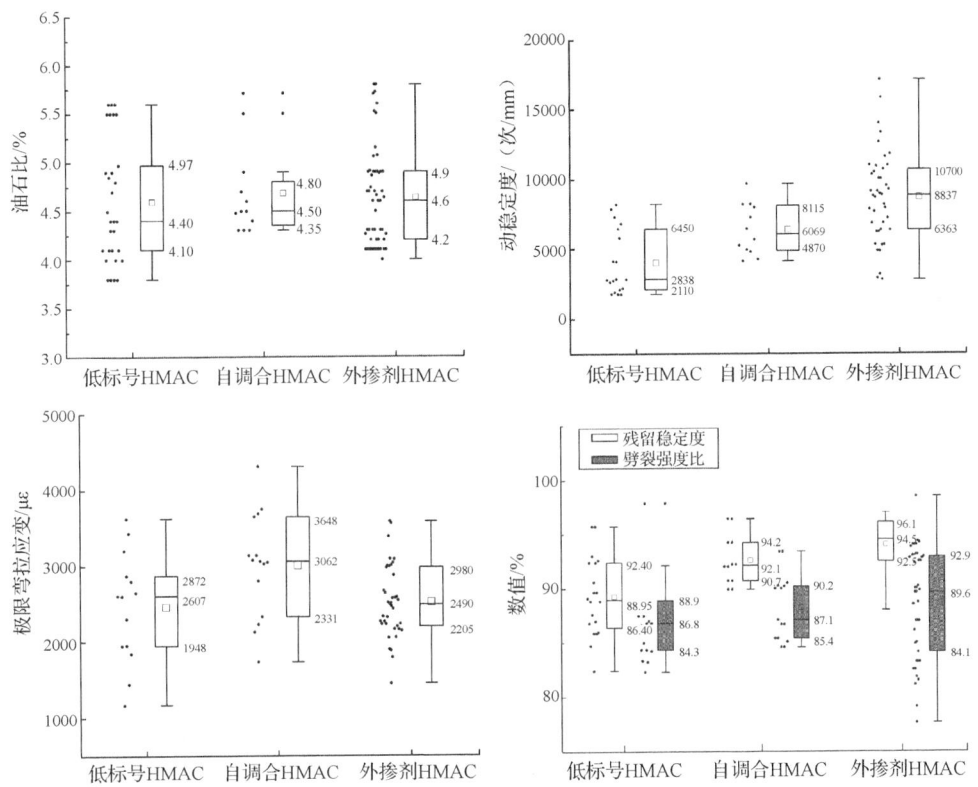

图 2.15 三种高模量沥青混合料性能对比

由图 2.15 可知,低标号型高模量沥青混合料的油石比主要集中于 4.10%~4.97%,Iqr 为 0.87;自调合型高模量沥青混合料的油石比主要集中于 4.35%~4.80%,Iqr 为 0.45;外掺剂型高模量沥青混合料的油石比主要集中于 4.2%~4.9%,Iqr 为 0.7。低标号型高模量沥青混合料的油石比分布范围最大,自调合型高模量沥青混合料的数据分布较集中。

对于动稳定度指标,采用低标号型高模量沥青混合料的 Iqr 为 4340 次/mm,采用自调合型高模量沥青混合料的 Iqr 为 3245 次/mm,采用外掺剂型高模量沥青混合料的动稳定度 Iqr 为 4337 次/mm,其中外掺剂型高模量沥青混合料动稳定度主要集中于 6363~10700 次/mm,整体效果好于另两种高模量沥青混合料,然而其 Iqr 值较大,表明数据分散性较大。分析认为可能是低标号与自调合型高模量沥青混合料受限于国内生产工艺成熟性,无法与成品外掺剂型高模量沥青媲美。

分析极限弯拉应变指标,采用低标号型高模量沥青混合料的 Iqr 为 924με;采用自调合型高模量沥青混合料的 Iqr 为 1317με;外掺剂型高模量沥青混合料的 Iqr

为 775με。自调合型高模量沥青混合料的中位数较其他两者大,但其 Iqr 值也最大,表明数据分散性大。低标号型高模量沥青混合料与外掺剂型高模量沥青混合料中位数相对较低,分别为 2607με 与 2490με,自调合型高模量沥青混合料最高,达到 3062με。总体来说三种类型高模量沥青混合料的低温性能可以满足使用要求。

添加外掺剂型高模量沥青混合料残留稳定度、劈裂强度比均有微弱优势。残留稳定度与劈裂强度比均能反映混合料的水稳定性,实际上三种技术途径制备的高模量沥青混合料水稳定性相差不大。

2.2.2 浇注式沥青混凝土铺装材料调查及评价

1. 实体工程调查及评价

汇总 24 项典型浇注式沥青混凝土实体工程材料组成情况,见表 2.8[4]。以下分析数据时只针对有确切数值的数据。

表 2.8 国内典型浇注式沥青混凝土实体工程材料组成

序号	实体工程名称	基础沥青	浇注式沥青混凝土		
			油石比/%	TLA 掺量/%	降黏剂掺量/%
1	江阴大桥	70#韩国 SK 沥青(SK-70)改性+特立尼达天然湖沥青(TLA)	7.4	30	2
2	山东胜利黄河大桥	改性沥青+TLA	8.2	25	—
3	润扬长江公路大桥南汊桥	SBS 改性沥青+TLA	7.1	15	—
4	渝林高速公路隧道	聚合物改性沥青	7.5	—	未知
5	安庆长江公路大桥	改性硬质沥青+TLA	8~11	未知	—
6	上海东海大桥	SBS 改性沥青+TLA	8.7	20	—
7	重庆石板坡长江大桥	改性硬质沥青	—	—	—
8	西攀高速龙塘湾隧道	改性沥青+TLA	—	15	—
9	重庆菜园坝长江大桥	改性硬质沥青+TLA	7~10	未知	—
10	汕头礐石大桥	SK+70#重交沥青(AH-70)+TLA	8.5	未知	—
11	贵州北盘江大桥	聚合物改性沥青	7.9	—	2
12	重庆朝天门大桥	SBS 改性沥青+TLA	—	30	—
13	重庆鹅公岩长江大桥	改性沥青+TLA	7.9 8.5	未知(种类为岩沥青) 未知	—
14	沈阳北海高架桥	聚合物改性沥青	8.4	—	—
15	福州鼓山大桥	SBS+TLA	8.1	30	2

续表

序号	实体工程名称	基础沥青	浇注式沥青混凝土		
			油石比/%	TLA 掺量/%	降黏剂掺量/%
16	吉茶高速矮寨特大桥	SK-70 改性沥青+TLA	8.5	15	未知（种类为岩沥青）
17	上海闵浦二桥	聚合物改性沥青	7.5~9.0	—	1~3
18	西铜高速渭河大桥	SK-70+SBS+粒化聚合物	7.8	—	4
19	南京长江四桥	20~40#+TLA	8.4	30	—
20	佛山石湾特大桥	SBS 改性沥青+TLA	13	70	—
21	马鞍山长江大桥	JHW-1 型聚合物降解菌种（JHW-1）聚合物改性沥青	7.9	—	—
22	南溪长江大桥	高强复合改性沥青	7.9	—	—
23	上海长江大桥	SBS 改性沥青+TLA	8.7	未知	—
24	泰州长江大桥	30#直馏+TLA	8.9	30	—

由表 2.8 可知，调查的 24 项实体工程中浇注式沥青混凝土所用沥青可分为三类：低标号沥青+TLA、聚合物改性沥青+TLA、聚合物改性沥青，所占比例分别为 16.7%、50%和 33.3%，其中聚合物改性沥青+TLA 类型中 50%采用 SBS 改性沥青+TLA；66.7%基础沥青中掺配有 TLA，掺配比例为 15%~30%。实体工程中所用油石比，主要集中在 7.1%~8.7%，其中 7.1%~7.8%占 27.3%、7.9%~8.5%占 54.5%、大于等于 8.6%占 18.2%。26.1%实体工程中添加了降黏剂，掺量集中于 2%。西铜高速渭河大桥试验段中，同时添加了 7% SBS、4%粒化聚合物和 4%降黏剂以改性 SK-70 基质沥青；重庆鹅公岩长江大桥及吉茶高速矮寨特大桥中部分桥段基质沥青中则添加了一定比例岩沥青。

结合上述材料组成状态，对 24 项典型浇注式沥青混凝土实体工程施工和易性及路用性能检测结果进行汇总，具体结果见图 2.16。

由图 2.16 可知，调查的实体工程中，70.0%以上流动度≤20s，其中 57.1%实体工程流动度在 10~15s；60℃贯入度范围为 1.4~3.9mm，其中 60.0%在 1.4~2.5mm，40.0%在 2.5~3.9mm；贯入度增量最大为 0.42mm，66.7%贯入度增量小于或等于 0.25mm。实体工程中，浇注式沥青混凝土动稳定度差异较大，其中 58.3%大于 1000 次/mm，41.7%在 300~500 次/mm。对于弯拉应变，78.9%实体工程大于 7000με，最大达 12959με，实体工程弯拉应变最低为 6480με，基本接近 7000με。实体工程疲劳性能测试由于加载方式不同，加载次数差别较大，除个别大桥外，均大于 10 万次，最高达 100 万次。

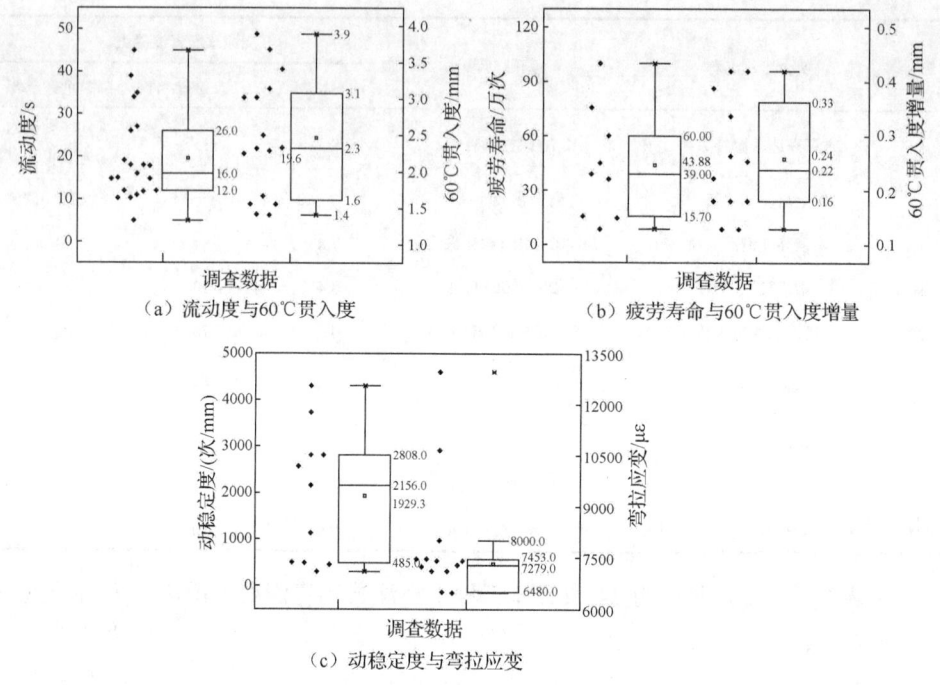

图 2.16 浇注式沥青混凝土实体工程材料性能

2. 研究动态调查及评价

通过调查相关资料,将 18 项典型浇注式沥青混凝土原材料类型、油石比、改性剂应用情况等研究动态进行汇总,具体结果见表 2.9。以下分析数据时只针对有确切数值的数据。

表 2.9 国内典型浇注式沥青混凝土原材料研究动态

序号	研究单位	基础沥青	TLA 掺量/%	油石比/%	改性剂 类型	掺量/%
1	重庆交通大学	70#A 级沥青(A-70)+TLA	25	8.4	裂化生活废旧塑料(CRP)	5
2	重庆交通大学	高弹改性沥青	—	7~8	—	—
3	重庆交通大学	SK-70+TLA	15~25	8.7	SBS	4~6
4	重庆交通大学	SK 改性沥青	—	7.4	降黏剂	3.5
5	重庆交通大学	SBS 改性沥青	—	—	橡胶粉+降黏剂	10+2

续表

序号	研究单位	基础沥青	TLA 掺量/%	油石比/%	改性剂 类型	改性剂 掺量/%
6	重庆交通大学	岩沥青复合改性	—	—	降黏剂	3
7	南京林业大学	20～40#+TLA	30	8.4	降黏剂	2
8	南京林业大学	20～40#+TLA	30	8.3	—	—
9	华南理工大学	TLA+SBS	70	8.7	—	—
10	华南理工大学	A-70+TLA	30	—	—	—
11	东南大学	30#+TLA	30	9.0	—	—
12	中交第二公路勘察设计研究院有限公司	SK-70+岩沥青	—	8.5	岩沥青	15
13	重庆市智翔铺道技术工程有限公司	SK-70+TLA	15	8.7	SBS+降黏剂	6+3
14	重庆市智翔铺道技术工程有限公司	TLA 改性沥青	未知	8.5	—	—
15	重庆市智翔铺道技术工程有限公司	SK-70+岩沥青	—	8.5	岩沥青	—
16	重庆市智翔铺道技术工程有限公司	50#中海油沥青（ZH-50）+脱油沥青	—	8.1	脱油沥青	50
17	重庆市交通委员会基本建设工程质量和安全监督站	SBS+TLA	未知	7.8	E 型玻璃纤维	0.8
18	江苏海通建设工程有限公司	SBS 改性沥青	—	8.0	SBS	5

由表 2.9 可知，不同研究单位浇注式沥青混凝土使用沥青差别较大，主要分为以下四类：低标号基质沥青+TLA、聚合物改性沥青+TLA、聚合物改性沥青和 70#沥青+改性剂+TLA，所占比例分别为 16.7%、11.1%、55.5%和 16.7%，其中 72.2%研究单位所采用沥青中掺配有 TLA（岩沥青效果与 TLA 差别不大，这里将其看作 TLA 处理），掺量为 15%～30%。66.7%基础沥青中掺有改性剂，其中 25%为 SBS 改性剂，掺量为 4%～6%；41.7%为降黏剂，掺量为 2.0%～3.5%；CRP、橡胶粉、玻璃纤维等改性剂也有相关研究和应用。浇注式沥青混凝土油石比范围在 7.0%～9.0%，其中 7.0%～7.9%占 20%，8.0%～8.4%占 33.3%，8.5%～9.0%占 46.7%。

对应浇注式沥青混凝土原材料研究动态，对其施工和易性及路用性能检测结果进行汇总，具体结果见图 2.17。

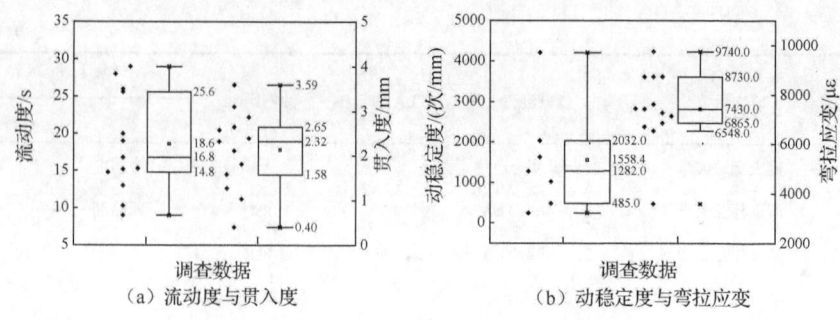

图 2.17　浇注式沥青混凝土施工和易性及路用性能

由图 2.17 可知，33.3%出现流动度大于 20s 且不影响施工和易性现象，58.3%在 10~19s，且集中于 14~17s。对于贯入度，41.7%在 1.4~2.5mm，41.7%介于 2.5~4mm，16.6%小于 1.4mm。此外，71.4%动稳定度大于 1000 次/mm，69.2%弯拉应变大于 7000με。

3. 级配调查及评价

在对浇注式沥青混凝土应用情况调查基础上，对其配合比组成状况进行全面统计，将 28 条级配应用情况汇总，见图 2.18。

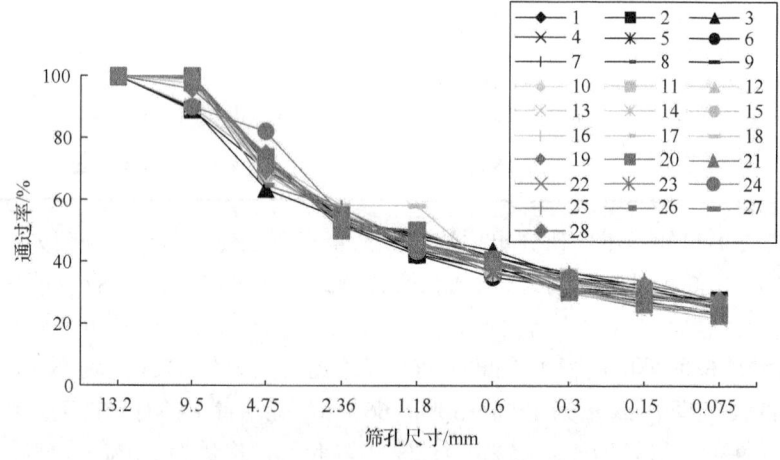

图 2.18　浇注式沥青混凝土级配应用

由图 2.18 可知，实体工程及相关研究的级配曲线均接近于规范规定上限，级配研究成果中，4.75mm 筛孔通过率均位于规范上下限之间，其中接近规范中值的占 84.6%，接近规范上限的占 15.4%。全部实体工程及研究单位成果中，2.36mm 筛孔通过率均位于限值之间，且基本均位于中值左右；0.075mm 筛孔通过率接近规范上限的占 14.3%，其余 85.7%基本维持在中值附近，略高于中值；其他各筛孔通过率均满足规范要求。

对以上实体工程及研究单位级配组成数据进行统计分析，得到 0.95 保证率下级配范围，见图 2.19。

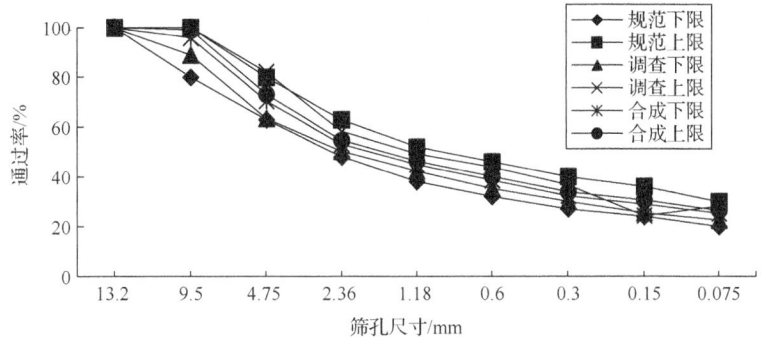

图 2.19 满足 0.95 保证率的浇注式沥青混凝土级配

由图 2.19 可知，各筛孔通过率中，9.5mm 筛孔通过率为 88.9%~100%，与规范要求范围相当，接近规范要求中值；4.75mm 筛孔通过率为 63.5%~82.1%，其上限值大于规范要求；2.36mm 筛孔通过率为 50.3%~58.3%，满足规范要求，与中值较为接近；0.075mm 筛孔通过率为 22.6%~28.1%，在规范要求范围内；与普通沥青混合料级配相比，浇注式沥青混凝土矿粉含量较大，约占总含量 1/4，对沥青混合料性能影响较大。2.36mm 以下筛孔通过率约为 50.0%，浇注式沥青混凝土中，细集料与矿粉含量较大，占整个集料与矿粉的 3/4，使浇注式沥青混凝土形成密实悬浮结构，空隙率非常小（一般小于 1%），防水性及耐久性好，但沥青胶浆易流淌，高温性能较差。在 0.95 保证率下，设计级配各筛孔通过率均在规范要求范围内，且 4.75mm、2.36mm、0.075mm 关键筛孔通过率均在规范中值附近，其余筛孔通过率均满足规范要求。

2.2.3 环氧沥青混凝土铺装材料调查及评价

1. 实体工程调查及评价

对 29 项典型环氧沥青铺装层典型实体工程材料组成及路用性能进行汇总，具体结果见表 2.10 与图 2.20[5]。

由表 2.10 与图 2.20 可知，实体工程中所用环氧沥青主要分为 3 类：美国 Chem Co、日本 TAF 和国产环氧沥青，分别占 45.5%、33.3% 和 21.2%。其中，美国 Chem Co 环氧沥青中 A、B 比例一般为 1∶5.85；日本 TAF 环氧沥青中 A、B、C 比例一般为 1∶0.67∶1.67，占 45.5%；国产环氧沥青中，57.1% 以上采用 HLJ-2910，其比例一般为 1∶2.9。对于实体工程中已确定的油石比，主要集中在 6.2%~6.8%，其中，5.9%~6.6% 占 60.5%，6.6%~7.1% 占 27.3%。

表2.10 国内典型环氧沥青混凝土实体工程材料组成

序号	桥梁名称	类型	组成	序号	桥梁名称	类型	组成
1	南京长江二桥	Chem Co	$A:B=1:5.85^{1)}$	16	南京长江三桥	Chem Co	$A:B=1:5.85$
2	虎门大桥	TAF	$A:B:C=1:0.67:1.67^{2)}$	17	湖州新大通桥	TAF	$A:B:C=1:0.79:2.68$
3	天津大沽桥	Chem Co	$A:B=1:5.85$	18	上海济昌东路大桥	Ningwu	$A+B$
4	高坎河大桥	HLJ	$A:B=1:3$	19	宁波大榭二桥	TAF	$A:B:C=1:1:2$
5	济南黄河三桥	Chem Co	$A:B=1:5.85$	20	马房大桥	Chem Co	$A:B=1:5.85$
6	珠江黄埔大桥	TAF	$A:B:C=1:0.67:1.67$			TAF	$A:B:C=1:0.67:1.67$
		Chem Co	$A:B=1:5.85$			Chem Co	$A:B=1:5.85$
7	润扬长江大桥南支桥	Chem Co	$A:B=1:5.85$	21	崇启桥	HLJ-2910	$A:B=1:2.9$
8	润扬长江大桥北支桥	Chem Co	$A:B=1:5.85$	22	天津滨海大道立交桥	Chem Co	$A:B=1:5.85$
9	湛江海湾大桥	Chem Co	$A:B=1:5.85$	23	无锡吴越路立交桥	HLJ-2910	$A:B=1:2.9$
		TAF	$A:B:C=1:0.71:4$	24	南京市双龙街立交桥	HLJ-2910	$A:B=1:2.9$
10	天津进步桥	Chem Co	$A:B=1:5.85$	25	襄樊清河四桥	HLJ-5210	$A:B=1:5.2$
11	厦门武石路大桥	TAF	$A:B:C=1:0.79:2.68$	26	京杭大运河大桥	TAF	$A:B:C=1:0.79:2.18$
12	广州东沙大桥	TAF	$A:B:C=1:0.79:2.68$	27	连云港港道高架桥	TAF	$A:B:C=1:0.67:1.67$
13	江阴三江大桥	Chem Co	$A:B=1:5.85$	28	厦门汾河大桥	Chem Co	$A:B=1:5.85$
14	南京滨江路下关大桥	HLJ-2910	$A:B=1:2.9$	29	江顺大桥	TAF	$A:B:C=1:0.67:1.67$
15	重庆鱼嘴大桥	Chem Co	$A:B=1:5.85$				

1) $A:B$，指美国/国产双组分环氧沥青中组分环氧树脂与组分石油沥青和固化剂组成两者之比；
2) $A:B:C$，指日本三组分环氧沥青中环氧树脂主剂、固化剂和基质沥青三者之比。

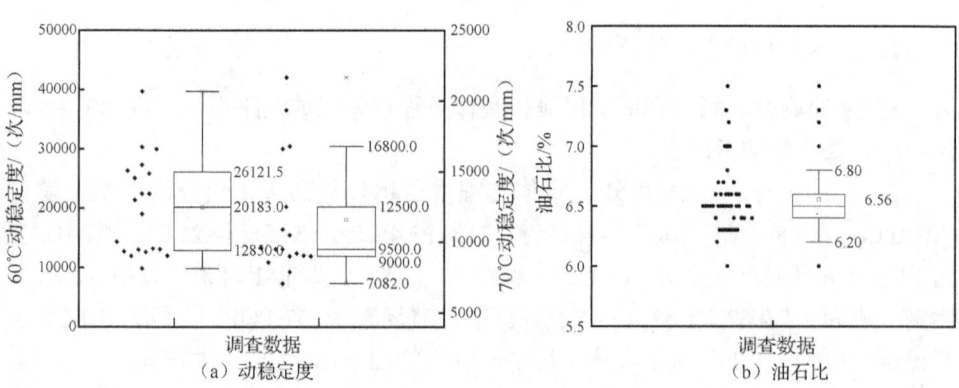

(a) 动稳定度　　(b) 油石比

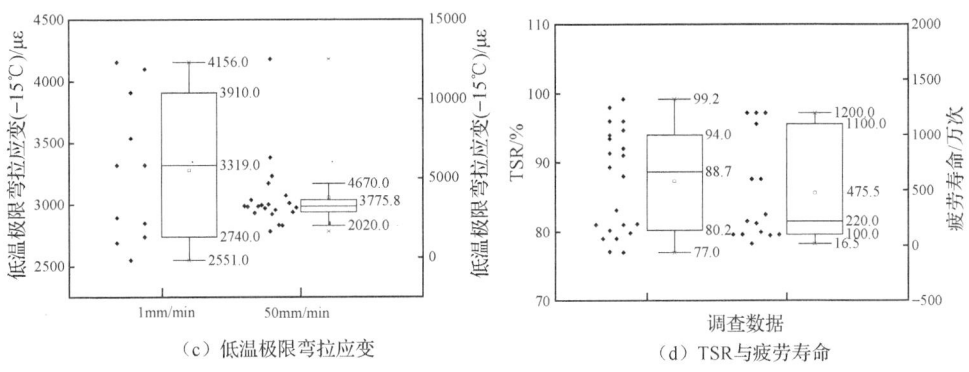

(c) 低温极限弯拉应变　　　　　　(d) TSR与疲劳寿命

图 2.20　国内典型环氧沥青混凝土实体工程材料性能

对于高温性能,其动稳定度(60℃)均大于 9500 次/mm,最大达 39686 次/mm;动稳定度(70℃)均大于 7000 次/mm,最大可超 20000 次/mm。对于低温性能,其低温极限弯拉应变(1mm/min)均大于 2000με,其中 81.8%大于 2500με;75%低温极限弯拉应变(50mm/min)大于 3000με。对于水稳定性,其 TSR 均大于 77%,其中 61.1%以上大于 84.6%。实体工程疲劳性能测试由于加载方式不同,加载次数差别较大,仅一项为 16.5 万次,其余均大于 100 万次,最高达 1200 万次,目前所有规范中对 EA 疲劳性能暂无要求。

2. 研究动态调查及评价

对 43 项典型环氧沥青混凝土材料组成及相关性能研究动态进行汇总,具体结果见表 2.11 与图 2.21。

由表 2.11 与图 2.21 可知,调查数据中所用环氧沥青同样主要分为 3 类:美国 Chem Co、日本 TAF 和国产环氧沥青,分别占 57.8%、11.1%和 31.1%。其中,美国 Chem Co 环氧沥青中 A、B 比例一般为 1∶5.85,占 84.6%;日本 TAF 环氧沥青中,A、B、C 比例一般为 1∶0.79∶1.79,占 60%;国产环氧沥青中,42.9%以上采用 HLJ-5210,其比例一般为 1∶5.2。对于研究动态中已确定油石比,主要集中 5.9%~7.4%,其中,5.9%~6.2%占 18%,6.2%~6.7%占 36%,6.7%~7.4%占 26%。对于高温性能,其动稳定度(60℃)均大于 10000 次/mm,最大达 43333 次/mm;95%动稳定度(70℃)大于 5000 次/mm,最大达 90000 次/mm。对于低温性能,其低温极限弯拉应变(1mm/min)均大于 2000με,其中 83.3%大于 2650με;仅有 26.1%低温极限弯拉应变(50mm/min)大于 3000με。对于水稳定性,其 TSR 均大于 70%,其中 61.1%以上大于 85.7%。

表 2.11　国内典型环氧沥青混凝土研究动态材料组成

序号	研究单位	材料类型	组成	序号	研究单位	材料类型	组成
1	东南大学	Chem Co	$A:B=1:5.85$				$(A+B):C=1:5$
2	东南大学	Chem Co	$A:B=1:5.85$	25	华南理工大学	TAF	$(A+B):C=1:3.3$
3	东南大学	Chem Co	$A:B=1:5.85$				$(A+B):C=1:2.5$
4	东南大学	Chem Co	$A:B=1:5.85$				$A:B=1:1$
5	东南大学	Chem Co	$A:B=1:5.85$	26	华南理工大学	N-EA	$A:B=1:1.11$
6	东南大学	Chem Co	$A:B=1:5.85$				$A:B=1:1.25$
7	东南大学	Chem Co	$A:B=1:5.85$				$A:B=1.2:1$
8	东南大学	Chem Co	$A:B=1:5.85$	27	华南理工大学	EP-306	$A:B=1.3:1$
9	东南大学	Chem Co	$A:B=1:5.85$				$A:B=1.4:1$
10	东南大学	Chem Co	$A:B=1:4$	28	长沙理工大学	Chem Co	$A:B=1:5.85$
			$A:B=1:2.3$	29	长沙理工大学	Chem Co	$A:B=1:5.85$
			$A:B=1:1.5$	30	长沙理工大学	Chem Co	$A:B=1:4$
11	东南大学	TAF	$A:B:C=1:0.79:1.79$	31	河北工业大学	Chem Co	$A:B=1:5.85$
12	东南大学	HLJ-5210	$A:B=1:5.2$			HLJ-5210	$A:B=1:5.2$
13	东南大学	HLJ-5210	$A:B=1:5.2$	32	湖北工业大学	Chem Co	$A:B=1:5.85$
14	东南大学	HLJ-2910	$A:B=1:2.9$	33	武汉理工大学	E-51	—
15	长安大学	Chem Co	$A:B=1:4$	34	西南科技大学	Chem Co	$A:B=1:5.85$
			$A:B=1:2.3$	35	长安大学	Chem Co	$A:B=1:2.4$
			$A:B=1:1.5$	36	长安大学	HLJ-5210	$A:B=1:5.2$
16	长安大学	TAF	$A:B:C=1:0.64:2.46$	37	辽宁省交通科学研究院有限责任公司	HLJ-2910	—
17	内蒙古交通职业技术学院	Chem Co	$A:B=1:5.85$	38	新疆交通科学研究院有限责任公司	Chem Co	$A:B=1:5.85$
18	重庆市水利电力工程学院	HLJ-2910	$A:B=1:2.9$	39	中交第二公路工程局有限公司	Chem Co	$A:B=1:5.85$
19	长安大学	HLJ-5210	$A:B=1:5.2$	40	新疆道路机械有限公司	Chem Co	$A:B=1:5.85$
20	长安大学	HLJ-2910	$A:B=1:2.9$			Domestic	—
21	华南理工大学	Chem Co	$A:B=1:5.85$	41	华南理工大学	Chem Co	$A:B=1:5.85$
22	上南路桥工程有限公司	Chem Co	$A:B=1:5.85$	42	嘉阳路桥工程有限公司	Chem Co	$A:B=1:5.85$
23	华南理工大学	TAF	$A:B:C=1:0.79:1.79$	43	南京仁恒路桥科技有限公司	HLJ-5210	$A:B=1:5.2$
24	华南理工大学	TAF	$A:B:C=1:0.79:1.79$			HLJ-2910	$A:B=1:2.9$

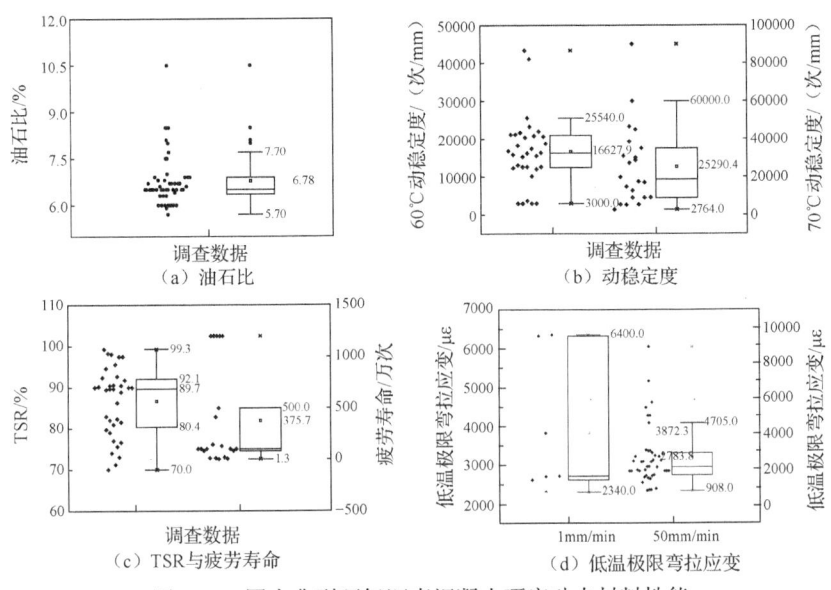

图 2.21 国内典型环氧沥青混凝土研究动态材料性能

3. 级配调查及评价

在环氧沥青混凝土桥面铺装材料应用调查基础上,对其配合比组成状况进行全面统计,将 30 项 EA-10 级配应用情况汇总于图 2.22。

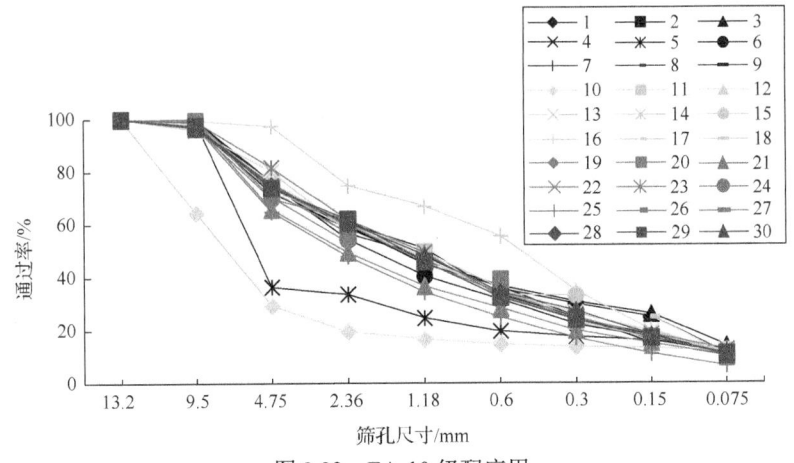

图 2.22 EA-10 级配应用

由图 2.22 可知,实体工程及相关研究单位的级配基本满足规范要求,其中接近规范中值的占 76%。全部实体工程及研究单位成果中,筛孔通过率基本位于规范上、下限之间。

对以上实体工程及研究单位级配组成数据进行统计分析,得到 0.95 保证率下级配范围,见图 2.23。

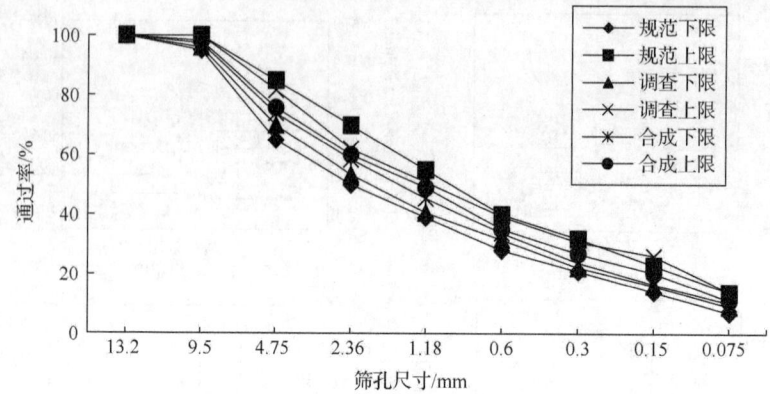

图 2.23 满足 0.95 保证率的 EA-10 级配

由图 2.23 可知，调查级配范围中，4.75mm 筛孔通过率为 70%~81.8%，接近于规范要求中值；2.36mm 筛孔通过率为 53.4%~62%，接近于规范要求下限；0.015mm 筛孔通过率上限值大于规范要求，超出 13.9%；0.075mm 筛孔通过率上限略大于规范要求上限；其余筛孔通过率则基本与规范要求范围相当。在 0.95 保证率下，设计级配各筛孔通过率均在规范要求范围内，且 4.75mm、2.36mm 关键筛孔通过率均在规范中值附近，其余筛孔通过率均满足规范要求。

2.2.4 SMA 沥青混凝土铺装材料调查及评价

1. 实体工程调查及评价

调查了 24 项 SMA 沥青混凝土铺装层典型实体工程，将沥青原材料类型、马歇尔性能和路用性能进行汇总。调查结果中沥青原材料主要有 SBS 改性沥青、SBR 改性沥青、TPS 改性沥青及高模量改性沥青，其中 SBS 改性沥青在实体工程中应用较广，占已确定基础沥青实体工程的 33.3%。调查结果见图 2.24[6]。

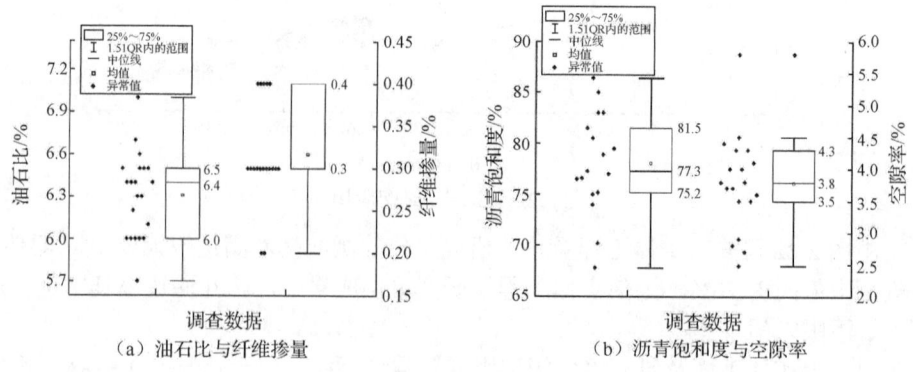

(a) 油石比与纤维掺量　　(b) 沥青饱和度与空隙率

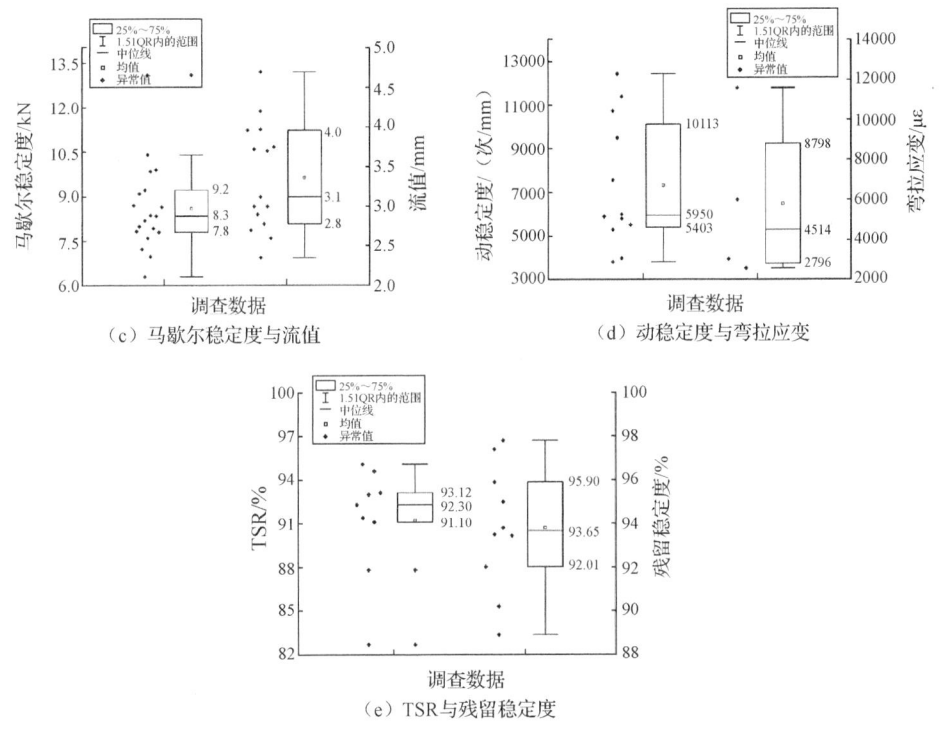

图 2.24　SMA 沥青混凝土实体工程材料性能

由图 2.24 可知，对于实体工程中已确定的油石比，主要集中于 6.0%～6.5%，其中 6.0%～6.2% 占 33.3%，6.3%～6.5% 占 47.6%。对于纤维掺量，主要集中于 0.3% 和 0.4%，其中 0.3% 的纤维掺量占 61.1%，0.4% 的纤维掺量占 27.8%。对于实体工程沥青饱和度，主要集中于 75.2%～81.5%，其中 75.2%～77.3% 占 25%，部分实体工程采用的沥青饱和度超过 85%，高于规范要求；实体工程中空隙率集中于 3.5%～4.3%，最小空隙率低于 2.5%，最大达到 5.7%。对于实体工程中已确定的马歇尔稳定度和流值，马歇尔稳定度均大于 6.0kN，集中于 7.5～9.0kN，最大达到 13.1kN，最小为 6.3kN；除个别实体工程外，流值均在 2.0～5.0mm，其中最小值为 2.35mm。对于实体工程已确定的高温性能，动稳定度（60℃）最大值达到 12448 次/mm，大于 5400 次/mm 的占 75%。对于已确定的实体工程低温性能，低温弯拉应变均大于 2500με，最大值达 11596με。对于实体工程水稳定性，72.7% 的实体工程采用 TSR 和残留稳定度两项指标，其中 TSR 均大于 82%，91.10%～93.12% 占 50%，75% 的实体工程残留稳定度大于 92.01%。

2. 研究动态调查及评价

调查统计了各研究单位关于 SMA 沥青混凝土桥面铺装 30 条典型研究动态，汇总了桥面铺装层原材料类型、纤维掺量、油石比、空隙率、沥青饱和度以及使用性能，其中不同研究单位所用的基础沥青主要分为 SBS 改性沥青和 TPS 改性沥青两类，分别占 20.6% 和 38.2%。具体结果见图 2.25。

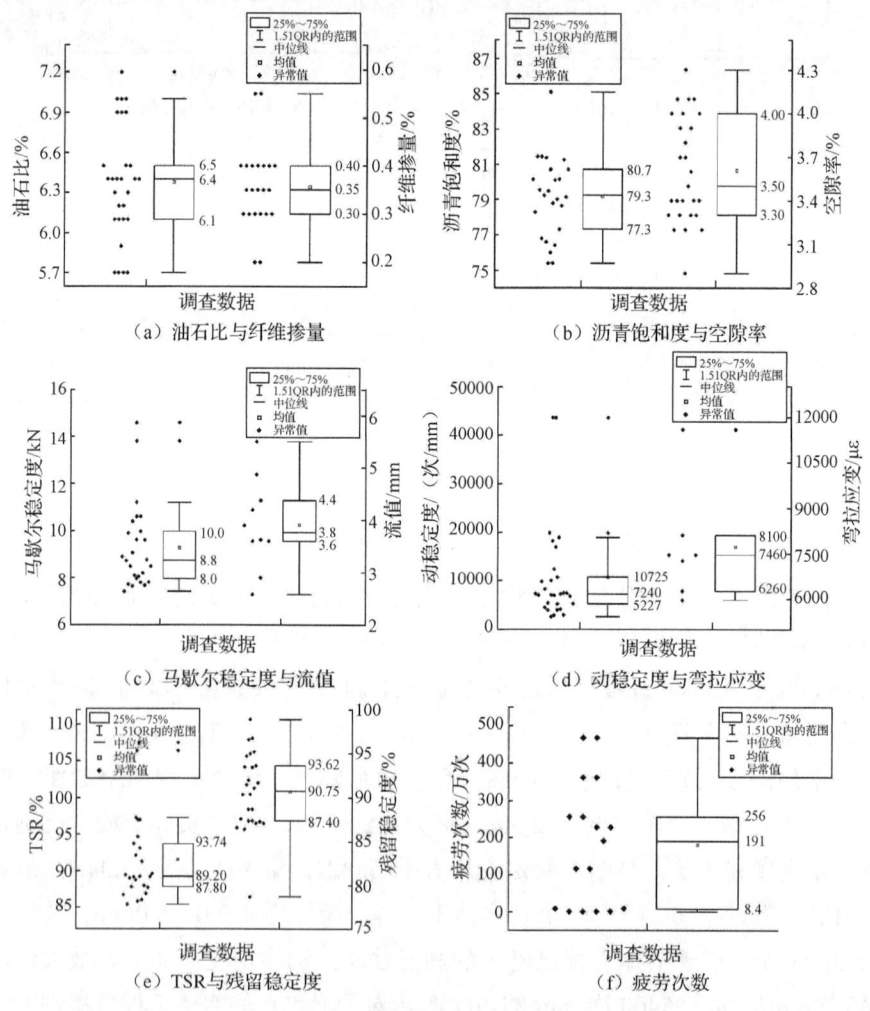

图 2.25　SMA 沥青混凝土研究动态材料性能

由图 2.25 可知，对于研究动态已确定的油石比，主要集中于 6.0%～7.0%，其中 6.0%～6.5% 占 53.1%，6.6%～7.0% 占 21.9%；对于纤维掺量，以 0.3、0.35% 和 0.4% 为主，分别占 29.2%、25.0% 和 29.2%。对于研究动态沥青饱和度，主要集中于 77.3%～80.7%；对于空隙率，3.3%～4.0%占 50%，个别研究动态采用的空隙率低于 3.0%。对于研究动态已确定的马歇尔稳定度和流值，马歇尔稳定度均大于 7.0kN；马歇尔流值主要在 3.6～4.4mm，部分研究动态的流值达到 5.5mm。对于研究动态高温稳定性能，82.8%的动稳定度（60℃）大于 4000 次/mm，其中大部分 TPS 改性沥青加入抗车辙剂，其动稳定度（60℃）均大于 6500 次/mm，最大达 43636 次/mm。低温性能低温弯拉应变均大于 5000με，最大达 11596με。对于研究动态水稳定性，TSR 均大于 85%，其中 90%以上的占 46.4%；残留稳定度均大于 75%，其中 85%以上的占 96.6%，90%以上的占 65.5%。对于研究动态疲劳寿命，最高达 467 万次。

3. 主要原材料路用性能评价

为明确沥青原材料对 SMA 沥青混凝土路用性能的影响，梳理统计 SBS 改性沥青混凝土和 TPS 改性沥青混凝土动稳定度、TSR 和残留稳定度，对比分析不同 SMA 沥青混凝土的高温稳定性和水稳定性，见图 2.26 和图 2.27。

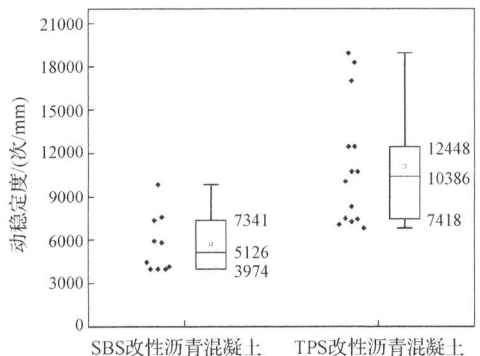

图 2.26 不同 SMA 沥青混凝土高温稳定性

由图 2.26 和图 2.27 可知，对于不同 SMA 沥青混凝土高温稳定性，TPS 改性沥青混凝土的动稳定度（60℃）主要集中于 7418～12448 次/mm，甚至部分已接近 20000 次/mm，高于 SBS 改性沥青混凝土。这主要是因为 TPS 改性沥青性能要优于 SBS 改性沥青，以及 TPS 改性沥青混凝土在实体工程应用和研究中加入了抗车辙剂，会大大提高其高温稳定性能。对于不同 SMA 沥青混凝土水稳定性，以 TSR 为检验指标，TPS 改性沥青混凝土的冻融劈裂强度略高于 SBS 改性沥青混凝土，但 SBS 改性沥青混凝土残留稳定度要高于 TPS 改性沥青混凝土。这是因为不同油石比条件下，混凝土集料表面沥青膜厚度有所差异，改性沥青与集料的粘结性能也不尽相同，所以改性沥青混凝土水稳定性有所差别。

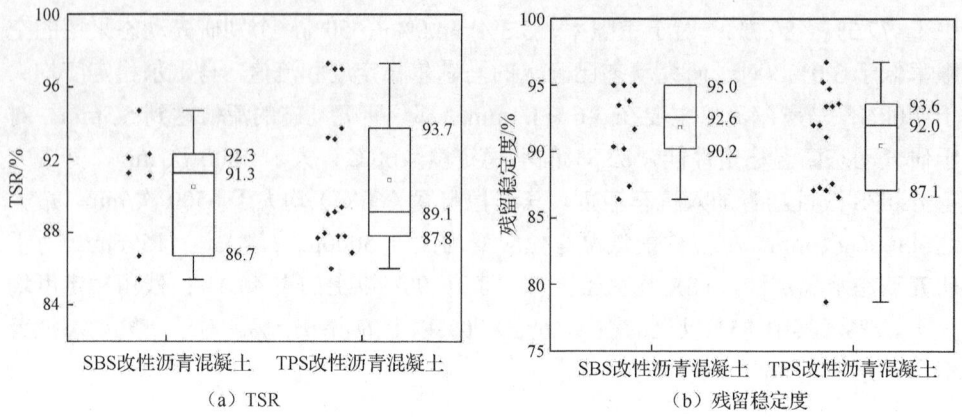

图 2.27 不同 SMA 沥青混凝土水稳定性

4. 级配调查及评价

对国内桥面铺装改性 SMA 铺装层典型实体工程应用及研究动态中级配范围进行汇总，具体见图 2.28。

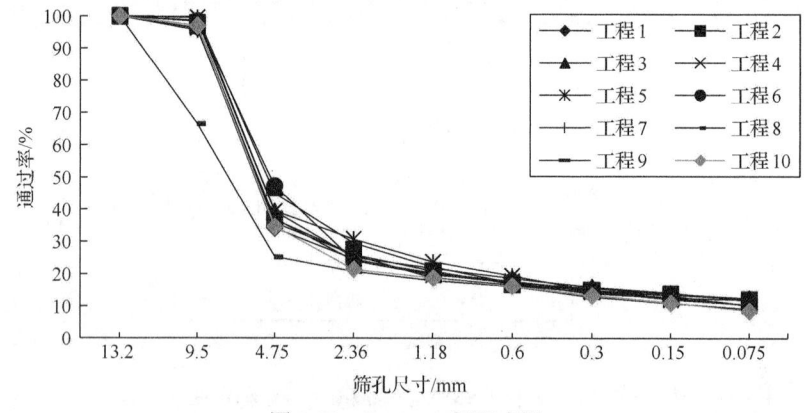

图 2.28 SMA-10 级配应用

由图 2.28 可知，部分工程采用的级配偏粗，其余实体工程和研究单位的级配基本满足规范要求。所调查到的实体工程和研究动态中，仅一座大桥 2.36mm 孔筛通过率略低于规范要求范围，其余的均在规范上、下限之间。

对以上实体工程及研究单位级配组成数据进行统计分析，得到 0.95 保证率下级配范围，见图 2.29。

由图 2.29 可知，4.75mm 的筛孔通过率为 25.2%～47.2%，2.36mm 的筛孔通过率为 16.6%～30.7%，部分实体工程或研究动态采用的级配低于规范下限；0.15mm 的筛孔通过率为 10.1%～14.1%，接近规范要求中值；0.075mm 的筛孔通过率为 8.2%～12.4%，均在规范要求范围内。在 0.95 的保证率下，设计级配各筛孔通过率均在规范要求范围之内，其中 4.75mm、0.15mm 筛孔通过率接近于规范要求中值。

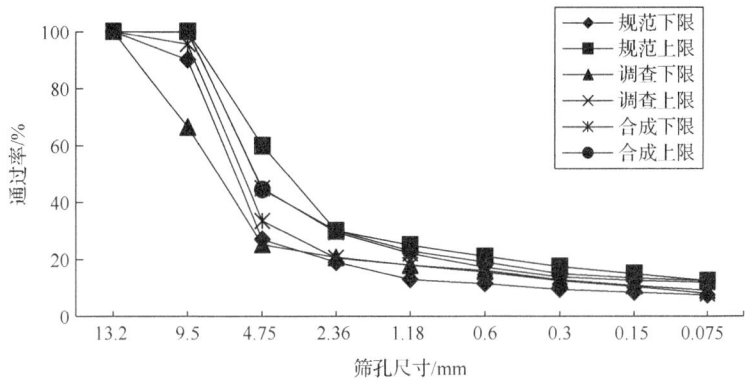

图 2.29　满足 0.95 保证率的 SMA-10 级配

2.3　桥面铺装防水粘结层材料调查及评价

防水粘结层作为桥面铺装由柔性材料向刚性材料的中间过渡层，是铺装结构的重要组成部分，直接影响着整个桥面铺装的寿命、性能表现，甚至梁体结构的安全性和耐久性。基于此，根据防水粘结层所采用的材料不同将其分为沥青和树脂两大类，全面梳理总结各类桥面铺装防水粘结层相关研究，对比评价不同类型防水粘结层的使用性能，明确各类防水粘结层的性能特点。

2.3.1　沥青类桥面防水粘结层调查及评价

沥青类材料因其自身憎水性、成本优势及与沥青面层较好的粘结性能被广泛应用于桥面铺装防水体系，由于改性沥青的发展，使其不仅保留沥青材料原有的优点，还具备改性沥青的诸多显著特性。因此，本书全面调查了沥青类桥面防水粘结层相关研究，总结评价不同沥青类桥面防水粘结层的使用性能。

1. 改性沥青类防水粘结材料

常见的改性沥青类防水粘结材料主要包括环氧沥青、SBS 改性沥青及橡胶改性沥青。

1）环氧沥青防水粘结材料

不同温度及洒布量下环氧沥青防水粘结材料粘结性能统计见图 2.30。其中环氧沥青在实际应用中洒布量一般为 $0.8\sim1.0$kg/m^2，数据主要就此范围统计。由调查结果可知，54.5%的试验将环氧沥青应用于混凝土桥面，并且主要以涂膜为主，少部分采用环氧沥青碎石防水粘结层。

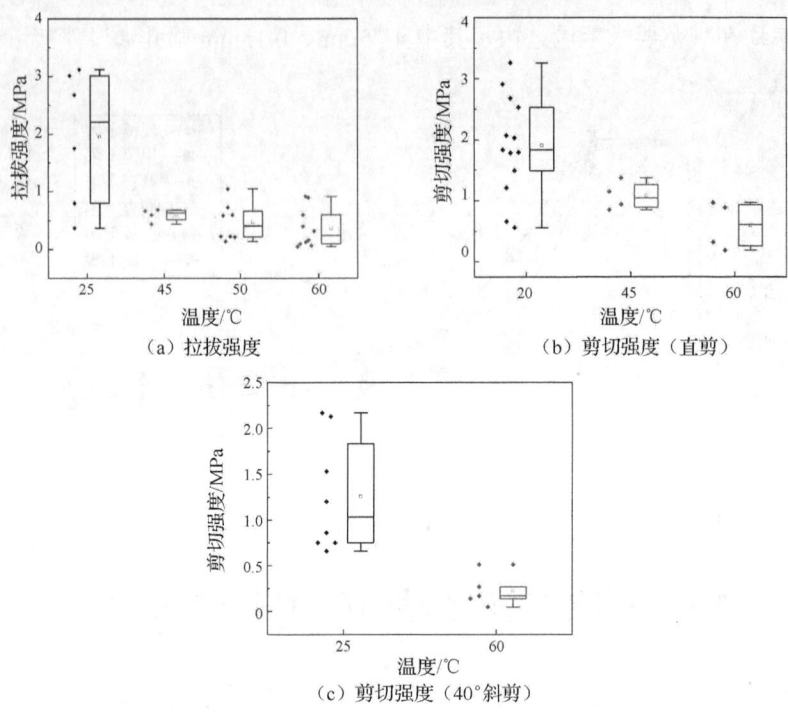

图 2.30 环氧沥青防水粘结材料粘结性能

由图 2.30 可知，25℃时环氧沥青防水粘结层拉拔强度最高，均值为 1.96MPa，满足规范要求，随着温度上升，层间拉拔强度整体呈下降趋势，45℃时维持在 0.6MPa 左右，60℃其均值仅有 0.36MPa；对于剪切强度，其规律与拉拔强度基本一致，无论直剪或 40°斜剪，剪切强度均随温度上升而下降，直剪强度 20℃主要分布于 1.49～2.53MPa，60℃维持在 0.59MPa 左右；斜剪强度 25℃时 50%的数据集中于 0.75～1.83MPa，60℃其均值仅有 0.23MPa。

2）SBS 改性沥青防水粘结材料

SBS 改性沥青防水粘结材料粘结性能统计见图 2.31。其中，SBS 改性沥青在实际应用中洒布量一般为 1.0～1.8kg/m²，碎石规格多为 4.75～9.5mm 以及 9.5～13.2mm 等单粒径碎石。SBS 改性沥青粘结材料在实际工程中多与单粒径碎石共同撒布构成 SBS 改性沥青同步碎石防水粘结层应用于混凝土桥面。

由图 2.31 可知，20℃时拉拔强度最高，均值为 0.50MPa；随温度提高，拉拔强度下降明显，60℃时仅维持在 0.10MPa；中位数低于均值，说明高温时粘结性能整体偏低。剪切强度与拉拔强度规律基本一致，直剪强度 20℃时集中于 0.24～0.67MPa，40℃升至 60℃过程中变化幅度较低，40℃均值为 0.32MPa，60℃均值为 0.29MPa；45°斜剪强度 20℃集中于 0.29～0.41MPa，60℃集中于 0.07～0.36MPa，后者数据较分散。根据上述结果，SBS 改性沥青防水粘结材料高温时的粘结强度偏低。

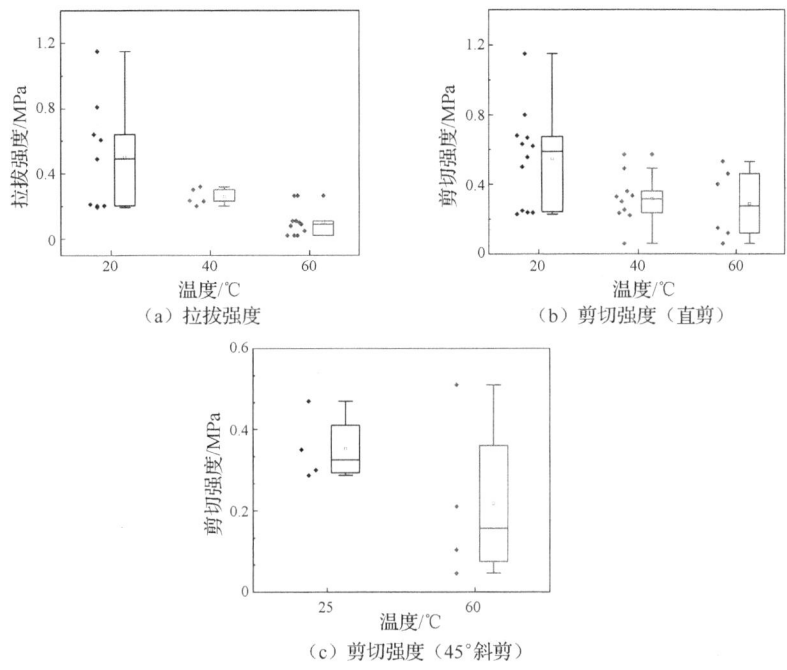

图 2.31 SBS 改性沥青防水粘结材料粘结性能

3）橡胶改性沥青防水粘结材料

橡胶改性沥青防水粘结材料粘结性能统计见图 2.32。其洒布量一般为 1.4～2.6kg/m², 碎石规格多为 2.36～4.75mm、4.75～9.5mm、13.2～16mm 及 16～19mm 的单粒径碎石。橡胶改性沥青粘结材料主要应用于混凝土桥面。

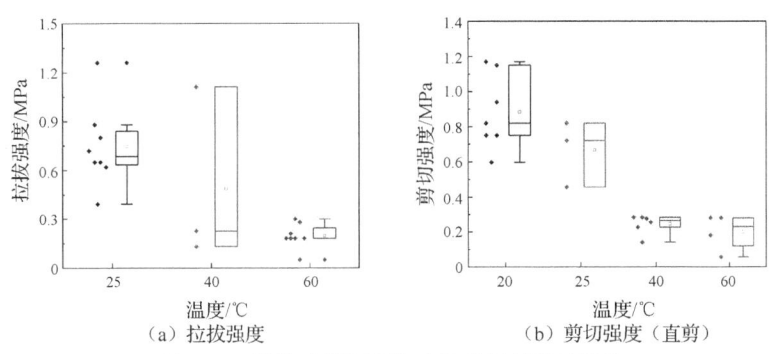

图 2.32 橡胶改性沥青防水粘结材料粘结性能

由图 2.32 可知，橡胶改性沥青粘结材料 25℃时拉拔强度主要分布于 0.64～0.84MPa，更为集中于 0.64～0.69MPa，随温度升高拉拔强度降幅显著，60℃时的强度均值仅为 25℃时的 26.7%，约为 0.20MPa；剪切强度同样随温度升高而降低，20～40℃时温度敏感性高于 40～60℃，20℃时剪切强度均值可达 0.88MPa，60℃时剪切强度仅维持在 0.20MPa。

2. 水乳型沥青防水粘结材料

水乳型沥青防水粘结材料主要包括水性环氧乳化沥青、SBS 改性乳化沥青、SBR 改性乳化沥青、FYT 防水涂料、AWP/AMP 防水粘结材料及其他类改性乳化沥青防水粘结材料等。

2.3.2 树脂类桥面防水粘结层调查及评价

相比于传统沥青型防水粘结层，树脂型防水粘结层因具有更好的粘结、耐腐蚀与抗渗性能，近年来在桥面铺装领域的应用越来越广泛。现阶段，应用于桥面铺装的树脂型防水粘结层主要分为环氧树脂型防水粘结层和甲基丙烯酸甲酯型（MMA）防水粘结层两大类。基于此，系统调查树脂型桥面防水粘结层研究动态，对比分析材料类型对防水粘结层性能的影响[7]。

1. 环氧树脂型防水粘结层

汇总环氧树脂型防水粘结层的拉伸、低温及粘结等性能研究动态，见图 2.33。

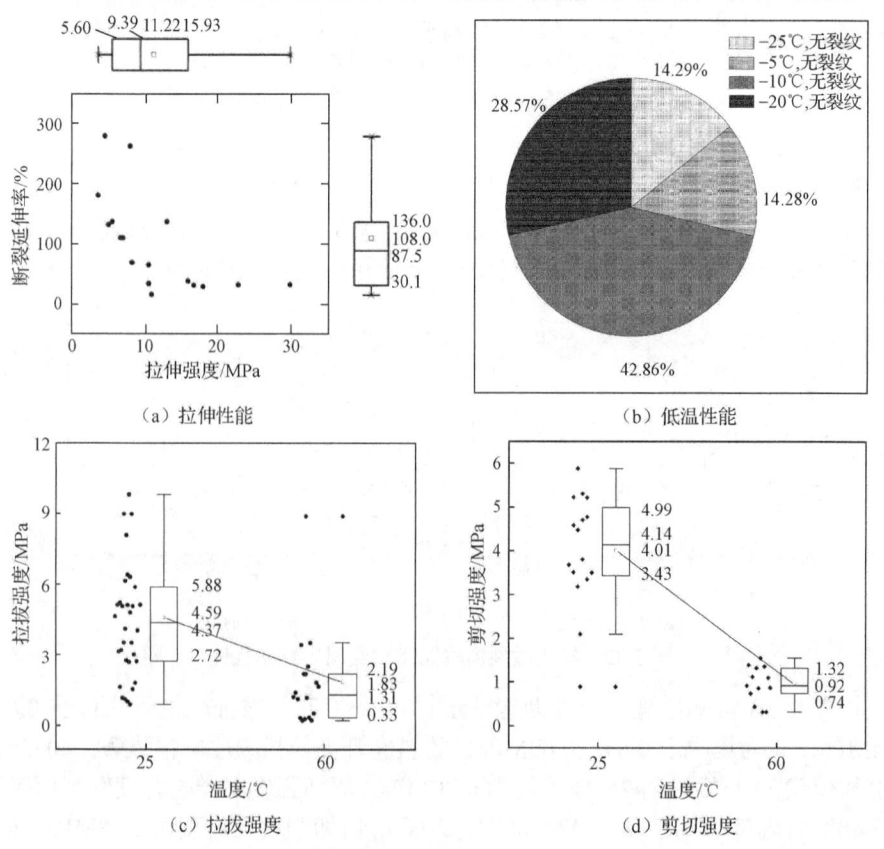

（a）拉伸性能　　　　　　　　　（b）低温性能

（c）拉拔强度　　　　　　　　　（d）剪切强度

图 2.33　环氧树脂型防水粘结层研究动态

由图 2.33 可知，所调查国内树脂型防水粘结层材料研究动态中，环氧树脂型防水粘结层拉伸强度与断裂延伸率的分布都较为分散，其中拉伸强度 50%数据分布范围为 5.60~15.93MPa，均值为 11.22MPa。断裂延伸率 50%数据分布范围为 30.1%~136.0%，均值为 108.0%。由分布情况可知，低拉伸强度对应的断裂延伸率较高，高拉伸强度下对应的断裂延伸率较低，当拉伸强度超过 10MPa 时，断裂延伸率保持在 30%左右。

所调查树脂型防水粘结层低温性能研究动态中，环氧树脂型防水粘结层材料的低温性能整体表现一般，其中满足规范要求的-20℃，无裂纹的研究动态占比仅为 28.57%，-10℃，无裂纹占比最大为 42.86%。

环氧树脂型防水粘结层材料 25℃拉拔强度较小四分位数 Q_1 值为 2.72MPa，中位数 Q_2 值为 4.37MPa，较大四分位数 Q_3 值为 5.88MPa，均值为 4.59MPa，四分位间距 Iqr=Q_3-Q_1=3.16MPa，由 Iqr 值可知，该组 50%数据处于 2.72~5.88MPa，Iqr 值显示其数据较为分散。60℃拉拔强度 Q_1 值为 0.33MPa，Q_3 值为 2.19MPa，均值为 1.77MPa，Iqr 值为 1.86MPa，由 Iqr 值可知，该组数据同样较为分散，50%数据处于 0.33~2.19MPa。由 25℃与 60℃拉拔强度均值可知，当温度升高时，环氧树脂型防水粘结层材料拉拔强度显著降低，降幅约为 61.4%。

环氧树脂型防水粘结层材料 25℃剪切强度 Q_1 值为 3.43MPa，Q_3 值为 4.99MPa，均值为 4.01MPa，四分位间距 Iqr 值为 1.56MPa，由 Q_1 与 Q_3 值可知，该组 50%数据处于 3.43~4.99MPa。Iqr 值显示其数据较为分散，但其均值与中位数较为接近，分布较为对称。温度升高到 60℃时，环氧树脂防水粘结层材料剪切强度 Q_1 值为 0.74MPa，Q_3 值为 1.32MPa，均值为 0.92MPa，Iqr 值为 0.58MPa。50%数据分布范围为 0.74~1.32MPa，由其 Iqr 值可知，数据分布相对较为集中。与拉拔强度相同，温度上升时，环氧树脂防水粘结层材料剪切强度也明显降低，由 4.01MPa 下降到 0.92MPa，降幅约为 77.1%。环氧树脂型防水粘结层 25℃与 60℃剪切强度与拉拔强度数据均有一定分散性，这是因为，除温度外，湿度、桥面板粗糙程度、防水粘结层厚度等因素均会对防水粘结层的粘结性能产生一定影响，但从这些数据中仍可以看出温度会对防水粘结层粘结性能产生较大影响。

2. MMA 防水粘结层

MMA 防水粘结体系通常由丙烯酸防腐漆、甲基丙烯酸甲酯树脂、丙烯酸树脂三种材料组成，分别起防腐、防水与粘结的作用。MMA 防水粘结体系较多应用于钢桥面防水，其能较好地适应正交异性钢桥面板的结构特性，在荷载反复作用下性能不衰减。将所调查 MMA 防水粘结层拉伸性能、低温性能以及粘结性能研究动态汇总见图 2.34。

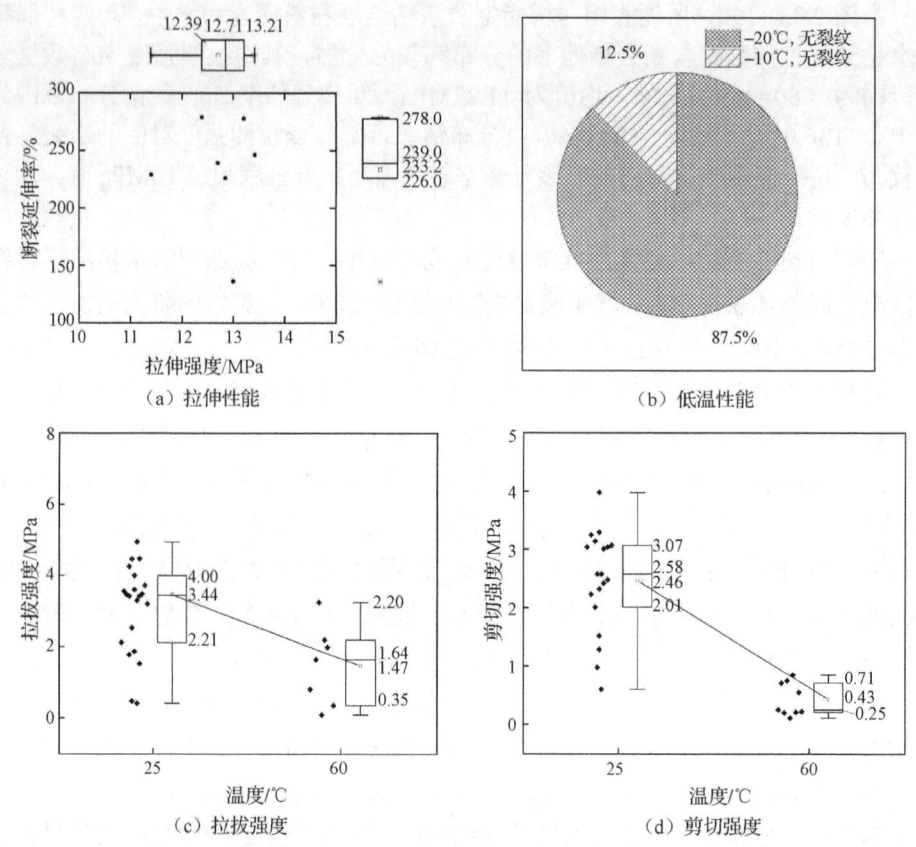

图 2.34 MMA 防水粘结层研究动态中力学性能

由图 2.34 可知，MMA 防水粘结层材料的拉伸强度分布较为集中，主要集中在 12.39~13.21MPa，均值为 12.71MPa。断裂延伸率分布同样较集中，主要在 226.0%~278.0%。MMA 防水粘结层拉伸性能整体表现较好。

MMA 防水粘结层低温性能整体表现较优于环氧树脂，满足规范要求的 -20℃，无裂纹调查数据占比为 87.5%，但仍有 12.5%数据不满足要求。

MMA 防水粘结层材料 25℃拉拔强度 Q1 值为 2.21MPa，Q3 值为 4.00MPa，均值为 3.44MPa，Iqr 值为 1.79MPa。由 Q1 与 Q3 值间距可知，该组 50%数据处于 2.21~4.00MPa，由其 Iqr 值可知，数据整体较为分散。60℃时，拉拔强度 Q1 值为 0.35MPa，Q3 值为 2.2MPa，均值为 1.47MPa，由 25℃与 60℃拉拔强度均值可知，当温度升高时，MMA 防水粘结层材料拉拔强度显著降低，降幅约为 57.3%。

MMA 防水粘结层材料 25℃剪切强度 Q1 值为 2.01MPa，Q3 值为 3.07MPa，均值为 2.46MPa，Iqr 值为 1.06MPa。由 Iqr 值可知，数据较为分散。60℃时，MMA 型防水粘结层材料 Q1 值为 0.71MPa，Q3 值为 0.25MPa，均值为 0.43MPa，Iqr 值

为0.46MPa。由Q1与Q3值间距可知,甲基丙烯酸酯防水粘结层材料50%数据分布范围为0.25~0.71MPa。与25℃时相比,60℃时甲基丙烯酸酯防水粘结层材料剪切强度显著降低,降幅约为82.5%。与环氧树脂型防水粘结层相同,MMA型防水粘结层粘结性能同样因为受多重因素影响而表现出较大的离散性,但从这些数据中仍可以看出温度对防水粘结层的粘结性能有巨大影响。

3. 不同类型树脂类防水粘结层性能对比

将不同类型的树脂类防水粘结层在25℃与60℃时的拉拔强度、剪切强度指标进行对比分析,结果分别见图2.35和图2.36。

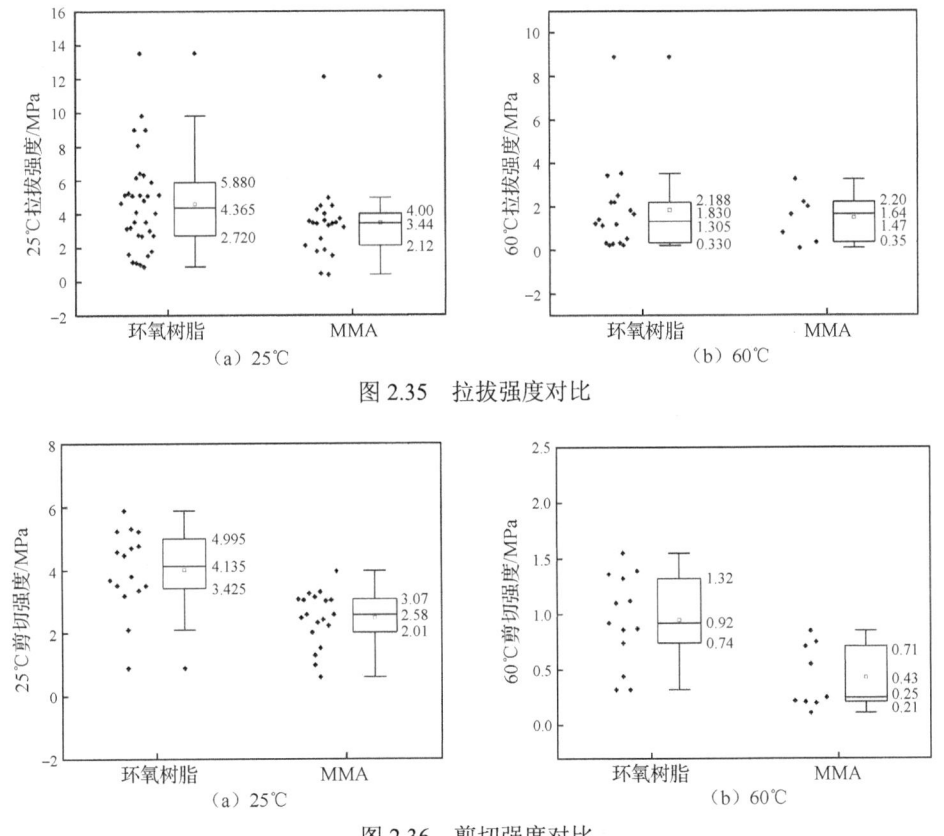

图2.35 拉拔强度对比

图2.36 剪切强度对比

对比两类树脂型防水粘结层材料25℃拉拔强度50%数据分布范围与均值可知,环氧树脂型防水粘结层材料拉拔强度远高于MMA型防水粘结层材料。但由二者的Iqr值可知,环氧树脂型防水粘结层材料数据分散性同样远大于MMA型防水粘结层材料。

温度升高至60℃时,两种防水粘结层材料的拉拔强度均产生明显下降,其中,环氧树脂型防水粘结层材料的降幅大于 MMA 型。在 60℃条件下，环氧树脂型与 MMA 型防水粘结层材料拉拔强度 50%数据分布范围基本相同，为 0.35～2.20MPa。另外，由环氧树脂型与 MMA 型防水粘结层均值可知，环氧树脂型防水粘结层 60℃拉拔强度略优于 MMA 型。

由两种防水粘结层材料 25℃剪切强度 50%数据分布范围可知，环氧树脂型防水粘结层的剪切强度远高于 MMA 型防水粘结层，对比两类树脂型防水粘结层材料 25℃剪切强度 Iqr 值可知，环氧树脂型防水粘结层 25℃剪切强度数据分散性较大，MMA 型较小。但是，即使环氧树脂型防水粘结层数据分散性较大，其箱体明显高于 MMA 型防水粘结层材料，整体效果仍优于 MMA 型防水粘结层，表现出良好的抗剪性能。

温度升高至 60℃时，与拉拔强度相同，两种防水粘结层的剪切强度也均产生明显下降，其中，MMA 型防水粘结层的降幅大于环氧树脂型防水粘结层。在 60℃条件下，由两种树脂型防水粘结层材料均值与 50%数据分布范围可知，环氧树脂型防水粘结层材料 60℃抗剪性能优于 MMA 型。对比两类树脂型防水粘结层材料 Iqr 值可知，环氧树脂型防水粘结层材料数据分散性大于 MMA 型。但是，环氧树脂型防水粘结层材料的箱体明显高于 MMA 型，即使其分散性较大，仍表现出良好的高温抗剪性能。

综上可知，环氧树脂型防水粘结层粘结性能优于 MMA 型防水粘结层。这是因为一方面环氧树脂防水粘结层材料固有的极性基团，如羟基（—OH）、醚键（—O—）等，以及固化剂、添加剂中的某些有益基团对粘结性能有巨大贡献；另一方面，环氧树脂固化时具有没有副产物放出，收缩率小，体系残余应力小等优点，对环氧树脂的粘结性能也有一定的贡献，从而使环氧树脂具有很高的粘结强度；当温度升高时，两种树脂型防水粘结层的拉拔强度与剪切强度均明显降低。这是因为温度升高，影响了材料强度的形成，其粘结性能下降。另外树脂型材料是感温材料，随着温度升高，材料逐渐软化导致其粘结性能下降。但是两种树脂型防水粘结层材料在高温下仍表现出良好的粘结性能。

2.4 桥面铺装层常见病害类型与成因

与国外相比，国内对桥面铺装技术研究起步较晚。桥面铺装结构在设计时常参照经验而定，而早期时由于设计者对防水粘结层重视程度不足，部分桥面铺装未达到其使用年限即出现较严重的早期病害甚至多次翻修重建，严重影响桥梁的使用性能。基于此，对桥面铺装常见病害类型进行梳理总结，将桥面铺装病害归类并分析铺装病害成因与机理。

2.4.1 桥面铺装层常见病害类型

桥梁运营过程中,桥面铺装层出现的各类病害问题日益严重,其损坏面积在公路总维修面积中占比逐年增大而备受关注。当前铺装层病害主要表现为铺装裂缝类损坏、水损坏、表面损坏和变形类损坏四种类型,进一步对其归纳总结。

1. 裂缝类损坏

裂缝按发展趋势可分成连续纵向裂缝、横桥向裂缝、细微裂缝、网状裂缝,不同类型裂缝特征差异显著。

(1) 连续纵向裂缝:顺着桥梁纵向基本沿直线分布的裂缝,对于跨径不大的中小板(梁)桥梁铺装结构,沿桥梁纵向的连接缝区域开裂破坏较严重,其破坏裂缝宽度最大可达 5mm。

(2) 横桥向裂缝:顺着桥梁横向基本沿直线分布的裂缝,在挠度较大的桥梁上分布较广,常发生在桥面铺装结构伸缩缝 1~2m 区域、主梁支座中心线位置、大跨径桥梁跨中部位。伴随时间推移以及车载频率增加,裂缝对桥面铺装的损害程度会逐步加深。

(3) 细微裂缝:裂缝通常缝宽较小(<0.2mm),是裂缝形成的初始状态。细微裂缝形成和桥梁挠曲、振动、沥青混合料的质量以及应力布局有着十分密切的关系。当桥面有积水存在时,水会顺着裂缝下渗,导致桥梁上部结构受到影响。

(4) 网状裂缝:裂缝一般呈均匀分布的龟状细裂缝,随着纵向、横向裂缝及细微裂缝的发展而逐步衍生出来。网状裂缝的出现,会使行车安全性受到影响,桥面铺装损害增加。

2. 水损坏

沥青混合料的孔隙率太大、黏附性较差或铺装层开裂等均会造成水损类病害,水分渗入之后易对结构层内部造成多类损害,如坑槽、松散、沥青剥落等,导致铺装层丧失防水能力与强度。

铺装层与桥梁的排水系统设计不合理,无法及时排出渗入水分,导致铺装层被雨水浸泡,铺装层受损程度将进一步增大。倘若防水层受损,渗水会导致桥体侵蚀,桥梁安全受到威胁。同时由于受损,桥面表层会有松散集料出现,导致铺装层抗滑性能受到影响。一旦松散集料在行车影响下被带至行车道上则会对行车舒适度与安全性造成威胁。

3. 表面损坏

表面损坏大致涵盖了沥青混合料设计不科学引起的集料磨光、泛油等破坏形式、沥青混合料粗集料尺寸不符合要求、矿料级配设计缺乏合理性、细集料数量过多、沥青使用过多或集料缺乏棱角、质地软，或在施工时出现离析问题均会导致铺装层表面集料逐步磨光或泛油。

4. 变形类损坏

变形类损坏大致涵盖了轮迹带周遭的车辙、拥包、推移等。

（1）车辙。车辙是桥面沥青混凝土铺装层的主要破坏形式，是铺装层受汽车荷载反复影响产生深层次压实以及沥青层内材料侧向位移而产生的永久性变形。车辙常在高温条件下交通荷载频繁启动或制动地区，多出现于桥梁的上坡和下坡段，严重影响行车的安全性、行驶的稳定性以及桥面的抗滑性。

（2）拥包、推移。主要是铺装层与桥面板结合面粘结性能差，导致桥面和铺装层之间产生薄层滑移面，受行车荷载的反复影响，轮迹带部位的沥青混合料逐步滑移至轮迹两侧引发拥包、推移等病害。

2.4.2 桥面铺装层常见病害成因

影响桥面铺装质量的因素众多，涵盖气候、交通、结构及材料设计等。铺装病害常被认为由内因与外因的共同作用而产生，其中外因包括荷载、环境等因素，内因包括铺装结构、材料设计和施工因素。针对桥面铺装病害特点，结合国内外桥面铺装使用情况及工程经验对铺装层病害破坏机理进行梳理分析。

1. 荷载因素

荷载因素是引起铺装层损坏的最直接原因，当前车辆荷载大型化、重型化使得铺装结构受力变得更为严峻。沥青混合料铺装层与桥梁结构差异显著，基于外力的影响会出现变形和应力不连续等问题，且桥梁振动明显、挠度大、温度应力强、存在负弯矩，均易导致病害发生。桥面铺装层与路面结构在受力上有很大不同，桥面铺装轮迹带周围会产生高拉应力区，在路表水的作用下易出现松散、坑槽等破坏。此外，混凝土温度变化、收缩徐变等因素都会使铺装结构产生内力变化，出现挠曲变形、结构次内力，导致结构应力重分布而引发病害。

2. 环境因素

环境因素和荷载因素所产生的效果是相互协同的，高温会降低沥青混合料抵抗力，高速行车与降雨会造成雨水渗透至铺装层中聚积，在行车荷载特别是重载影响下，孔隙中水会转变为有压水，不断侵蚀之下沥青混凝土会发生迁移并剥落。雨水聚积在铺装层中，还会导致铺装层中工作环境变差，诱导其余病害产生。

3. 铺装结构设计

混凝土铺装层的厚度与材料常依据相关要求并结合工程实际情况与工程经验而定，未实施力学计算，导致最终使用的铺装层可承受的应力水平和实际受力情况出现差异。在铺装结构设计过程中，铺装层不属于受力层处理范畴，然而桥面铺装结构直接承受汽车车轮荷载作用并将其传递至主梁，铺装结构全部或者部分参与了主梁变形，影响主梁受力与变形。

4. 铺装材料设计

在开展公路建设工作过程中，通常不会专门对中小型桥梁桥面铺装层混合料进行设计。究其缘由，是因为沥青层要求不间断摊铺，若小跨径桥梁改变沥青混合料，将导致施工成本增加、施工速度放缓。然而桥面铺装层和普通路面结构存在显著区别，相较于路面铺装材料，桥面铺装层材料在冬夏两季的温度差异较大，其温度冬季更低而夏季相对更高，使桥面铺装更易产生温度损坏问题，对铺装层耐久性产生严重威胁。此外，车辙荷载作用位置下方 1~7cm 均属于高剪应力区，传统设计仅考虑上面层沥青混凝土抵抗车辙的性能而忽略了下面层受剪区域抗变形能力，导致夏季高温时下面层难以承受重载作用发生失稳破坏。

5. 施工因素

沥青混凝土桥面铺装施工难度系数较高，铺装各层均需要较高施工技术要求，缺乏系统而又全面的施工组织和施工监督机制将难以达到设计标准。

沥青混凝土铺装施工时，压路机自重不足或铺装层边缘压实度不当易造成沥青混合料孔隙率过大，沥青混合料摊铺过程中出现的离析问题也会导致局部压实不足，在车辆荷载作用下，压实不足或空隙率偏大的铺装层在早期阶段便会出现水损问题。此外，铺装结构层间粘结强度不足是导致严重病害的另一因素，采用卷材型防水粘结层时，平整度不足会出现防水卷材鼓包现象，高温作用下预热膨胀，在车辆荷载作用下会产生移动导致大面积层间脱落；混凝土调平层表面清扫不净或者表面凿毛不足也会削弱铺装结构沥青铺装层与现浇混凝土层间的粘结性能而影响两者粘结强度，在车辆启动急停时产生的水平方向应力作用下易导致铺装层出现推移、拥包等病害。

第3章 现浇混凝土铺装层平整度实时检测与提升技术

桥面现浇混凝土铺装层平整度施工管控不当，将直接影响桥面平整性，使行驶车辆产生随机振动，从而对铺装层产生冲击作用。与普通桥面不同，长大桥梁由于跨度、宽度的大幅升高，其现浇混凝土铺装层施工质量缺乏有效保障，平整度合格率难以进一步提升。因此，本章构建桥面铺装层有限元分析模型，分析现浇混凝土铺装层局部整平对沥青铺装层及防水粘结层的损伤效应，研发基于无人机平台的平整度实时检测设备，实现现浇混凝土铺装层平整度的高精度无扰动实时检测，并结合桥面现浇混凝土铺装层平整度施工流程及技术特点，提出基于现有整平机、抹光机、无人机等机械配置的施工工艺优化方案，为桥面现浇混凝土铺装层平整度控制提供借鉴。

3.1 基于现浇混凝土局部整平的铺装层损伤效应分析

现浇混凝土铺装层平整度对上层桥面铺装层平整性具有重要影响，施工中往往采取局部抹浆整平方式来提高现浇混凝土铺装层平整度。目前关于现浇混凝土铺装层局部抹浆整平对上层铺装层结构受力影响的研究鲜有报道。基于此，采用有限元方法，以沥青混凝土层+防水粘结层+现浇混凝土铺装层的三层桥面铺装结构为原型，模拟分析现浇混凝土铺装层不同平整度条件下采用砂浆局部整平后上层防水粘结层及沥青铺装层的力学响应特征，确定现浇混凝土铺装层局部抹浆整平对防水粘结层及沥青铺装层受力特性的影响。

3.1.1 铺装层局部整平模拟与力学分析模型构建

1. 基本假定

为准确有效建立有限元仿真模型，分析不同整平料尺寸下的沥青混凝土层和防水粘结层力学响应，同时基于道路工程弹性层状理论中的部分基本假定，确定桥面铺装有限元模型的基本模拟假定如下：

（1）进行静力分析时铺装层各层处于无裂缝工作状态。

（2）常温和低温状态下，沥青混凝土为均匀、连续、各向同性的弹性材料；现浇混凝土铺装层符合线弹性假定。

（3）沥青混凝土层和防水粘结层间、防水粘结层和现浇混凝土铺装层间按完全连续体系考虑，层间采用绑定（Tie）约束处理；砂浆整平料与现浇混凝土间按非完全连续体系考虑。

（4）整平料底面呈弧形，线型为半正弦函数。

（5）忽略铺装层各层的自重影响。

2. 计算参数及荷载

力学响应模拟中，桥面铺装采用10cm沥青混凝土层+0.2cm防水粘结层+15cm现浇混凝土铺装层的构造形式，其中现浇混凝土铺装层采用水泥砂浆进行局部整平处理，模型计算参数见表3.1。

表3.1　计算参数

结构层	弹性模量/MPa	泊松比	长×宽×厚/（cm×cm×cm）
沥青混凝土层	1200	0.3	300×300×10
防水粘结层	300	0.3	300×300×0.2
现浇混凝土铺装层	34500	0.2	300×300×15
水泥砂浆整平料	29000	0.2	0/25/50/100/150×300×0/0.5/1.0/2.0

为分析车轮荷载作用下沥青混凝土层和防水粘结层的力学响应，力学计算中主要考虑两种不利荷载作用位置，工况一为荷载后边缘位于整平料边缘处，工况二为荷载中心位于整平料中心处，见图3.1。计算中同时考虑水平荷载和垂直荷载作用，相比于圆形均布荷载，车轮垂直荷载更接近于矩形荷载，为简化计算，选用矩形均布荷载表征车轮垂直荷载。根据已有研究，荷载尺寸选取为18.9cm×18.9cm，轮胎接地压强 P=0.7MPa。水平荷载由垂直荷载乘以车轮与路面间的摩擦系数 μ 得到，根据相关研究成果，在正常情况下，μ 取值在0.2～0.3，计算中取 μ=0.25，水平荷载取值0.175MPa。

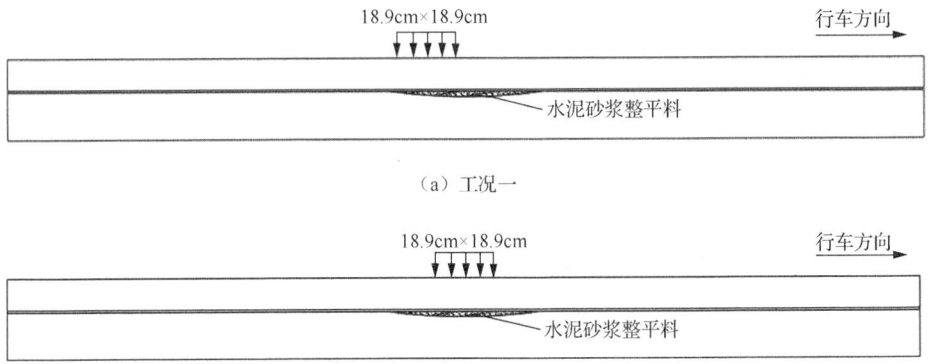

(a) 工况一

(b) 工况二

图3.1　荷载作用位置示意图

3. 模型尺寸及网格划分

在建立有限元模型时，桥面铺装可以简化为宽度有限、长度无限的矩形结构，若建立足尺模型，计算结果能更加精确，但分析沥青混凝土层和防水粘结层力学响应时，车轮荷载只作用在沥青混凝土层表面局部范围，模型尺寸对力学响应的影响有限，因此，为简化计算，建立尺寸为 3.0m×3.0m 的正方形模型用于力学分析。水泥砂浆整平深度分别为 0m、0.5m、1.0m、2.0m，纵向长度分别为 0m、0.25m、0.50m、1.00m、1.50m，横向宽度分别为 0m 和 3.0m。

有限元软件网格划分的疏密程度对有限元分析结果有较大影响，网格划分过疏，计算结果可能不满足精度要求，网格划分过密，则会导致计算量太大，工作效率降低。为保证计算精度，同时降低计算工作量，模型进行网格划分时，对荷载作用区域及其邻近部位，采取较细的网格划分，在远离荷载作用区域则采取较疏的网格划分，且现浇混凝土板划分时，越靠近现浇混凝土板与水泥砂浆拼接处，网格越密。模型建立时，各结构层等均采用 C3D8R 单元，单元自身为 8 节点 3D 实体单元，每个节点均具有三个方向的自由度。采用 C3D8R 单元既可减少计算运行时间，又能得到较理想的运算结果。模型边界条件假设为 X 方向两侧约束 $X=0$，Y 方向两侧约束 $Y=0$，底面约束 $Z=0$。

3.1.2 基于局部整平尺寸的铺装结构内力分析

为分析不同平整度条件下不同砂浆整平料尺寸的沥青混凝土层、防水粘结层力学响应，采用有限元方法，对不同工况下沥青混凝土层、防水粘结层的纵/横向拉应力、纵/横向拉应变、纵/横向垂直剪应力等指标进行计算。

1. 沥青混凝土层力学响应

根据沥青混凝土层模拟结果，绘制沥青混凝土层层底拉应变、层底拉应力、最大剪应力、层底垂直剪应力与整平料尺寸关系图，如图 3.2～图 3.5 所示。

由图 3.2 可知，水泥砂浆抹平处理后，沥青混凝土层层底纵、横向拉应变变化较大，层底拉应变随整平料尺寸和工况的不同而变化，但无明显规律。整体来看，抹浆整平后，各尺寸的层底纵、横向拉应变值几乎全部大于无砂浆（0cm×0cm）时的纵、横向拉应变值；工况一的层底纵、横向拉应变在 $80×10^{-6}$～$120×10^{-6}$，且纵向拉应变在 0.5cm×25cm 时达到最大值 $119.4×10^{-6}$，横向拉应变在 0.5cm×100cm 时达到最大值 $108.5×10^{-6}$，较无砂浆整平料（纵向 $70.2×10^{-6}$、横向 $70.0×10^{-6}$）分别增大 70.1%、55.0%；工况二的层底纵、横向拉应变在 $60×10^{-6}$～$100×10^{-6}$，且纵、横向拉应变均在 0.5cm×25cm 时达到最大值，较无砂浆整平料分别增大 37.7%、39.4%。

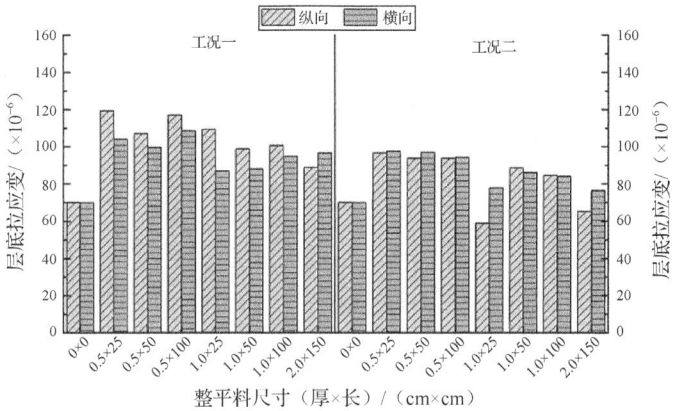

图 3.2 沥青混凝土层层底拉应变

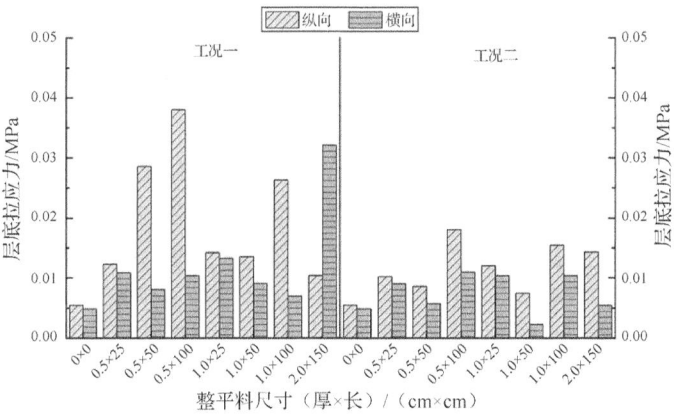

图 3.3 沥青混凝土层层底拉应力

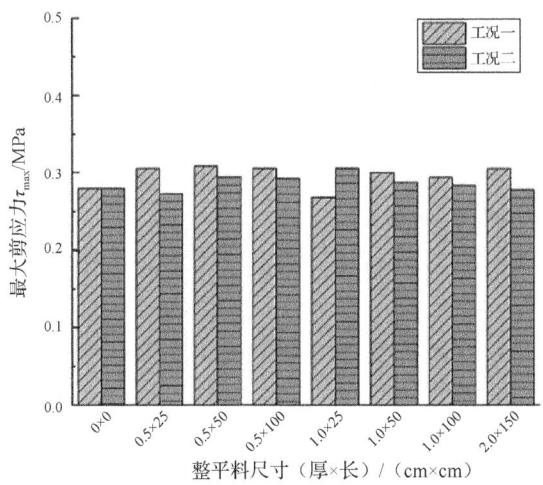

图 3.4 沥青混凝土层最大剪应力

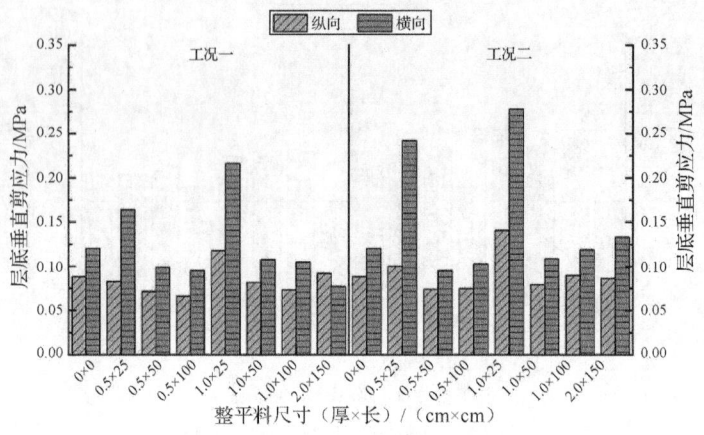

图 3.5 沥青混凝土层层底垂直剪应力

现浇混凝土铺装层采取局部水泥砂浆抹平处理后，除个别尺寸外，沥青混凝土铺装层层底纵、横向拉应变均出现无规律较大幅度增加，且工况一增长幅度更大，在该工况下，纵向拉应变最大涨幅 70.1%，横向拉应变最大涨幅 55.0%，表明现浇混凝土铺装层局部水泥砂浆整平对沥青混凝土铺装层的层底拉应变影响较大。同时，纵、横向拉应变涨幅最大处的砂浆整平料厚度均为 0.5cm，表明小尺寸的抹浆整平对沥青混凝土层层底拉应变影响更大，更应引起注意。

由图 3.3 可知，水泥砂浆抹平处理后，沥青混凝土层层底纵、横向拉应力出现明显变化，层底拉应力随整平料尺寸和工况的不同而不同，且仍无明显规律。抹浆整平后，除个别尺寸的横向拉应力外，其余尺寸整平料的纵、横向拉应力值全部大于无砂浆（0cm×0cm）时的纵、横向拉应力值。相同整平料尺寸下，工况一的纵、横向层底拉应力明显大于工况二的纵、横向层底拉应力。工况一中，纵向拉应力在 0.010~0.038MPa，横向拉应力在 0.007~0.032MPa，均明显大于无砂浆（0cm×0cm）的纵向拉应力（0.0055MPa）、横向拉应力（0.0048MPa），且纵向拉应力在 0.5cm×100cm 时达到最大值，横向拉应力在 2.0cm×150cm 时达到最大值，分别是无砂浆时的 6.9 倍、6.7 倍，而工况二中，纵、横向拉应力均在 0.5cm×100cm 时最大，分别是无砂浆的 3.3 倍、2.3 倍。

现浇混凝土铺装层进行局部水泥砂浆抹平处理后，对沥青混凝土层层底拉应力存在显著影响，但无明显规律，工况一变化更显著，在该工况下，纵、横向拉应力最大分别是无砂浆纵、横向拉应力的 6.9 倍、6.7 倍，对应的砂浆尺寸为 0.5cm×100cm、2.0cm×150cm。

由图 3.4 可知，采取水泥砂浆抹平处理后，两种工况下各尺寸整平料的沥青混凝土层最大剪应力均相近，集中在 0.27~0.31MPa，而无砂浆整平料时的最大剪应力为 0.28MPa，与各尺寸的剪应力值相差无几，说明现浇混凝土铺装层采取局部水泥砂浆抹平处理后，沥青混凝土铺装层的最大剪应力变化较小，砂浆抹平处理对沥青层最大剪应力的影响较小。

由图3.5可知，水泥砂浆抹平处理后，沥青混凝土层层底纵、横向垂直剪应力变化较大，垂直剪应力随整平料尺寸和工况的不同而不同。整体来看，除个别尺寸外，各尺寸整平料的层底横向垂直剪应力均大于纵向垂直剪应力。两种工况下，除厚度为25cm的整平料外，各尺寸的层底纵、横向垂直剪应力几乎均小于无整平料的纵、横向垂直剪应力值，但当整平料厚度为25cm时，以横向垂直剪应力为例，工况二的剪应力在0.5cm×25cm、1.0cm×25cm时分别达到较大值0.242MPa和最大值0.278MPa，分别是无砂浆（0.120MPa）的2.0倍和2.3倍，工况一的剪应力较大值和最大值分别较无砂浆增长36.7%和80.0%。

现浇混凝土铺装层进行局部水泥砂浆抹平处理后，对沥青混凝土层层底垂直剪应力存在显著影响，且对层底横向垂直剪应力更大，两种工况下，横向垂直剪应力均在水泥砂浆长度为25cm时增长显著，工况一最大增幅80.0%，工况二最大增幅131.7%，表明小尺寸的抹浆整平对沥青混凝土铺装层层底垂直剪应力影响更大，更应引起重视。

2. 防水粘结层力学响应

根据防水粘结层模拟结果，绘制防水粘结层层底拉应变、层底拉应力、层底垂直剪应力与整平料尺寸关系图，见图3.6～图3.8。

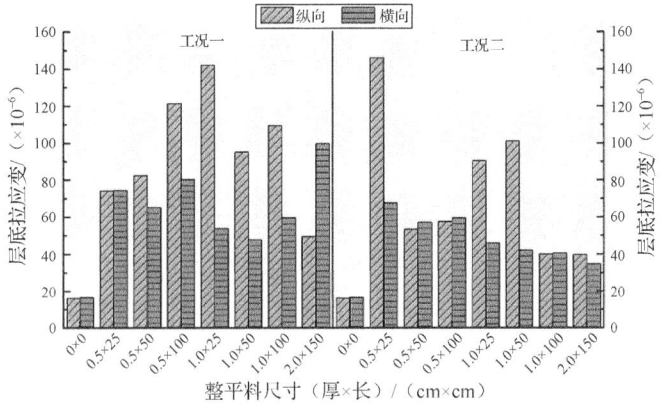

图3.6 防水粘结层层底拉应变

由图3.6可知，水泥砂浆抹平处理后，与无砂浆整平料相比，防水粘结层层底拉应变出现显著变化，各尺寸整平料的层底拉应变均明显增大，但无明显规律。整体来看，两种工况下层底纵向拉应变大于横向拉应变，且工况一的纵向拉应变在1.0cm×25cm时达到最大值$142.1×10^{-6}$，横向拉应变在2.0cm×150cm时达到最大值$99.7×10^{-6}$，分别是无砂浆（纵向$16.1×10^{-6}$、横向$16.5×10^{-6}$）时的8.8倍、6.0

倍；工况二纵、横向拉应变均在 0.5cm×25cm 时达到最大，分别是无砂浆的 9.1 倍、4.1 倍，均远远大于无砂浆整平料的纵、横向拉应变。现浇混凝土铺装层局部采取水泥砂浆抹平处理后，防水粘结层层底拉应变显著增大，工况一条件下，纵、横向拉应变最大分别是无砂浆的 8.8 倍、6.0 倍，对应整平料尺寸为 1.0cm×25cm、2.0cm×150cm；工况二条件下，纵、横向拉应变最大分别是无砂浆的 9.1 倍、4.1 倍，对应整平料尺寸均为 0.5cm×25cm。

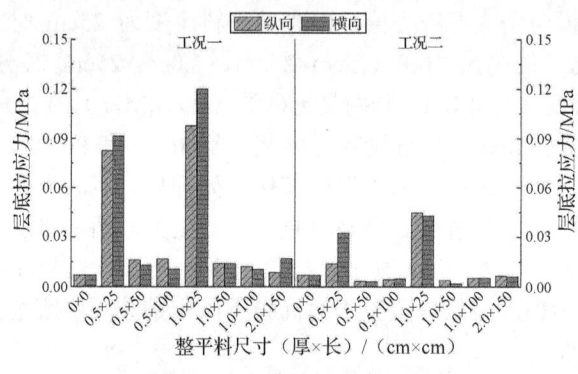

图 3.7　防水粘结层层底拉应力

由图 3.7 可知，水泥砂浆抹平处理后，防水粘结层层底拉应力随整平料尺寸的不同而呈现显著不同。两种工况下，除整平料长度为 25cm 外，其余尺寸整平料的层底纵、横向拉应力与无整平料相比，在工况一条件下均小幅度增大，在工况二条件下均减小；整平料长度为 25cm 时，两种工况的层底纵、横向拉应力与无整平料相比均有显著提升，且均在该尺寸下达到较大值和最大值，工况一中厚度为 25cm 整平料的纵、横向拉应力均是无砂浆整平料的 10 倍以上，工况二中厚度为 25cm 整平料的纵、横向拉应力是无砂浆整平料的 2.0～6.5 倍，均远远大于无砂浆整平料的纵、横向拉应力，可见小尺寸水泥砂浆整平料对层底拉应力的显著影响。

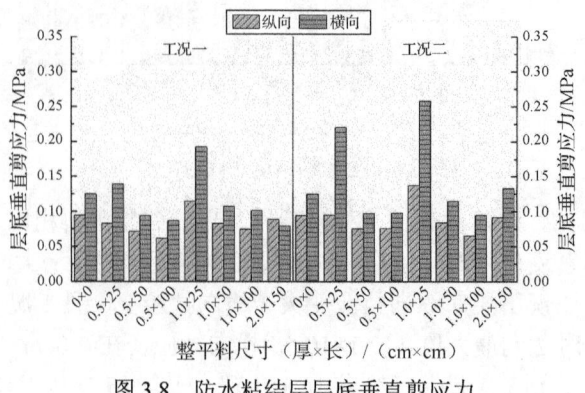

图 3.8　防水粘结层层底垂直剪应力

现浇混凝土铺装层采取局部水泥砂浆抹平处理后，防水粘结层层底拉应力变化明显，尤其是小尺寸（长度25cm）砂浆抹平对其影响更大。小尺寸抹平条件下，工况一的纵、横向拉应力是无砂浆的10倍以上，工况二的纵、横向拉应力是无砂浆的2.0~6.5倍，小尺寸抹平对防水粘结层层底拉应力的影响应引起足够重视。

由图3.8可知，水泥砂浆抹平处理后，防水粘结层层底垂直剪应力变化明显，与层底拉应力相似，与无砂浆的垂直剪应力相比，除长度为25cm的整平料外，其余尺寸的层底垂直剪应力均小幅度增长或降低，但当整平料长度为25cm时，层底横向垂直剪应力却有明显增大，工况一中0.5cm×25cm和1.0cm×25cm整平料的横向垂直剪应力较无砂浆分别增长11.2%和54.4%，工况二中0.5cm×25cm和1.0cm×25cm整平料的横向垂直剪应力较无砂浆分别增长76.0%和106.4%。

现浇混凝土铺装层采取局部水泥砂浆抹平处理后，防水粘结层层底垂直剪应力出现较大变化，两种工况下，整平料长度为25cm的层底横向垂直剪应力变化更显著，工况一最大涨幅为54.4%，工况二最大涨幅为106.4%，小尺寸抹浆对防水粘结层层底垂直剪应力的影响显著，抹浆整平处理应慎重考虑。

3.2 现浇混凝土铺装层平整度施工控制方法

3.2.1 平整度控制工艺流程

施工过程中必须对重点施工工序进行严格控制，才能确保桥面现浇混凝土铺装层平整度满足规范要求。为保证桥面平整度能够满足规范要求，对施工工艺流程中整平施工和抹面施工两项工序进行严格控制[8]。

目前，国内桥面现浇混凝土平整度施工工艺主要有以下4类。

1. 振动梁整平机配合抹面设备施工工艺

振动梁整平机，又称为振捣梁、振捣轨道梁等。在进行桥面整平施工时，具体工序是混凝土摊铺、振动梁整平、提浆、铝合金直尺刮平、抹面设备精平、拉毛。浇注前，桥面先冲洗干净。摊铺时要比角钢高度略高，振动棒与平板振动器共同将混凝土摊铺平整，先采用振动梁振捣密实并初平，滚筒顺桥向滚压混凝土面，后用铝合金直尺横桥向拉动混凝土面，并均匀向前滑移尺杆，同时采用抹面设备精平并检查混凝土质量。精平后待混凝土稍硬，采用塑料丝扫把顺横桥向拉毛，往返各一次，深度控制在1~2mm，拉毛后用土工布覆盖洒水，养护不少于10d。

该工艺在施工过程中可一次性完成全宽铺装，整体性好，无接缝，不易漏水，可有效延长桥梁使用寿命。但在施工过程中振动梁梁体下垂挠度过大，易在铺装中部形成"锅底"；摊铺布料宽度大，布料时混凝土高度不易控制，易导致"骨料窝"和"浆液坑";混凝土水泥浆在横坡作用下流向低侧,使混凝土产生离析;同时抹面设备施工过程中,控制人员需要在混凝土表面行走,易在混凝土表面踩踏脚印、不易抹平,影响桥面铺装平整度。

2. 三辊轴整平机配合抹面设备施工工艺

三辊轴整平机,又称为三轴仪、三轴提浆整面机、三轴提浆整平机等。目前发展出一种悬挂式三辊轴整平机,较传统三辊轴整平机性能更好。桥面整平施工时,利用三辊轴整平机具有高频激振提浆、自行滚动碾压整平振动密实功能,将混凝土摊铺均匀并高出模板2mm,边角处用振捣棒振实,然后开动该机,振动辊为逆时针旋转,向前振实并摊料前进,将混凝土碾平,如此往返,直至铺装混凝土密实平整。对存在轻微不平之处,在混凝土泌水基本结束但尚未初凝时配合抹面设备抹平,并立即用3m直尺进行平整度检查,直至达到设计要求。

该工艺施工时摊铺宽度为4~6m,可有效避免振动梁全宽铺装带来的挠度大、布料高度不易控制及混凝土离析等问题。但由于摊铺宽度的限制,桥面铺装会出现纵向接缝,影响桥面整体性;雨水易沿接缝处渗漏,缩短桥梁使用寿命;接缝不易抹平,严重影响行车舒适性。同时,也存在着人工操作抹面设备易在混凝土表面踩踏脚印、不易抹平等问题,影响桥面铺装平整度。

3. 悬架式整平机配合抹面设备施工工艺

悬架式整平机,又称为桁架式整平机、框架式整平机、悬架行走型整平机等。该设备振捣整平时,每个作业循环长度5m,往返振动3次,依靠整平机辊轴将混凝土振动密实。混凝土初凝前,使用抹平机抹面,机械化施工混凝土表面不会留下脚印且施工效率较高。铺装两侧、轨道沟人工钢抹子抹平。两侧模板及端头位置人工钢抹子抹平压光,抹平人员踩在护栏钢筋缝隙及轨道上抹面,避免混凝土表面出现脚印影响平整度。人工完成整平工作后拆除轨道,最后人工补料抹平轨道痕迹。该工艺可以全宽一次性铺装不留施工缝,保证桥面平整度。桁架较大的抗变形能力可避免振动梁挠度过大影响平整度,施工平整度合格率整体较高。

4. "四机联动"施工工艺

"四机联动"施工工艺,是指依托轨道高程作为现浇混凝土铺装层设计高程,利用液压式整平机对混凝土进行初步整平,振动后采用全自动三辊轴摊铺机高频振动击打及前后反复碾压混凝土,整平后采用驾驶型抹光机依靠自重对混凝土进行二次旋转压实、抹平和收光,最后通过来回拖动手推式铣刨机铣刀对混凝土表面进行横纵反复铣刨,清除表面浮浆,以此来提高现浇混凝土铺装质量和作业效率的全机械化作业模式。

3.2.2 平整度控制施工机械配置

将振动梁整平机配合抹面设备施工工艺、三辊轴整平机配合抹面设备施工工艺、悬架式整平机配合抹面设备施工工艺和"四机联动"施工工艺共 4 种桥面现浇混凝土平整度施工工艺，从初平设备、精平设备和实施效果等方面进行归纳和总结，具体见表 3.2。

表 3.2 不同桥面现浇混凝土平整度施工工艺及其效果

序号	施工工艺	初平设备	精平设备	实施效果（平整度评价）		
				平整度标准差 σ/mm	国际平整度指数 IRI/(m/km)	间隙 h/mm
1	振动梁整平机配合抹面设备施工工艺	振动梁整平机	手扶式抹面设备/木抹子、钢抹子	0.9~1.8	1.5	1.9~3.3
2	三辊轴整平机配合抹面设备施工工艺	三辊轴整平机	手扶式抹面设备/木抹子、钢抹子	—	—	3
3	悬架式整平机配合抹面设备施工工艺	悬架式整平机	手扶式抹面设备/驾驶式抹光机			1
4	"四机联动"施工工艺	液压式整平机、全自动三辊轴摊铺机	驾驶式抹光机、手推式铣刨机			0~2

由表 3.2 可知，悬架式整平机配合驾驶式抹光机这一桥面现浇混凝土平整度施工工艺效果较好。另外，"四机联动"施工工艺是针对以往桥面现浇混凝土平整度施工过程中存在问题而提出的改进施工方式，可减少人为因素对施工质量的影响，提高现浇混凝土桥面铺装层的平整度、厚度均匀性、密实度、防水层表面附着力及复合路面的粘结能力。基于此，针对桥面现浇混凝土平整度施工工艺，推荐采用悬架式整平机配合驾驶式抹光机或"四机联动"施工工艺。

3.2.3 平整度施工控制指标与标准

1. 平整度检测设备及控制指标

按照检测原理，桥面/路面平整度检测技术一般可划分为断面类和反应类两种，不同设备采用的检测指标也有所不同，具体见表 3.3。

平整度实时检测设备的检测指标应根据相关规范要求选取，国内常用平整度检测技术指标如下。

1）最大间隙 h

定义为路表面到 3m 直尺的距离。以行车道一侧车轮轮迹（距车道线 0.8~1.0m）作为连续测定的标准位置。连续测定 10 次时，判断每个测定值是否合格，并计算合格百分率与最大间隙 h（mm）的平均值。

表 3.3　硬化水泥路面平整度检测常用设备

名称	类型	设备组成	检测指标	特点
3m 直尺	断面类	3m 直尺、楔形尺	最大间隙 h	成本低、易操作；费时费力
连续式平整度仪	断面类	牵引车、连续式平整度仪	平整度标准差 σ	反映真实断面、精度高、轻便、多功能；效率低
车载式颠簸累积仪	响应类	承载车辆、距离测量装置、颠簸累积值测试装置、控制系统	单向颠簸累积值 VBI	可连续测试、效率高；标定较困难
车载式激光平整度仪	断面类	承载车辆、距离传感器、高程传感器、控制系统	国际平整度指数 IRI	精度高、效率高；成本高

2）平整度标准差 σ

牵引连续式平整度仪应保持匀速，速度宜为 5km/h，最大不超过 12km/h，测定后按每 10cm 间距采集的位移值自动计算得到每 100m 计算区间的平整度标准差 σ（mm），计算公式为

$$\sigma_i = \sqrt{\frac{\sum d_i^2 - \left(\sum d_i\right)^2 / N}{N-1}} \quad (3.1)$$

式中，σ_i 为各计算区间的平整度计算值（mm）；d_i 为以 100m 为一个计算区间，每隔一定间距（自动采集为 10cm，人工采集距离为 1.5m）采集的路面凹凸偏差位移值（mm）；N 为计算区间用于计算标准差的测试数据数量。

3）国际平整度指数 IRI

定义为标准模拟车在 80km/h 速度条件下，车身悬架的总位移（m）与行驶距离（km）之比。工程应用中以 100m 为计算区间，用车载激光平整度仪的标准计算程序计算 IRI（m/km）值。

4）单向颠簸累积值 VBI

一般由颠簸累积仪直接测试输出，输出后要按照相关性标定试验得到的相关关系式，以 100 m 为计算区间换算成 VBI（cm/km）。

2. 平整度控制指标技术要求

1）《公路工程质量检验评定标准 第一册：土建工程》

《公路工程质量检验评定标准 第一册：土建工程》（JTG F80/1—2017）中平整度检测指标的技术要求见表 3.4。

2）《公路桥涵施工技术规范》

《公路桥涵施工技术规范》（JTG/T 3650—2020）中对于水泥混凝土桥面铺装施工基本要求见表 3.5。

表 3.4　水泥混凝土桥面铺装平整度检测指标技术要求

检测对象	检测指标	技术要求		检测方法
		高速公路、一级公路	其他	
水泥混凝土路面、水泥混凝土桥面铺装	h/mm	≤3	≤5	3m 直尺；每半幅车道每 200m 测 2 处×5 尺
	σ/mm	≤1.32	≤2.0	平整度仪；全线每车道连续检测，
	IRI/(m/km)	≤2.2	≤3.3	每 100m 计算 σ、IRI
复合桥面水泥混凝土铺装	h/mm	≤5		3m 直尺；每半幅车道每 200m 测 2 处×5 尺

表 3.5　水泥混凝土桥面铺装施工基本要求

项目	检查项目		规定值或允许偏差	
1	强度或压实度		在合格标准内	
2	厚度/mm		+10，−5	
3	平整度	高速公路、一级公路	IRI/(m/km)	沥青混凝土　2.5 ／ 水泥混凝土　3.0
			σ/mm	1.5 ／ 1.8
		其他	IRI/(m/km)	4.2
			σ/mm	2.5
		最大间隙 h/mm		5
4	横坡	水泥混凝土		±0.15%
		沥青面层		±0.3%
5	抗滑构造深度		符合设计要求	

3)《公路水泥混凝土路面施工技术细则》

《公路水泥混凝土路面施工技术细则》（JTG/T F30—2014）要求水泥混凝土桥面铺装层除抗压强度外，其质量标准及检查项目、频率和方法应符合表 3.6 的规定。

表 3.6　水泥混凝土桥面铺装层质量标准及检查项目、频率和方法

检查项目		质量标准		检查频率	检查方法
		高速公路、一级公路	其他		
纵向平整度	σ/mm	≤1.50	≤2.50	所有桥面车道连续检测，每 100m 测 1 次	车载平整度检测仪
	IRI/(m/km)	≤2.50	≤4.20		
	h/mm（合格率应≥90%）	≤3	≤5	每车道 100m 测 2 次，每处 10 尺	3m 直尺

将上述规范进行汇总，见表 3.7。

表 3.7 水泥混凝土桥面铺装实测项目汇总

序号	规范名称	公路等级	平整度质量标准		
			σ/mm	IRI/(m/km)	h/mm
1	《公路工程质量检验评定标准 第一册：土建工程》（JTG F80/1—2017）	高速、一级	≤1.8	≤3.0	—
		其他	≤2.5	≤4.2	≤5
2	《公路桥涵施工技术规范》（JTG/T 3650—2020）	高速、一级	≤1.8	≤3.0	—
		其他	≤2.5	≤4.2	≤5
3	《公路水泥混凝土路面施工技术细则》（JTG/T F30—2014）	高速、一级	≤1.5	≤2.5	≤3
		其他	≤2.5	≤4.2	≤5

3.3 现浇混凝土铺装层平整度智能化实时检测技术

现浇混凝土铺装层平整度是影响桥面铺装使用性能的重要因素，目前现浇混凝土铺装层的平整度检测一般在其固化后进行，检测完成后对不满足要求的区域局部修补，易导致现浇混凝土铺装层局部强度不足，造成沥青铺装层与现浇混凝土铺装层粘结不良。因此，基于低空无人机数据采集高精度、高密度、高效率、低成本的特点，将激光雷达点云数据与影像数据获取技术相结合，研发基于无人机的平整度实时检测技术，通过点云滤波、点云分类、格式转换等数据处理方法，获得精确的桥面表面高程数据，以此为基础进行平整度计算和评价，实现现浇混凝土铺装层平整度的高精度无扰动实时检测，便于及时发现并改进施工过程中存在的质量问题，提升桥面铺装层施工效率和工程质量。

3.3.1 现有平整度实时检测技术评价

1. 美国德州滑行式轮廓检测仪

为提高硅酸盐水泥混凝土路面平整度质量，美国德克萨斯大学阿灵顿分校与德州交通运输部和联邦公路管理局针对水泥路面硬化后的修补措施将对路面造成永久性损害的问题，提出了一种在水泥路面硬化前对其平整度进行检测并及时修复的设备——Sliding Profiler。

Sliding Profiler 是一种接触式平整度检测设备，主要设计思路为：将装有陀螺仪传感器、电源、数据采集板、嵌入式微型计算机以及无线通信设备的装配箱安装在承板上，承板安装于混凝土摊铺机后方并置于混凝土路面上，跟随摊铺机向前滑行，前进过程中，装配箱内传感器可测量铺装层凹凸状况并输出数据；此外，一个配置有距离编码器的车轮也一并随着摊铺机向前运动,以传输里程信息,同时定位病害坐标。然而,接触式检测设备的承板底面对未硬化水泥路面造成扰动,基于此,非接触式路面平整度检测设备得到进一步发展。

2. 美国 Ames 实时检测设备

美国 Ames 基于非接触式检测原理,开发了一种水泥路面平整度实时检测设备——Real Time Profiler（RTP）,在混凝土整平机后方桁架上安装激光传感器,通过激光传感器测量整平压实的水泥混凝土表面到桁架间的高差,并将数据发送到数据采集设备,以便在计算机端口实时输出水泥路面表面轮廓和路面平整度数据。该设备能以 0~0.4m/s 的速度对平整度进行测量,激光位移传感器射程为127mm,分辨率为 0.025mm,垂直距离传感器分辨率为 0.05mm。

3. 美国 Gomaco Smoothness Indicator 设备

美国 Gomaco 公司开发了 Gomaco Smoothness Indicator 设备,该设备也属于非接触式检测设备,安装方法和测量原理与 RTP 类似,主要不同点在于其采用的传感器为声学传感器。

4. 我国激光桁架摊铺机

我国对现浇混凝土铺装层平整度实时检测技术的研究较少,仅有唐山市星斗路桥机械有限公司开发的激光桁架摊铺机用于平整度控制领域,其设计思路主要借鉴了农业激光平地系统,该系统主要由激光发射器、激光接收器、控制器和液压工作站组成。其工作原理是:激光发射器发出一定直径的基准圆平面,装在刮土铲支撑杆上的接收器采集到的信号经控制器处理后传递给控制液压执行机构,液压机构按照要求控制刮土铲上下动作,完成土地平整作业。

激光桁架摊铺机配备有红外线标高控制系统,该系统由基站发射机器、标高测量仪、整平机接收器组成,可根据预先输入的数据自动控制摊铺机两侧液压油缸,从而实现现浇混凝土层标高与坡面的控制。

5. 平整度检测技术对比分析

目前,国内外均已开发出较为成熟的接触式与非接触式现浇混凝土路面平整度检测装置,其直接安装于具有摊铺、整平功能的一体化施工机械,能够一定程度上实现现浇混凝土平整度的实时检测,但也存在一些不足:①检测装置受摊铺机械的振动影响较大,甚至会对未硬化路面造成扰动;②检测装置的移动路径受限于其轨道的平整度情况,若轨道铺设不满足要求,则结果不精确;③检测装置距离路面的高度较低,致使其工作面积较小,无法覆盖较大宽度的路面;等等。

综上，现有平整度检测装置均无法较好满足超宽桥面现浇混凝土铺装层平整度实时检测所需的无扰动、高精度等应用需求。

针对于此，若能将高精度平整度实时检测装置与无人机相结合，实现对未硬化水泥混凝土的无扰动检测，将进一步提高现浇混凝土平整度实时检测效率、可靠性及智能化程度。

3.3.2 无人机平台平整度实时检测原理

现阶段，无人机道路检测技术主要是指基于航拍图像的检测。由于无人机运动自身稳定性控制以及运动场景环境的复杂性和处理采集到数据的复杂性，对于路面坐标高程、平整度检测所需的数据精确获取技术还有待进一步研究。

1. 基于激光影像数据处理的地面高程获取方法

考虑到要在浇筑过程中对未凝固的现浇层平整度检测，需采用非接触式检测方式，在该领域常用的一种理论是三角测距原理。线激光器投射激光到被测物体表面，形成特征线，图像采集系统采集物体表面的特征图像，最后根据标定可以得出空间方向和位置参数等信息，根据三角测量原理进一步对特征图像处理计算，可以得出被测物体表面三维信息。

利用线激光器扫描物理表面可以满足高精度要求（毫米级），且激光具有良好的单色性，不易受物体表面纹理或颜色影响，相对稳定，能满足道路工程中室外检测不被干扰的要求。

为实现无人机定位定向功能，需要根据无人机定位原理，安装定位模块。实时动态（real-time kinematic，RTK）技术是实时处理两个测量站载波相位观测量的差分方法，将基准站采集的载波相位发送给用户接收机，求差解算坐标，是一种能在野外实时获得厘米级定位精度的测量方法。在使用时，基准站通过无线通信网络将接收到的卫星信号发送给用户，用户接收机将接收到的卫星信号和基准站信号实时联合解算，求得基准站和流动站间的坐标增量，得出定位结果。

该检测技术以无人机为移动平台，搭载激光传感器、工业相机、数据采集装置、RTK 导航定位系统以及无线通信系统，配合地面平台，实现对现浇层平整度状况的实时检测与结果输出。检测过程中，无人机按预定航线以一定高度沿行车道向前飞行，安装于无人机下方的工业相机以一定频率抓拍激光传感器投射到路面的影像并存储于数据采集装置，数据通过无线通信系统传输至地面平台后经处理即可输出检测断面的平整度指标。

2. 基于机载激光雷达点云数据处理的地面高程获取方法

机载激光雷达系统是一种由二维激光扫描仪、全球定位系统（global

positioning system，GPS）、惯性测量单元（inertial measurement unit，IMU）和摄像机组成，专门针对地形遥感应用领域的激光成像雷达。激光雷达（light detection and ranging，LiDAR）系统使用飞机作为载体，将激光扫描仪挂载在飞机底部并参与其飞行过程，对地面地形及地物进行扫描，记录高精度、高密度的三维激光点云以及回波信息，利用相关数据能够快速产生地形数字表面模型（digital surface model，DSM），经多步点云处理后最终建立地形数字高程模型（digital elevation model，DEM）。激光雷达系统包括激光器和一个接收系统。激光器产生并发射一束光脉冲，打在物体上并反射回来，最终被接收器所接收，接收器准确地测量光脉冲从发射到被反射回的传播时间，鉴于光速是已知的，传播时间即可被转换为对距离的测量。结合激光器的高度和激光扫描角度，就可以准确地计算出每一个地面光斑的三维坐标 X、Y、Z。

激光雷达点云数据采集是目前为止创建数字高程模型 DEM 最详细和准确的方法，在地形测绘领域有取代摄影测量的趋势。与摄影测量相比，其主要优势是能够滤除点云模型中的植被反射，恢复被树木掩盖的诸如河流、道路、文化遗址等地表面，继而创建真实地表数字表面模型。与基于激光影像数据的地面高程获取方法相比，激光雷达获取底面高程的精度和效率更高，更适合应用于平整度实时检测。

早期受限于设备体积以及飞行器技术发展水平，机载激光雷达系统几乎都搭载于有人机（如直升机或固定翼飞机）上；得益于无人机技术的发展与普及以及机载激光雷达设备的小型化，搭载于无人机上的无人机激光雷达系统得以成为主流。相较于有人机，无人机更容易操控，单次飞行与设备的成本更低，部署与执行飞行计划更加灵活便利。

3.3.3 平整度实时检测方案选择

以无人机为移动平台，搭载激光雷达、RTK 导航定位系统以及无线通信系统，配合地面平台，实现对现浇混凝土铺装层平整度状况的实时检测与结果输出。检测过程中，无人机按预定航线以一定高度沿行车道向前飞行，安装于无人机下方的激光雷达以一定间隔距离采集现浇混凝土铺装层的点云数据，通过无线通信系统传输至地面平台后经处理即可输出现浇混凝土铺装层的高程数据及平整度指标，及时获取平整度不满足要求的准确位置。

1. 平整度检测指标选择

目前我国相关技术标准中用于平整度自动检测的控制指标主要是平整度标准差 σ 和国际平整度指数 IRI，其中国际平整度指数是基于检测车辆的振动模型建立的评价指标，该模型不适用无人机飞行控制平台，因此，基于无人机平台的平整度实时检测不能直接以国际平整度指数作为控制指标。平整度标准差 σ 由铺装层表面高程数据计算确定,不受数据采集系统的影响,本书以平整度标准差 σ 作为现浇混凝土铺装层平整度检测控制指标。

根据无人机按每10cm间距采集的桥面铺装高程值计算得到每1m计算区间的不平整度标准差 σ,计算公式为

$$\sigma_i = \sqrt{\frac{\sum h_i^2 - \left(\sum h_i\right)^2 / N}{N-1}} \quad (3.2)$$

式中,σ_i 为各计算区间的平整度标准差计算值(mm);h_i 为以 1m 为一个计算区间,每隔 10cm 采集的路面高程差值(mm),如第一个高程数据为 H_0,第二个高程数据为 H_1,则 $h_1=H_1-H_0$,以此类推计算 h_2、h_3、…、h_{10};N 为计算区间用于计算标准差的测试数据数量,取值为 10。

根据平整度标准差 σ(mm)计算方法计算每 1m 的平整度标准差,从起点开始,对每 1m 进行编号,从 1 开始,每个编号代表距检测起点的距离。如果标准差 σ>1.32,则该段落平整度不满足要求,程序最终能够查询每 1m 的平整度标准差,并给出不合格段落编号。

2. 无人机移动平台

在选择无人机时要考虑其自重、承重和结构强度。考虑到无人机需搭载的设备较多,无人机承重应在 6~8kg;无人机上应有专门支架以搭载 RTK 定位系统、激光雷达以及电源等部件;检测过程中,无人机需按照系统预定的航线飞行,航线一般为被检测车道的轮迹带附近。考虑到在桥面现浇混凝土平整度的实时检测阶段,没有行车道标记,应根据设计文件在对应车道位置规划无人机航线;无人机飞行高度不能过低,以免螺旋桨带来的气流从地面逆流而上,导致无人机飞行不稳定,影响检测精度。无人机飞行高度在 15~20m,飞行速度控制在 10km/h。

3. 激光雷达点云数据采集系统

激光雷达点云数据采集系统属于多系统集成系统,每个子系统的性能都会对 LiDAR 系统最终的数据质量产生很大的影响。硬件集成主要由三维激光扫描仪、全球导航卫星系统(global navigation satellite system,GNSS)接收机和 IMU 惯性测量单元组成。数据处理见图 3.9,包括激光原始数据解码、差分全球卫星导航系统(differential global navigation satellite system,DGNSS)与 IMU 数据组合解算、点云内插计算以及系统误差检校。

通过原始数据解码得到地物点相对于激光扫描仪的相对位置,计算出扫描载体的绝对位置和姿态信息,最后通过将定位定姿系统(position and orientation system，POS）数据与激光数据进行插值计算可以获得地物点各个扫描点的绝对位置信息。

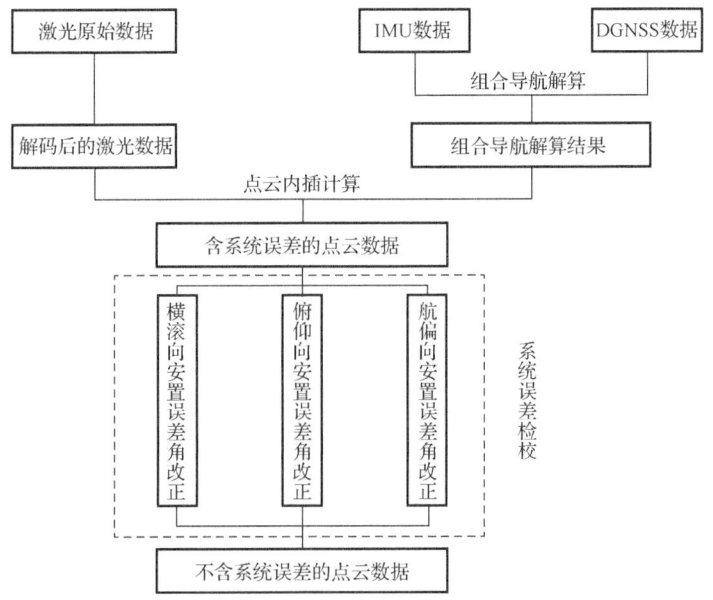

图 3.9 点云数据采集处理过程

3.3.4　无人机平台高程数据采集与高精度点云数据处理技术

1. 基于无人机平台的现浇层高程数据采集系统构成

使用无人机搭载激光雷达对地面信息进行采集，激光雷达采集硬件系统分为空中采集子系统和地面控制子系统两部分，其中空中采集子系统由电池、DC-DC模块、激光雷达及无线数据传输模块等部分组成，地面控制子系统由无线数据传输模块和电脑两部分组成。空中采集子系统与地面控制子系统之间通过无线数据传输模块以无线电信号为介质进行数据交互。

硬件系统主要包括电池、DC-DC模块、无线数传、激光雷达、电子调速器、直流无刷电机、电源管理模块、飞行控制单元、无线遥控器、GPS和地面站等几个部分，各部分主要功能介绍如下。

电池：采用锂聚合物电池（Li-polymer）具有比能量高、安全性高的优点。电池作为硬件系统的唯一供电来源，分别给激光雷达和电子调速器供电。

DC-DC模块：在直流电路中将一个电压值的电能变为另一个电压值的电能的装置，用作降压模块。

无线数传：借助数字信号处理（digital signal processing，DSP）技术和无线电技术实现的高性能专业数据传输电台。通过使用无线数传，可以摆脱电线的束缚，实现数据无线传输。无线数据传输模块采用1W大功率无线电台，搭配高增益天线，数据传输稳定可靠，可保证6km距离数据链不中断，使整个激光雷达采集系统的工作可靠性和稳定性得到了保证。

激光雷达：作为系统采集路面信息的唯一传感器，安装于多旋翼无人机下方。

电子调速器：用于控制电机的转速，进而控制螺旋桨的转速。

直流无刷电机：连接螺旋桨，用于控制螺旋桨旋转。

电源管理模块：用于控制电池输出的电压合理分配给飞行控制单元和GPS。

飞行控制单元：指飞行控制器，用于控制多旋翼的飞行模式和飞行姿态等，飞行控制单元额外集成有接收机，可以接受无线遥控器发出的信号。

无线遥控器：用于给多旋翼发送动力、转向、姿态调节和飞行模式等指令，可以控制多旋翼自主飞行和手控飞行两种模式之间的切换。

GPS：用于定位多旋翼无人机的位置。

地面站：使用PC机，用于给系统发送指令控制激光雷达的开始、关闭、单次采集和连续采集等模式，处理系统中SD卡的激光雷达数据。

硬件系统搭建时首先需要考虑各部分的供电连接，保证各模块的供电需求。激光雷达工作电压19.2~28.8V，而多旋翼采用锂聚合物电池，供电电压为21.6~25.2V，所以可以采用飞行平台动力电池直接给激光雷达供电。无线数据传输模块供电需求为5V/2A，无法直接采用动力电池供电，因此增加5V/3A DC-DC模块为其供电，将锂电池输出的22.2V电压转换输出给飞行控制单元（输入电压5V）和GPS（输入电压5V）。电子调速器输出给直流无刷电机的电压是随信号变化的，不是一个固定的值。

满足各硬件系统的供电连接之后，需要根据各模块通信协议等完成数据的输入和输出，在空中采集子系统中，激光雷达采用TCP/IP协议进行通信，通信速率可达100Mbit/s。根据TCP/IP协议的物理层标准及激光雷达通信协议，激光雷达和数据传输模块之间采用异步串行通信方式进行数据传输，共需连接2根数据线，定义数据线名称为TX和RX。

1）无人机挂载平台选择

随着计算机技术、电子技术和微型传感器等的发展，多旋翼无人机成为目前无人机研究的一个比较重要的方向。多旋翼无人机螺旋桨个数一般有4个、6个和8个。螺旋桨安装在同一水平面、对称布置，用来提供升力和抵消反扭力矩。多旋翼无人机具有可悬停起降、机械结构简单、制造成本低、飞行姿态平稳和维护方便等优点，缺点是载荷量小。

无人机激光雷达需选定一款稳定可靠且长续航的无人机作为挂载平台，同时考虑无人机系统的拓展性和通用性，能够进行二次开发，最后选用DJI-Matrice 600 pro无人机作为搭载平台，见图3.10。该无人机具有全向感知功能，可以精确控制行进方向,控制距离为 8km,满足公路自动化检测需求,自带 Wi-Fi 数据传输功能,可在 10km 内高速传输数据,为平整度实时检测提供了数据保证。

2)三维激光扫描仪选择

激光扫描系统由光学机械扫描仪,激光测距单元和相应的控制处理器组成。扫描原理都是通过记录激光从发射到被再次接收所用的时间来得到距离观测值,同时精确地测出扫描角度,再通过激光原始数据解码就能很准确地得到地物点的相对位置。由于激光扫描仪的成本比较高,所以针对不同的 LiDAR 系统一般采用不同性能的激光扫描仪。激光雷达选择中,必须根据实际选择最适合工作需求的。对于项目研究无人机载 LiDAR 系统,考虑到飞行平台载重有限,飞行速度比较慢,选取 R-Fans-16 作为激光雷达扫描系统(图 3.11),其测程距离远、测量精度高、回波强度准确、质量小。

图 3.10　DJI-Matrice 600 pro 无人机　　图 3.11　R-Fans-16 激光雷达扫描系统

3)高精度定位测姿系统

高精度定位测姿系统是机载 LiDAR 系统的最核心部分,给激光扫描数据提供直接地理参考,定位姿态精度直接决定整个系统的点云成果的可用性。在无人机遥感测绘行业要获得高质量的位置和姿态信息,通常会由全球导航卫星系统(GNSS)和惯性测量单元 IMU 提供。所选产品可以同时搜到美国 GPS 卫星、俄罗斯的全球卫星导航系统(global navigation satellite system,GLONASS)以及我国的北斗卫星,可以有效地避免各国单系统卫星较少的情况出现,其工作原理是通过惯性导航系统和卫星导航系统来分别测得机载 LiDAR 系统的姿态和位置信息,再经过差分解算和卡尔曼滤波解算组合从而得到高精度的位置和姿态。

(1)动态差分系统。为了提高全球卫星导航的定位精度,机载 LiDAR 系统一般采用载波相位差分技术来提供位置信息。利用基站和流动站的空间和时间的相关性来补偿大气层、电离层误差,从而提高机载 LiDAR 系统的定位精度。虽然动态差分系统具有定位误差不随时间积累、定位精度高等优点,但是存在自主性差(当卫星数较少时无法固定模糊度)、天线容易受到遮挡干扰等缺点。

(2)惯性导航系统。通过 IMU 的姿态测量功能,能够实时快速的测量飞行平台短时间内的姿态变化,同时会提供载体的位置和速度信息,但是惯性导航系统

(inertial navigation system，INS）有一个不可避免的缺点就是位置和姿态的误差随着时间的推移会逐渐变大。

（3）差分全球卫星导航系统/惯性导航系统组合系统。分析了单独的 GNSS 和独立的 INS 定位测姿的缺点后发现，商用 POS 都是将 GNSS 与 INS 组合起来，用来克服自身的缺点达到取长补短的目的。差分全球卫星导航系统/惯性导航系统（DGNSS/INS）组合系统的优点主要表现为：通过差分后的高精度 GNSS 定位信息不断的修正 INS 误差，可以有效克服 INS 误差随时间积累的缺点（松组合）；利用 INS 短时间定位精度较高的特点，可以解决在观测条件不理想的情况下出现的模糊度无法固定和周跳等问题（紧组合）。除此之外，INS 所测得的动态信息如果辅助 GNSS 接收机跟踪环路，还可以有效提高接收机在高动态环境下对卫星型号的捕获和跟踪能力（超紧耦合）。

4）同步控制装置

由于机载 LiDAR 系统是多系统集成系统，涉及激光扫描仪数据、GNSS 卫星导航定位数据、IMU 惯导数据以及其他一些辅助数据。并且这些数据都由独立的子系统进行记录，彼此之间本来互不相关，因此在后期数据处理的时候，必须先对其进行时间同步，且要求各子系统时间达到时间的精确同步。对机载 LiDAR 系统而言，IMU 模块和激光扫描仪都可以通过 GNSS 接收机授时，确保子系统之间的时间完全同步。

在机载 LiDAR 系统中，控制系统需要同步激光扫描仪模块、IMU 模块及 GNSS 模块，因此需要以 GNSS 秒脉冲（pulse per second，PPS）作为时标来进行系统的数据时间同步。在进行飞行作业时，激光扫描仪控制系统除了储存扫描原始数据之外，还会记录根据 PPS 提供的额外中断服务控制的时间数据。与此同时，系统中 GNSS 模块和 IMU 模块同样以此中断信号记录时间数据。因此激光扫描原始文件包含了与 GNSS 模块和 IMU 模块时间相关的相对坐标信息。因为 GNSS 采用了高精度的原子钟计时，所以控制系统的时差被直接当作三者之间的时间误差，这种时间同步的精度优于 $10\mu s$。根据协议文件，时间同步后的 POS 文件可以与激光数据分别处理。正常情况下，在每个时间间隔内每个激光扫描仪的扫描线的频率（如系统的测量点频率为 320kHz）要远高于 GNSS 的采样频率（1～5Hz），因此在系统同步后 POS 的位置和姿态信息会被线性内插。

5）地面参考静态站

由于平整度计算所需的高程数据需精确至毫米级，为使采集得到的无人机激光雷达点云数据空间坐标更加精确，需在数据采集后选用地面参考静态站数据对 IMU/GPS 所记录的航迹数据进行动态后处理（post processed kinematic，PPK），保证所获得的 POS 数据更加精确。选用的地面参考静态站支持全星座接收，支持所有现行和规划中的 GNSS 卫星信号，特别支持北斗三频 B1、B2、B3 以及俄罗斯 GLONASS。

2. 高精度点云数据处理技术研究

LiDAR 数据处理主要包括地理定位和滤波两大部分，几何定位处理主要是通过差分 GPS 数据处理、IMU 和 GPS 组合姿态确定、坐标变换等处理过程，结合 LiDAR 的测距数据以实现激光脚点的三维坐标精确解算。随着系统集成以及现代计算机技术、差分 GPS 技术、IMU 数据处理技术等的成熟与应用，点云的几何定位问题已经得到了很好的解决。在几何定位趋于成熟的条件下，滤波分类技术已成为 LiDAR 数据处理的关键环节，分类精度直接影响生产成果的质量和应用范围。机载雷达点云数据来源于各种不同的集成仪器，主要包括载体位置、方向、距离值、时间、回波强度、光学影像等数据信息，处理这些数据时要同步提取和内插，然后计算出最终想要的测量数据。机载雷达数据处理主要包括数据预处理、数据后处理即点云滤波分类、航带拼接、坐标转换、数字产品（包括数字地面模型、数字高程模型、数字正射影像图及数字线划图等）的制作。

利用 TerraSolid 软件对机载 LiDAR 数据进行处理。包括在 IPAS 软件中对所获取 GPS 及 IMU 数据进行综合处理，利用 ALS Post Processor 解算原始记录数据，利用 FramePro 确定影像的初始外方位元素；在 Terrasolid 软件中进行数据处理，在 Terra Scan 模块中进行点云滤波分类，在 Terra Modeler 模块中制作数字高程模型。

1）GPS 数据差分

将 GPS 差分数据与 IMU 测得的姿态数据结合后利用 IPAS 软件对所获取 GPS 及 IMU 数据进行综合处理，同时进行 IMU 与传感器间的偏心改正，最后解算出传感器任意时刻的姿态角。解算结果为 SOL 航迹姿态文件。IMU/GPS 差分解算采用 Leica IPAS-TC 软件进行解算，输入原始 Renix 格式的基站数据、机载的 IMU、GPS 数据，经过严密的正反算解算，输出航迹文件，解算界面见图 3.12。

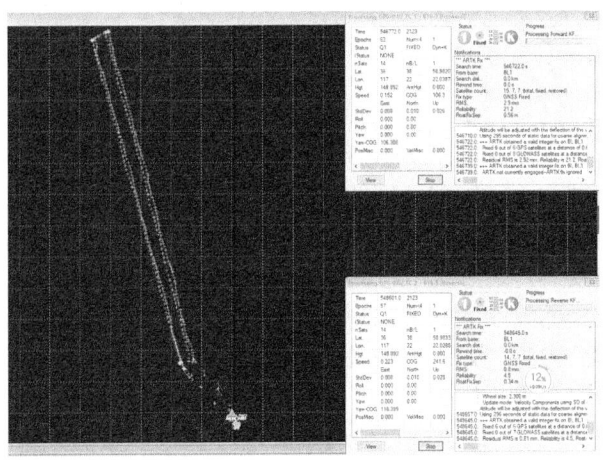

图 3.12　POS 数据解算界面

POS 数据处理要求如下：①为确保最优解算，采用多基站数据联合解算或选择该架次距离摄区最近的基站数据进行解算。②利用差分 GPS 结果和 IMU 数据，进行 POS 数据联合解算，并检核天线的偏心分量。③POS 解算的各项精度指标应满足规范要求，正反算精度指标应小于±0.05；检查航迹线解算的精度，标注位置精度因子（position dilution of precision，PDOP）突变区域，保证测区航迹线解算精度。④航迹线精度满足要求后，导出航迹文件成果。

2）激光点云解算

激光点云解算是利用软件 ALS Post Processor 以及高精度航迹姿态 SOL 数据和设备检校参数对原始记录数据进行解算。解算结果为 LAS 点云数据（国际标准点云数据格式）。

激光点云数据的定位：根据激光扫描仪扫描时的航迹文件，进行初始的大地定向，为每一个激光点在 WGS84 坐标系统下赋坐标值。

激光点云数据的初始定向：根据检校场得到的各个部件的检校数据，改正飞行过程的系统误差、航带偏移误差等；对于系统部件之间的偏心角、位移检校数据，利用整体平差的方法解算定向定位参数，改正航带平面和高程漂移的系统误差。经过检校之后的数据，不同航带、不同架次的数据都应正确匹配，若存在系统误差，应使用地面控制点进行系统误差的改正。

激光点云数据的坐标转换：根据两套坐标系统已有的控制点，求出转换参数然后将转换参数应用于激光点云数据，完成转换后的激光数据为工程坐标系。

（1）平面坐标转换。采用七参数法，投影设置如下。横轴摩卡托（UTM）投影：激光雷达系统处理得到的成果数据通常采用的测量坐标系统是 UTM 投影的 WGS84 坐标系统，其比例系数为 0.9996。高斯-克吕格（TM）投影：我国坐标系统通常采用 TM 投影的北京 54、西安 80 或 CGCS2000 系统，投影后中央经线保持长度不变，即比例系数为 1。两者之间的主要差别在比例因子上，TM 投影中中央经线上的比例系数为 1，UTM 投影中比例系数为 0.9996，坐标转换时必须减掉 500km 的平移量。实际的技术参数按照收集的地方坐标系统而定。

（2）高程基准转换。基于精化大地水准面成果进行转换或基于高程水准网解算拟合参数进行高程拟合。LiDAR 数据中获取的高程是通过 GPS 获取的大地高程，起算点为椭球面。我国现采用的正常高程系统的起算面为似大地水准面，两基准存在一定的差异，不能直接转换应用。要利用 LiDAR 技术的测绘产品，必须进行高程系统转换。

测区内均匀地布设了大量的控制点，并且进行了 GPS 测量和水准联测，可以解算测区高程拟合参数。对于线路较长的大型项目，可以采用分段拟合的方式，解算各自拟合参数，提高拟合精度。点云数据解算要求如下：

（1）使用 IPAS TC，联合解算地面基站数据和 POS 数据，输出解算后的航迹文件和系统 GPS 天线偏心值（Lever Arm）。

（2）基于 POS 解算的航迹文件、Lever Arm 和激光点数据，进行激光检校，输出检校后的航迹文件和 LAS 1.2 格式的点云数据。

（3）基于 POS 解算的航迹文件和对应影像数据，在 IPAS CO 软件中解算并输出检校场影像外方位元素。

（4）使用检校场影像的外方位元素完成相机检校，应用并保存检校成果，输出测区的影像外方位元素。

（5）坐标转换的检查。坐标转换过程中，要保证投影设置以及转换步骤的正确性。在转换完成后对数据进行检查保证数据的完整性与正确性，并且根据野外测量点对转换数据进行验证。

3）激光点云数据航带匹配与检校

利用 TerraMatch 模块自动匹配所有航线的激光点并按航线改正激光扫描点云数据的高程误差。对存在航带匹配高程误差较大的区域，可参考地面控制点坐标进行航带高程改正。量测激光点与地面控制点数据之间的差别，检查激光点云数据的拼接精度，并对激光数据强制加以改正。

（1）激光点云数据的航带匹配。创建宏命令按航线分类地面点（groud point）、低点（low point）、低于表面的点（point below surface）经过分类，将地面点、建筑物、植被等各归其类；根据各航线分类的地面点云数据，匹配测量相邻航带间的高程误差。解算得到激光扫描仪视准轴姿态角（侧滚角 roll，俯仰角 pitch，航偏角 heading）的改正值；根据激光扫描仪视准轴姿态角的改正值，改正激光点云数据的坐标；按航线分类的地面点匹配测量相邻航带间的高程误差，解算不同架次飞行导致的垂直偏差改正值。如果某个航线的垂直偏差改正值（Z 值）较大，将该航线的飞行质量设置为"Poor"后，使该航线在航带高程匹配中所占的权重小一些；根据航线的垂直偏差改正值，改正各个航线激光点的高程；使用"Find fluctuations"查找航带高程匹配的最大误差并加以改正。

（2）激光点云数据的匹配精度检查。根据各航线分类的地面点云数据，重新匹配测量相邻航带间的高程误差，查看匹配误差是否减小，是否满足要求。对个别匹配精度差的航带可根据地面控制点强制改正；按航带显示匹配后的点云数据，找有梯田、房屋、铁塔的地方拉剖面图，检查航带匹配质量。

（3）激光点云数据的航带拼接。对相邻航线、航带的数据进行拼接，裁切重叠的激光点数据；创建一个新类，激光点航带拼接时，应将重叠的点云数据归入 10-overlap 层内，不要将其去除，以增加林区地面激光点的数量。

（4）激光点云数据的精度检校。使用外业控制点检查点云数据的匹配精度，对航带接边处、航线接边处以及不同时间完成的重叠区域等地方进行重点检查，将外业地面控制点导入点云数据中，沿顶视图切取剖面并量测检查外业控制点的高程。数据满足作业要求后，就可以进行点云的分类编辑处理了。

4）高精度点云数据切割与过滤

点云滤波的主要目的是剔除点云中的噪声和干扰信息，并将地面点和非地面点数据进行分离，具体见图 3.13。

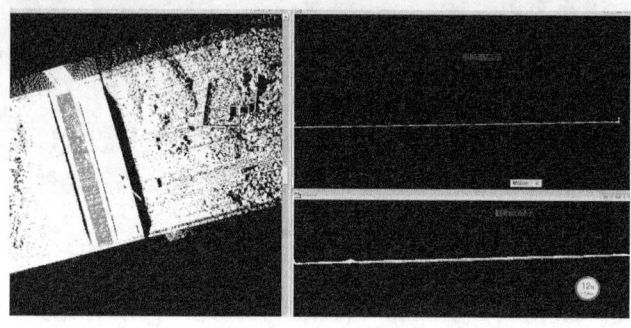

图 3.13　点云过滤

（1）噪声点过滤。采用目视识别的方法，对激光脉冲的折射或者多路径效应产生的异常点进行人工删除，这部分点云的数量比较少。

（2）高程异常点过滤。高程异常点的判断方法为：如果某点与该点所在半径 0.2m 内的邻域点的平均高程值相差超过 3 倍标准差，则视为异常点并加以剔除。

（3）扫描角过滤。设某一点到飞机正下方水平距离为 d，则该点扫描角为

$$\theta = \arctan(d/h) \tag{3.3}$$

式中，h 为无人机的飞行高度，根据道路的边界范围可以确定道路的最大扫描角为±8°，因此设置合适的扫描角阈值就可以将道路区域进行分离。考虑到航线有一定的偏差，为确保道路区域能被完全保留，设置的阈值为±24°。

（4）地形滤波。采用 Axelsson 提出的基于不规则格网的渐进加密算法对点云中的地面点和非地面点进行分离，并配合人工检查，即可实现地形滤波。目前该算法已内置于 TerraSolid 软件，因此主要借助该软件来完成所获取数据的地形滤波处理。点云经滤波处理后，大部分非地面点数据已被剔除，但附着在道路周边的低矮植被点、土壤点仍未被剔除，这部分点云可通过交互式分类的方式进行，为提高分类精度，利用无人机数据处理软件 Pix4D Mapper 对实验区内拍摄的高分辨率影像数据进行影像拼接和配准处理后得到实验区的正射影像图，然后结合 LiDAR 数据自身的反射强度和高程信息，最终可精确提取铺装层点云数据。

3.3.5　平整度实时检测系统开发

为实现桥面现浇混凝土铺装层高程数据的实时传输及平整度的准确评价，基于无人机载激光扫描系统获取的点云数据开发桥面现浇混凝土铺装层平整度实时

检测系统，该系统能够实时输出检测路段铺装层的高程数据及每 1m 的平整度指标，精确识别平整度不满足要求的段落位置。

1. 平整度实时检测系统开发基础及目标

基于无人机挂载平台的激光雷达扫描系统能够快速获取桥面现浇混凝土铺装层的高精度点云数据，将大量点云数据进行一系列处理后得到现浇混凝土铺装层的高程数据，在此基础上可以进行平整度指标的计算和评价。

检测过程中无人机飞行高度控制在 15～20m，飞行速度控制在 10km/h，激光雷达扫描系统按照无人机预先确定的航线对桥面现浇混凝土铺装层进行点云数据采集，最终按照每 10cm 间距输出一个高程值，高程精度能够达到 0.5mm，以此为基础计算得到每 1m 区间的不平整度标准差σ，如果标准差σ>1.32 则该段落平整度不满足要求，平整度实时检测系统能够查询每 1m 的平整度标准差，并给出不合格段落的具体位置。

2. 平整度实时检测系统功能实现

1）启动程序

找到桌面图标" "，鼠标双击，弹出 dos 启动界面，见图 3.14。

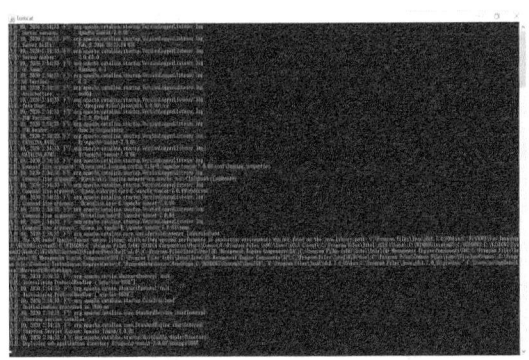

图 3.14 dos 启动界面

出现启动时间后，代表桥面铺装现浇混凝土铺装层平整度实时检测系统程序启动完成，最小化此界面。

2）浏览器访问，导入数据

打开任意浏览器，访问系统并登录用户账号和密码，登录成功，点击页面的"数据导入"按钮并确认，具体见图 3.15。

3）检测结果输出与查看

点击左侧菜单"检测记录列表"，展示系统处理后的结果数据列表，选择不合格的运算结果，点击查询按钮，输出相应结果，见图 3.16。

图 3.15　浏览器访问界面

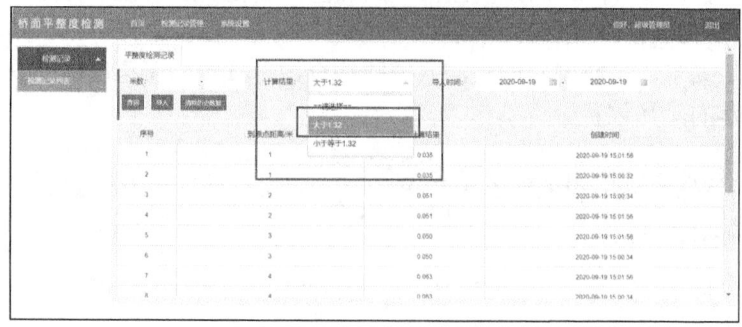

图 3.16　检测结果输出界面

3.4　基于整平效率提升的现浇混凝土铺装层精平优化工艺

现浇混凝土铺装层一般采用驾驶式抹光机进行精平，然而实际施工中，驾驶式抹光机行走路线大多取决于驾驶员习惯，并无规范驾驶路径以供遵循；抹光机工作段长度的拟定和工作时间的把握一般以经验为主，缺乏科学合理的指导方法[9]。因此，基于全局路径规划与数学计算，优化驾驶式抹光机行走路径，明确驾驶式抹光机允许工作时间，提出工作段长度校验方法，规范驾驶式抹光机的工作方式，为施工单位提供科学指导。

3.4.1　抹光机工作路径优化原则与规划策略

关于路径规划理念与方法，国内外学者已经开展了系统的研究工作。研究表明，建立合理规划目标，科学调整路径，能够大幅度提高机械设备工作效率，若能将该理念与方法应用于桥面现浇混凝土铺装层整平施工领域，从而优化驾驶式抹光机行走路径，对于桥面铺装层品质工程建设具有重要的意义。

针对桥面现浇混凝土铺装层抹光工序中存在的抹光机行驶路径混乱、抹光机工作时间把握不准的问题，提出基于全局路径规划的驾驶式抹光机遍历式行走路径；结合水泥混凝土初凝、终凝时间，考虑运输、布料、整平工序，明确驾驶式抹光机的允许工作时间；推算水泥混凝土的适宜布料长度，并由此提出工作段长度校验方法。根据实际施工中对驾驶式抹光机的工作要求，其行走路径规划按照以下原则进行：驾驶式抹光机的行走路径要遍布整个工作区域；为确保施工质量，行进过程中，抹光机每一条轮迹应与上一条重复 1/2；行走距离和工作时间应最少；行走过程中所消耗的能量应该最小，即做功最少；行走轨迹的控制应尽量简单，易于操作。

驾驶式抹光机路径规划应以其工作区域特点决定。一般来说，根据工作区域上障碍物分布情况，可以把工作区域分为基本区域和一般区域。包含障碍物的封闭曲线区域被称为一般区域，而无任何障碍物的封闭曲线区域称为基本区域。结合实际可知，驾驶式抹光机的工作区域属于基本区域，且施工过程中要求驾驶式抹光机的行走路线应全面覆盖工作区域，即以遍历方式覆盖工作区域。针对基本区域的遍历式路径规划通常采用全局路径规划方式。覆盖全局的移动路径规划主要有三种，见图 3.17。

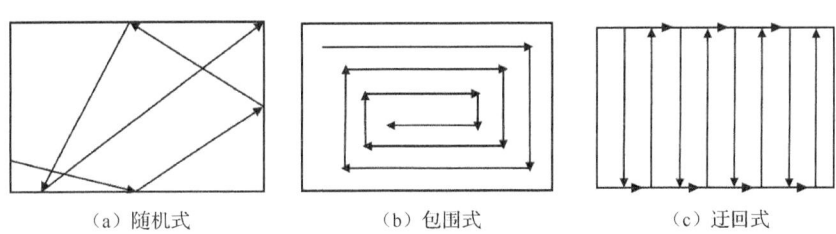

(a) 随机式　　　　　　(b) 包围式　　　　　　(c) 迂回式

图 3.17　全局遍历路径规划策略示意图

1）随机式规划方法

抹光机从出发点开始，以某种移动方式沿某一方向移动，一旦遭遇边界，便以一定速度往回移动，按照上面的方法反复进行返回操作直到所移动的路径覆盖整个工作区域。随机式规划方法控制简单、便利，实际施工中大多驾驶式抹光机的驾驶员采取这种方式进行工作，但抹光机在移动的过程中多次覆盖以前的轨迹，造成其移动轨迹不能快速而高效地覆盖全局。

2）包围式规划方法

抹光机从工作区域边界开始，以从外向内的方式形成包围圈，逐步完成整个区域的遍历覆盖。包围式规划方法最大的缺点是难以控制，运动过程中很难确定抹光机应在什么位置进行转向。因此，该方法同样不适于应用到抹光机的路径规划中。

3）迂回式规划方法

抹光机以直线方式移动至工作区域边界时改变方向,然后再以直线方式移动,反复执行以上移动行为直到轨迹覆盖整个区域。

综上所述,迂回式规划方法与前两种方法相比,从控制角度分析,比随机式难但比包围式容易;从能耗角度分析,所耗能量比随机式小但比包围式大。综合考虑分析,迂回式路径规划策略更适合应用到抹光机的遍历路径规划中,因此最终采用迂回方式作为全局路径规划策略。

3.4.2 抹光机允许工作时间与最大工作长度

1. 抹光机允许工作时间

在桥面现浇混凝土铺装层施工中,往往分幅、分段进行水泥混凝土布料、整平机整平、驾驶式抹光机抹光、人工收面工序。水泥混凝土拌和后由运输车运输到施工现场,通过混凝土泵车泵送到桥面进行布料,布料的同时由整平机进行整平,整平完成后等待一段时间确保水泥混凝土初凝,此时驾驶员驾驶抹光机进行抹光,抹光机沿路面横向方向进行迂回,抹光工序应在所有已整平水泥混凝土终凝前完成。

设水泥混凝土初凝时间为 T_1,终凝时间为 T_2;运输时间设为 T_3,与运输路线及交通状况有关;布料和整平时间设为 T_4,其值大小直接影响抹光机工作长度;等待时间设为 T_5,与水泥混凝土初凝时间有关,为确保水泥混凝土初凝,一般在布料整平后 1h 再使用驾驶式抹光机进行抹光收面,即通常取 $T_5=1h$;抹光机的允许工作时间设为 T,各工序示意图见图 3.18。

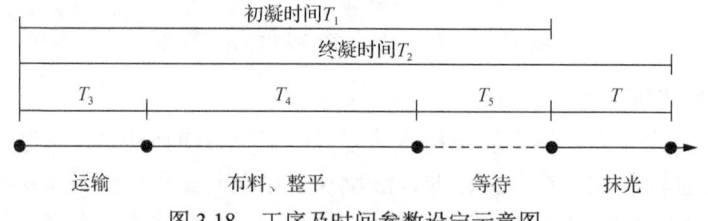

图 3.18 工序及时间参数设定示意图

根据各工序之间的关系,有如下等式:

$$T = T_2 - T_1 \tag{3.4}$$

$$T_1 = T_3 + T_4 + T_5 \tag{3.5}$$

在实际工程中 T_1、T_2、T_3、T_5 均为已知参数,因此只需要根据工程情况求出布料和整平时间 T_4,即可得到驾驶式抹光机的允许工作时间。需要注意的是,当 $T_3+T_4+T_5 < T_1$ 时,取 $T_3+T_4+T_5=T_1$。

初步拟定布料路段长度为 L,设布料宽度为 B,铺装层厚度为 h,求得布料时间：

$$T_4 = \frac{L \times B \times h}{Q} \tag{3.6}$$

式中，Q 为混凝土泵布料能力，m^3/h。

将式（3.4）、式（3.5）、式（3.6）联立，可求得抹光机允许工作时间：

$$T = T_2 - (T_3 + T_5 + T_4) = \frac{L \times B \times h}{Q} \leqslant T_2 - T_1 \tag{3.7}$$

需说明的是，实际施工中水泥混凝土的运输、布料和整平会严格控制在水泥初凝前完成，以便留出足够时间实施抹光等后续工作，因此，直接取 $T = T_2 - T_1$。

2. 抹光机最大工作长度

在求得驾驶式抹光机允许工作时间 T 条件下，抹光机工作见图3.19。

设抹光机 B 边方向行驶一次所耗时间为 t，则 $t = B/v_1$；设完成遍历工作需行驶次数为 n，忽略抹光机转弯时间，则抹光机在最大工作段长度 L 内（时间 T 内），$n = T/t$，且由数学关系知 $n = L/W = 2L/D$，可以得到抹光机在允许工作时间 T 内最大工作段长度：

$$L = \frac{Tv_1 D}{2B} \tag{3.8}$$

在实际工程中，为保证施工效率又不造成过多的时间浪费，应保证布料长度不超过抹光机允许工作时间 T 内的最大工作长度 L，用式（3.9）检验：

$$T \times v_2 \leqslant L \tag{3.9}$$

式中，v_2 为布料速度，m/h，且 $v_2 = Q/(Bh)$。

比较桥面宽度 B 与抹光机最大工作段长度 L，当 $L < B$ 时，抹光机工作时应沿桥面横向行驶；当 $L > B$ 时，抹光机工作时应沿桥面纵向行驶。

当需要提高抹光效率时，可安排两台抹光机同时工作，工作时两台机器之间留有 $D/2$ 间隙以确保安全，每次调头时下方抹光机抹光间隙部分，见图3.20。

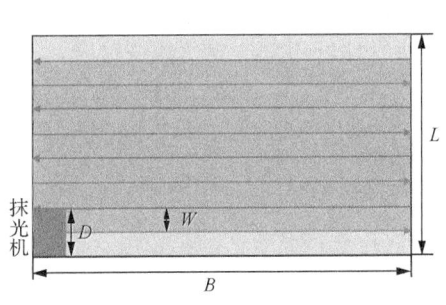

图3.19 驾驶式抹光机工作示意图

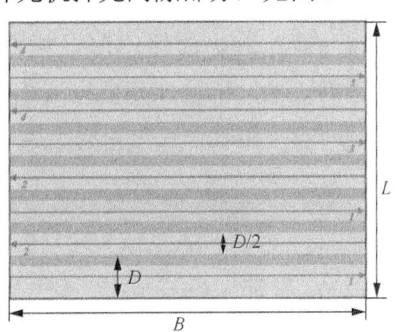

图3.20 两台抹光机同时工作示意图

同理，设抹光机沿 B 边方向行驶一次所耗时间为 t，则 $t = B/v_1$，设完成遍历工作需行驶次数为 n，则抹光机在最大工作段长度 L 内（时间 T 内），$n = T/t$，且由数学关系知 $n=2L/(3D)$，可以得到抹光机在允许工作时间 T 内最大工作段长度：

$$L = \frac{3Tv_1D}{2B} \tag{3.10}$$

与前相同，比较桥面宽度 B 与抹光机最大工作段长度 L，当 $L < B$ 时，抹光机工作时应沿桥面横向行驶；当 $L > B$ 时，抹光机工作时应沿桥面纵向行驶。

3. 工程案例

依托施工现场情况，水泥初凝时间为 3~4h，取 T_1=3.5h；终凝时间为 4~5h，取 T_2=4.5h；水泥混凝土运输时间为 15min，即 T_3=0.25h；等待时间 T_5=1h；布料宽度 B=18.5m；铺装层厚度 h=0.15m；驾驶式抹光机工作速度 v_1= 125~280m/h；底盘直径为 1m，即工作宽度 D=2m；混凝土泵布料能力 Q=60m³/h，布料速度 v_2=21.26m/h。

1）一台抹光机工作

将相关参数代入式（3.6），求得 T_4=0.46h，因 $T_3+T_4+T_5 < T_1$，取 $T_3+T_4+T_5=T_1$=3.5h。

将结果代入式（3.7），求得抹光机的允许工作时间 T≤1h。

将 T 代入式（3.8），求得允许时间内最大工作段长度 L≤6.75~15m，因 $L<B$，所以抹光机工作时应沿桥面横向行驶。

此外，在最大允许工作时间 T 内布料长度 $T×v_2$=21.26m≥L，为保证施工效率，抹光机工作速度应取最大值，即取 v_1=280m/h，此时在最大允许时间内，抹光机最大工作段长度 L=15m，与布料长度仍有一定差值，因此，需调整布料速度，使 v_2 接近 15m/h，以保证抹光与整平工序达到良好配合状态，节约施工时间，提高施工效率。

2）两台抹光机工作

将 T≤1h 代入式（3.10），得到允许时间内最大工作段长度 $L = 20.25$~45m。

因为 $L>B$，所以抹光机应沿桥面纵向行驶，且当两台抹光机取低速时，最大允许时间内工作段长度与布料长度十分接近，说明二者配合良好，机械配置合理。

第4章 现浇混凝土铺装层细微裂缝精准修复技术

桥面现浇混凝土铺装层普遍存在细微裂缝（小于1mm）质量缺陷，由于裂缝宽度较窄、深度较深，现阶段缺乏有效的解决方法。目前实际工程中对此类细微裂缝基本不做处理，一定程度上导致桥面铺装层乃至整座桥梁的耐久性降低。因此，本章构建桥面铺装结构有限元模型，明确不同工况下现浇混凝土细微裂缝对桥面铺装层的损伤效应，优化现浇混凝土铺装层细微裂缝检测技术，研发适用于桥面现浇混凝土细微裂缝的低黏高性能灌浆材料，系统评价细微裂缝灌浆材料工作性能及力学特性，探明现浇混凝土细微裂缝灌浆材料环境适应性，为桥面现浇混凝土铺装层细微裂缝有效控制提供支持。

4.1 细微裂缝影响下桥面铺装层损伤效应分析

由于桥面铺装层的受力与桥梁结构有着非常密切的联系，为了明确现浇混凝土细微裂缝对桥面铺装层的受力影响，考虑桥梁结构的影响，依托实体工程项目，基于ABAQUS有限元软件建立桥面铺装结构力学模型。以横桥向6个荷载和纵桥向5个荷载位置为不同工况，明确不同荷载位置处桥面铺装结构力学响应，对比分析细微裂缝出现前后沥青混凝土层、防水粘结层和现浇混凝土铺装层的应力/应变情况，为桥面现浇混凝土细微裂缝处治提供理论依据。

4.1.1 有限元模型构建与最不利荷位确定

1. 模型基本假定

桥面铺装层受力情况较路面结构更为复杂，除了要承受荷载应力与温度应力作用，不同的基本假定与边界约束条件也会造成计算结果相差甚远，因此选用合适的有限元分析模型尤为重要。根据该预应力简支箱梁桥铺装特点，综合现有桥面铺装力学分析模型，对桥面铺装结构有限元模型做出如下基本假定：假设沥青混凝土铺装层为均匀、连续、各向同性的弹性材料，采用线弹性理论分析桥面铺装层内各种力学响应；水性环氧改性乳化沥青防水粘结层为均匀、连续、各向同性的弹性材料；水泥混凝土桥面体系为均匀、连续、各向同性的弹性材料；沥青混凝土层、防水粘结层、水泥混凝土垫层与梁板间采用绑定约束；忽略桥梁振动对计算的影响，在力学计算模型中，考虑到预应力混凝土桥面板在设计中具有一定的预拱度,在二期恒载过程中,桥面铺装层作用在桥面板上时,其产生的挠度与预拱度相互抵消,因此力学计算模型中忽略自重影响。

2. 材料与荷载参数

模型选择跨径为25m的预应力简支箱梁桥,桥梁全宽15.54m,桥面铺装结构层自上而下为沥青混凝土层、防水粘结层和现浇混凝土铺装层。桥面各结构层计算参数见表4.1。

表4.1 桥面各结构层计算参数

项目	厚度/cm	杨氏模量/MPa	泊松比	密度/(kg/m³)
沥青混凝土层	10	1400	0.25	2460
防水粘结层	0.2	150	0.3	1005
现浇混凝土铺装层	10	34500	0.2	2450
预应力箱梁	18	34500	0.2	2450

汽车荷载是桥面铺装破坏的主要原因,为保证桥面铺装能够达到预期的功能,在进行桥面铺装设计时必须考虑车辆类型与运行方式。现行《公路沥青路面设计规范》(JTG D50—2017)规定,在进行道路的路面设计时将行车荷载简化为双圆均布荷载形式,其标准轴载为BZZ-100,当量圆直径为21.3cm,接触面均布荷载为0.7MPa。然而车辆行驶过程中,车辆轮胎作用于路面的接触形状更接近于矩形,矩形均布荷载在实际力学分析中容易实现,且能够正确反映桥面铺装在荷载作用下的响应规律。因此,根据面积等效原则,将圆形均布荷载视为矩形均布荷载,两轮中心间距1.8m,轮胎接地压力为0.7MPa,不考虑水平荷载。

3. 有限元模型

基于线弹性理论,建立三维有限元模型对桥面铺装结构体系的各项应力进行计算分析。有限元模型网格划分时,沥青混凝土层、防水粘结层和现浇混凝土层均采用C3D8R六面体八节点单元,铺装层网格划分较为密集,并在荷载作用区域附近再次加密,从而提高桥面铺装体系应力/应变计算精度;箱梁的受力不是研究的重点,其网格划分较为稀疏,以减小计算量,提高模型运算效率。桥面铺装体系模型建立的坐标系为:X向为横桥向,Z向为纵桥向,Y向为竖直桥向。为更加真实地模拟桥梁受力状态,桥梁底面两端均施加铰接约束,行车荷载作用于沥青混凝土层表面(桥梁跨中位置)。

4. 桥面铺装层荷载作用位置

为明确不同荷载作用位置(简称荷位)下现浇混凝土细微裂缝对沥青混凝土层、防水粘结层、现浇混凝土铺装层的力学影响,沿跨中横向布置6个荷位,纵桥向5个荷位,见图4.1。

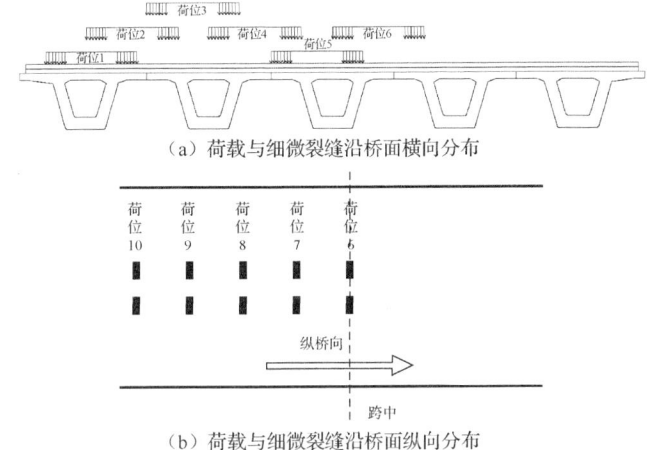

(a)荷载与细微裂缝沿桥面横向分布

(b)荷载与细微裂缝沿桥面纵向分布

图 4.1 桥面铺装层荷载作用位置

其中荷位 1 距桥面铺装层边缘 0.5m,位于箱梁腹板顶端;荷位 2、荷位 4 和横向荷位 6 分别位于 1 号梁、2 号梁和 3 号梁顶板中部;荷位 3 和荷位 5 分别位于 2 号梁和 3 号梁一侧的翼缘板边缘;荷位 6～荷位 10 等间距分布,荷位 6 作用于 1/2 跨,荷位 8 作用于 1/4 跨。

4.1.2 基于裂缝与荷载不同位置的铺装层损伤效应分析

1. 基于裂缝与荷载相对位置的现浇混凝土力学响应

由于桥梁运营过程中行车荷载以动荷载形式在桥面铺装层表面移动,荷载与细微裂缝相对位置也在一直变化。为确定现浇混凝土细微裂缝与荷载最不利相对位置,以现浇混凝土铺装层最大主应力/应变,横纵向拉应力/应变和竖向剪应力/应变为指标。由圣维南原理可知交通荷载作用在桥面铺装层具有一定的局部性,且现浇混凝土铺装层细微裂缝以横向裂缝为主。为此,设定荷载作用于荷位 1 处,通过改变细微裂缝与荷载边缘水平距离 L(图 4.2),对比分析荷载与细微裂缝相对位置对现浇混凝土的力学影响。其中横向细微裂缝长 100cm,宽 0.1cm,深 5cm,裂缝与荷载边缘正下方相对距离 L 为 0m、0.1m、0.3m、0.5m、0.7m、0.9m、1.1m 和 1.3m,并以无缝状态下现浇混凝土铺装层力学响应为对照。

根据桥面现浇混凝土铺装层有限元模拟结果,绘制现浇混凝土的最大主应力/应变、纵向拉应力/应变和竖向剪应力/应变图,见图 4.3。

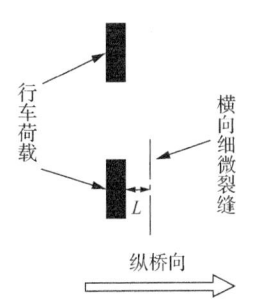

图 4.2 横向细微裂缝与荷载相对位置

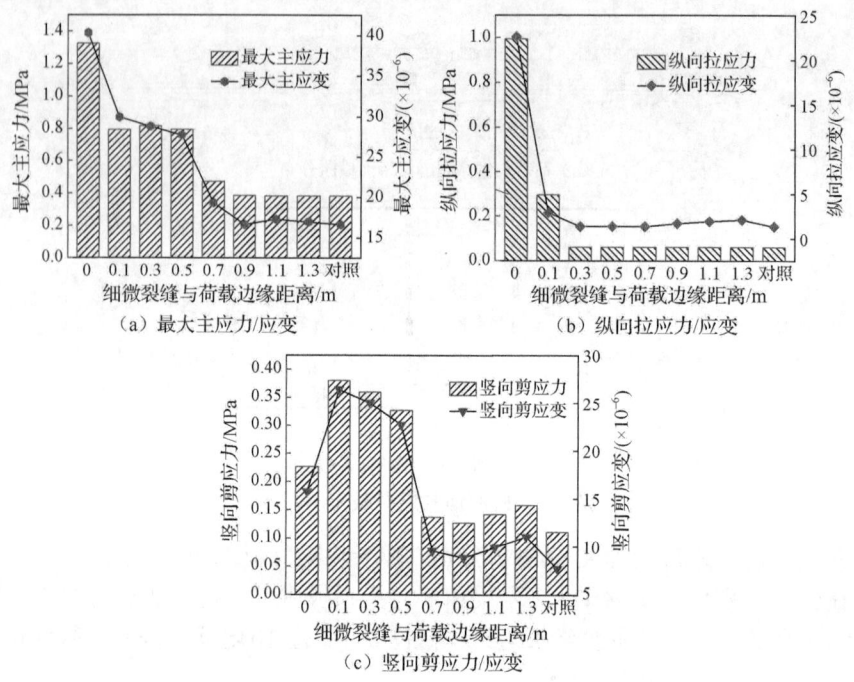

图 4.3 不同细微裂缝与荷载相对位置下现浇混凝土力学响应

由图 4.3 可知，随着现浇混凝土细微裂缝与荷载边缘距离增大，现浇混凝土铺装层最大主应力/应变、纵向拉应力/应变以及竖向剪应力/应变整体呈下降趋势。当荷载作用于横向细微裂缝边缘时，现浇混凝土的最大主应力/应变和纵向拉应力/应变达到极值，与未开裂时相比，现浇混凝土最大主应力/应变分别提升 246% 和 142%，其纵向拉应力/应变均提升约 15 倍，竖向剪应力/应变分别提升 70% 和 113%。由此可见，当荷载边缘与细微裂缝越接近时，现浇混凝土铺装层应力/应变的变化越显著。

当细微裂缝与荷载边缘相距 0.3m 时，现浇混凝土纵向拉应力/应变分别为 0.06MPa 和 $1.35×10^{-6}$，与混凝土开裂前的纵向拉应力/应变接近。其竖向剪应力在细微裂缝与荷载边缘相距 0.9m 时降至最小，为 0.13MPa，但比裂缝产生前的混凝土竖向剪应力高出 14.5%。当细微裂缝与行车荷载边缘相距 0.9m 时，现浇混凝土最大主应力下降至 0.38MPa，与混凝土开裂前的力学响应基本一致。对比图 4.3（b）和（c），当细微裂缝位于行车荷载边缘时，现浇混凝土铺装层的纵向拉应力明显大于竖向剪应力，因此综合细微裂缝与荷载边缘距离对现浇混凝土铺装层应力/应变的影响，后续研究中将细微裂缝放置在行车荷载边缘位置。

2. 基于裂缝与荷载不同位置的桥面铺装结构力学响应

为明确细微裂缝与荷载的不同位置对桥面铺装力学影响，根据移动荷载与细微裂缝位置，对比分析不同位置工况条件下沥青混凝土层、防水粘结层和现浇混凝土铺装层的力学响应。

1) 现浇混凝土铺装层力学响应

为厘清细微裂缝对现浇混凝土铺装层力学影响，对比分析不同工况下现浇混凝土铺装层的最大主应力/应变、纵向拉应力/应变与竖向剪应力/应变，结果见图4.4。

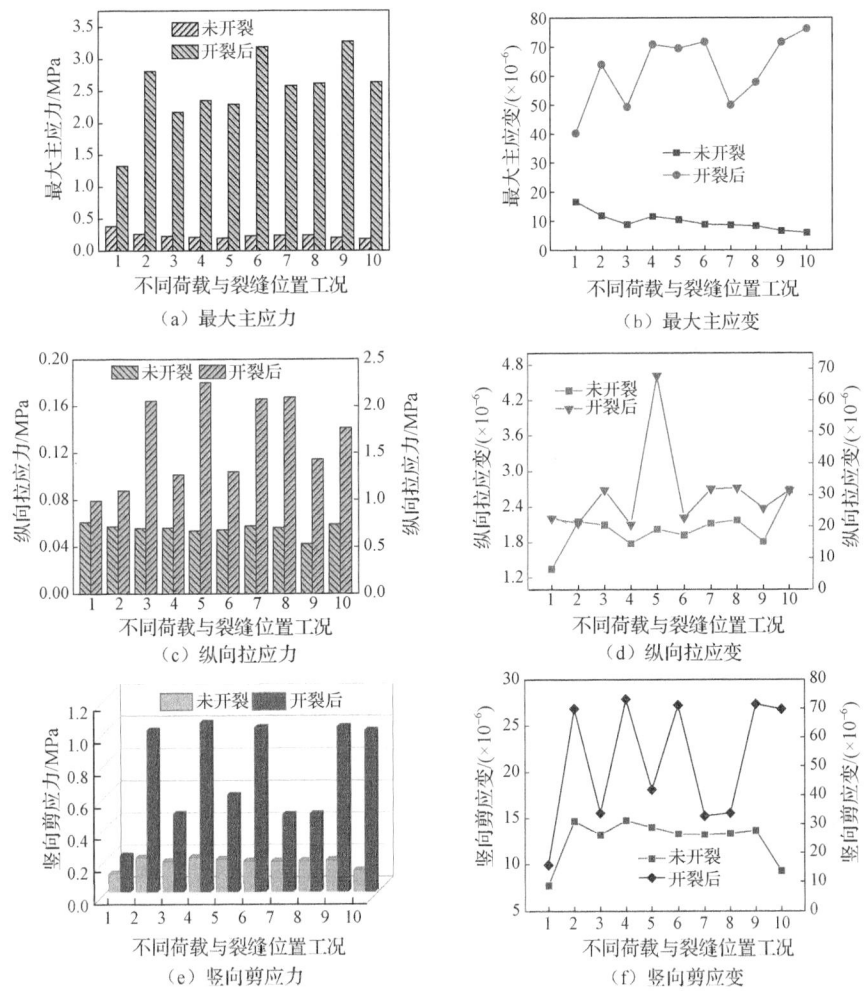

图4.4 荷载与细微裂缝位置对现浇混凝土铺装层应力/应变的影响

由图4.4可知，现浇混凝土铺装层出现横向细微裂缝后，其最大主应力/应变、纵向拉应力/应变与竖向剪应力/应变均出现了突变。其中现浇混凝土铺装层最大主应力/应变分别为开裂前的15倍和11.8倍，纵向拉应力变化幅度明显高于竖向剪应力，相比现浇混凝土开裂前纵向拉应力，其增幅集中于15～40倍，竖向剪应力增加幅度为104%～652%。这表明细微裂缝显著改变了现浇混凝土的应力/应变分布。

当行车荷载与细微裂缝作用于工况 3、工况 5、工况 7 和工况 8 时，现浇混凝土铺装层的纵向拉应力高于 2.0MPa，相比现浇混凝土开裂前提升了 34～40 倍。其中工况 5 位置时，现浇混凝土铺装层的纵向拉应力达到极值，为 2.25MPa，其对应的纵向拉应变达 67.8×10^{-6}。

当行车荷载与细微裂缝作用于工况 2、工况 4、工况 6、工况 9 和工况 10 位置时，现浇混凝土铺装层的竖向剪应力达到 1.0MPa 以上，竖向剪应变超过 65×10^{-6}。当行车荷载与细微裂缝作用于工况 10 时，剪应力/应变均增加了 6.5 倍。对比图 4.8（c）～（f），现浇混凝土铺装层竖向剪应力/应变值明显大于纵向拉应力/应变，这表明行车荷载作用于细微裂缝边缘时，现浇混凝土更易出现剪切破坏。

2）防水粘结层力学响应

根据防水粘结层模拟结果，明确了现浇混凝土铺装层开裂前后防水粘结层最大主应力/应变、纵向拉应力/应变与竖向剪应力/应变的变化情况，见图4.5。

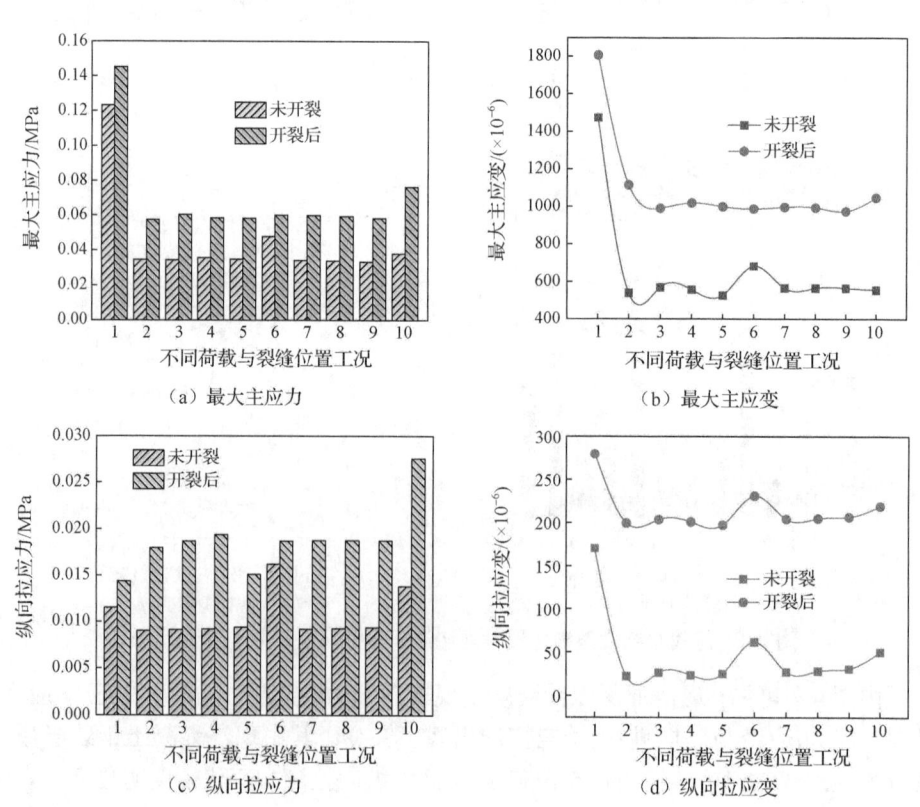

（a）最大主应力

（b）最大主应变

（c）纵向拉应力

（d）纵向拉应变

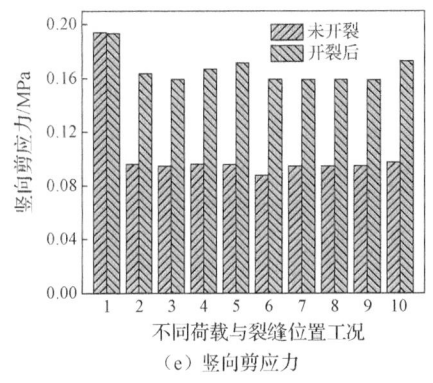 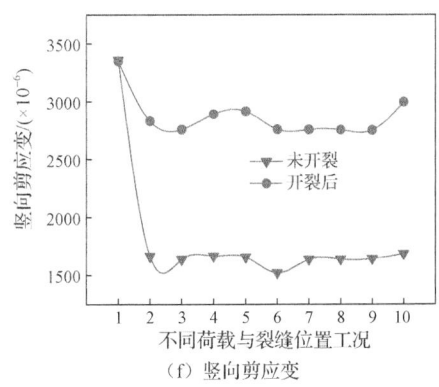

(e) 竖向剪应力　　　　　　　　　　(f) 竖向剪应变

图 4.5　荷载与细微裂缝位置对防水粘结层应力/应变的影响

由图 4.5 可知，与现浇混凝土铺装层应力/应变变化幅度相比，防水粘结层在现浇混凝土铺装层开裂后的应力/应变增幅较小，其最大主应力/应变最大增幅均为 100%。当行车荷载与细微裂缝位于工况 10 时，防水粘结层的最大主应力达到最大，为 0.076MPa；当行车荷载与细微裂缝作用工况 1 时，其最大主应变达到最大值，为 1805×10^{-6}，但其变化幅度较小，仅为 22%，其对应的最大主应力增幅也较小，仅为 18%，其最大主应力要明显高于其他工况位置，为 0.147MPa。

防水粘结层的纵向拉应力/应变随荷载与细微裂缝位置的改变而不同。当荷载与裂缝作用于工况 6 位置时，防水粘结层纵向拉应力增幅最小，为 15%，其对应的纵向拉应变增幅为 2.7 倍。当荷载与裂缝作用于工况 10 位置时，防水粘结层纵向拉应力达 0.028MPa，其增加幅度为 99%，纵向拉应变增加幅度为 64%。

除工况 1 外，现浇混凝土开裂后防水粘结层的竖向剪应力/应变均出现了显著变化，其变化幅度集中于 65%~80%。当行车荷载与细微裂缝作用于工况 5 位置时，防水粘结层的竖向剪应力增幅最大，其对应剪应力为 0.17MPa，竖向剪应变为 2758×10^{-6}。

3）沥青混凝土层力学响应

分析不同工况下桥面沥青混凝土层的结构力学响应，绘制荷载和细微裂缝在桥面位置与沥青混凝土层的应力/应变关系图，见图 4.6。

由图 4.6 可知，除工况 1 外，沥青混凝土层应力/应变随现浇混凝土开裂发生了显著增长。不同位置工况下（除工况 1 外）沥青混凝土层最大主应力/应变增长幅度分别为 50%~110% 和 70%~125%，其中工况 7 条件下，沥青混凝土的最大主应力/应变增幅最大，所对应的最大主应力/应变达 0.064MPa 和 152×10^{-6}。当荷载与裂缝位置在工况 10 时，最大主应力/应变均达到最大值，分别为 0.084MPa 和 159×10^{-6}。

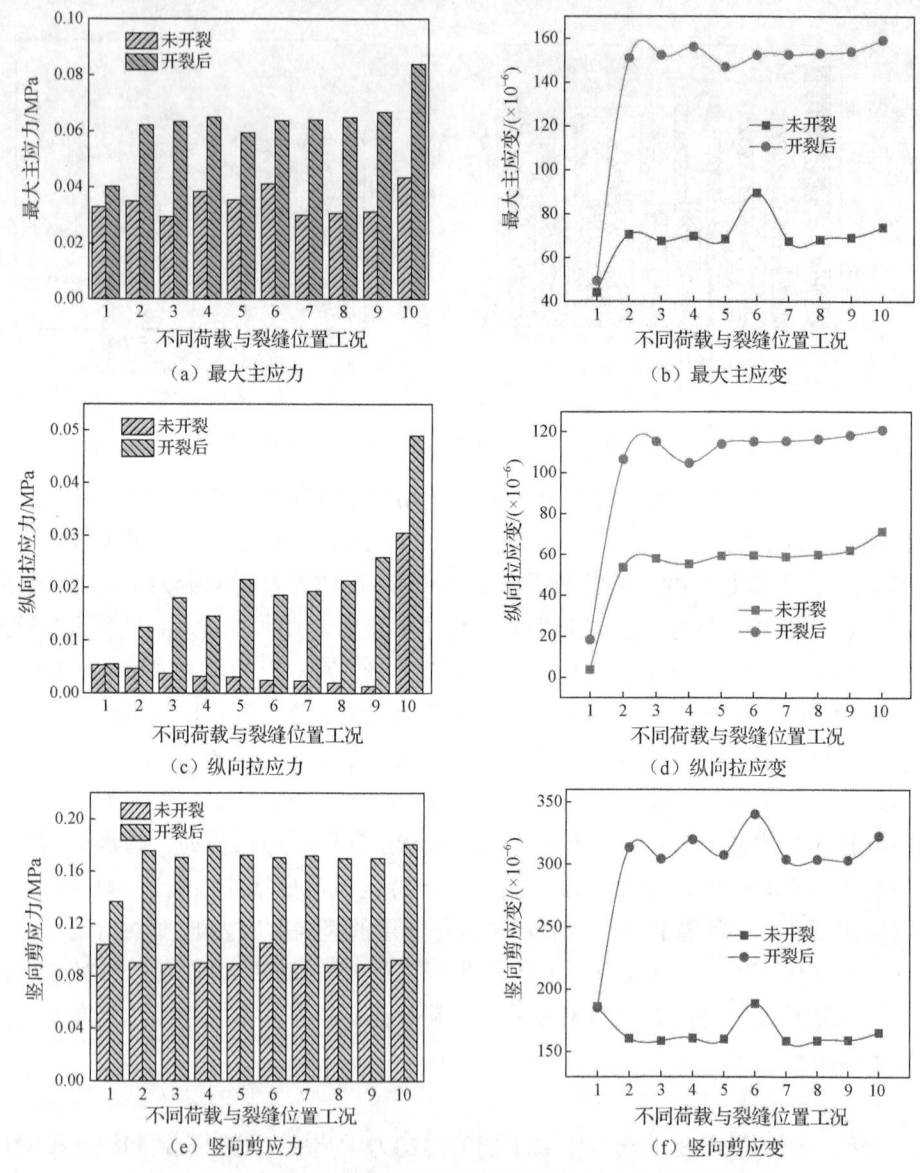

图4.6 荷载与细微裂缝位置对沥青混凝土层应力/应变的影响

与最大主应力/应变相似,沥青混凝土层纵向拉应力在工况1位置处的变化最小,仅为4.0%。当其移动至工况9时,沥青混凝土层的纵向拉应力变化幅度达20倍,此时纵向拉应力为0.026MPa。当荷载与裂缝作用于工况10时,沥青混凝土层纵向拉应力/应变达到最大值,其分别为0.049MPa和121.1×10^{-6},较现浇混凝土开裂前,分别增长了60%和70%。仅纵向拉应力/应变而言,在工况9条件下,沥青混凝土层应力/应变对现浇混凝土细微裂缝更为敏感。

不同位置工况下，沥青混凝土层的竖向剪应力/应变随现浇混凝土开裂出现不同程度变化，除工况 1 处，其他工况位置处沥青混凝土层剪应力/应变增幅主要集中于 90%～96%。当荷载与裂缝位于工况 10 位置处，竖向剪应力达到最大，为 0.18MPa。相比纵向拉应力/应变，沥青混凝土层的竖向剪应力/应变值更大，更容易产生剪切破坏，特别是车辆超载情况下，势必会增大沥青混凝土层竖向剪应力。

4）桥面铺装结构整体力学响应

为直观表征细微裂缝对桥面铺装整体结构的力学影响，将上述 10 种位置工况下的现浇混凝土铺装层、防水粘结层和沥青混凝土层的应力/应变汇总，对比分析 10 种位置工况下桥面铺装层的应力/应变平均变化幅度，见图 4.7。

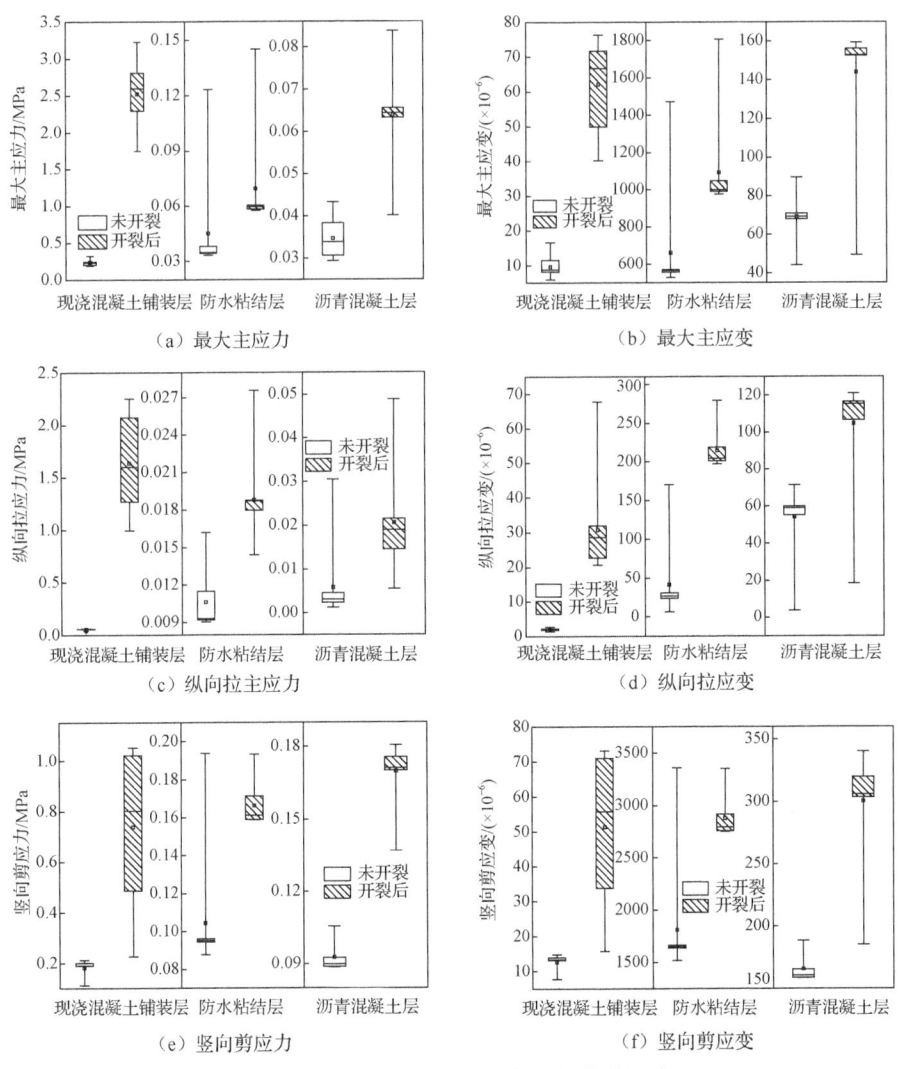

图 4.7 细微裂缝对桥面铺装层的力学影响

由图 4.7 可知，现浇混凝土铺装层开裂后，在行车荷载作用下桥面铺装层应力/应变发生了显著变化。就最大主应力而言，不同荷载与裂缝位置工况下现浇混凝土铺装层最大主应力均值达 2.5MPa 左右，较开裂前的 0.25MPa 高出 9 倍。同样，防水粘结层与沥青混凝土层的最大主应力变化幅度均在 71%左右。对于横向拉应力/应变，不同位置工况下沥青混凝土层的应力/应变增幅为 300%左右，低于现浇混凝土铺装层和防水粘结层。裂缝出现后现浇混凝土的竖向剪应力从均值 0.2MPa 增加至 0.8MPa，增幅 300%；防水粘结层竖向剪应力增加 74%左右，10 种位置工况下沥青混凝土层竖向剪应力/应变增加了 90%左右。由此看出，细微裂缝对沥青混凝土层应力/应变影响最小，对现浇混凝土铺装层力学影响最大。

4.2 桥面现浇混凝土铺装层细微裂缝识别技术

细微裂缝的出现与扩展会影响现浇混凝土铺装层的强度和刚度，从而不同程度地影响桥面铺装使用品质和耐久性，严重时威胁桥梁结构承载能力，因此有必要检测混凝土铺装层细微裂缝深度、宽度等，明确细微裂缝损伤程度，为裂缝修补提供依据。基于此，选择探地雷达、显微摄像装置与超声波探测装置相结合，优化超声波裂缝检测技术，开展现浇混凝土铺装层细微裂缝现场检测。

4.2.1 探地雷达法

便携式探地雷达，包括探地雷达主机和 900MHz 屏蔽式天线，探测现浇混凝土裂缝深度与宽度时，将屏蔽式天线沿全桥面现浇混凝土铺装层行走，行走路线与现浇混凝土细微裂缝交叉，并形成一个闭合环路，屏蔽式天线将雷达波数据实时传输至探地雷达主机并显示在液晶显示屏上。

探地雷达由地面上的发射天线将高频的短脉冲（$10^{-9} \sim 10^{-6}$Hz）的电磁波定向送入地下，这种高频电磁波遇到存在电性差异的目标体反射后返回地面，由接收天线接收。

电磁脉冲在混凝土介质中的旅行时间按照式（4.1）计算，雷达记录波的旅行时间是以纳秒（ns）为单位，其中 1ns=10^{-9}s。波速以米/纳秒（m/ns）为单位。

$$t = \frac{\sqrt{4z^2 + x^2}}{v} \tag{4.1}$$

式中，t 为声波传播时间；z 为裂缝深度；x 为测距；v 为声波传播速度。

基于高频脉冲电磁波技术，采用探地雷达对全桥面铺装层细微裂缝进行全面识别检测，以此获取现浇水泥混凝土铺装层裂缝的宽度与深度数据，检测路径须形成一个闭合环路，并在桥头处进行点位标记，如图 4.8 所示。

由图 4.8 可知，现浇混凝土裂缝宽度过小，探地雷达的工作频率不能很好地适应现场测试环境，致使部分细微裂缝探地雷达波场特征非常微弱，探地雷达成像能力不足，无法提供裂缝的宽度、深度和倾向等属性参数。

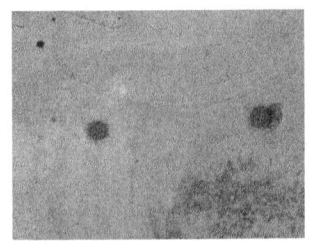 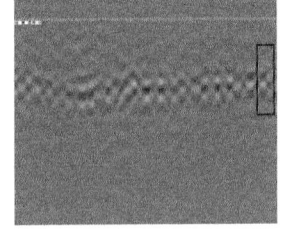 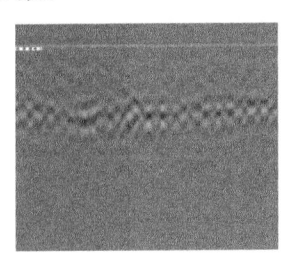

（a）点位标记　　　　　　　（b）细微裂缝宽度　　　　　　（c）细微裂缝深度

图 4.8　基于探地雷达的现浇水泥混凝土细微裂缝检测

4.2.2　显微摄像测宽与超声波测深技术

超声波裂缝检测仪包括主机、摄像头及发射、接收换能器。测量裂缝宽度时，将摄像头放在待测裂缝上，摄像头将裂缝图片实时传输到仪器并显示在液晶屏上。测量裂缝深度时，必须使用两只换能器，一只用于发射，一只用于接收。发射换能器将电信号转换成超声波，超声波在被测物体中传播，接收换能器接收后将超声波转换成电信号，两只换能器可以互换使用。

超声波检测混凝土裂缝深度原理见图 4.9，其中 L 为 2 个换能器的间距，mm；x 为换能器到裂缝的距离，mm；h 为混凝土裂缝深度，mm。混凝土裂缝深度按照式（4.2）和式（4.3）计算：

$$h_{ci} = L_i \sqrt{(t_{ci}^0 / t_{ci})^2 - 1} / 2 \tag{4.2}$$

$$m_{hc} = 1/n \cdot \sum_{i=1}^{n} h_{ci} \tag{4.3}$$

式中，t_{ci}^0 为第 i 点换能器跨裂缝检测时的声时，μs；t_{ci} 为第 i 点换能器不跨裂缝检测时的声时，μs；m_{hc} 为各测点裂缝深度的平均值，mm；n 为测点数。

跨缝测量中，当在某测距发现首波反相时，该测距及两个相邻测距的测量值按式（4.2）计算 h_{ci} 值，取此三点 h_{ci} 的平均值作为该裂缝的深度值。跨缝测量中如难以发现首波反相时，则以不同测距按式（4.2）和式（4.3）计算 h_{ci} 及其平均值 m_{hc}。将各测距 L_i 与 m_{hc} 比较，当测距 L_i 小于 m_{hc} 和大于 $3m_{hc}$，剔除该组数据，然后取余下 h_{ci} 的平均值，作为该裂缝的深度值。

将裂缝测试仪的摄像头放置在待测细微裂缝上，图像实时传输至液晶显示屏，见图 4.10；待图像清晰后，系统自动判读细微裂缝宽度；对于不同长度的细微裂缝，改变测点位置，重复观测一条细微裂缝 3~5 次，细微裂缝宽度平均值即为最终宽度值。

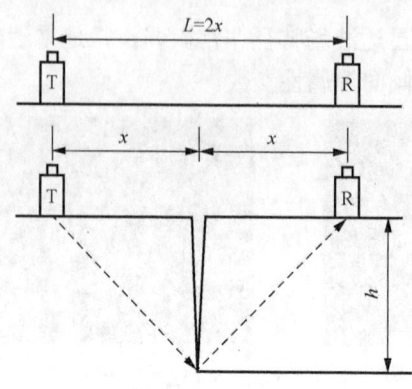
图4.9 混凝土裂缝深度检测原理

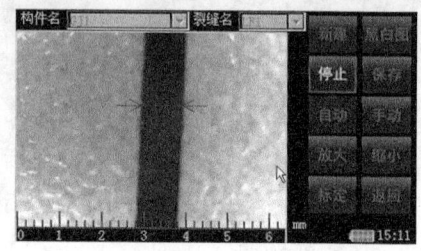
图4.10 细微裂缝宽度检测原理

（1）不跨缝测试，得到超声波在现浇混凝土铺装层中的平均声速。在构件的完好处（平整平面内，无裂缝）测量一组特定测距的数据，一般取50mm、100mm、150mm并记录每个测距下的声时，通过该组测距及对应的声时，回归计算出超声波在该构件中的传播速度。

在构件的完好处布置好测线，如图4.11所示，并在测线上每隔一定距离（一般为50mm）布置一个测点，然后将发射换能器用黄油耦合在第一个测点，分别将接收换能器耦合在第二个测点、第三个测点……，分别测量测距为L0、L1、L2、L3……时的声时，计算出被测构件混凝土的声速。当不具备不跨缝测试条件时，可以直接输入声速。需要指出的是，声速是对应于构件而非裂缝，无需在测量每条裂缝时都测量声速，在同一个构件上，一般只需测量一次声速即可。

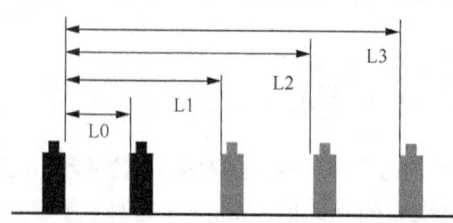 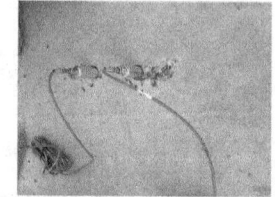
图4.11 不跨缝测试

（2）跨缝测试，测试指定裂缝的深度。求得超声波传播速度值后，如图4.12所示，垂直于裂缝延伸方向布置测线，在被测裂缝的两侧对称布置多个测点，用来测量存在裂缝时超声波在混凝土中的传播时间，一般布置2～4个测点即可，测点间距可设置为50mm、100mm、150mm、200mm，依次将发射和接收换能器分别用黄油耦合在对称测点①、②、③和④上，获得多点"时-距"后，根据规范算法求出该裂缝的深度值。

为了验证裂缝检测仪裂缝深度检测的准确性，采用裂缝检测仪进行现场检测，随后对其进行钻芯取样测试裂缝深度，结果见图4.13。

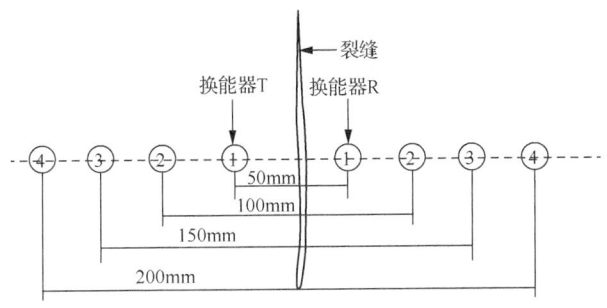

图 4.12 细微裂缝深度检测

采用裂缝检测仪测得两条裂缝的深度分别为 5.1mm 和 5.2mm，钻芯取样后采用直尺分别测量两条裂缝的深度，与裂缝测试仪现场测试结果一致，综合表明超声波裂缝检测仪具备较高的检测精度，适用于现浇混凝土细微裂缝特征识别。

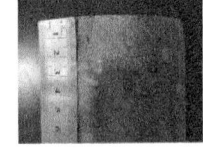

图 4.13 现场钻芯取样结果

4.3 面向细微裂缝尺寸维度的灌浆修复材料组成优化

灌浆材料合理的材料组成是其优良工作性及耐久性保障的基础。环氧树脂凭借高黏性、高强度、低收缩、耐腐蚀等优良性能在混凝土裂缝修补工作中得到广泛应用，但现有环氧灌浆材料主要是针对适应 1mm 以上的细小裂缝处治，而关于 <1mm 的细微裂缝灌浆材料鲜有研究，更缺乏考虑不同环境工况的细微裂缝灌浆材料组成均衡设计。基于此，明确桥面现浇混凝土细微裂缝几何特征，针对桥面现浇混凝土细微裂缝特点，提出细微裂缝灌浆材料要求，优选基础原材，制备活性稀释剂降黏环氧灌浆材料，系统研究活性稀释剂种类及掺量对环氧灌浆材料性能的影响，基于数据包络分析（data envelopment analysis，DEA）模型确定最佳稀释剂种类及掺量，为活性稀释剂降黏环氧树脂灌浆材料制备提供基础理论，也为进一步调控优化其性能奠定基础。

4.3.1 面向细微裂缝尺寸维度的灌浆材料优选

1. 混凝土细微裂缝成因及特点

在施工期，桥面现浇混凝土铺装层普遍存在细微裂缝，为明确桥面现浇混凝土铺装层裂缝特点，根据现场检测情况归纳了桥面现浇混凝土裂缝类型，并阐述了其形成原因，为研发成套细微裂缝处治技术奠定基础。裂缝形态可分为微裂纹、横向微裂缝、纵向微裂缝、网状微裂缝，各裂缝特点分析见表 4.2。

表 4.2 现浇混凝土铺装层细微裂缝特点

裂缝类型	裂缝特点
微裂纹	微裂纹具有长度较短、裂缝宽度较窄、间距小、深度一般较浅的特点,为典型的混凝土表面缺陷
横向微裂缝	横向微裂缝具有方向垂直于桥面、长度较长且较直、宽度均匀、深度较深的特点,此类裂缝深度可穿透整个铺装层,危害较大,为典型的结构性裂缝
纵向微裂缝	纵向微裂缝具有方向平行于桥面、长度较长、宽度较宽、深度较深的特点,此类裂缝深度一般可穿透整个铺装层,危害大,为结构性裂缝
网状微裂缝	网状微裂缝较多,几乎遍布整个现浇混凝土铺装层,裂缝枝杈多、呈网状分布,宽度呈中段宽两端细、裂缝深浅不一的特点,此类既有深度穿透铺装层的结构性裂缝,又有未穿透铺装层的非结构性裂缝

桥面现浇混凝土铺装层裂缝产生原因涉及混凝土材料设计、浇筑施工及工后养生各个环节。从裂缝产生性质上,可分为混凝土固有特性(内在因素)和设计施工(外在因素)两方面。裂缝成因详细分析如下[10]。

(1)温缩诱发。现浇混凝土是由水泥、砂石、水及外加剂按一定比例组成的非匀质多相材料。在养生初期,混凝土内发生强烈的水泥水化反应,释放大量化学反应热,使得混凝土内部与表面形成较大的温差而产生温度应力,由于混凝土强度尚未形成,温度应力超过混凝土抗拉应力而产生温度裂缝。

(2)干缩诱发。现浇混凝土浇筑完成后,不参与水泥水化的富裕自由水慢慢蒸发引起混凝土体积不均匀收缩,引起的收缩应力超过混凝土强度而开裂。

(3)塑性沉降诱发。在混凝土浇筑完成后,尚处于可塑状态,混凝土振捣不充分、模板刚度不足或松动引起混凝土变形过大而产生裂缝。

(4)设计缺陷。混凝土配合比设计不合格、骨料粒度偏粗且不均匀、骨料不洁净引起的混凝土和易性差、硬化体积安定性不良使其更易产生干缩裂缝。

(5)施工及后期养护不力。一次浇筑混凝土板面过大、施工缝处理不当、保温、保湿养护工作不到位、模板表面未涂抹隔离剂、过早拆模等原因使混凝土更易产生收缩裂缝。

由此可见裂缝形成原因复杂,裂缝的产生难以避免。根据桥面现浇混凝土铺装层现场勘测资料,可知裂缝呈现出间距小、尺寸细长(基本是小于1mm的细微裂缝)、宽度沿缝变异的特点,且其中也不乏影响铺装层整体强度的贯穿性结构裂缝,若不对裂缝进行彻底处治,在后期运营环境、车辆荷载作用下,细微裂缝将成为引起裂缝再延伸发展的薄弱点,严重威胁其上层防水粘结层及沥青混凝土层等结构的服役质量及寿命,降低了桥面铺装层乃至整座桥梁的使用耐久性。因此,在施工期应对现浇混凝土细微裂缝进行彻底处治。

2. 细微裂缝灌浆材料要求

现浇混凝土桥面铺装层裂缝呈现出间距小、尺寸细长、宽度沿缝变异的特点,且在服役期受荷环境苛刻,这就要求灌浆材料应满足以下特性。

(1)灌浆浆液黏度要低,使其能够满足宽度小于1mm细微裂缝灌注要求。

（2）灌浆浆液优良浸润渗透能力，使其能够浸润致密混凝土界面。
（3）灌浆浆液对水泥混凝土具有优良的粘结性能，保证能够牢固粘结破损界面。
（4）灌浆浆液固化物要兼具较高抗压、抗拉强度及高低温柔韧性。
（5）灌浆浆液固化物具有良好的力学承受和传荷能力。
（6）灌浆浆液固化物具有良好的抗冲击性能。
（7）灌浆浆液固化物具有优良耐高温性能（考虑沥青混合料摊铺热冲击）。
（8）灌浆浆液固化物在长期不良环境下具有一定的性能保持能力，即耐久性优良。
（9）灌浆浆液固化时间要适当，可常温固化且体积收缩率要低。
（10）灌浆浆液要具有良好工作性能，即灌浆工艺简单。
（11）灌浆材料要满足环保要求，浆液低毒或最好无毒，降低对环境的污染。
（12）灌浆材料原材料要廉价易得、方便运输。

3. 试验材料优选

目前，可用于细小、细微混凝土裂缝加固补强的潜力灌浆材料主要包括超细水泥类、丙烯酸酯类、环氧树脂类三大类[11]，各类材料均具有自身优势，但也存在一些不足。各材料特点如下。

超细水泥类：具有与混凝土性质相似、成本低、无毒环保等优势，在大型水电堤坝地层加固、隧道开挖岩层加固、矿井井壁加固、房建基坑加固及水泥混凝土道面1～3mm的细小裂缝修等方面应用广泛，但存在粘结强度低、结石密度大、变形量小、耐冲击性差（动荷载下易脱落）、需借助压力灌注及堵塞现象等不足。因此，进一步增强其对小于1mm细微裂缝可灌性、实现重力自然灌浆、改善其变形能力及抗冲击性是今后的重点研究方向。

丙烯酸酯类：具有超低黏度（可低至10mPa·s）、可灌性好、可共聚改性等优点，在破碎地层、矿井井壁的细小、细微裂隙灌注补强等方面应用广泛，也有少量研究尝试将其用于机场道面1mm的细微裂缝修复，但存在固化体积收缩率大（可至20%）、柔韧性、抗冲击性差等固有缺陷。在对其增韧和降低收缩率时，存在体系黏度大幅增加的问题，且制备反应剧烈，导致低黏工艺不易控制。因此，解决增韧和降低收缩率时黏度增大的问题、改进制备工艺是今后的重点研究方向。

环氧树脂类：具有粘结强度高、固化收缩率低（在1%～2%）、强度高等优点，广泛应用于各类建筑混凝土裂缝修补补强，但存在黏度大、固化物柔韧性差等问题，在对其增韧时，也存在体系黏度大幅增加的问题。为满足灌注细微裂缝要求，稀释剂掺量一般在20%以上，有研究将糠醛-丙酮稀释剂掺量增至50%，但高掺量稀释剂削弱了环氧树脂粘结、拉伸、耐热等性能。由此可知，现有研究片面地追求低黏度，忽视了稀释剂带来的不利影响。因此，考虑综合性能的配方组成优化仍是今后研究的重点。

1）环氧树脂

目前，在道桥领域研究与应用最多的是通用双酚 A 型 E-44 和 E-51 环氧树脂。考虑到其黏度较大，不利于低黏型环氧灌浆材料制备，选用低黏型 E-54 环氧树脂作为灌浆材料基础材料，技术参数见表 4.3。

表 4.3　E-54 环氧树脂技术参数

环氧值/（eq/100g）	黏度/（Pa·s）	外观	挥发物/%	氯值/（eq/100g）	
				无机	有机
0.52～0.56	6.9	无色透明液体	≤1.5	≤0.001	≤0.02

2）固化剂

在常温下，E-54 环氧树脂基体是可流动的液体，需加入固化剂形成固结体才能发挥利用价值。固化剂通过释放活性氢激发环氧树脂环氧基开环，促使分子键链生长扩展聚合形成高强度固体聚合物，同时与其接触面产生吸附作用、扩散作用及化学键作用，形成较高的粘结强度。针对现浇混凝土桥面铺装细微裂缝修补要求，选用可常温固化、低反应热（避免在较高温度配置浆液发生爆聚）、低黏度固化剂聚醚胺（D230）。固化剂掺量按固化剂活泼氢与环氧值反应理论计算值并参考厂家建议值确定为 35%（占环氧树脂质量比）。技术参数见表 4.4。

表 4.4　固化剂技术参数

外观	25℃黏度/（mPa·s）	活性氢当量/（g/mol）	胺值/（mg KOH/g）
无色透明液体	10～20	59～61	350～390

3）稀释剂

常用稀释剂分为活性稀释剂和非活性稀释剂两大类型。非活性稀释剂存在不参与环氧树脂固化反应、挥发量大、毒性强且明显增大了环氧浆液固化体积收缩率的缺点，其对环氧浆液固化物性质不利影响较大且严重污染环境。活性稀释剂具有可参与环氧树脂固化反应、挥发量少、体系固化收缩率低、环保及增韧作用的优点，其对环氧浆液固化物性质影响较小。因此，选用几种活性稀释剂作为环氧树脂降黏剂，技术参数见表 4.5。

表 4.5　活性稀释剂技术参数

产品牌号	色度（APHA）	25℃黏度/（mPa·s）	环氧值/（eg/100g）	氧当量/（g/eq）	可水解氯/（eg/100g）	无机氯/（eg/100g）	水分/%
AD-Ⅰ	≤30	5-8	≥0.43	232	≤0.02	≤0.005	≤0.1
AD-Ⅱ	≤30	15～20	≥0.74	20～137	≤0.01	≤0.005	≤0.1
AD-Ⅲ	≤20	≤3	≥0.50	182	≤0.02	≤0.005	≤0.2
AD-Ⅳ	≤30	6～12	0.30～0.33	86～313	≤0.02	≤0.005	≤0.1

4. 试验方法

1）黏度测试试验

黏度是表征流体流变性能的重要指标，灌浆材料黏度越小，其可灌性越强。参照《胶黏剂黏度的测定 单圆筒旋转黏度计法》（GB/T 2794—2013）规范测试灌浆材料黏度。

2）8 字粘结拉伸试验

粘结强度是评价灌浆材料黏附性的重要指标，粘结强度越大，其黏附性越好，修复裂缝的抗二次开裂能力越强。参照《建筑防水涂料试验方法》（GB/T 16777—2008）规范进行 8 字粘结拉伸实验。

3）拉伸试验

拉伸强度评价灌浆材料的抗拉性能，断裂延伸率评价灌浆材料的柔韧性，断裂延伸率越高表明灌浆材料柔韧性越好。参照《树脂浇铸体性能试验方法》（GB/T 2567—2021）进行拉伸试验，测试灌浆材料的拉伸强度及断裂延伸率。

4.3.2 基于活性稀释剂降黏的环氧灌浆材料性能研究

目前市场上所售活性稀释剂的种类较多，不同活性稀释剂的分子结构和官能度存在较大差异，其对环氧体系的稀释效果及体系固化物性能的影响也不同。桥面现浇混凝土细微裂缝修补要求灌浆材料兼具较低的初始黏度、较高的力学强度及良好的高低温柔韧性，而现有环氧灌浆材料难以满足要求。因此，本节基于优选的试验材料，制备活性稀释剂降黏环氧灌浆材料，综合考虑可灌性、可操作时间及不同工况下的粘结性能、拉伸性能优化环氧灌浆材料组成。

1. 基于黏-时曲线的环氧灌浆材料浆液黏度评价

黏度是表征流体流变性能的重要指标，灌浆材料黏度越小，其可灌性越强。灌浆材料能否较饱满的灌入裂缝决定了修补效果。为探明不同活性稀释剂种类及掺量环氧灌浆材料的可灌性，基于黏度试验，系统研究各活性稀释剂降黏环氧灌浆材料配方的黏度。

1）初始黏度评价

不同种类活性稀释剂的性质不同，导致其对环氧树脂的稀释能力存在差异，且稀释剂掺量更是决定了降黏效果。因此，初步优选了 AD-Ⅰ、AD-Ⅱ、AD-Ⅲ、AD-Ⅳ四种活性稀释剂（未掺稀释剂的用 AD-0 表示），系统研究不同活性稀释剂种类及掺量降黏环氧灌浆材料配方的初始黏度，为面向细微裂缝的环氧灌浆材料组成优化提供科学依据。稀释剂掺量为占环氧树脂质量的百分比，初始黏度随稀释剂掺量变化规律见图 4.14。

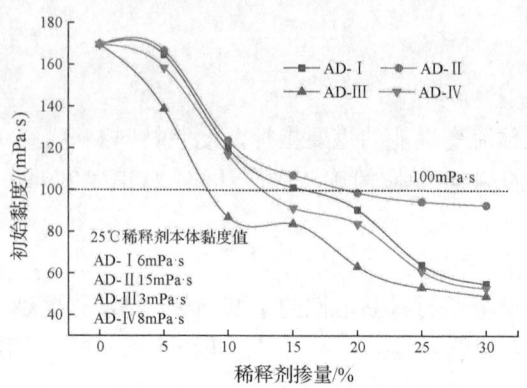

图4.14 不同活性稀释剂种类及掺量环氧灌浆材料初始黏度

由图4.14可知，环氧灌浆材料的初始黏度随活性稀释剂掺量增加表现为先快后慢的降低趋势，但不同种类稀释剂降黏趋势转折时其掺量不同。AD-Ⅱ稀释剂掺量大于20%后趋于平缓，AD-Ⅰ、AD-Ⅲ、AD-Ⅳ三种稀释剂掺量大于25%后趋于平缓。四种活性稀释剂表现不同的稀释能力，且不同掺量下稀释能力排序一致，由强到弱排序为AD-Ⅲ>AD-Ⅳ>AD-Ⅰ>AD-Ⅱ。由此可知活性稀释剂自身链段越短、黏度越低，其稀释能力越强。

当活性稀释剂掺量为15%时，环氧灌浆材料初始黏度降至100MPa·s左右，相比未加稀释剂浆液黏度值降低约70MPa·s。当稀释剂掺量为20%时，AD-Ⅰ、AD-Ⅱ、AD-Ⅲ、AD-Ⅳ降黏环氧灌浆材料初始黏度分别为90.35mPa·s、98.42mPa·s、63.07mPa·s、83.67mPa·s。考虑到环氧灌浆材料初始黏度降至100mPa·s左右即可满足宽度小于1mm细微裂缝处治要求，稀释剂掺量过高会降低环氧灌浆材料性能且使成本增加。因此，初步推荐稀释剂掺量控制在15%~20%。

2）黏-时曲线评价

环氧灌浆材料在各组分混合后即开始固化反应，随着反应进程浆液体系黏度逐渐增大，浆液可灌性降低。考虑到环氧灌浆材料施工及浆液在细微裂缝中渗流需要一定时间周期，仅采用初始黏度评价浆液的可灌性存在局限性，不利于灌浆质量控制。因此，基于环氧灌浆材料的黏-时曲线，提出平均黏度指标来表征一定时段内的黏度水平。考虑到现场施工，30min配置一次浆液较为合适，采用30min平均黏度表征黏度水平。首先借助Origin软件在0~30min对黏-时曲线积分，再除以时长即可得到30min平均黏度，计算公式见式（4.4）。不同环氧灌浆材料配方的30min平均黏度见表4.6。

$$P_{30\min}^{25℃} = \frac{\int_{t_0}^{t_1} f_{ij} \mathrm{d}t}{T} \tag{4.4}$$

式中，$P_{30\min}^{25℃}$为25℃下30min内平均黏度；f_{ij}为第i种稀释剂第j种掺量裂缝灌浆材料黏-时曲线函数；t_0为积分下限；t_1为积分上限；T为积分区间时长，$T = t_1 - t_0$。

表 4.6　不同活性稀释剂种类及掺量环氧灌浆材料 30min 平均黏度

稀释剂掺量/%	30min 平均黏度/（mPa·s）			
	AD-Ⅰ	AD-Ⅱ	AD-Ⅲ	AD-Ⅳ
0	184	184	184	184
5	170	173	146	161
10	126	136	96	120
15	105	113	87	95
20	96	101	68	88
25	69	98	56	65
30	59	96	45	56

由表 4.6 可知，不同稀释剂种类及掺量下环氧灌浆材料的黏度随配置后时间增加而逐渐增长，且增长趋势均为先慢后快，掺加稀释剂的黏度处于低位增长，而未掺加稀释剂纯环氧浆液的黏度随时间增长较快，基本呈线性增长。由此可见，稀释剂不仅有效降低了体系黏度，且抑制了环氧树脂的固化速率，这对灌浆材料在细微裂缝中，渗流是有益的。

2. 环氧灌浆材料可操作时间研究

进行细微裂缝处治时不仅要求灌浆材料具有较低的黏度，而且需要有适当的可操作时间，以满足施工及浆液在裂缝中渗流的时间要求，《混凝土裂缝用环氧树脂灌浆材料》(JC/T 1041—2007)规范要求可操作时间大于 30min。为掌握不同活性稀释剂种类及掺量环氧灌浆材料的可操作时间（从浆液制备完成开始直至黏度达到 200mPa·s 所需时长即为可操作时间），在获取黏-时曲线时详细记录黏度达到 200mPa·s 所需时长。试验结果见图 4.15。

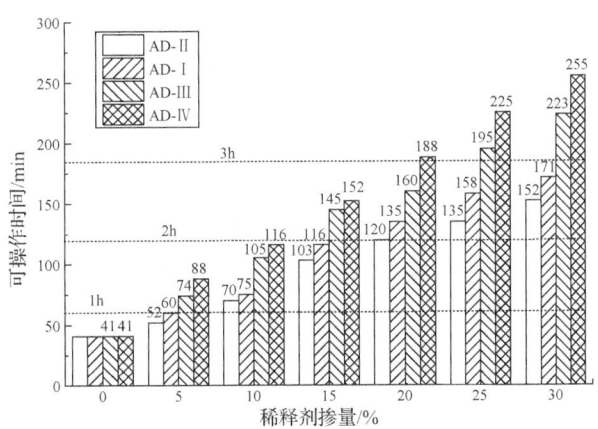

图 4.15　不同活性稀释剂种类及掺量环氧灌浆材料可操作时间

由图 4.15 可知，环氧灌浆材料可操作时间随稀释剂掺量的增加而延长。当 AD-Ⅱ、AD-Ⅰ、AD-Ⅲ、AD-Ⅳ稀释剂掺量为 15%时，相比未掺稀释剂环氧灌浆材料的可操作时间增幅分别为 151%、182%、254%、271%。当稀释剂掺量为 30%时，相比未掺稀释剂环氧灌浆材料的可操作时间增幅分别高达 278%、317%、444%、576%。由此可知稀释剂明显降低了环氧树脂固化速率，有效抑制了其黏度增长。

不同掺量下 4 种稀释剂降黏环氧灌浆材料可操作时间排序是相同的，排序为 $T_{AD-Ⅳ}>T_{AD-Ⅲ}>T_{AD-Ⅰ}>T_{AD-Ⅱ}$。当稀释剂掺量为 15%时，AD-Ⅰ 和 AD-Ⅱ 降黏环氧灌浆材料可操作时间约为 2h，AD-Ⅲ、AD-Ⅳ 降黏环氧灌浆材料可操作时间约为 2.5h。《混凝土裂缝用环氧树脂灌浆材料》（JC/T 1041—2007）规范要求可操作时间大于 30min 即可，但考虑到灌浆材料强度形成时间不宜过长，因此推荐稀释剂掺量为 10%～15%。

3. 环氧灌浆材料粘结性能研究

粘结性能是评价灌浆材料优劣的核心评价指标，良好的粘结性是修补效果的根本保证。活性稀释剂的掺入改变了环氧浆液固化体系的物化性质及其对水泥混凝土界面的浸润性，对其粘结性能产生影响。目前关于活性稀释剂对环氧树脂固化行为及固化热研究较多，而关于活性稀释剂种类及掺量对其粘结性能的影响研究较少。因此，系统研究不同活性稀释剂种类及掺量下环氧灌浆材料的粘结性能具有重要意义，为环氧灌浆材料组成优化提供科学依据。

为明确不同稀释剂种类及掺量的环氧灌浆材料的粘结性能，以粘结强度为评价指标，参照规范《建筑防水涂料试验方法》（GB/T 16777—2008）进行 8 字粘结拉伸试验。试验结果见图 4.16。

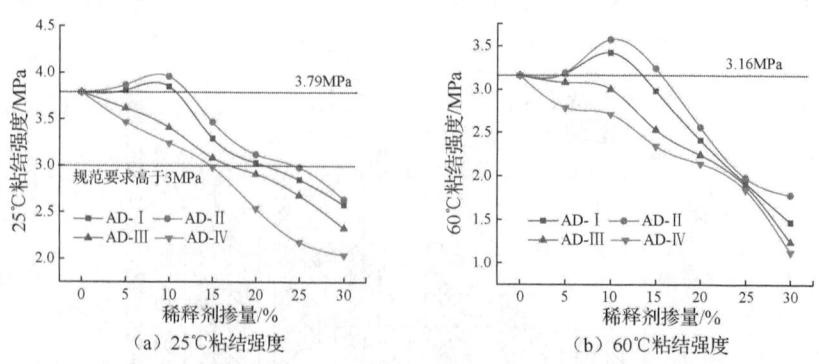

图 4.16 不同活性稀释剂种类及掺量下环氧灌浆材料粘结强度

由图 4.16 可知，在 25℃和 60℃测试温度下，环氧灌浆材料的粘结强度随稀释剂掺量增加变化趋势基本一致。粘结强度随 AD-Ⅱ、AD-Ⅰ 稀释剂掺量的增加先略有增大后迅速降低,而粘结强度随 AD-Ⅲ、AD-Ⅳ 稀释剂掺量的增加一直呈迅速降低趋势,由此可见稀释剂的加入对环氧灌浆材料的粘结性能总体上是不利的。4 种稀释剂不同掺量下环氧灌浆材料粘结强度由强到弱排序均为 AD-Ⅱ>AD-Ⅰ>AD-Ⅲ>AD-Ⅳ。

当 AD-Ⅰ 稀释剂掺量为 10%时,环氧灌浆材料的粘结强度达到峰值。25℃粘结强度峰值为 3.85MPa,60℃粘结强度峰值为 3.42MPa,相比未掺稀释剂环氧灌浆材料的粘结强度分别仅提升 1.6%、8.2%。当 AD-Ⅱ 稀释剂掺量为 10%时,环氧灌浆材料的粘结强度也达到峰值。25℃粘结强度峰值为 3.96MPa,60℃粘结强度峰值为 3.57MPa,相比未掺稀释剂环氧灌浆材料的粘结强度分别仅提升 4.5%、13%。原因在于稀释剂的加入使环氧灌浆材料的渗透性增强,增加了浆液渗入 8 字混凝土试件深度,从而提升了界面粘结性。粘结强度增幅不大是因为渗透增强效果被稀释剂的削弱粘结性不利影响抵消。当稀释剂掺量为 15%时,AD-Ⅲ 和 AD-Ⅳ 环氧灌浆材料的粘结强度分别为 3.08MPa、2.98MPa,粘结强度均未出现增长现象,这是因为渗透增强效果被稀释剂的不利影响完全掩盖。

《混凝土裂缝用环氧树脂灌浆材料》(JC/T 1041—2007)规范要求环氧树脂灌浆材料常温下 8 字拉伸粘结强度要高于 3MPa,因此,AD-Ⅰ、AD-Ⅱ 稀释剂掺量不宜高于 20%,AD-Ⅲ、AD-Ⅳ 掺量不宜高于 15%。

4. 环氧灌浆材料拉伸性能研究

现浇混凝土桥面铺装层在环境高低温变化、干湿变化及车辆振动荷载作用时裂缝处会产生涨缩,使得粘结材料基体及粘结面处产生应力。若界面应力超过灌浆材料的粘结强度或灌浆材料产生应力疲劳伤损,裂缝将再次开裂,导致修补失效。因此,以活性稀释剂为增韧剂,调控环氧灌浆材料拉伸性能,以期环氧灌浆材料具备较好的协调变形能力,能够及时释放界面应力,保持界面粘结耐久性。

为明确不同活性稀释剂种类及掺量环氧灌浆材料的拉伸性能,本节以断裂延伸率及拉伸强度为评价指标,参照《树脂浇铸体性能试验方法》(GB/T 2567—2021)分别在-10℃、25℃、60℃环境条件下进行拉伸试验。

1)低温拉伸性能分析

为明确不同活性稀释剂种类及掺量对环氧灌浆材料的低温拉伸性能影响,绘制低温下-10℃拉伸强度及断裂延伸率试验结果直观分析图见图 4.17。

由图 4.17 可知,在-10℃环境下,AD-Ⅰ、AD-Ⅱ、AD-Ⅲ、AD-Ⅳ 4 种活性稀释剂不同掺量下环氧灌浆材料的拉伸强度及断裂延伸率变化趋势基本一致。环氧灌浆材料的拉伸强度及断裂延伸率均随活性稀释剂掺量的增加先略有增加后迅速降低。总体来看,活性稀释剂的加入对低温环境下环氧灌浆材料的拉伸性能是不利的。相比未掺加稀释剂环氧灌浆材料,稀释剂在 10%以内低掺量下,活性稀

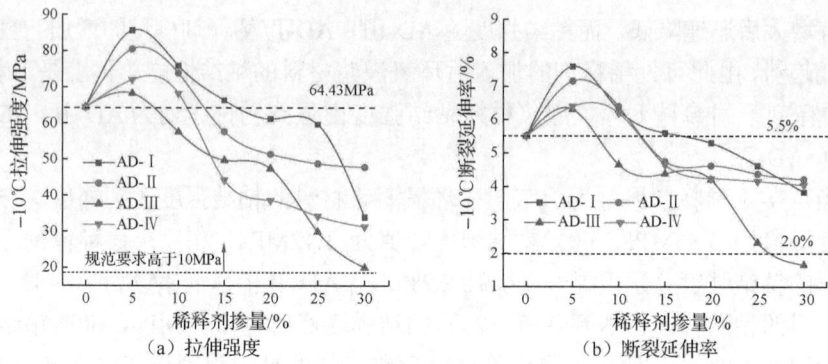

图 4.17 不同活性稀释剂种类及掺量环氧灌浆材料-10℃拉伸强度及断裂延伸率

释剂降黏环氧灌浆材料的拉伸强度及断裂延伸率略有提升，原因在于低掺量稀释剂降低了树脂黏度，使环氧树脂与固化剂相容性更好、交联更加充分，从而固化物更匀质。

《混凝土裂缝用环氧树脂灌浆材料》（JC/T 1041—2007）规范要求环氧树脂灌浆材料常温拉伸强度应高于 10MPa，可见稀释剂掺量在 30%以内-10℃拉伸强度均能满足要求。环氧树脂灌浆材料的断裂延伸率整体偏低，纯环氧灌浆材料的断裂延伸率为 5.5%；当稀释剂掺量超过 15%时，环氧灌浆材料的断裂延伸率值均低于纯环氧灌浆材料的断裂延伸率；当稀释剂掺量为 30%时，环氧灌浆材料的断裂延伸率值均低于 4.5%，其中 AD-Ⅱ降黏环氧灌浆材料的断裂延伸率最高为 4.12%，AD-Ⅲ降黏环氧灌浆材料的断裂延伸率最低仅为 1.65%。研究表明稀释剂使环氧灌浆材料的低温柔韧性变差，因此在满足可灌性要求前提下，控制稀释剂掺量在 10%~20%为宜。

2）常温拉伸性能分析

为明确不同活性稀释剂种类及掺量对环氧灌浆材料的常温拉伸性能影响，绘制常温 25℃下拉伸强度及断裂延伸率试验结果直观分析图，见图 4.18。

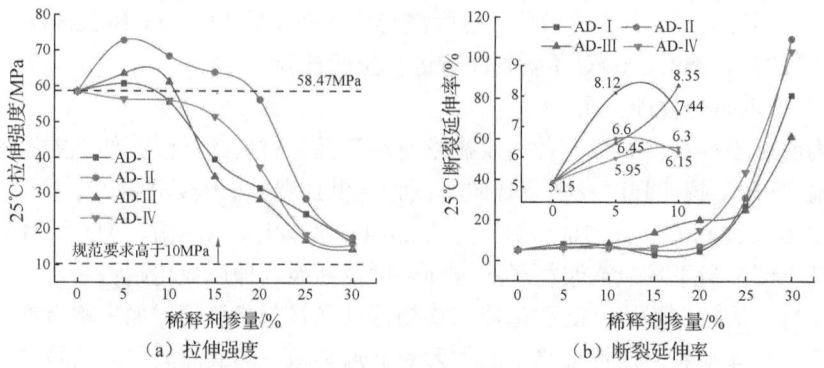

图 4.18 不同活性稀释剂种类及掺量环氧灌浆材料 25℃拉伸强度及断裂延伸率

由图 4.18 可知，在 25℃环境下，环氧灌浆材料的拉伸强度随 AD-Ⅰ、AD-Ⅱ、AD-Ⅲ稀释剂掺量增加先略有增加后迅速降低，而拉伸强度随 AD-Ⅳ稀释剂掺量增加呈现出一直下降趋势。环氧灌浆材料的断裂延伸率随 AD-Ⅰ、AD-Ⅱ、AD-Ⅲ、AD-Ⅳ稀释剂掺量增加整体上呈增长趋势，增长速度表现为先慢后快，特别是当稀释剂掺量高于 20%，其断裂延伸率急剧增长。由此可见，总体上稀释剂的加入对环氧灌浆材料的变形性能是有益的。

《混凝土裂缝用环氧树脂灌浆材料》（JC/T 1041—2007）规范要求环氧树脂灌浆材料常温拉伸强度高于 10MPa，可见稀释剂掺量在 30%以内 25℃拉伸强度均能满足要求。若优先考虑稀释剂在低掺量下对环氧灌浆材料 25℃拉伸强度的提升作用，稀释剂掺量控制在 15%左右为宜；若优先考虑稀释剂对环氧灌浆材料的增韧作用，稀释剂掺量越大越好。因此仅根据 25℃拉伸性能暂不能确定稀释剂掺量。

3）高温拉伸性能分析

为明确不同活性稀释剂种类及掺量对环氧灌浆材料高温拉伸性能的影响，绘制高温下 60℃拉伸强度及断裂延伸率试验结果直观分析图，见图 4.19。

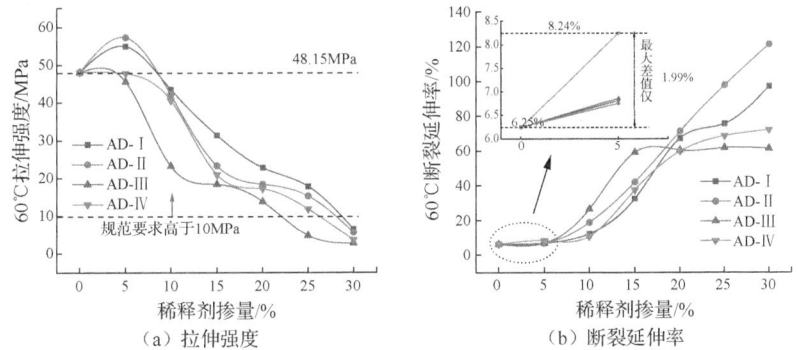

图 4.19 不同活性稀释剂种类及掺量环氧灌浆材料 60℃拉伸强度及断裂延伸率

由图 4.19 可知，在 60℃条件下，环氧灌浆材料的拉伸强度随 AD-Ⅰ、AD-Ⅱ稀释剂掺量增加先略有增加后迅速降低，而拉伸强度随 AD-Ⅲ、AD-Ⅳ稀释剂掺量增加而降低。环氧灌浆材料的断裂延伸率随 AD-Ⅰ、AD-Ⅱ、AD-Ⅲ、AD-Ⅳ稀释剂掺量增加呈增加趋势，整体增长趋势表现为先慢后快，特别是当稀释剂掺量高于 10%，其断裂延伸率急剧增长，但当 AD-Ⅲ、AD-Ⅳ稀释剂掺量高于 20%，其断裂延伸率基本不再增加。以上分析表明活性稀释剂对环氧灌浆材料高温下增韧效果显著。

根据《混凝土裂缝用环氧树脂灌浆材料》（JC/T 1041—2007）对环氧树脂灌浆材料常温拉伸强度要求，AD-Ⅰ、AD-Ⅱ、AD-Ⅳ稀释剂的掺量不宜超过 25%，而 AD-Ⅲ掺量不宜超过 20%。

4.3.3 基于 DEA 方法的最佳配方优选

共设计了 24 种环氧灌浆材料配方方案，根据黏度、粘结强度、拉伸性能分析首先剔除存在部分指标不满足《混凝土裂缝用环氧树脂灌浆材料》(JC/T 1041—2007)规范要求的方案，仍剩余13种方案完全满足要求，但实际上剩余各配方也存在优劣，且投入成本与性能效益比不同。此外，为考虑不同环境工况的细微裂缝灌浆材料组成均衡设计，本节采用25℃下30min内平均黏度、25℃粘结强度、60℃粘结强度、25℃拉伸强度、60℃拉伸强度、-10℃断裂延伸率6项对环境依赖性强的性能指标进行综合评价，由此可见，环氧灌浆材料最佳配方优选是典型的多投入多产出方案决策问题，由于涉及指标较多，很难直观判断决策，因此需借助数学评价方法进行优选。

目前在道路工程领域常用的比选评价方法主要有层次分析法、灰色关联多目标分析法、熵权法、模糊综合评价法等，这些方法均需先对各评价指标进行量纲归一化处理并赋权，其中灰色关联多目标分析法、模糊综合评价法还需首先建立带有参数的生产函数，在赋权和建立生产函数过程增加了方案决策的主观性。因此，本节引入数据包络分析方法。不仅可以避免赋权，而且无需预先建立已知确定的生产函数，保证了方案决策的客观性。此外，该方法评价多输入、多输出的决策单元尤为方便，能体现投入产出效益，为科学客观决策灌浆材料配方提供理论依据。

1. 数据包络分析模型概述

数据包络分析（DEA）是用于评价具有多投入多产出的多个决策单元相对技术有效性的一种基于数学规划模型的非参数统计方法。该方法把每一个被评价单位看作一个决策单元（DMU），并以每个DMU的各个投入和产出指标的权重变量，综合运算评价确定有效生产前沿面，然后通过DMU与有效生产前沿面的距离来确定各DMU是否DEA有效[12]。DEA的优点在于不需要确定输入指标、输出指标的权重，也不需要建立输入与输出之间显示生产函数，因此排除了主观因素的影响。

为方便利用数学软件计算，分式规划形式数据包络分析模型通过Charnes-Cooper变换和对偶变换最终转换为带有非阿基米德无穷小量及松弛变量的线性规划模型。各形式数学模型如下。

（1）原始 C^2R 模型：

$$\begin{cases} \max h_o = \dfrac{u^\mathrm{T} Y_o}{v^\mathrm{T} X_o} \\ h_j = \dfrac{u^\mathrm{T} Y_j}{v^\mathrm{T} X_j} \leqslant 1, \quad j=1,2,\cdots,n \\ u \geqslant 0, v \geqslant 0 \end{cases} \tag{4.5}$$

式中，h_o 为基准单元 DMU_o 效益；u 为输出指标选择权系数变量；v 为输入指标选择权系数变量；$h_j = \dfrac{u^T Y_j}{v^T X_j}$ 为第 j 个决策单元 DMU_j 效率评价指数。

（2）Charnes-Cooper 变换 C^2R 模型（基于输入的线性规划形式）：

$$\begin{cases} \max \mu^T Y_0 \\ \omega^T X_j - \mu^T Y_j \geqslant 0, \quad j = 1, 2, 3, \cdots, n \\ \omega^T X_o = 1 \\ \omega \geqslant 0, \mu \geqslant 0 \end{cases} \quad (4.6)$$

式中，$\omega = tv$；$\mu = tv, t = \dfrac{1}{v^T X_o}$。

（3）对偶线性规划模型：

$$\begin{cases} \min \theta = V_D \\ \sum\limits_{j=1}^{n} X_j \lambda_j \leqslant \theta X_o \\ \sum\limits_{j=1}^{n} Y_j \lambda_j \geqslant Y_o \\ \lambda_j \geqslant 0, j = 1, 2, \cdots, n \end{cases} \quad (4.7)$$

（4）带有非阿基米德无穷小量及松弛变量的线性规划模型：

$$\begin{cases} \min[\theta - \varepsilon(e_m^T S^- + e_s^T S^+)] = V_{D\varepsilon 1} \\ \sum\limits_{j=1}^{n} X_j \lambda_j + S^- = \theta X_o \\ \sum\limits_{j=1}^{n} Y_j \lambda_j - S^+ = Y_o \\ S^- \geqslant 0, S^+ \geqslant 0, \lambda_j \geqslant 0, j = 1, 2, \cdots, n \end{cases} \quad (4.8)$$

式中，ε 为非阿基米德无穷小量，ε 为正数，一般取 0.00001；$e_m = (1,1,\cdots,1)^T \in R^m$；$e_s = (1,1,\cdots,1)^T \in R^s$；$S^-$ 和 S^+ 分别为输入、输出松弛向量。

根据带有非阿基米德无穷小量及松弛变量的线性规划模型求解最优解 θ^*、λ^*、S^{-*}、S^{+*}，若 $\theta^* = 1$ 且 $S^{-*} = S^{+*} = 0$，则称判定决策单元 DMU_o 为 DEA 有效的，若 $\theta^* > 1$，即新组合 DMU 输入量可以更小，原来的 DMU 是非有效的。

2. DEA 模型参数选取与求解

1）输入、输出指标的选取

先剔除 24 种方案中存在指标不满足规范的配方，再对剩余的 13 种配方进行对比评价。数据包络分析模型参数包含输入指标和输出指标,该模型的输入指标越小越好,而输出指标则越大越好。输入指标为稀释剂掺量成本(因各种稀释剂的市场价格相同,无需考虑价格差异对成本的影响)及25℃ 30min平均黏度,输出指标为不同温度工况下环氧灌浆材料粘结性能及拉伸性能评价指标。传统DEA模型决策单元的输入指标和输出指标值见表4.7。

表4.7 传统DEA模型决策单元输入指标和输出指标值

决策单元		输入指标		输出指标				
材料	配方编号	稀释剂掺量/%	平均黏度/(mPa·s)	25℃粘结强度/MPa	60℃粘结强度/MPa	25℃拉伸强度/MPa	60℃拉伸强度/MPa	−10℃断裂延伸率/%
AD-Ⅰ-5	1	5	170	3.81	3.18	60.70	54.97	7.60
AD-Ⅰ-10	2	10	126	3.85	3.42	55.67	43.63	6.30
AD-Ⅰ-15	3	15	105	3.29	2.98	39.57	31.44	5.61
AD-Ⅰ-20	4	20	96	3.03	2.41	31.43	22.85	5.3
AD-Ⅱ-5	5	5	173	3.87	3.19	72.84	57.35	7.16
AD-Ⅱ-10	6	10	136	3.96	3.57	68.35	42.17	6.4
AD-Ⅱ-15	7	15	113	3.47	3.24	63.82	23.35	4.75
AD-Ⅱ-20	8	20	101	3.12	2.56	56.21	18.45	4.62
AD-Ⅲ-5	9	5	146	3.62	3.08	63.51	45.66	6.31
AD-Ⅲ-10	10	10	96	3.41	3.00	61.15	23.25	4.65
AD-Ⅲ-15	11	15	87	3.08	2.53	34.64	18.45	4.38
AD-Ⅳ-5	12	5	161	3.47	2.79	56.34	47.84	6.40
AD-Ⅳ-10	13	10	120	3.24	2.71	56.00	40.65	6.20

2)模型求解

每种活性稀释剂降黏环氧灌浆材料配方作为一个评价单元,每个DMU都有2个输入指标以及5个输出指标。求解模型各变量含义如下:决策单元j(j=1,2,…,13)的输入向量记为$X_j=(x_{1j},x_{2j})^T$,输出向量记为$Y_j=(y_{1j},y_{2j},…,y_{5j})^T$。这里用$x_{ij}$表示第$j$个项目的第$i$个输入指标值,$y_{rj}$表示第$j$个项目的第$r$个输出指标值($i$=1,2,…,$m$;$j$=1,2,…,$n$;$r$=1,2,…,$s$)。用$V=(v_1,v_2,…,v_n)^T$表示输入权重向量;$U=(u_1,u_2,…,u_n)^T$表示输出权重向量。对$m$种输入指标引进$m$个非负偏差变量:$S_1^-,S_2^-,…,S_m^-,S_i^- \geq 0$,$i$=1,2,…,$m$,对$s$种输出指标引进$s$个非负偏差变量:$S_1^+,S_2^+,…,S_m^+,S_r^+ \geq 0$,$r$=1,2,…,$s$。

通过带有非阿基米德无穷小量及松弛变量的线性规划模型对不同活性稀释剂降黏环氧灌浆材料配方进行对比评价,采用MATLAB线性规划模型编程求解,计算结果见表4.8。

表 4.8　第一次 DEA 优化计算结果

材料配方	θ	S_1^-	S_2^-	S_1^+	S_2^+	S_3^+	S_4^+	S_5^+
AD-Ⅰ-5	0.9175	0.0296	0	0.2128	0	2.2220	1.7600	0.2720
AD-Ⅰ-10	1	0	0	0	0	0	0	0
AD-Ⅰ-15	1	0	0	0	0	0	0	0
AD-Ⅰ-20	0.9812	0.1761	0	0.0872	0.4311	0	1.2341	0
AD-Ⅱ-5	1	0	0	0	0	0	0	0
AD-Ⅱ-10	1	0	0	0	0	0	0	0
AD-Ⅱ-15	1	0	0	0	0	0	0	0
AD-Ⅱ-20	0.9286	0.0761	0	0.1662	0.3008	0	4.2165	0
AD-Ⅲ-5	1	0	0	0	0	0	0	0
AD-Ⅲ-10	1	0	0	0	0	0	0	0
AD-Ⅲ-15	1	0	0	0	0	0	0	0
AD-Ⅳ-5	0.9252	0	0	0	0.1565	4.6071	0.1574	0
AD-Ⅳ-10	0.9973	0	0	0	0.104	1.4216	0.2146	0

由表 4.8 可知，AD-Ⅰ-10、AD-Ⅰ-15、AD-Ⅱ-5、AD-Ⅱ-10、AD-Ⅱ-15、AD-Ⅲ-5、AD-Ⅲ-10、AD-Ⅲ-15 8 种配方相对综合有效指数 θ 均为 1，且有 $S_1^- = S_2^- = S_1^+ = S_2^+ = S_3^+ = S_4^+ = S_5^+ = 0$，表明这 8 种配方均 DEA 有效。受模型灵敏度影响，未能有效区分有效的 DEA 单元，但实际上这 8 种 DEA 有效配方仍存在优劣，为了对 8 种 DEA 有效配方进行优劣排序，决定重构 DEA 进行二次对比评价。

3）重构优化 DEA 模型

通过一次传统 DEA 模型求解可知，共有 8 个 DMU 表现为 DEA 有效，剩余方案较多，尚不能选出最优方案。为了对有效方案进行优劣判断排序，需重构有效决策单元的 DEA 模型，引入虚拟最优决策单元和最差决策单元。最优决策单元的输入指标均取所有有效决策单元相应输入指标的最小值，而输出指标均取所有有效决策单元相应输入指标的最大值。最优决策单元的输入指标均取所有有效决策单元相应输入指标的最大值，而输出指标均取所有有效决策单元相应输入指标的最小值。重构优化 DEA 模型核心思想是使最优决策单元相对其他决策单元是 DEA 必有效，在保持其效率值达到最大值约束下，使最差决策单元的效率值达到最小，从而增强决策单元之间的区分度。若第一次传统 DEA 模型判定的有效决策单元数记为 DMU_k，最优决策单元记为 DMU_{k+1}，最差决策单元为 DMU_{k+2}。重构优化 DEA 各决策单元输入指标和输出指标值见表 4.9。重构优化 DEA 方法模型如下：

$$\begin{cases} \min[\theta - \varepsilon(e_m^T S^- + e_s^T S^+)] = V_{D\varepsilon 1} \\ \sum_{j=1}^{k+2} X_j \lambda_j + S^- = \theta X_o \\ \sum_{j=1}^{k+2} Y_j \lambda_j - S^+ = Y_o \\ S^- \geq 0, S^+ \geq 0, \lambda_j \geq 0, j = 1, 2, \cdots, n, k+1, k+2 \end{cases} \quad (4.9)$$

表 4.9 重构优化 DEA 各决策单元输入指标和输出指标值

决策单元		输入指标		输出指标				
材料配方	配方编号	稀释剂掺量/%	平均黏度/(mPa·s)	25℃粘结强度/MPa	60℃粘结强度/MPa	25℃拉伸强度/MPa	60℃拉伸强度/MPa	-10℃断裂延伸率/%
AD-Ⅰ-10	2	10	126	3.85	3.42	55.67	43.63	6.3
AD-Ⅰ-15	3	15	105	3.29	2.98	39.57	31.44	5.6
AD-Ⅱ-5	5	5	173	3.87	3.19	72.84	57.35	7.16
AD-Ⅱ-10	6	10	136	3.96	3.57	68.35	42.17	6.4
AD-Ⅱ-15	7	15	113	3.47	3.24	63.82	23.35	4.75
AD-Ⅲ-5	9	5	146	3.62	3.08	63.51	45.66	6.31
AD-Ⅲ-10	10	10	96	3.41	3	61.15	23.25	4.65
AD-Ⅲ-15	11	15	87	3.08	2.53	34.64	18.45	4.38
DMU_{k+1}	14（最优）	5	87	3.96	3.57	72.84	57.35	7.16
DMU_{k+2}	15（最差）	15	173	3.08	2.53	34.64	18.45	4.38

4）重构优化 DEA 模型求解

基于重构优化 DEA 模型，采用 MATLAB 进行编程求解，计算结果见表 4.10。

表 4.10 重构优化 DEA 计算结果

材料配方	θ	S_1^-	S_2^-	S_1^+	S_2^+	S_3^+	S_4^+	S_5^+
AD-Ⅰ-10	0.6713	0.0185	0	0	0.0508	15.1467	12.1269	0.6611
AD-Ⅰ-15	0.9872	0	86.0000	0.0900	0.3800	0	0	0
AD-Ⅱ-5	0.6916	0.0620	0	0.0155	0	0	16.4320	0.3767
AD-Ⅱ-10	0.6397	0.0140	0	0	0	4.4900	15.1800	0.7600
AD-Ⅱ-15	1.0000	0.00594	0	0.1239	0	0	0	0
AD-Ⅲ-5	0.7865	0	53.9343	0	0.1835	3.0761	6.7660	0.2353
AD-Ⅲ-10	0.9504	0.0350	0	0	0.0742	0	1.02	0
AD-Ⅲ-15	0.7778	0.0778	0	0	0.2467	22.0133	26.1556	1.1889
DMU_{k+1}	1.0000	0	0	0	0	0	0	0
DMU_{k+2}	0.3911	0.0198	0	0	0.2467	22.0133	26.1556	1.1889

由表 4.10 可知，根据相对综合有效指数 θ 值大小排序，DMU_{k+1} = AD-Ⅱ-15> AD-Ⅰ-15 >AD-Ⅲ-10 > AD-Ⅲ-5>AD-Ⅲ-15>AD-Ⅱ-5 > AD-Ⅰ-10 > AD-Ⅱ-10 > DMU_{k+2}，据此选择每种稀释剂的最优方案为 AD-Ⅱ-15、AD-Ⅰ-15、AD-Ⅲ-10，优选的最佳活性稀释剂降黏环氧灌浆材料配方及性能见表 4.11。

表 4.11 最佳活性稀释剂降黏环氧灌浆材料配方及性能

配方	固化剂 D230 掺量/%	稀释剂 掺量/%	性能指标					
			平均黏度 /(mPa·s)	25℃粘结强度/MPa	60℃粘结强度/MPa	25℃拉伸强度/MPa	60℃拉伸强度/MPa	-10℃断裂延伸率/MPa
AD-Ⅰ-15	35	15	105	3.29	2.98	39.57	31.44	5.60
AD-Ⅱ-15	35	15	113	3.47	3.24	63.82	23.35	4.75
AD-Ⅲ-10	35	10	96	3.41	3.00	61.15	23.25	4.65

4.4 硅基改性环氧灌浆材料制备调控

根据 4.3 节环氧灌浆材料性能研究可知，活性稀释剂有效降低了环氧灌浆材料浆液黏度，改善了其固化物在常温和高温环境的柔韧性，但削弱了其粘结性能及低温柔韧性，不利于其在复杂环境工况下的应用。基于此，为进一步提升活性稀释剂降黏环氧灌浆材料性能，本节采用有机硅对其进行改性以弥补稀释剂次生问题及环氧固有缺陷，系统研究不同制备工艺下硅基改性环氧灌浆材料的可灌性、粘结性能及拉伸性能，确定最佳制备工艺，在此基础上，全面研究不同类型有机硅及其掺量对环氧灌浆材料性能的影响规律，以期获得兼具低黏度、高粘结及高低温柔韧性的细微裂缝灌浆材料。

4.4.1 材料优选及制备方法

1. 材料优选

为解决环氧树脂柔韧性不足问题，目前主要通过橡胶弹性体、热塑性树脂、柔性固化剂、互穿聚合物网络、超支化聚合物、刚性微纳米粒子等进行增韧改性，但这些增韧方法往往会显著增加环氧树脂黏度，不利于制备低黏环氧灌浆材料，不宜采用。经广泛查阅相关研究资料发现有机硅树脂具有良好的低温柔顺性、低表面能、低黏度、耐热性、耐氧化、耐疲劳及耐水性等优点，恰与活性稀释剂降黏环氧灌浆材料优势互补[13]。因此，考虑采用有机硅对其进行改性，以期弥补稀释剂次生问题及环氧固有缺陷。考虑到有机硅与环氧树脂相容性问题，选用了两种带有可与环氧反应活性基团的有机硅改性剂。本章主要试验材料见表 4.12。

表 4.12 主要试验材料

序号	材料名称	功能/作用
1	E-54 环氧树脂	主材料
2	D230 固化剂	交联剂
3	AD-Ⅱ稀释剂	降黏剂
4	二月桂酸二丁基锡	催化剂
5	DDMS	有机硅改性剂
6	PDMS	有机硅改性剂

2. 制备方法

1）有机硅改性环氧反应原理

为克服有机硅与环氧树脂相容性问题，采用化学共聚法制备有机硅改性环氧树脂。即通过有机硅分子中活性羟基或烷氧基与环氧分子链段上环氧基或羟基发生反应，将有机硅分子引入环氧链段，从而实现改性功能。反应原理如下。

（1）有机硅活性羟基与环氧树脂侧链活性羟基反应：

$$-\text{Si}-\text{OH} + \text{OH}-\text{C}- \longrightarrow -\text{Si}-\text{O}- + \text{H}_2\text{O}$$

（2）有机硅活性羟基与环氧树脂环氧基反应：

$$-\text{Si}-\text{OH} + \text{CH}_2-\text{CH}- \longrightarrow -\text{Si}-\text{O}-\text{CH}_2-\text{CH}- $$
$$\qquad\qquad\qquad \underset{\text{O}}{\diagdown\diagup} \qquad\qquad\qquad\qquad \text{OH}$$

（3）有机硅烷氧基与环氧树脂侧链活性羟基反应：

$$-\text{Si}-\text{O}-\text{CH}_3 + \text{OH}-\text{C}- \longrightarrow -\text{Si}-\text{O}- + \text{CH}_3\text{OH}$$

2）有机硅改性环氧树脂制备投料步骤

首先将一定量的 E-54 环氧树脂装入反应系统装置的烧瓶中，利用 JJ-1 精密增力电动搅拌器以 500r/min 转速边搅拌边预热，待环氧树脂温度达到方案设定反应温度，然后加入 1%（占反应体系总质量比）的二月桂酸二丁基锡（DBTDL）催化剂继续搅拌 2min 后，再加入一定量的有机硅改性剂（DDMS 或 PDMS），继续搅拌直至试验方案设定的反应时间停止加热，立即取出反应产物，即可获得有机硅改性环氧树脂。

3）活性稀释剂降黏硅基改性环氧灌浆材料浆液配置

（1）首先将有机硅改性环氧树脂、固化剂、AD-Ⅱ稀释剂材料预热至 25℃。

（2）将一定比例的环氧树脂和稀释剂（100∶15）放入 500ml 烧杯中，利用电动搅拌器以 300r/min 搅拌 2min。

（3）加入 35%（占液体有机硅改性环氧树脂质量比）的 D230 固化剂，再利用电动搅拌器以 300r/min 搅拌 3min，完成浆液配置，进行黏度测试并浇筑试件。

4.4.2 最佳制备工艺确定

科学合理的制备工艺是保证化学材料优良性能的基础。本节以 30min 平均黏度及不同工况下粘结强度、拉伸强度、断裂延伸率为评价指标，通过正交试验系统研究不同制备工艺参数对硅基改性环氧灌浆材料的可灌性、粘结性能及拉伸性能的影响，为优化确定最佳制备工艺提供科学依据，也为获得兼具优良工作性及耐久性的硅基改性环氧灌浆材料奠定基础。

1. 正交试验

由于试验结果往往受到诸多试验因素及水平的影响，若开展全面试验，受试验时间和费用成本约束，较难实现。因此，正交试验方法深受广大学者的青睐。正交试验是从全面试验中挑出具有代表性的组合开展试验，试验结果具有均匀分散和齐整可比性特点，达到耗费较低试验成本而高效获取研究结论的目的。

根据有机硅改性环氧树脂制备原理可知，有机硅改性环氧涉及环氧与有机硅分子链段的化学反应，而通常反应温度、反应时间及改性剂掺量则是影响反应产物性能的主要因素。因此以反应温度（A）、反应时间（B）及有机硅掺量（C）为正交因子，各取三个水平进行正交试验。具体方案见表 4.13 和表 4.14。

表 4.13 正交因子及水平表

试验水平	正交因子		
	A/℃	B/h	C/%
1	90	2	2
2	100	3	5
3	110	4	8

表 4.14 正交试验方案表

试验编号	正交因子		
	A/℃	B/h	C/%
P/D2-SMER-1	90	2	2
P/D5-SMER-2	90	3	5
P/D8-SMER-3	90	4	8
P/D5-SMER-4	100	2	5
P/D8-SMER-5	100	3	8
P/D2-SMER-6	100	4	2
P/D8-SMER-7	110	2	8
P/D2-SMER-8	110	3	2
P/D5-SMER-9	110	4	5

2. DDMS 改性环氧灌浆材料性能极差分析

极差分析法是正交试验数据分析最常用的直观分析法。根据评价指标随同一因素不同水平变化趋势决定最佳水平,根据不同因子不同水平极差判定因素影响程度,最终确定 DDMS 改性环氧灌浆材料最佳制备工艺。

1) 30min 平均黏度极差分析

为明确不同制备工艺参数对 DDMS 改性环氧灌浆材料浆液平均黏度的影响,浆液平均黏度极差分析见图 4.20。

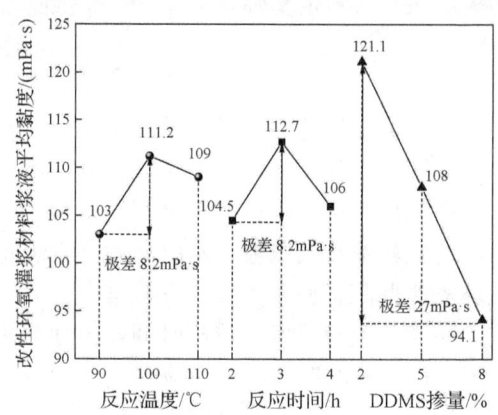

图 4.20 DDMS 改性环氧灌浆材料浆液平均黏度随正交因子变化趋势

由图 4.20 可知,DDMS 改性环氧灌浆材料浆液的 30min 平均黏度随反应温度和反应时间增大先增大后降低,随 DDMS 掺量增加而降低。当反应温度为 100℃时,浆液平均黏度最大为 111.2mPa·s;当反应时间为 3h 时,浆液平均黏度最大为 112.7mPa·s;当 DDMS 掺量为 8%时,浆液平均黏度降低至 94.1mPa·s。反应温度和反应时间不同水平引起的浆液平均黏度极差均为 8.2mPa·s,而 DDMS 掺量不同水平引起的浆液平均黏度极差达到 27mPa·s。可见 DDMS 掺量是影响浆液黏度的主要因素,反应温度与反应时间是次要因素,在确定制备工艺时应首先考虑 DDMS 掺量对性能的影响。桥面现浇混凝土铺装细微裂缝要求浆液黏度越低越好,暂推荐 DDMS 掺量为 8%或更高。

2) 粘结性能极差分析

为明确不同制备工艺参数对硅基改性环氧灌浆材料粘结性能的影响,不同工况下粘结强度极差分析见图 4.21。

由图 4.21(a)可知,在 25℃环境下,DDMS 改性环氧灌浆材料的粘结强度随反应温度与反应时间增大呈现出先增后减趋势,随 DDMS 掺量增加而增大。当反应温度为 100℃时,粘结强度达到峰值 4.97MPa;当反应时间为 3h 时,粘结强度达到峰值 4.98MPa;当 DDMS 掺量为 8%时,粘结强度达到 4.95MPa。由反应温度、反应时间、DDMS 掺量不同水平引起的粘结强度极差分别为 0.23MPa、0.23MPa、0.1MPa，可见各因素对 25℃粘结强度影响程度相当。

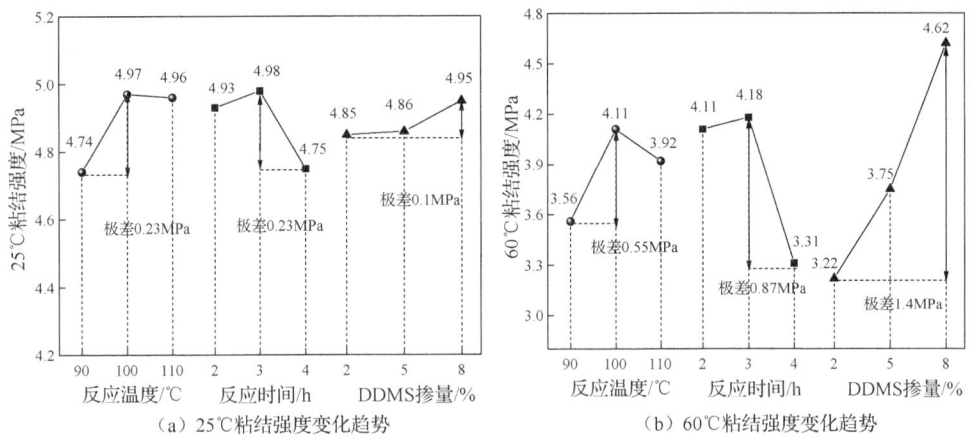

（a）25℃粘结强度变化趋势　　　　（b）60℃粘结强度变化趋势

图 4.21　DDMS 改性环氧灌浆材料粘结强度随正交因子变化趋势

由图 4.21（b）可知，在 60℃环境下，DDMS 改性环氧灌浆材料的粘结强度随反应温度与反应时间增大呈现出先增后减趋势，随 DDMS 掺量增加而增大。当反应温度为 100℃时，粘结强度达到峰值 4.11MPa；当反应时间为 3h 时，粘结强度达到峰值 4.18MPa；当 DDMS 掺量为 8%时，粘结强度达到 4.62MPa。由反应温度、反应时间、DDMS 掺量不同水平引起的粘结强度极差分别为 0.55MPa、0.87MPa、1.4MPa，因此 DDMS 掺量是影响 60℃粘结强度的主要因素，反应温度与反应时间是次要因素。

3）拉伸性能极差分析

为明确不同制备工艺参数对硅基改性环氧灌浆材料拉伸性能的影响，以拉伸强度及断裂延伸率为评价指标（考虑到粘结材料的拉伸性能受到温度影响发生变化，同时观测-10℃、25℃及 60℃温度下的拉伸性能）进行拉伸性能极差分析。

图 4.22 是 DDMS 改性环氧灌浆材料的-10℃拉伸强度及断裂延伸率随正交因子变化趋势，旨在研究反应温度、反应时间、DDMS 掺量对有机硅改性环氧灌浆材料低温环境下拉伸性能的影响。

由图 4.22（a）可知，在-10℃环境下，DDMS 改性环氧灌浆材料的拉伸强度随反应温度与反应时间增大均呈现出先增后减的趋势，随 DDMS 掺量增加而增大。当反应温度为 100℃时，拉伸强度达到峰值 72.31MPa；当反应时间为 3h 时，拉伸强度达到峰值 72.83MPa；当 DDMS 掺量为 8%时，拉伸强度达到 73.48MPa。由反应温度、反应时间、DDMS 掺量不同水平产生的拉伸强度极差分别为 1.85MPa、4.28MPa、5.83MPa，可见 DDMS 掺量是影响-10℃拉伸强度的主要因素。

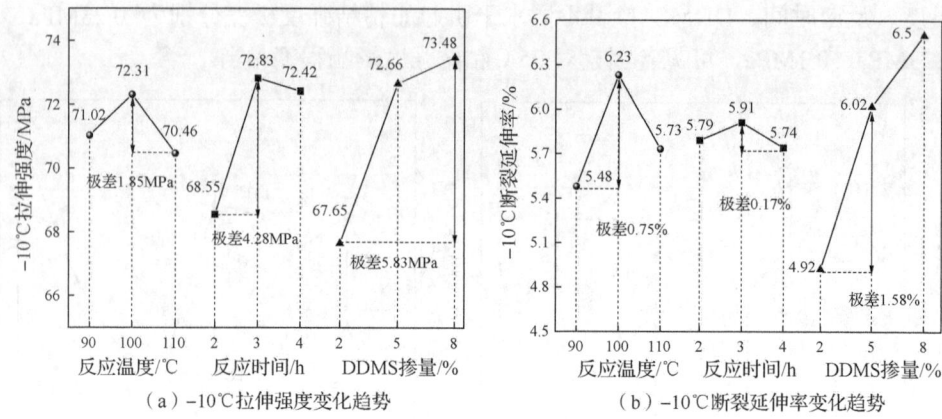

(a) -10℃拉伸强度变化趋势　　(b) -10℃断裂延伸率变化趋势

图 4.22　DDMS 改性环氧灌浆材料-10℃拉伸强度及断裂延伸率随正交因子变化趋势

由图 4.22（b）可知，在-10℃环境下，DDMS 改性环氧灌浆材料的断裂延伸率随反应温度与反应时间增大呈现出先增后减趋势，随 DDMS 掺量增加而增大。当反应温度为 100℃时，断裂延伸率呈现峰值为 6.23%；当反应时间为 3h 时，断裂延伸率呈现峰值为 5.91%；当 DDMS 掺量为 8%时，断裂延伸率值达到 6.5%。由反应温度、反应时间、DDMS 掺量不同水平产生的断裂延伸率极差分别为 0.75%、0.17%、1.58%，可见 DDMS 掺量也是影响-10℃断裂延伸率的主要因素。推荐最佳反应温度为 100℃，反应时间为 3h，DDMS 掺量为 8%或更高。

图 4.23 是 DDMS 改性环氧灌浆材料的 25℃拉伸强度及断裂延伸率随正交因子变化趋势图，旨在研究反应温度、反应时间、DDMS 掺量对有机硅改性环氧灌浆材料常温环境下拉伸性能的影响。

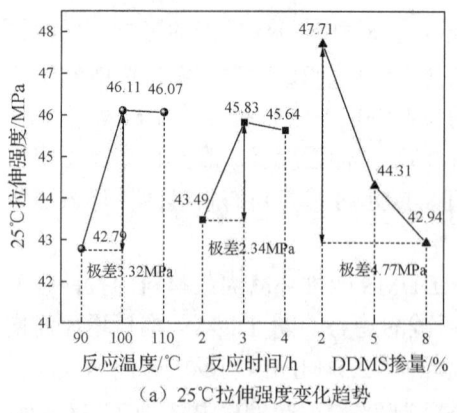
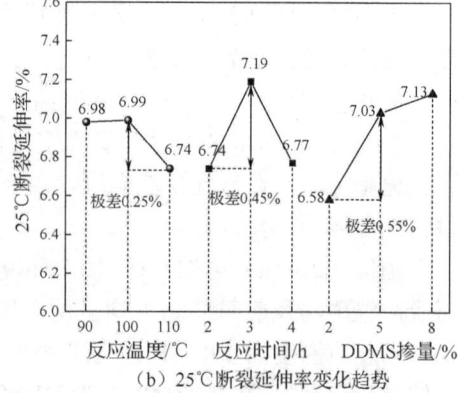

(a) 25℃拉伸强度变化趋势　　(b) 25℃断裂延伸率变化趋势

图 4.23　DDMS 改性环氧灌浆材料 25℃拉伸强度及断裂延伸率随正交因子变化趋势

由图 4.23（a）可知，在 25℃环境下，DDMS 改性环氧灌浆材料的拉伸强度随反应温度与反应时间增大呈现先增后减趋势，随 DDMS 掺量增加而降低。当反应温度为 100℃时，拉伸强度达到峰值 46.11MPa；当反应时间为 3h 时，拉伸强度达到峰值为 45.83MPa；当 DDMS 掺量为 8%时，拉伸强度为 42.94MPa。相比 -10℃环境下，25℃拉伸强度降低，但其值仍远高于《混凝土裂缝用环氧树脂灌浆材料》（JC/T 1041—2007）提出的常温拉伸强度大于 10MPa 的要求。

由图 4.23（b）可知，在 25℃环境下，DDMS 改性环氧灌浆材料的断裂延伸率随反应温度与反应时间增大呈现出先增后减趋势，随 DDMS 掺量增加而增大。当反应温度为 100℃时，断裂延伸率呈现峰值为 6.99%；当反应时间为 3h 时，断裂延伸率呈现峰值为 7.19%；当 DDMS 掺量为 8%时，断裂延伸率达到 7.13%。据此建议最佳反应温度为 100℃，最佳反应时间为 3h 时，DDMS 掺量为 8%或更高。

图 4.24 是 DDMS 改性环氧灌浆材料的 60℃拉伸强度及断裂延伸率随正交因子变化趋势图，旨在研究反应温度、反应时间、DDMS 掺量对有机硅改性环氧灌浆材料高温环境下拉伸性能的影响。

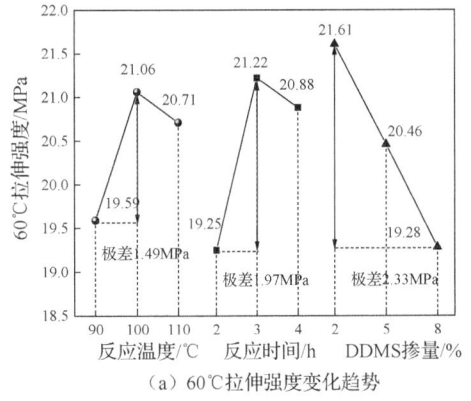
（a）60℃拉伸强度变化趋势

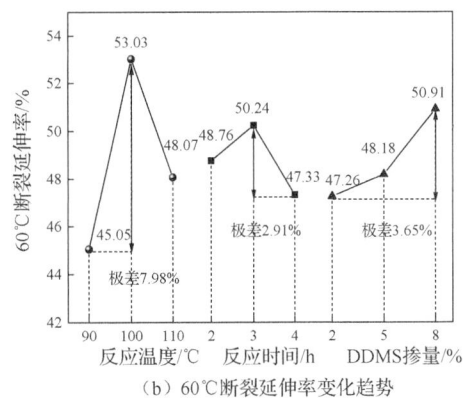
（b）60℃断裂延伸率变化趋势

图 4.24　DDMS 改性环氧灌浆材料 60℃拉伸强度及断裂延伸率随正交因子变化趋势

由图 4.24（a）可知，在 60℃环境下，DDMS 改性环氧灌浆材料的拉伸强度随反应温度与反应时间增大先增大后降低，随 DDMS 掺量增加而降低。当反应温度为 100℃时，拉伸强度达到峰值 21.06MPa；当反应时间为 3h 时，拉伸强度达到峰值 21.22MPa；当 DDMS 掺量为 8%时，拉伸强度降至 19.28MPa。相比 25℃环境下，60℃拉伸强度继续降低，但其拉伸强度约是《混凝土裂缝用环氧树脂灌浆材料》（JC/T 1041—2007）要求常温拉伸强度值的 2 倍。

由图 4.24（b）可知，在 60℃环境下，DDMS 改性环氧灌浆材料的断裂延伸率随反应温度与反应时间增大呈现出先增后减趋势，随 DDMS 掺量增加而增大。当反应温度为 100℃时，断裂延伸率呈现峰值为 53.03%；当反应时间为 3h 时，断裂延伸率呈现峰值为50.24%；当DDMS掺量为8%时，断裂延伸率达到50.91%。从断裂延伸率极差角度分析，高温下各因素不同水平对断裂延伸率的影响程度相当。

根据DDMS改性环氧灌浆材料各性能极差分析结果，可确定DDMS改性环氧的最佳反应温度为100℃，最佳反应时间为3h。但较多性能评价指标随DDMS掺量变化趋势是单调的，暂时不能确定最优掺量，这可能是其掺量设定不合理所致。因此调整其掺量进一步开展深入研究。

3. PDMS改性环氧灌浆材料最佳制备工艺确定

PDMS是烷氧基与环氧树脂侧链活性羟基反应，与DDMS反应原理不同。为确定PDMS改性环氧灌浆材料最佳制备工艺，系统研究不同制备工艺对其各项性能的影响。

1）浆液黏度极差分析

图4.25是PDMS改性环氧灌浆材料浆液平均黏度随正交因子变化趋势图，旨在研究反应温度、反应时间、PDMS掺量对硅基改性环氧灌浆材料浆液黏度的影响。

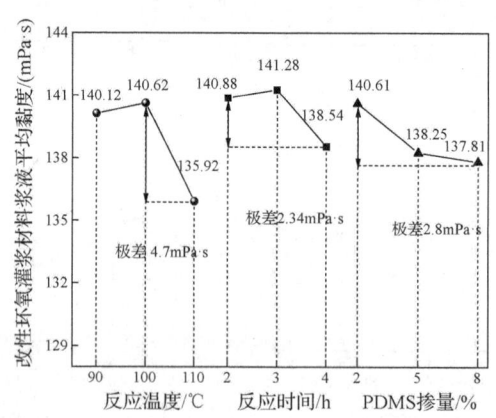

图4.25 PDMS改性环氧灌浆材料浆液平均黏度随正交因子变化趋势

由图4.25可知，PDMS改性环氧灌浆材料浆液的30min平均黏度随反应温度和反应时间增大呈先增大后减小趋势，随PDMS掺量增加而降低。由反应温度、反应时间、PDMS掺量不同水平产生的平均黏度极差分别为4.7mPa·s、2.34mPa·s、2.8mPa·s，可见各因子不同水平对PDMS改性环氧灌浆材料浆液的30min平均黏度影响较小。

2）粘结性能极差分析

图4.26是PDMS改性环氧灌浆材料的粘结强度随正交因子变化趋势图，旨在研究反应温度、反应时间、PDMS掺量对有机硅改性环氧灌浆材料粘结强度的影响。

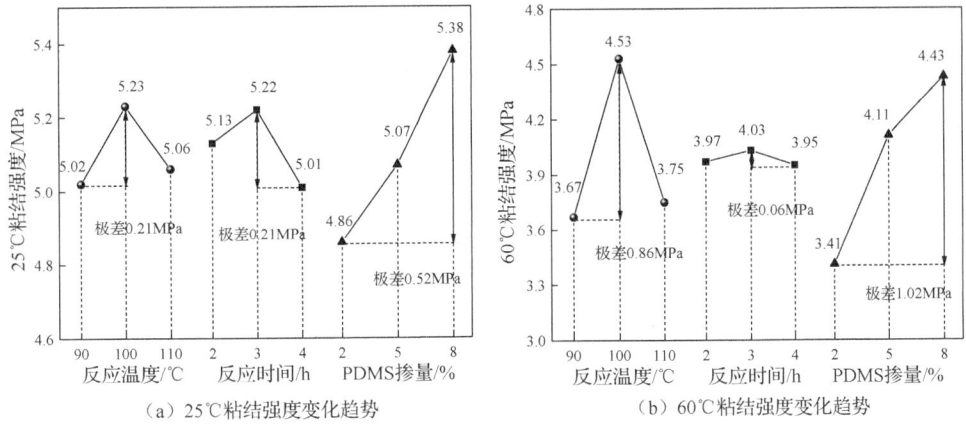

图 4.26 PDMS 改性环氧灌浆材料粘结强度随正交因子变化趋势

由图 4.26（a）可知，在 25℃环境下，PDMS 改性环氧灌浆材料的粘结强度随反应温度与反应时间增大呈现先增后减趋势，随 PDMS 掺量增加而增大。当反应温度为 100℃时，粘结强度达到峰值 5.23MPa；当时间为 3h 时，粘结强度达到峰值 5.22MPa；当 PDMS 掺量为 8%时，粘结强度最大为 5.38MPa。由反应温度、反应时间、PDMS 掺量不同水平引起的粘结强度极差分别为 0.21MPa、0.21MPa、0.52MPa，表明粘结强度随 PDMS 掺量水平变化最敏感。

由图 4.26（b）可知，在 60℃环境下，PDMS 改性环氧灌浆材料的粘结强度随反应温度与反应时间增大呈现出先增后减趋势，随 PDMS 掺量增加而增大。当反应温度为 100℃时，粘结强度呈现峰值 4.53MPa；当反应时间为 3h 时，粘结强度呈现峰值 4.03MPa；当 PDMS 掺量为 8%时，粘结强度达到 4.43MPa。根据上述分析推荐最佳反应温度为 100℃，反应时间为 3h，PDMS 掺量为 8%或更高。

3）拉伸性能极差分析

图 4.27 是 PDMS 改性环氧灌浆材料的-10℃拉伸强度及断裂延伸率随正交因子变化趋势图，旨在研究反应温度、反应时间、PDMS 掺量对有机硅改性环氧灌浆材料低温环境下拉伸性能的影响。

由图 4.27（a）可知，在-10℃环境下，PDMS 改性环氧灌浆材料的拉伸强度随反应温度与反应时间增大而降低，随 PDMS 掺量增加先增大后减小。由反应温度、反应时间、PDMS 掺量不同水平产生的拉伸强度极差分别为 4.79MPa、1.17MPa、4.29MPa，可见各因子水平变化对环氧灌浆材料的拉伸强度影响不大。

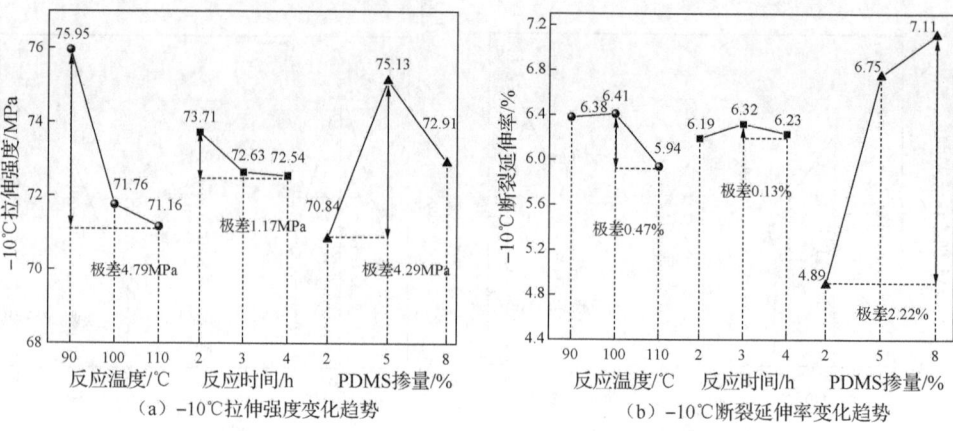

图 4.27　PDMS 改性环氧灌浆材料-10℃拉伸强度及断裂延伸率随正交因子变化趋势

由图 4.27（b）可知，在-10℃环境下，PDMS 改性环氧灌浆材料的断裂延伸率随反应温度与反应时间增大呈现出先增后减趋势，随 PDMS 掺量增加而增大。当反应温度为 100℃时，断裂延伸率呈现峰值为 6.41%；当反应时间为 3h 时，断裂延伸率呈现峰值为 6.32%；断裂延伸率当 PDMS 掺量为 8%时，断裂延伸率达到了 7.11%。由反应温度、反应时间、PDMS 掺量不同水平产生的断裂延伸率极差分别为 0.47%、0.13%、2.22%，可见 PDMS 掺量对断裂延伸率影响最为显著。根据以上分析推荐最佳反应温度为 100℃，反应时间为 3h，PDMS 掺量为 8%或更高。

图 4.28 是 PDMS 改性环氧灌浆材料的 25℃拉伸强度及断裂延伸率随正交因子变化趋势图，旨在研究反应温度、反应时间、PDMS 掺量对有机硅改性环氧灌浆材料常温环境下拉伸性能的影响。

由图 4.28（a）可知，在 25℃环境下，PDMS 改性环氧灌浆材料的拉伸强度随反应温度增大呈现先增后减趋势，随反应时间及 PDMS 掺量增大而降低。当反应温度为 100℃时，拉伸强度达到峰值 51.99MPa；当反应时间为 3h 时，拉伸强度为 50.25MPa；当 PDMS 掺量为 8%时，拉伸强度为 49.18MPa。由反应温度、反应时间、PDMS 掺量不同水平产生的拉伸强度极差分别为 2.34MPa、2.35MPa、2.81MPa，可见拉伸强度对三种因子变化敏感程度相当。

由图 4.28（b）可知，在 25℃环境下，PDMS 改性环氧灌浆材料的断裂延伸率随反应温度与反应时间增大呈现出先增后减趋势，随 PDMS 掺量增加而增大。当反应温度为 100℃时，断裂延伸率呈现峰值为 6.26%；当反应时间为 3h 时，断裂延伸率呈现峰值为 6.11%；当 PDMS 掺量为 8%时，断裂延伸率为 6.12%。由反应温度、反应时间、PDMS 掺量不同水平引起的断裂延伸率极差分别为 0.53%、0.27%、0.29%，可见断裂延伸率对三种因子变化敏感程度也基本相同。

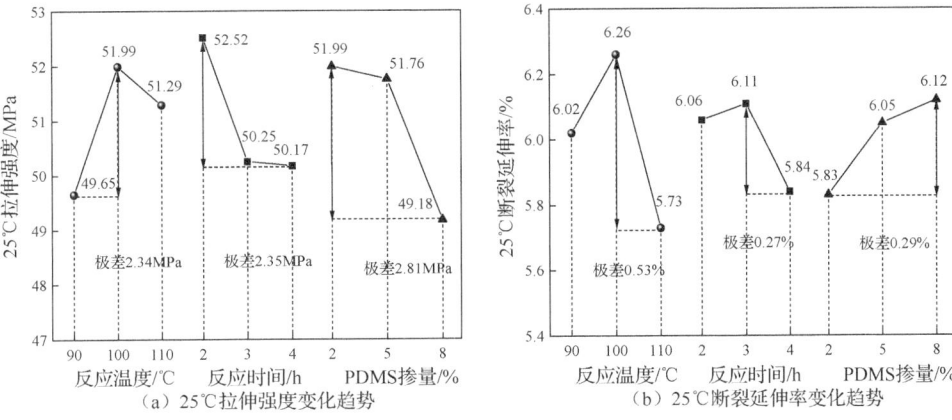

图 4.28 PDMS 改性环氧灌浆材料 25℃拉伸强度及断裂延伸率随正交因子变化趋势

图 4.29 是 PDMS 改性环氧灌浆材料的 60℃拉伸强度及断裂延伸率随正交因子变化趋势图,旨在研究反应温度、反应时间、PDMS 掺量对有机硅改性环氧灌浆材料高温环境下拉伸性能的影响。

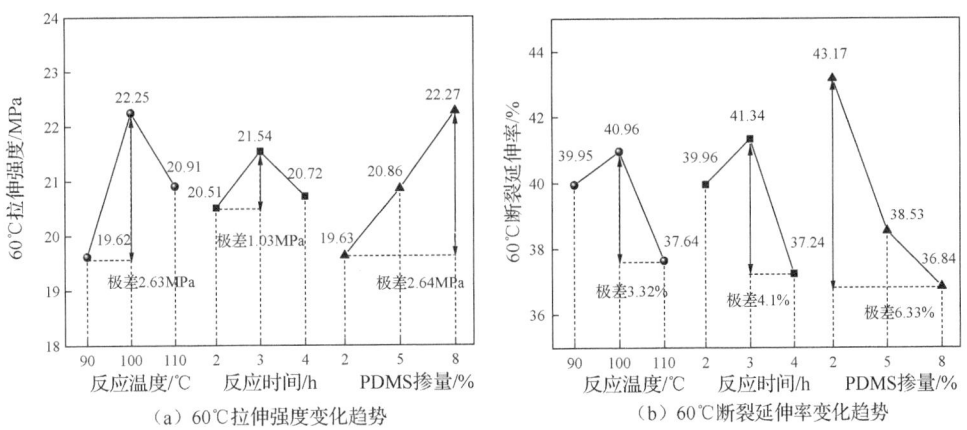

图 4.29 PDMS 改性环氧灌浆材料 60℃拉伸强度及断裂延伸率随正交因子变化趋势

由图 4.29(a)可知,在 60℃环境下,PDMS 改性环氧灌浆材料的拉伸强度随反应温度与反应时间增大先增后减,随 PDMS 掺量增加而增大。当反应温度为 100℃时,拉伸强度达到峰值 22.25MPa;当反应时间为 3h 时,拉伸强度达到峰值 21.54MPa;当 PDMS 掺量为 8%时,拉伸强度值 22.27MPa。由反应温度、反应时间、PDMS 掺量不同水平引起的拉伸强度极差分别为 2.63MPa、1.03MPa、2.64MPa。

由图 4.29(b)可知,在 60℃环境下,PDMS 改性环氧灌浆材料的断裂延伸率随反应温度与反应时间增大呈现出先增后减趋势,随 PDMS 掺量增加而降低。当反应温度为 100℃时,断裂延伸率达到峰值 40.96%;当反应时间为 3h 时,断裂延伸率达到峰值 41.34%,当 PDMS 掺量为 8%时,断裂延伸率为 36.84%。由反应温度、反应时间、PDMS 掺量不同水平产生的断裂延伸率极差分别为 3.32%、4.1%、6.33%,可见 PDMS 掺量是影响断裂延伸率主要因素。

根据 DDMS 及 PDMS 改性环氧灌浆材料性能极差分析结果,可确定 PDMS、DDMS 改性环氧的最佳反应温度为 100℃,最佳反应时间为 3h。但较多性能评价指标随 PDMS、DDMS 掺量变化趋势是单调的,暂时不能确定最优掺量,这可能是其掺量设定不合理所致。因此需要调整其掺量进一步开展深入研究。

4.4.3 基于性能调控的材料组成优化研究

为确定有机硅最佳掺量,本节在最佳反应温度 100℃、反应时间 3h 条件下分别制备有机硅掺量为 0%、2%、5%、8%、11%、14%、17%、20%的硅基改性环氧灌浆材料,系统研究有机硅掺量对其可灌性、粘结性能及拉伸性能的影响。本节降黏剂采用第 2 章优选的 AD-Ⅱ稀释剂,掺量为 15%。

1. 基于黏-时曲线的硅基改性环氧灌浆材料浆液黏度评价

为明确有机硅掺量对环氧灌浆材料可灌性的影响,基于黏-时曲线系统研究不同 DDMS 及 PDMS 有机硅掺量下环氧灌浆材料的 30min 平均黏度,结果分别见图 4.30 和图 4.31。

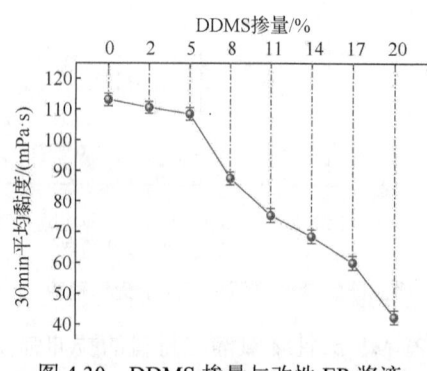

图 4.30　DDMS 掺量与改性 EP 浆液平均黏度

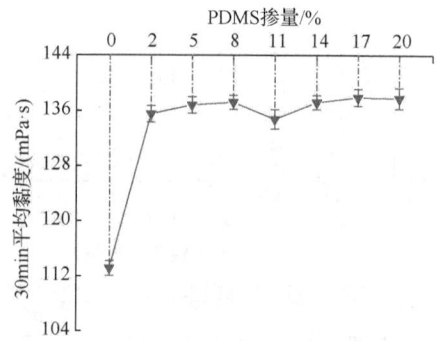

图 4.31　PDMS 掺量与改性 EP 浆液平均黏度

由图 4.30 可知,DDMS 改性环氧灌浆材料浆液的 30min 平均黏度随 DDMS 掺量增加而降低,且降低趋势先慢后快。当 DDMS 掺量为 8%时,30min 平均黏度为 87.54mPa·s,相比未改性环氧灌浆材料降幅为 22.6%;当 DDMS 掺量为 20%时,30min 平均黏度降至 42.4mPa·s,相比未改性环氧灌浆材料降幅高达 62.5%,原因在于 DDMS 的低表面能、低黏特性得以充分体现。分析表明 DDMS 进一步提高了环氧灌浆材料的可灌性。仅从可灌性来看,推荐 DDMS 掺量越高越好。

由图 4.31 可知，PDMS 改性环氧灌浆材料浆液的 30min 平均黏度随 PDMS 掺量增加先增加后保持稳定，平均黏度稳定在 137mPa·s，相比未改性环氧灌浆材料增幅约 20%。原因可能在于 PDMS 接枝扩展了环氧分子链段，增大了分子量。由此可见 PDMS 改性一定程度上降低了环氧灌浆材料的可灌性，但体系黏度仍然保持在较低水平。

2. 硅基改性环氧灌浆材料粘结性能研究

为明确 DDMS 或 PDMS 有机硅掺量对环氧灌浆材料粘结性能的影响，通过 8 字粘结拉伸试验，系统测试不同有机硅掺量改性环氧灌浆材料的粘结强度，以探明粘结强度随有机硅掺量的变化规律，为有机硅最佳掺量确定提供科学依据，也为硅基改性环氧灌浆材料的工作性及耐久性研究奠定基础。考虑到灌浆材料粘结强度对环境的依赖性，同时观测-10℃、25℃和 60℃温度下的粘结强度，但在低温下测试时 8 字试件断裂面总是为混凝土本身，导致试验数据较离散，因此低温粘结性能未采用。-10℃测试 8 字试件，25℃及 60℃粘结强度直观分析图见图 4.32 和图 4.33。

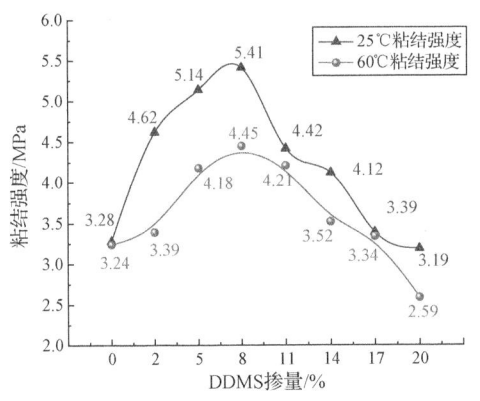 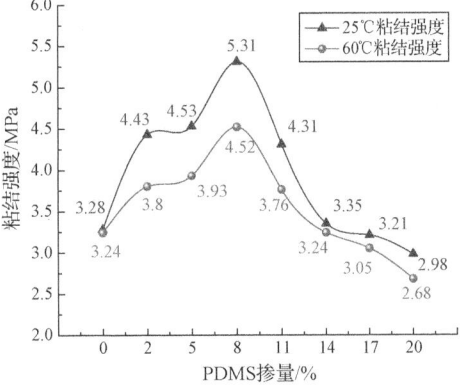

图 4.32 DDMS 掺量与改性 EP 粘结强度　　图 4.33 PDMS 掺量与改性 EP 粘结强度

由图 4.32 可知，DDMS 改性环氧灌浆材料的 25℃粘结强度及 60℃粘结强度随 DDMS 掺量的增加均呈现出先增后减趋势。当 DDMS 掺量为 8%时，25℃粘结强度达到峰值 5.41MPa，60℃粘结强度达到峰值 4.45MPa，相比未改性环氧灌浆材料分别提升了 64.9%和 37.3%。低掺量下 DDMS 改性环氧灌浆材料的粘结强度增大，原因可能在于 DDMS 的低表面能特性增强了灌浆材料渗透能力，从而提高了由机械作用、扩散作用产生的强度。高掺量下 DDMS 改性环氧灌浆材料粘结强度降低，原因可能在于未参与反应的 DDMS 在其改性环氧灌浆材料固化物表面富集，降低了黏附性。

由图 4.33 可知，PDMS 改性环氧灌浆材料的 25℃粘结强度及 60℃粘结强度随 PDMS 掺量的增加呈现出先增后减趋势。当 PDMS 掺量为 8%时，粘结强度达到峰值，25℃粘结强度峰值 5.31MPa，60℃粘结强度峰值 4.52MPa，相比未改性环氧灌浆材料分别提升了 61.9%和 39.5%。

3. 硅基改性环氧灌浆材料拉伸性能研究

为明确 DDMS 或 PDMS 有机硅掺量对环氧灌浆材料拉伸性能的影响，通过拉伸试验系统研究不同有机硅掺量改性环氧灌浆材料的拉伸强度及断裂延伸率，以探明拉伸强度及断裂延伸率随有机硅掺量的变化规律，结果见图 4.34 和图 4.35。

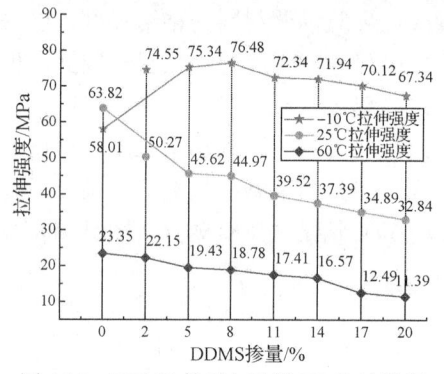
图 4.34 DDMS 掺量与改性 EP 拉伸强度

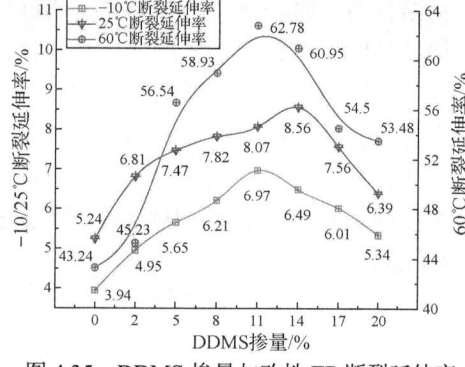
图 4.35 DDMS 掺量与改性 EP 断裂延伸率

由图 4.34 可知，DDMS 改性环氧灌浆材料的-10℃拉伸强度随 DDMS 掺量的增加呈现出先增后减趋势，当 DDMS 掺量为 8%时，-10℃拉伸强度达到峰值为 76.48MPa，相比未改性环氧灌浆材料其-10℃拉伸强度提升约 31.8%。25℃拉伸强度及 60℃拉伸强度随 DDMS 掺量的增加而递减，当 DDMS 掺量为 11%时，25℃拉伸强度降至 39.52MPa，60℃拉伸强度降至 17.41MPa，相比未改性环氧灌浆材料的拉伸强度分别降低 38%和 25.4%，在常温和高温下拉伸强度虽有所降低，但拉伸强度值仍远高于水泥混凝材料的抗拉强度，且满足《混凝土裂缝用环氧树脂灌浆材料》(JC/T 1041—2007)提出的环氧树脂灌浆材料常温拉伸强度高于 10MPa 要求。因此，拉伸强度仅作为决策 DDMS 掺量的参考指标。

由图 4.35 可知，DDMS 改性环氧灌浆材料的-10℃、25℃、60℃断裂延伸率随 DDMS 掺量增加均呈现出先增后减趋势。当 DDMS 掺量为 11%时，-10℃断裂延伸率达到峰值 6.97%，相比未改性环氧灌浆材料的-10℃断裂延伸率提升约 76.9%；当 DDMS 掺量为 14%时，25℃断裂延伸率达到峰值 8.56%，相比未改性环氧灌浆材料提升约 63.4%；当 DDMS 掺量为 11%时，60℃断裂延伸率达到峰值 62.78%，相比未改性环氧灌浆材料提升约 45%。以上分析表明 DDMS 进一步改善了环氧灌浆材料的柔韧性，特别是对环氧灌浆材料的低温柔韧性提升具有较显著的效果，弥补了活性稀释剂对低温柔韧性的不利影响。低温断裂延伸率增加原因在于柔性基团—Si—O—Si—的引入提升了环氧灌浆材料固化物交联网络的柔度及运动能力。

由图 4.36 可知，PDMS 改性环氧灌浆材料的-10℃拉伸强度随 PDMS 掺量增加呈现出先增后减趋势，当 PDMS 掺量为 5%时，-10℃拉伸强度达到峰值 75.54MPa，相比未改性环氧灌浆材料的-10℃拉伸强度提升 30.2%。25℃拉伸强度及 60℃拉伸强度随 PDMS 掺量增加而降低，当 PDMS 掺量为 8%时，25℃拉伸强度降至 53.09MPa，60℃拉伸强度降至 23.55MPa，相比未改性环氧灌浆材料分别降低 16.8%和 5.1%。在常温和高温下拉伸强度虽有所降低，但仍高于水泥混凝土材料的抗拉强度，且满足《混凝土裂缝用环氧树脂灌浆材料》（JC/T 1041—2007）提出的环氧树脂灌浆材料常温拉伸强度高于 10MPa 要求。

由图 4.37 可知，PDMS 改性环氧灌浆材料的-10℃、25℃断裂延伸率随 PDMS 掺量的增加呈现出先增后减趋势，60℃断裂延伸率随 PDMS 掺量增加而降低。当 PDMS 掺量为 8%时，-10℃断裂延伸率达到峰值 8.34%，相比未改性环氧灌浆材料提升约 111.7%；25℃断裂延伸率达到峰值 7.14%，相比未改性环氧灌浆材料提升约 36.3%；60℃断裂延伸率为 39.66%，相比未改性环氧灌浆材料降低约 8.3%。以上分析表明 PDMS 能够有效改善环氧灌浆材料的低温柔韧性，以弥补活性稀释剂对低温柔韧性的不利影响。

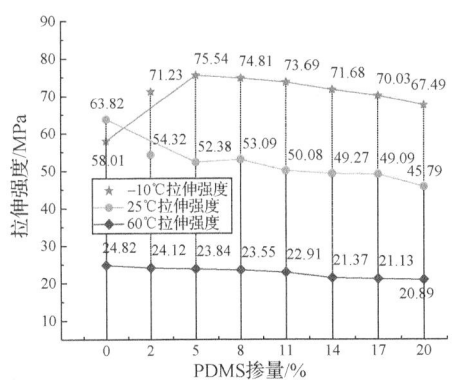

图 4.36 PDMS 掺量与改性 EP 拉伸强度

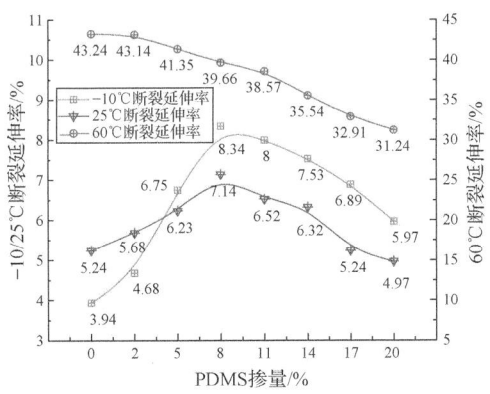

图 4.37 PDMS 掺量与改性 EP 断裂延伸率

4. 硅基改性环氧灌浆材料最佳配方推荐

根据本章研究结果确定 DDMS、PDMS 改性环氧最佳反应温度为 100℃，反应时间为 3h，DDMS 最佳掺量为 11%，PDMS 最佳掺量为 8%。为方便描述，将 DDMS 改性环氧树脂命名为 DMEP，PDMS 改性环氧树脂命名为 PMEP。结合优选确定的 3 种活性稀释剂及掺量，推荐 6 种硅基改性环氧灌浆材料最佳配方。详细配方见表 4.15。

表 4.15 硅基改性环氧灌浆材料配方

固化剂	改性环氧类型	稀释剂种类	灌浆材料命名	灌浆材料配方（质量比）
D230	DMEP（11%）	AD-Ⅰ-15	DEP-Ⅰ	D230：DMEP：AD-Ⅰ=35：100：15
		AD-Ⅱ-15	DEP-Ⅱ	D230：DMEP：AD-Ⅱ=35：100：15
		AD-Ⅲ-10	DEP-Ⅲ	D230：DMEP：AD-Ⅲ=35：100：10
	PMEP（8%）	AD-Ⅰ-15	PEP-Ⅰ	D230：PMEP：AD-Ⅰ=35：100：15
		AD-Ⅱ-15	PEP-Ⅱ	D230：PMEP：AD-Ⅱ=35：100：15
		AD-Ⅲ-10	PEP-Ⅲ	D230：PMEP：AD-Ⅲ=35：100：10

4.5 硅基改性环氧灌浆修复材料性能评价

现浇混凝土细微裂缝的微尺度特点和应用场景要求灌浆材料应具有优良的工作性、力学性能与耐久性。为确定不同工况下硅基改性环氧灌浆材料的灌注效果、固化时间及力学强度演化规律，本节基于灌缝试验、干燥试验系统探究不同工况下硅基改性环氧灌浆材料的工作性，基于 8 字粘结拉伸试验、剪切试验系统研究不同养生龄期硅基改性环氧灌浆材料的粘结强度及剪切强度，基于冲击试验对比评价系列灌浆材料的抗冲击性能，借助高温冲击试验、耐温变试验、耐冻融试验，系统研究经高温冲击、温变循环和冻融循环后硅基改性灌浆材料的拉伸性能及粘结性能，揭示硅基改性灌浆材料在实际应用场景下力学性能演变规律，为硅基改性环氧灌浆材料推广应用提供科学依据。

4.5.1 性能测试方法

本章试验材料采用 6 种硅基改性环氧灌浆材料，在考察硅基改性环氧灌浆材料抗冲击性能时，增加纯环氧和活性稀释剂降黏环氧灌浆材料对照组材料。为方便描述，DDMS 改性环氧树脂命名为 DMEP，PDMS 改性环氧树脂命名为 PMEP；纯环氧灌浆材料命名为 EP，活性稀释剂降黏环氧灌浆材料命名为 EP-X（根据稀释剂种类分为 EP-Ⅰ、EP-Ⅱ、EP-Ⅲ），DDMS 改性环氧树脂灌浆材料命名为 DEP-X（根据稀释种类分为 DEP-Ⅰ、DEP-Ⅱ、DEP-Ⅲ），PDMS 改性环氧树脂灌浆材料命名为 PEP-X（根据稀释种类分为 PEP-Ⅰ、PEP-Ⅱ、PEP-Ⅲ）。

1. 基于模拟实际工况的灌浆材料抗剪粘结性能测试方法

当桥面铺装层受到车辆碾压时，在现浇混凝土细微裂缝处将产生剪切应力，要求灌浆材料应具有优良的抗剪粘结性能。因此系统研究硅基改性环氧灌浆材料的抗剪粘结强度及其不同养生龄期形成规律是必要的。《混凝土裂缝用环氧树脂灌浆材料》（JC/T 1041—2007）规范中是通过钢片搭接试件测试环氧灌浆材料的抗剪粘结强度，显然实际黏附基材与此不符。为更真实地模拟实际情况，自主设计了便捷剪切试件浇筑试模,可直接在模具中浇筑成型带缝的剪切混凝土试件,养生完成后,向缝隙注入灌浆材料。另外,开发了相应的测试夹具。试件制作模具及测试夹具图见图4.38,详细试验步骤如下。

(1)首先制备剪切试件。将钢纤维水泥混凝土(与前述8字粘结拉伸试件制作混凝土配合比相同)装入中间插有厚度为0.2mm铜片的长方体试模中,立即在混凝土振动台上振捣密实,然后在25℃室温下养生24h后脱模,继续将剪切试件放入恒温水浴箱内养生至28d,烘干待用。

(2)将第(1)步养生好的剪切混凝土试件回装长方体试模中,将硅基改性环氧灌浆材料注入模具中间缝隙(由浇筑模具时0.2mm铜片占位预留),然后在设定为35℃的高低温交变试验箱中进行养生。

(3)将第(2)步制备的每一种硅基改性环氧灌浆材料剪切试件分成4组,养生1d后全部拆模,其中1组拆模后立即采用万能材料试验机进行剪切测试,其余3组分别养生至3d、5d、7d进行测试。测试速度10N/s,测试温度分别为25℃和60℃。

2. 其他性能测试方法

1)灌缝试验

浆液黏度仅能定量评价灌浆材料的流变性,并不能直观反映基于实际裂缝的灌注效果。因此设计细微裂缝灌注试验,系统研究自主研发的硅基改性环氧灌浆材料在不同施工工况下对实际细微裂缝的灌缝效果。关于灌浆工艺,主要包括凿槽机械压力灌浆、重力自然灌浆及真空袋负压灌浆等,考虑到现浇混凝土裂缝细长密集的特点和施工经济性,采用重力自然灌浆。混凝土预制裂缝与灌缝效果检测见图4.39。

(a)试件制作模具　(b)测试夹具　　　　(a)混凝土预制裂缝　(b)灌缝效果检测

图4.38　试件制作模具及测试夹具　　　图4.39　混凝土预制裂缝与灌缝效果检测

2)干燥试验

干燥试验是表征粘结材料固化速度采用的简单直观方法。自主研发的硅基改性环氧灌浆材料作为一种全新的灌浆材料体系,对其固化速率认识还不足。因此,参考《环氧树脂地面涂层材料》(JC/T 1015—2006)进行干燥试验,系统研究不同工况下硅基改性环氧灌浆的固化时间。

3)8字粘结拉伸试验

在进行硅基改性环氧灌浆材料组成设计阶段,仅测试了固定养生龄期的粘结强度，而关于不同养生龄期粘结强度的形成规律尚不明确。为探明不同养生龄期硅基改性环氧灌浆材料的粘结强度的发展规律，系统测试在25℃环境下分别养生1d、3d、5d、7d 的 8 字拉伸试件的粘结强度。

4）冲击试验

参照《树脂浇铸体性能试验方法》（GB/T 2567—2021）进行冲击试验，冲击试件采用尺寸为长×宽×厚=80mm×10mm×4mm 无缺口长方体试件，评价指标采用冲击强度。

4.5.2 工作性能

硅基改性环氧灌浆材料工作性能主要包括可灌性与固化时间。影响工作性能的因素包含内在材料组成和外在环境工况两个方面。关于材料组成因素已在硅基改性环氧灌浆材料设计阶段进行了系统研究，而关于环境工况对硅基改性环氧灌浆材料工作性能的影响尚不明确。因此，本节将系统研究不同环境工况下硅基改性环氧灌浆材料工作性能，为其推广应用奠定基础。

1. 可灌性

温度是影响硅基改性环氧灌浆材料黏度的主要环境工况，也是可选可调的活动变量。因此，为明确不同温度下硅基改性环氧灌浆材料的可灌性，以灌缝深度为评价指标，开展灌缝试验。试验控制浆液灌注量相同且灌注时间为 5min，使各系列材料灌缝深度具有可比性。试验结果见图 4.40。

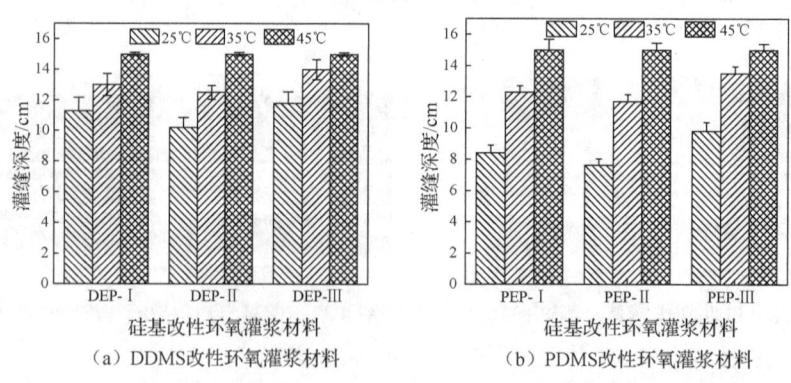

(a) DDMS改性环氧灌浆材料　　(b) PDMS改性环氧灌浆材料

图 4.40　不同温度下硅基改性环氧灌浆材料灌缝深度

由图 4.40（a）可知，DEP 系列硅基改性环氧灌浆材料的灌缝深度随温度的升高而增加。在常温下对于 0.2mm 细微裂缝重力自然灌注深度均在 10cm 以上。当灌浆温度达到 45℃时，三种材料均可贯穿模拟缝深，灌缝深度可达 15cm。桥面现浇混凝土铺装层厚度一般为 10cm，可见在常温下 DEP 系列硅基改性环氧灌浆材料就可满足对铺装层贯穿性结构细微裂缝的处治要求。

由图 4.40（b）可知，PEP 系列硅基改性环氧灌浆材料的灌缝深度较 DEP 系列材料低。在常温下对于 0.2mm 细微裂缝重力自然灌注深度不足 10cm，用来处治铺装层贯穿性细微裂缝灌注能力稍显不足。当灌浆温度为 35℃及以上时，灌缝深度也均在 10cm 以上，能够满足要求。因此，建议在高于常温时才能使用 PEP 系列材料修复桥面现浇混凝土铺装层细微裂缝。

2. 固化时间

硅基改性环氧灌浆材料固化实为环氧分子链中的环氧基与带有活性氢官能团的固化剂发生加成反应，而温度是决定化学反应速率的一个重要因素。为明确环境温度对硅基改性环氧灌浆材料固化速率的影响，以固化时间为评价指标，参考《环氧树脂地面涂层材料》（JC/T 1015—2006）进行干燥试验，结果见图 4.41。

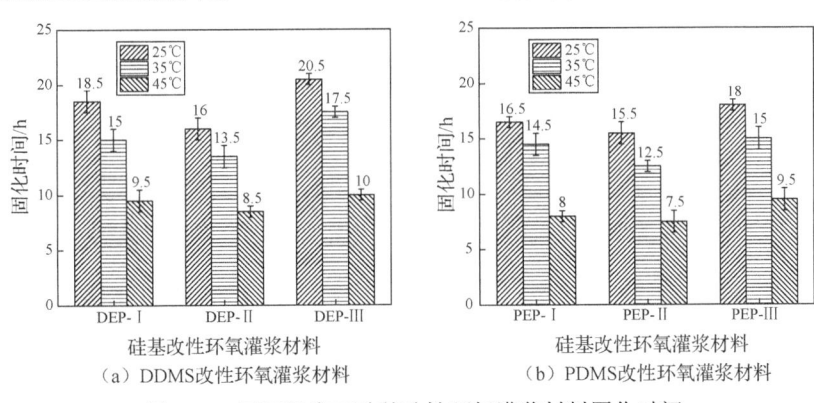

图 4.41 不同温度下硅基改性环氧灌浆材料固化时间

由图 4.41（a）可知，DEP 系列硅基改性环氧灌浆材料的固化时间随环境温度的升高而显著缩短。25℃环境下固化时间在 18.5h 左右，35℃环境下固化时间在 15h 左右，45℃环境下固化时间降至 9.5h 左右，降低幅度超过 50%，原因在于温度升高加快了化学反应速率。总体来看固化时间较长，硅基改性环氧灌浆材料固化速度较慢。

由图 4.41（b）可知，25℃环境下 PEP 系列硅基改性环氧灌浆材料固化时间在 15.5h 左右，35℃环境下固化时间在 12.5h 左右，45℃环境下固化时间降至 7.5h 左右，可见在相同温度下 PEP 系列硅基改性环氧灌浆材料比 DEP 系列固化速率稍快。

4.5.3 力学性能

1. 粘结性能

灌浆材料的粘结性能通常采用粘结强度及剪切强度两个指标定量评价。根据

4.5.2 小节研究可知，低黏型硅基改性环氧灌浆系列材料固化速度较慢，且实干时间判定标准为刀片切刮涂膜不黏刀所需时间，实际上其强度尚未完全形成，可见固化时间并不能直观地从数值上体现粘结性能发展水平。因此，本节进一步通过粘结强度、剪切强度力学评价指标，系统研究硅基改性环氧灌浆材料不同养生龄期的粘结性能，明确不同龄期其粘结性能发育水平。

1）基于养生龄期的硅基改性环氧灌浆材料粘结强度发展规律

为明确硅基改性环氧灌浆材料粘结强度随养生龄期的演化规律，通过8字粘结拉伸试验系统测试在25℃下分别养生1d、3d、5d、7d 8字拉伸试件的粘结强度。试验结果见图4.42和图4.43。

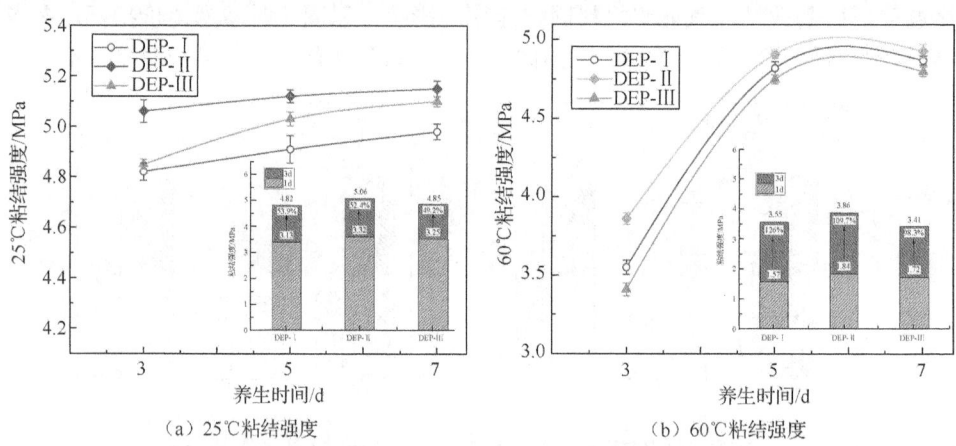

图4.42 不同养生龄期下DDMS改性环氧灌浆材料粘结强度

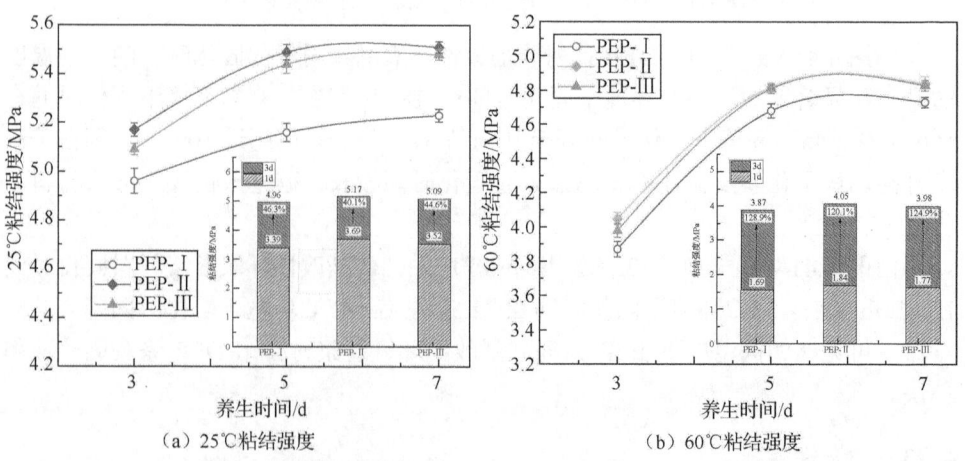

图4.43 不同养生龄期下PDMS改性环氧灌浆材料粘结强度

（1）DDMS改性环氧灌浆材料粘结强度发展规律。

由图4.42（a）可知，DEP-Ⅰ、DEP-Ⅱ、DEP-Ⅲ的25℃粘结强度随养生龄期的增加呈现出先快后慢增长趋势。1d 养生龄期粘结强度为 3.2MPa 左右，3d 养生龄期粘结强度增长至 4.85MPa 左右，三种灌浆材料 25℃粘结强度相比 1d 粘结强度涨幅均在 50%左右，最高可达 53.9%。3~5d 粘结强度增长约 0.4MPa，涨幅在 11%以内，5~7d 粘结强度增长约 0.05MPa，涨幅在 1%以内。综上分析可知三种灌浆材料 3d 养生龄期粘结强度基本形成。

由图 4.42（b）可知，DEP-Ⅰ、DEP-Ⅱ、DEP-Ⅲ的 60℃粘结强度随养生龄期变化趋势与 25℃粘结强度变化基本相同。1d 养生龄期粘结强度约 1.7MPa，远低于同期 25℃粘结强度，原因可能在于灌浆材料固化不充分，对温度敏感性更强，导致粘结强度受温度影响更大。3d 养生龄期粘结强度增长至 3.5MPa 左右，7d 养生龄期 60℃粘结强度分别为 4.87MPa、4.93MPa、4.80MPa，可见 DEP 系列三种配方粘结强度基本相同。

（2）PDMS 改性环氧灌浆材料粘结强度发展规律。

由图 4.43（a）可知，PEP-Ⅰ、PEP-Ⅱ、PEP-Ⅲ的 25℃粘结强度随养生龄期的增加呈现先快后慢增长趋势。1d 养生龄期粘结强度为 3.5MPa 左右，3d 养生龄期粘结强度增长至 5.0MPa 左右，25℃粘结强度相比 1d 粘结强度涨幅在 40%左右，3~5d 粘结强度涨幅约 4%，5~7d 粘结强度涨幅仅约 1%，可见 3d 养生龄期粘结强度也基本完成发育。7d 养生龄期粘结强度分别为 5.23MPa、5.51MPa、5.28MPa，表明 PEP 系列材料均具有优良的粘结性。

由图 4.43（b）可知，PEP-Ⅰ、PEP-Ⅱ、PEP-Ⅲ的 60℃粘结强度随养生龄期变化趋势与 25℃粘结强度变化趋势基本相同。1d 养生龄期粘结强度约 1.8MPa，3d 养生龄期粘结强度增长至 3.9MPa 左右，1~3d 60℃粘结强度涨幅在 120%以上。3d 后 60℃粘结强度增长趋于平缓，7d 养生龄期 60℃粘结强度分别为 4.73MPa、4.84MPa、4.83MPa，较同期 25℃粘结强度分别降低 0.5MPa、0.67MPa、0.65MPa，可见高温降低了其粘结性能。

2）基于养生龄期的硅基改性环氧灌浆材料剪切强度发展规律

为明确硅基改性环氧灌浆材料剪切强度随养生龄期的演化规律，通过剪切试验系统测试在 25℃下分别养生 1d、3d、5d、7d 剪切试件的剪切强度。研究结果将为现浇混凝土铺装层后续施工时间安排提供依据。试验结果见图 4.44 和图 4.45。

（1）DDMS 改性环氧灌浆材料剪切强度发展规律。

由图 4.44（a）可知，DEP-Ⅰ、DEP-Ⅱ、DEP-Ⅲ的 25℃剪切强度随养生龄期的增加呈现先快后慢增长趋势，3d 养生龄期内剪切强度增长较快而后增长较缓。1d 养生龄期剪切强度为 2.8MPa 左右，3d 养生龄期剪切强度增长至 3.9MPa 左右，相比 1d 剪切强度涨幅均在 30%左右，3~5d 剪切强度涨幅在 10%以内，5~7d 剪切强度涨幅降至 3.5%以内。7d 养生龄期剪切强度分别为 4.01MPa、4.31MPa、

4.19MPa，可见 DEP 系列材料均具有优良的抗剪性能，DEP-Ⅱ最优。综上分析可知 3d 养生龄期剪切强度基本形成。

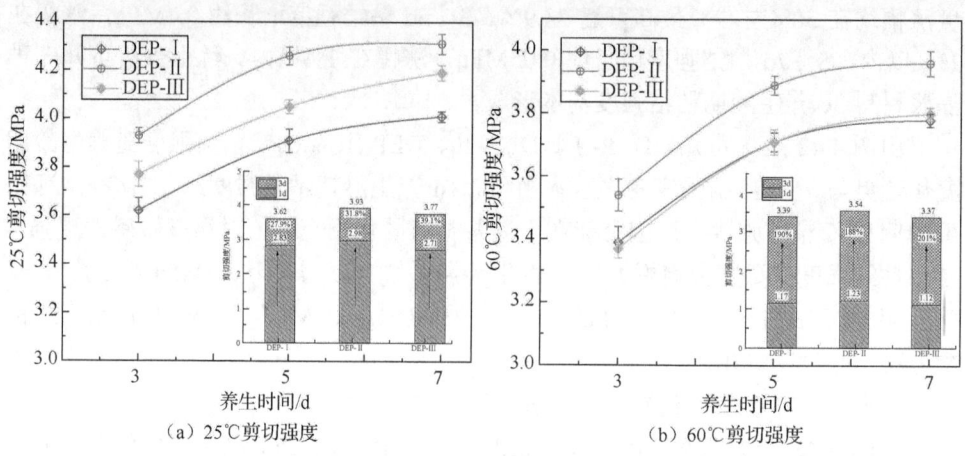

图 4.44　不同养生时间下 DDMS 改性环氧灌浆材料剪切强度

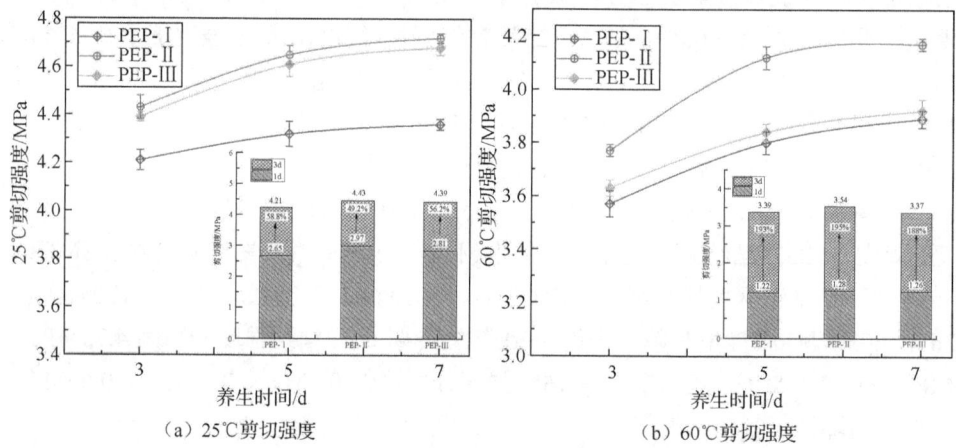

图 4.45　不同养生时间下 PDMS 改性环氧灌浆材料剪切强度

由图 4.44（b）可知，DEP-Ⅰ、DEP-Ⅱ、DEP-Ⅲ的 60℃剪切强度随养生龄期变化趋势与 25℃剪切强度变化基本相同。1d 养生龄期剪切强度约 1.2MPa，3d 养生龄期剪切强度增长至 3.4MPa 左右，7d 养生龄期 60℃剪切强度分别为 3.78MPa、3.96MPa、3.80MPa，较同期 25℃剪切强度分别降低 0.23MPa、0.35MPa、0.39MPa，原因在于温度升高使得粘结界面略有软化，在剪切荷载下更易滑移。

（2）PDMS 改性环氧灌浆材料剪切强度发展规律。

由图 4.45（a）可知，PEP-Ⅰ、PEP-Ⅱ、PEP-Ⅲ的 25℃剪切强度随养生龄期的增加呈现先快后慢的增长趋势，1d 养生龄期剪切强度在 2.8MPa 左右，3d 养生龄期剪切强度增长至 4.4MPa 左右，3～5d 剪切强度增长在 0.22MPa 以内，5～7d

剪切强度增长在 0.07MPa 以内，可见 3d 后剪切强度增长变缓。7d 养生龄期剪切强度分别为 4.36MPa、4.72MPa、4.68MPa，可见 PEP-Ⅱ抗剪性能更优。

由图 4.45（b）可知，PEP-Ⅰ、PEP-Ⅱ、PEP-Ⅲ的 60℃剪切强度随养生龄期变化趋势与 25℃剪切强度变化基本相同。1d 养生龄期剪切强度约 1.2MPa，3d 养生龄期剪切强度增长至 3.6MPa 左右，7d 养生龄期 60℃剪切强度分别为 3.89MPa、4.17MPa、3.92MPa，可见高温降低了其抗剪性能。

2. 抗冲击性能

考虑到桥面现浇混凝土铺装层细微裂缝处治材料会面临车辆移动荷载的频繁冲击作用，若处治材料抗冲击性能不良，易产生冲击损伤从而降低粘结耐久性。关于自主研发的硅基改性环氧灌浆材料抗冲击性能如何尚不明确，因此研究其抗冲击性能具有重要意义。

1）DDMS 改性环氧灌浆材料抗冲击性能

为评价 DDMS 改性环氧灌浆材料的抗冲击性能，基于冲击试验系统测试纯环氧、活性稀释剂降黏环氧、DDMS 改性环氧系列灌浆材料冲击试件的冲击强度。测试温度分别为-10℃、25℃，养生时间为 7d。试验结果见图 4.46。

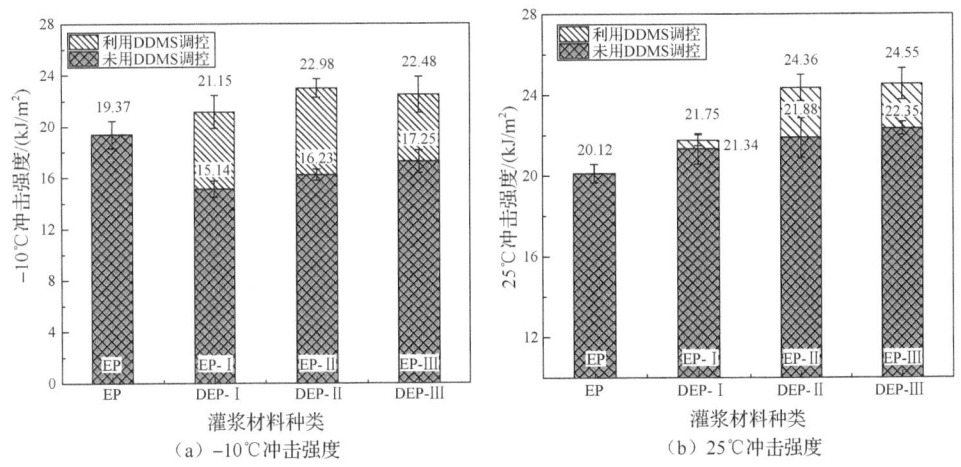

图 4.46 不同温度下 DDMS 改性环氧灌浆材料及对照组材料冲击强度

由图 4.46（a）可知，EP-Ⅰ、EP-Ⅱ、EP-Ⅲ三种材料的-10℃冲击强度分别为 15.14kJ/m^2、16.23kJ/m^2、17.25kJ/m^2，相比纯环氧树脂分别降低约 21.8%、16.2%、10.9%，表明活性稀释剂的加入严重削弱了环氧灌浆材料在低温下的抗冲击性能[14]。原因在于活性稀释剂降低了环氧灌浆材料的低温断裂韧性，缩短了冲击锤对试件的做功时间，从而减少了材料内部对冲击能的吸收。DEP-Ⅰ、DEP-Ⅱ、DEP-Ⅲ的-10℃冲击强度分别为 21.15kJ/m^2、22.98kJ/m^2、22.48kJ/m^2，相比纯环氧分别提升了约 9.2%、18.6%、16.1%，表明 DDMS 可有效提升环氧灌浆材料的低温抗冲击性。原因可能在于 DDMS 分子链中的柔性基团—Si—O—Si—引入环氧基体增加分子链低温运动能力，有利于冲击应力在材料内部被吸收消散，从而宏观表现为更好的抗冲击性。

由图 4.46（b）可知，EP-Ⅰ、EP-Ⅱ、EP-Ⅲ三种材料的 25℃冲击强度分别为 21.34kJ/m^2、21.88kJ/m^2、22.35kJ/m^2，相比纯环氧分别提升了 6.1%、8.7%、11.1%，表明活性稀释剂可改善环氧灌浆材料在常温下的抗冲击性能，原因在于活性稀释剂提升了环氧灌浆材料在常温下的变形能力，从而延长了冲击锤对试件的做功时间。DEP-Ⅰ、DEP-Ⅱ、DEP-Ⅲ的 25℃冲击强度分别为 21.75.kJ/m^2、24.36kJ/m^2、24.55kJ/m^2，相比纯环氧分别提升了 8.1%、21.1%、22.0%，表明 DDMS 提升了环氧的常温抗冲击性能。

2）PDMS 改性环氧灌浆材料抗冲击性能

为评价 PDMS 改性环氧灌浆材料的抗冲击性能，基于冲击试验系统研究 PDMS 改性环氧灌浆材料及对照组材料冲击试件的冲击强度。测试温度分别为 -10℃、25℃，养生时间为 7d。试验结果见图 4.47。

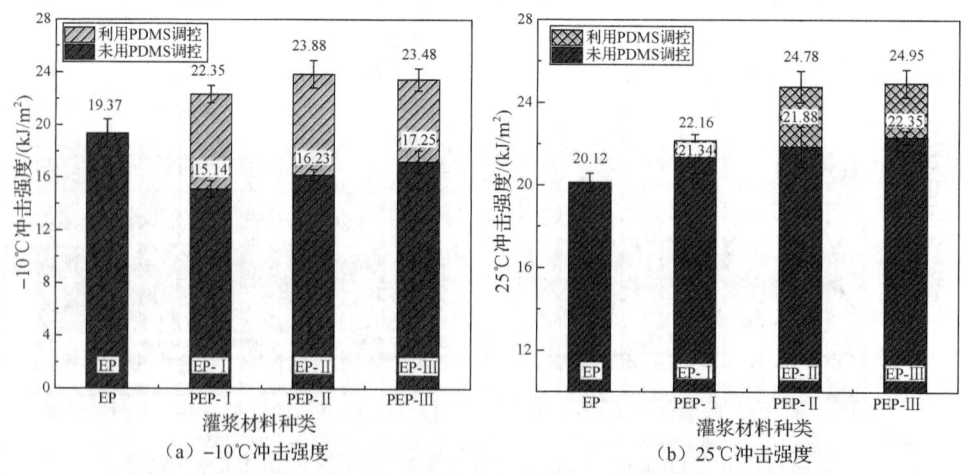

图 4.47 不同温度下 PDMS 改性环氧灌浆材料及对照组材料冲击强度

由图 4.47（a）可知，PEP-Ⅰ、PEP-Ⅱ、PEP-Ⅲ的-10℃冲击强度分别为 22.35kJ/m^2、23.88kJ/m^2、23.48kJ/m^2，相比纯环氧树脂分别提升了约 15.4%、23.3%、21.2%，相比 DDMS 改性环氧灌浆材料，PDMS 对环氧灌浆材料的低温抗冲击改善作用更为显著，这与 4.4.3 小节 PDMS 改性环氧可获得更高的低温断裂延伸率一致。低温抗冲击性改善原因与 DDMS 相似。

由图 4.47（b）可知，PEP-Ⅰ、PEP-Ⅱ、PEP-Ⅲ的 25℃冲击强度分别为

22.16kJ/m^2、24.78kJ/m^2、24.95kJ/m^2，相比纯环氧树脂分别提升了约 10.1%、23.1%、24.0%，表明 PDMS 对环氧灌浆材料的常温抗冲击性能具有改善作用。

4.5.4 环境适应性

桥面现浇混凝土细微裂缝处治灌浆材料在建设期面临上层沥青混合料摊铺产生的热冲击作用，在服役期必承受长期环境温变作用，而环境恰是改变材料性能的关键[15]。为明确硅基改性灌浆材料在实际应用场景下力学性能演变规律，本节基于耐高温冲击试验、耐温变试验、耐冻融试验，系统研究经高温冲击、不同时长热循环、不同次数冻融循环后硅基改性灌浆材料的拉伸性能及粘结性能，为其实际工程应用可靠性提供理论支撑。

1. 耐高温冲击性能

硅基改性环氧灌浆材料在受到沥青混合料摊铺热冲击时会发生物理软化，同时伴有化学老化，有必要深入研究热冲击对硅基改性环氧灌浆材料性能的影响，为其推广应用奠定基础。为对比评价实际环境工况中纯环氧、活性稀释剂降黏环氧灌浆材料、硅基改性环氧灌浆材料的性能优劣，在相同的试验条件下同时对其进行处理，测试各系列材料的拉伸性能及粘结性能。

1）耐高温冲击试验方法

桥面铺装层一种典型结构为现浇混凝土层+防水粘结层+沥青混凝土面层。硅基改性环氧灌浆材料用来处治现浇混凝土层施工期产生的细微裂缝。沥青混合料的现场摊铺温度一般在 165℃左右，硅基改性环氧灌浆材料必将面对高温热场冲击考验，因此研究高温对其性能影响具有现实意义。根据关于现场沥青混合料摊铺温度场研究获得的面层底部温度时变曲线可知，沥青混合料面层底部温度从 165℃降至 30℃约 1.5h，且表现为前快后慢特点。为真实反映现场环境，采用高低温智能交变试验箱进行两阶段控温模拟。拉伸试件及 8 字粘结拉伸试件高温处理，具体试验步骤如下：

（1）制备灌浆材料浆液。

（2）制作 8 字粘结拉伸试件及哑铃型拉伸试件，在 35℃环境箱养生至 7d。

（3）将养生完成的 8 字粘结拉伸试件与哑铃型拉伸试件放入预先升温至 165℃的高低温智能交变试验箱，并控制温度，使其前 30min 以 2.5℃/min 降温，后 60min 以 1℃/min 降温，1.5h 后取出试件进行粘结性能与拉伸性能测试。

2）拉伸性能演变规律

为明确热冲击作用对各系列灌浆材料拉伸性能的影响，全面测试热冲击前后纯环氧、活性稀释剂降黏环氧、硅基改性环氧系列灌浆材料拉伸强度及断裂延伸率。

（1）DEP-X 及对照组灌浆材料热冲击拉伸性能演变。

① 拉伸强度分析：由图 4.48 可知，热冲击后 EP、EP-X、DEP-X 系列灌浆材料的拉伸强度均出现不同程度的衰减。EP、EP-X、DEP-X -10℃拉伸强度衰减率分别为 8.21%、13%~15.5%、10.3%~11.72%，25℃拉伸强度衰减率分别为 7.81%、12.14%~14.21%、9.1%~11.15%，可见 DEP-X 系列灌浆材料拉伸强度衰减率低于 EP-X 系列衰减率，表明 DDMS 一定程度上改善了活性稀释剂降黏环氧灌浆材料的耐热性，原因在于 DDMS 的耐热性、耐氧化性得以体现。热冲击后 EP、EP-Ⅰ、EP-Ⅱ、EP-Ⅲ、DEP-Ⅰ、DEP-Ⅱ、DEP-Ⅲ 25℃拉伸强度值分别为 59.98MPa、44.68MPa、58.19MPa、57.24MPa、42.57MPa、44.94MPa、49.43MPa，可见热冲击后各系列材料 25℃拉伸强度仍满足《混凝土裂缝用环氧树脂灌浆材料》（JC/T 1041—2007）提出的环氧树脂灌浆材料常温拉伸强度高于 10MPa 要求。

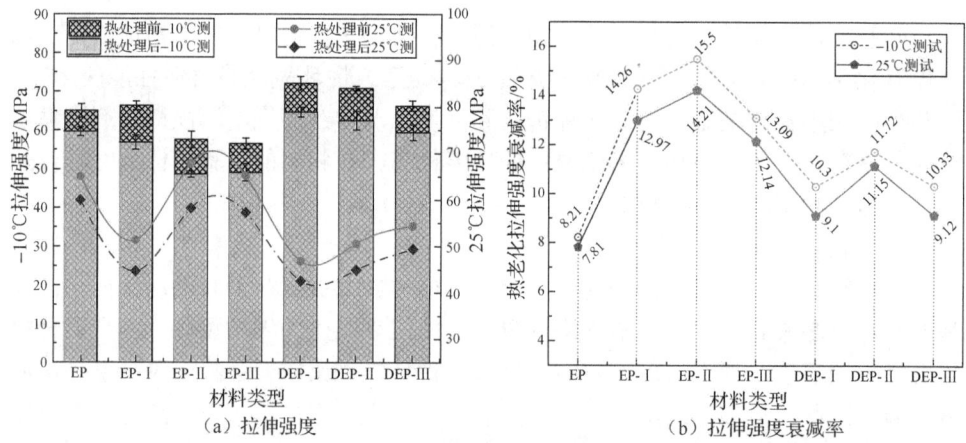

图 4.48　热冲击前后 DEP-X 及对照组灌浆材料拉伸强度及其衰减率

② 断裂延伸率分析：由图 4.49 可知，热冲击后 EP、EP-X、DEP-X 系列灌浆材料的断裂延伸率均有所降低。EP、EP-X、DEP-X -10℃断裂延伸率衰减率分别为 4.92%、8.14%~9.66%、5.13%~6.97%，25℃断裂延伸率衰减率分别为 6.38%、10.16%~12.82%、6.18%~8.14%，可见 EP-X 系列断裂延伸率衰减率最高，EP 衰减率最低，而 EP 耐热性最好、DEP-X 系列次之、EP-X 最差，原因在于 DDMS 具有良好的耐热性、耐氧化性能，一定程度上弥补了活性稀释剂带来的耐热性不良影响。热冲击后 EP、EP-Ⅰ、EP-Ⅱ、EP-Ⅲ、DEP-Ⅰ、DEP-Ⅱ、DEP-Ⅲ -10℃断裂延伸率分别为 5.6%、3.73%、4.02%、4.06%、7.34%、6.48%、6.29%，25℃断裂延伸率分别为 5.87%、4.49%、4.69%、4.95%、6.21%、7.15%、6.68%，可见 DEP-X 断裂延伸率最高，EP-X 系列最低，表明 DEP-X 系列灌浆材料的柔韧性最好，在应用环境中与裂缝具有更好的协调变形能力，利于应力卸载，缓解疲劳损伤从而延长其服役寿命。

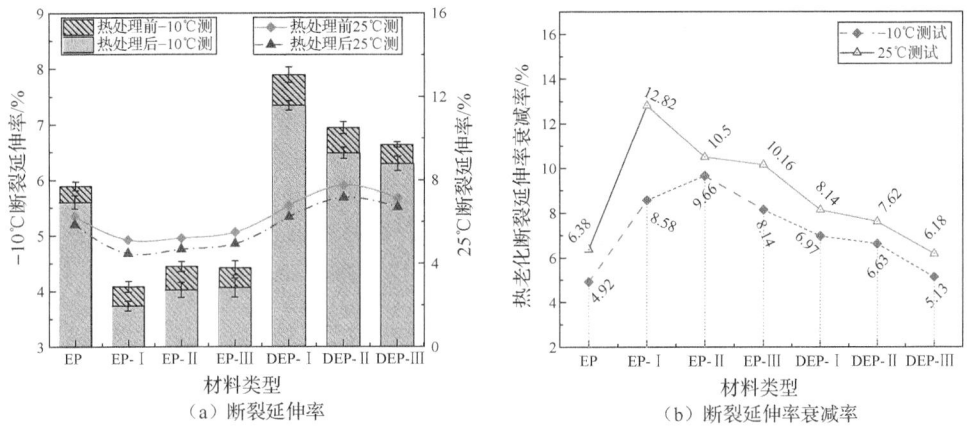

图 4.49　热冲击前后 DEP-X 及对照组灌浆材料断裂延伸率及其衰减率

（2）PEP-X 及对照组灌浆材料热冲击拉伸性能演变。

① 拉伸强度分析：由图 4.50 可知，热冲击后 EP、EP-X、PEP-X 系列灌浆材料的-10℃拉伸强度衰减率分别为 8.21%、13.09%～14.26%、10.66%～13.26%，25℃拉伸强度衰减率分别为 7.81%、12.14%～14.21%、9.81%～12.33%，可见 PEP-X 系列拉伸强度衰减率低于 EP-X 系列衰减率，表明 PEP-X 系列耐热性也优于 EP-X 系列。热冲击后 EP、EP-Ⅰ、EP-Ⅱ、EP-Ⅲ、PEP-Ⅰ、PEP-Ⅱ、PEP-Ⅲ的 25℃拉伸强度分别为 59.98MPa、44.68MPa、58.19MPa、57.2MPa、49.64MPa、47.37MPa、47.51MPa，可见 PEP-X 系列拉伸强度稍低于 EP，但仍在规范要求的 4 倍以上。

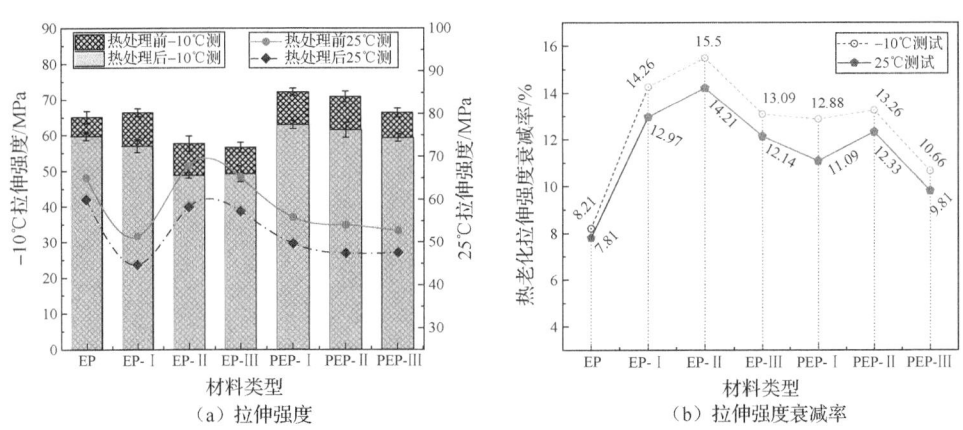

图 4.50　热冲击前后 PEP-X 及对照组灌浆材料拉伸强度及其衰减率

② 断裂延伸率分析：由图 4.51 可知，热冲击后 EP、EP-X、PEP-X 系列灌浆材料的断裂延伸率均出现不同程度的降低。EP、EP-X、DEP-X -10℃断裂延伸率衰减率分别为 4.92%、8.14%～9.66%、6.64%～7.06%，25℃断裂延伸率衰减率

分别为6.38%、10.16%~12.82%、7.34%~9.15%,可见EP-X系列断裂延伸率衰减率最高,DEP-X系列衰减率次之,表明PDMS改善了环氧灌浆材料的耐热性,而活性稀释剂降低了环氧树脂的耐热性。热处理后 EP、EP-Ⅰ、EP-Ⅱ、EP-Ⅲ、PEP-Ⅰ、PEP-Ⅱ、PEP-Ⅲ -10℃断裂延伸率分别为5.60%、3.73%、4.02%、4.06%、6.98%、7.14%、6.89%,25℃断裂延伸率分别为5.87%、4.49%、4.69%、4.95%、7.15%、7.44%、7.45%,PEP系列高低温下断裂延伸率均大于EP、EP-X系列,表明PEP系列柔韧性能最优,特别是低温柔韧优势更加明显。

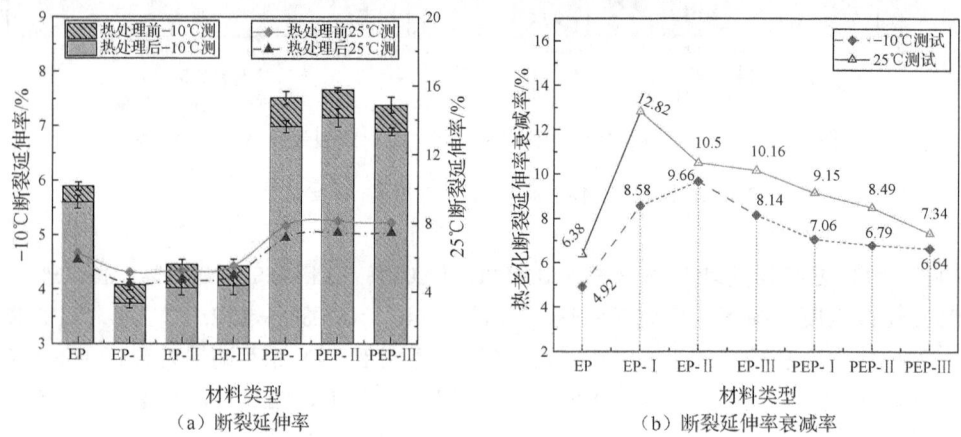

图4.51 热冲击前后PEP-X及对照组灌浆材料断裂延伸率及其衰减率

3)粘结性能演变规律

本节旨在研究热冲击对硅基改性环氧灌浆材料粘结性能的影响。试验评价指标为粘结强度及其衰减率,试验温度分别为25℃和60℃,试验结果见图4.52和图4.53。

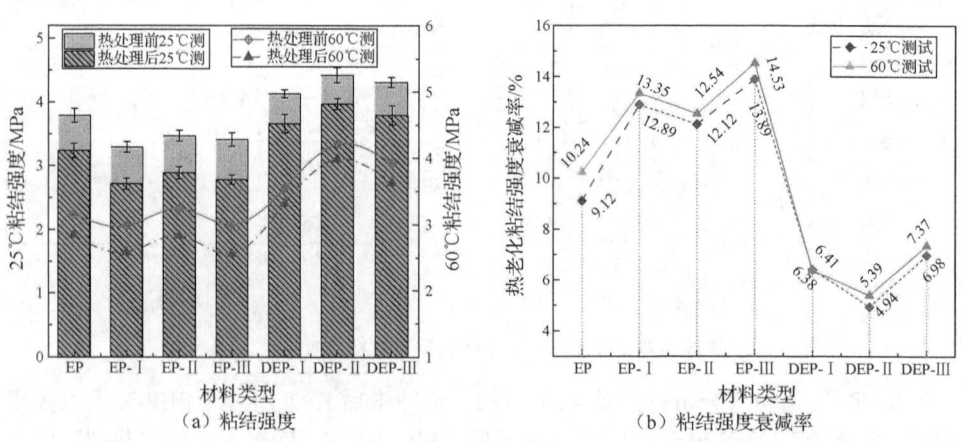

图4.52 热冲击前后DEP-X及对照组灌浆材料粘结强度及其衰减率

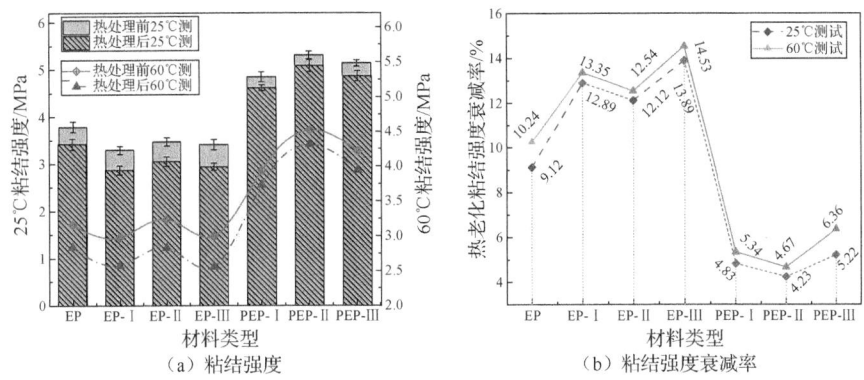

图 4.53 热冲击前后 PEP-X 及对照组灌浆材料粘结强度及其衰减率

(1) DEP-X 及对照组灌浆材料热冲击粘结性能演变。

由图 4.52 可知,热冲击后 EP、EP-X、DEP-X 系列灌浆材料的粘结强度发生衰减。EP、EP-Ⅰ、EP-Ⅱ、EP-Ⅲ、DEP-Ⅰ、DEP-Ⅱ、DEP-Ⅲ 的 25℃粘结强度衰减率分别为 9.12%、12.89%、12.12%、13.89%、6.38%、4.94%、6.98%,按各系列总体衰减率由高至低排序为 EP-X>EP>DEP-X,DEP-X 较低的衰减率进一步扩大了其粘结性能优势。热冲击后 EP、EP-Ⅰ、EP-Ⅱ、EP-Ⅲ、DEP-Ⅰ、DEP-Ⅱ、DEP-Ⅲ 25℃粘结强度分别为 3.42MPa、2.87MPa、3.05MPa、2.94MPa、3.87MPa、4.20MPa、4.01MPa,DEP-X 系列粘结强度相比 EP 分别提升 0.45MPa、0.78MPa、0.59MPa,相比 EP-X 系列分别提升 1.0MPa、1.15MPa、1.07MPa,表明 DEP-X 系列粘结性能显著优于 EP-X 系列。热冲击后 60℃粘结强度分别为 2.84MPa、2.58MPa、2.83MPa、2.56MPa、3.32MPa、3.98MPa、3.63MPa,可见仅有 DEP-X 系列 60℃粘结强度满足《混凝土裂缝用环氧树脂灌浆材料》(JC/T 1041—2007)规范中环氧树脂灌浆材料常温下 8 字拉伸粘结强度高于 3MPa 的要求。

(2) PEP-X 及对照组灌浆材料热冲击粘结性能演变。

由图 4.53 可知,热冲击后 EP、EP-X、PEP-X 系列 25℃粘结强度衰减率分别为 9.12%、12%~14%、4%~5%,可见 PEP-X 系列 25℃粘结强度衰减率低于 EP、EP-X 系列。热冲击后 EP、EP-Ⅰ、EP-Ⅱ、EP-Ⅲ、PEP-Ⅰ、PEP-Ⅱ、PEP-Ⅲ 25℃粘结强度分别为 3.42MPa、2.87MPa、3.05MPa、2.94MPa、4.62MPa、5.09MPa、4.87MPa,60℃粘结强度分别为 2.84MPa、2.58MPa、2.83MPa、2.56MPa、3.73MPa、4.13MPa、3.94MPa,其中 PEP-X 系列 25℃粘结强度相比 EP 分别提升 1.2MPa、1.67MPa、1.45MPa,相比 EP-X 系列分别提升 1.57MPa、2.15MPa、1.0MPa,PEP-X 系列 60℃粘结强度均满足《混凝土裂缝用环氧树脂灌浆材料》(JC/T 1041—2007)规范粘结强度高于 3MPa 的要求。

2. 耐温变性能

灌浆材料在长期经受环境温变作用后其性能将发生改变,为探明变温环境下硅基改性环氧灌浆材料、纯环氧材料、活性稀释剂降黏环氧灌浆材料性能演变规律，系统研究不同热循环处理时长各系列灌浆材料的拉伸性能及粘结性能。

1）耐温变试验方法

夏季炎热地区白天大气最高温度在 38℃以上，沥青混凝土铺装层表面温度达到 65℃以上，热传导效应使下面层温度也将近 60℃，到夜间铺装层温度又降至室温，因此其下现浇混凝土铺装层细微裂缝修复材料也必将长期处于温变环境，为明确硅基改性环氧灌浆材料耐温变性能，设计如下耐温变试验。具体试验步骤如下：

（1）制备灌浆材料浆液。

（2）制作 8 字粘结拉伸试件及哑铃型拉伸试件，在 35℃环境箱养生至 7d。

（3）将养生完成的 8 字粘结拉伸试件与哑铃型拉伸试件分为三组，置于环境箱并将温度设置为 60℃保持 12h，然后降温至 25℃保持 12h，1d 为一个循环。分别在处理 7d、15d、30d 后进行粘结性能与拉伸性能测试。

2）拉伸性能演变规律

研究不同热循环处理时长各系列灌浆材料的拉伸性能，结果见图 4.54～图 4.57。

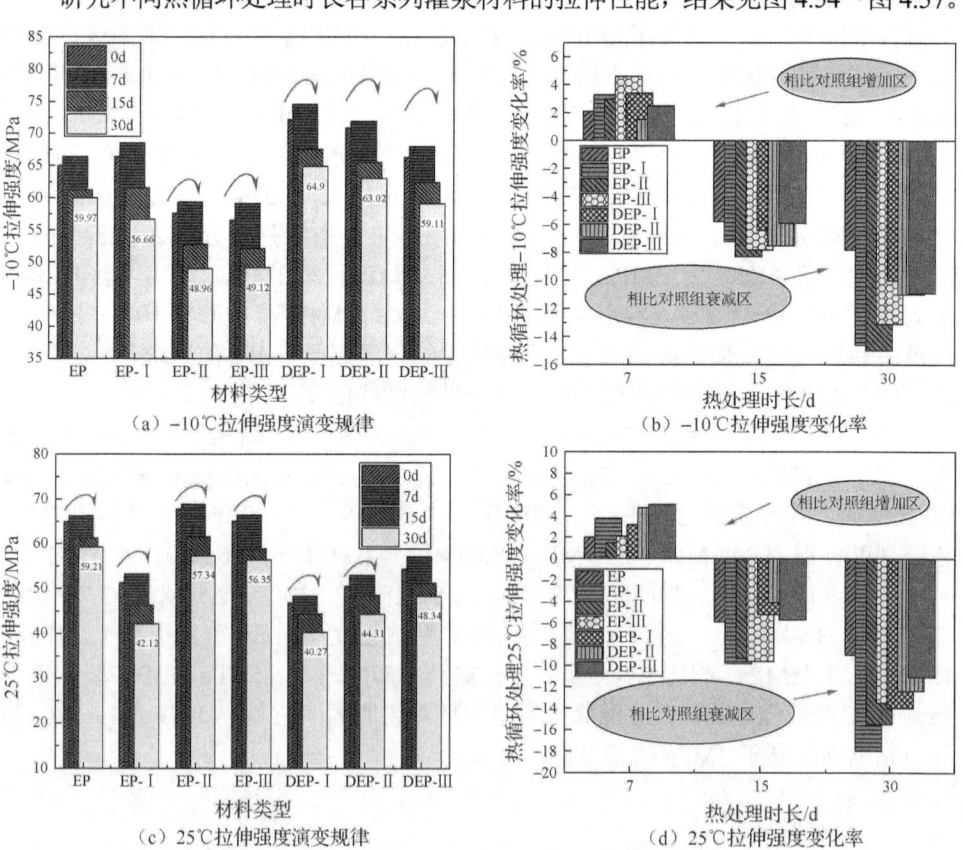

(a) -10℃拉伸强度演变规律　　(b) -10℃拉伸强度变化率

(c) 25℃拉伸强度演变规律　　(d) 25℃拉伸强度变化率

图 4.54　不同热循环处理时长 DEP-X 及对照组灌浆材料拉伸强度演变规律及其变化率

（a）-10℃断裂延伸率演变规律

（b）-10℃断裂延伸率变化率

（c）25℃断裂延伸率演变规律

（d）25℃断裂延伸率变化率

图 4.55　不同热循环处理时长 DEP-X 及对照组灌浆材料断裂延伸率演变规律及其变化率

（a）-10℃断裂延伸率演变规律

（b）-10℃断裂延伸率变化率

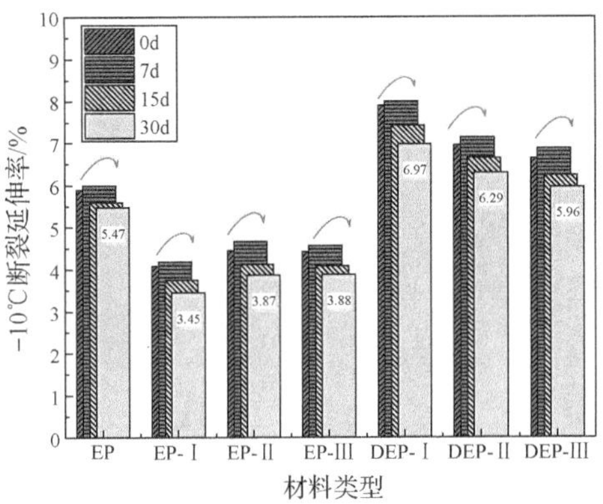

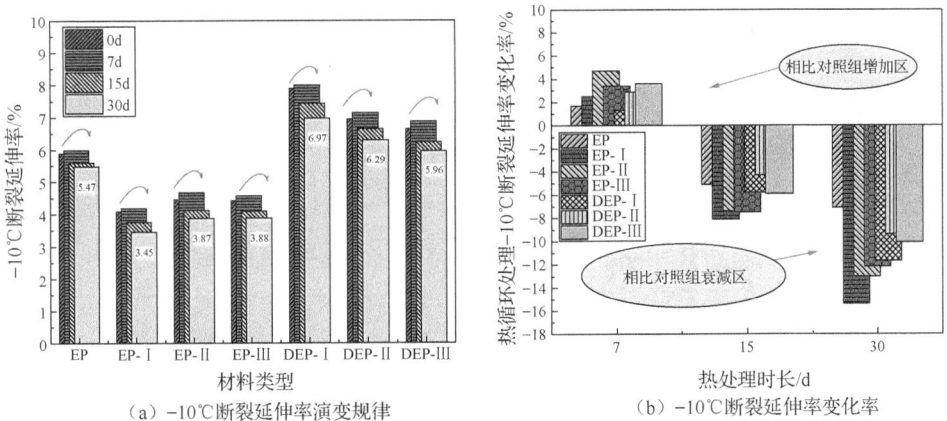

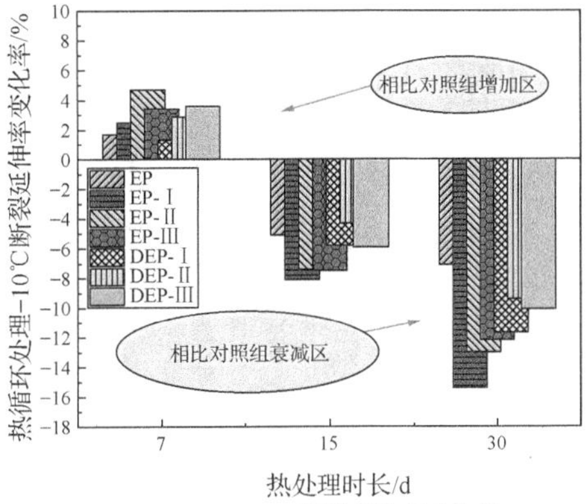

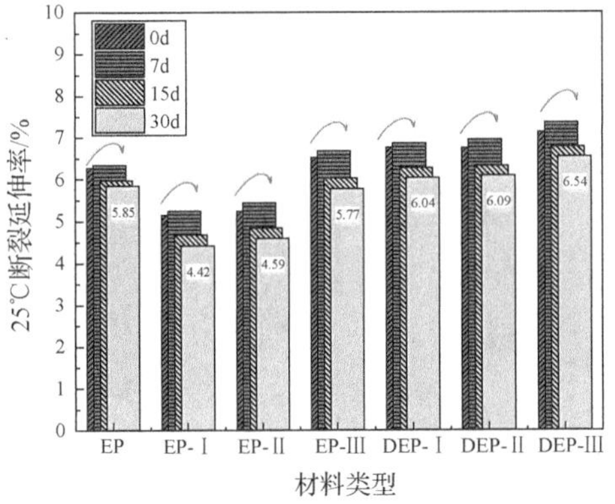

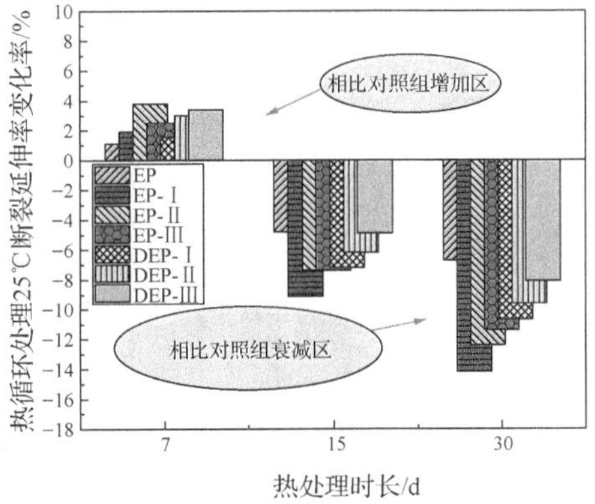

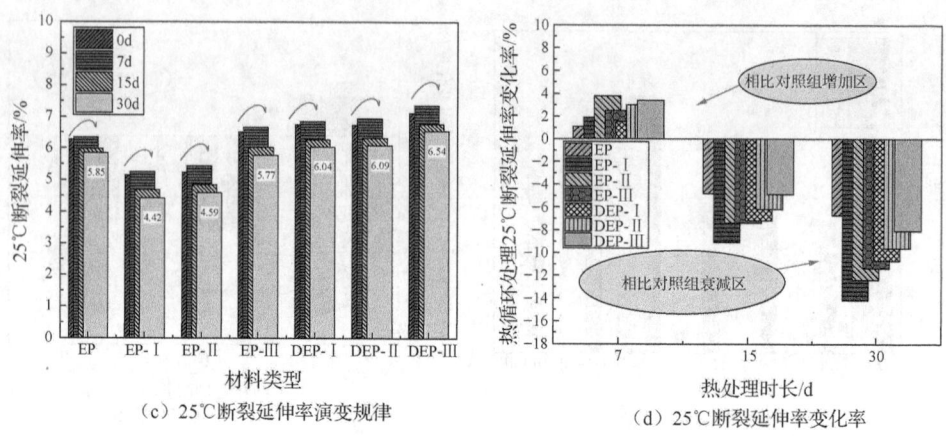

(c) 25℃断裂延伸率演变规律　　　　(d) 25℃断裂延伸率变化率

图4.56　不同热循环处理时长 PEP-X 及对照组灌浆材料拉伸强度演变规律及其变化率

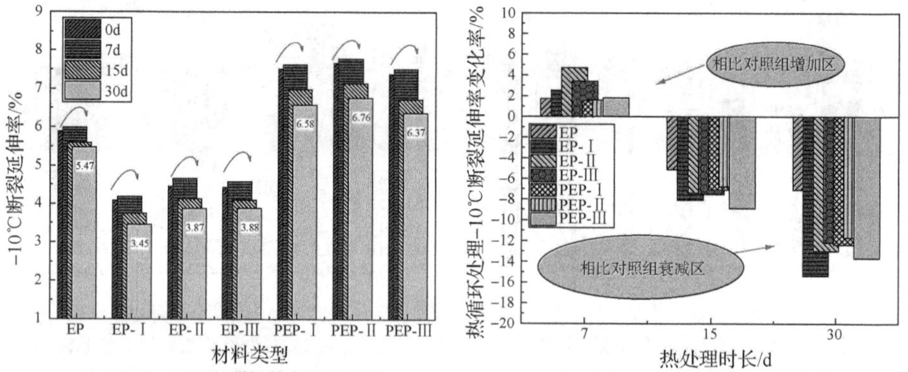

(a) -10℃断裂延伸率演变规律　　　　(b) -10℃断裂延伸率变化率

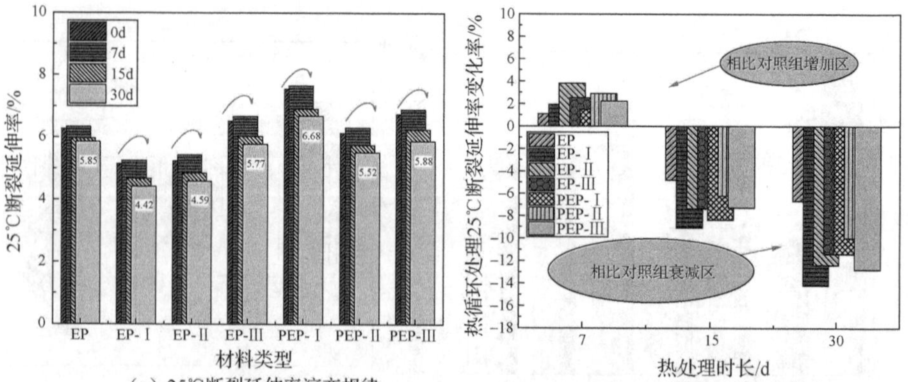

(c) 25℃断裂延伸率演变规律　　　　(d) 25℃断裂延伸率变化率

图4.57　不同热循环处理时长 PEP-X 及对照组灌浆材料断裂延伸率演变规律及其变化率

(1) DEP-X 及对照组灌浆材料热循环处理拉伸性能演变规律。

① 拉伸强度演变规律：由图4.54可知，EP、EP-X、DEP-X 系列拉伸强度随

热循环处理时间增加呈现出先增后减趋势。30d 热循环处理后，EP 拉伸强度衰减率为 9%，EP-X 系列拉伸强度衰减率在 13.5%～18%，DEP-X 系列拉伸强度衰减率在 11.1%～14%，表明活性稀释剂加入后使环氧树脂的耐温热老化性变差，而有机硅改性后的 DEP-X 系列耐温热老化性能有所提升，但改善效果不显著。EP、EP-Ⅰ、EP-Ⅱ、EP-Ⅲ、DEP-Ⅰ、DEP-Ⅱ、DEP-Ⅲ通过 30d 热循环处理后 25℃拉伸强度分别为 59.21MPa、42.12MPa、57.34MPa、56.35MPa、40.27MPa、44.31MPa、48.34MPa，可见 30d 热循环处理后各系列材料拉伸强度仍满足《混凝土裂缝用环氧树脂灌浆材料》（JC/T 1041—2007）拉伸强度高于 10MPa 的要求。

② 断裂延伸率演变规律：由图 4.55 可知，EP、EP-X、DEP-X 系列断裂延伸率随热循环处理时间增加也呈现出先增后减趋势。30d 热循环处理后，EP 拉伸强度衰减率为 7%左右，EP-X 系列断裂延伸率衰减率在 11.5%～15.4%，DEP-X 系列拉伸强度衰减率在 8.1%～11.7%。EP、EP-Ⅰ、EP-Ⅱ、EP-Ⅲ、DEP-Ⅰ、DEP-Ⅱ、DEP-Ⅲ通过 30d 热循环处理后-10℃断裂延伸率分别为 5.47%、3.45%、3.87%、3.88%、6.97%、6.29%、5.96%，25℃断裂延伸率分别为 5.85%、4.42%、4.59%、5.77%、6.04%、6.09%、6.54%，可见 30d 热循环处理后 DEP-X 系列低温及常温断裂延伸率均高于 EP、EP-X，表明该系列柔韧性仍是最优的。断裂延伸率增加的原因可能在于热循环处理释放了灌浆材料固化时产生的内应力。

（2）PEP-X 及对照组灌浆材料热循环处理拉伸性能演变规律。

① 拉伸强度演变规律：由图 4.56 可知，EP、EP-X、PEP-X 系列拉伸强度随热循环处理时间增加呈现出先增后减趋势。30d 热循环处理后，EP 拉伸强度衰减率为 9%，EP-X 系列拉伸强度衰减率在 13.5%～18%，PEP-X 系列拉伸强度衰减率在 10.2%～13.7%。EP、EP-Ⅰ、EP-Ⅱ、EP-Ⅲ、PEP-Ⅰ、PEP-Ⅱ、PEP-Ⅲ通过 30d 热循环处理后-10℃拉伸强度分别为 59.97MPa、56.66MPa、48.96MPa、49.12MPa、63.99MPa、61.14MPa、58.57MPa，25℃拉伸强度分别为 59.21MPa、42.12MPa、57.34MPa、56.35MPa、48.87MPa、48.61MPa、47.3MPa，可见 30d 热循环处理后，各系列材料拉伸强度仍是《混凝土裂缝用环氧树脂灌浆材料》（JC/T 1041—2007）规范拉伸强度要求的 3 倍以上，最高可达 6 倍。

② 断裂延伸率演变规律：图 4.57 可知，EP、EP-X、PEP-X 系列断裂延伸率随热循环处理天数增加也呈现出先增后减趋势。经 30d 热循环处理后，EP、EP-Ⅰ、EP-Ⅱ、EP-Ⅲ、PEP-Ⅰ、PEP-Ⅱ、PEP-Ⅲ-10℃断裂延伸率分别为 5.47%、3.45%、3.87%、3.88%、6.58%、6.76%、6.37%，25℃断裂延伸率分别为 5.85%、4.42%、4.59%、5.77%、6.68%、5.52%、5.88%，可见经热循环处理后 PEP-X 系列仍保持柔韧性优势，特别是低温柔韧性，这将有利于延长其服役寿命。

3）粘结性能演变规律

（1）DEP-X 及对照组灌浆材料热循环处理粘结性能演变规律。

研究热处理作用后各系列灌浆材料的粘结性能，结果见图4.58和图4.59。

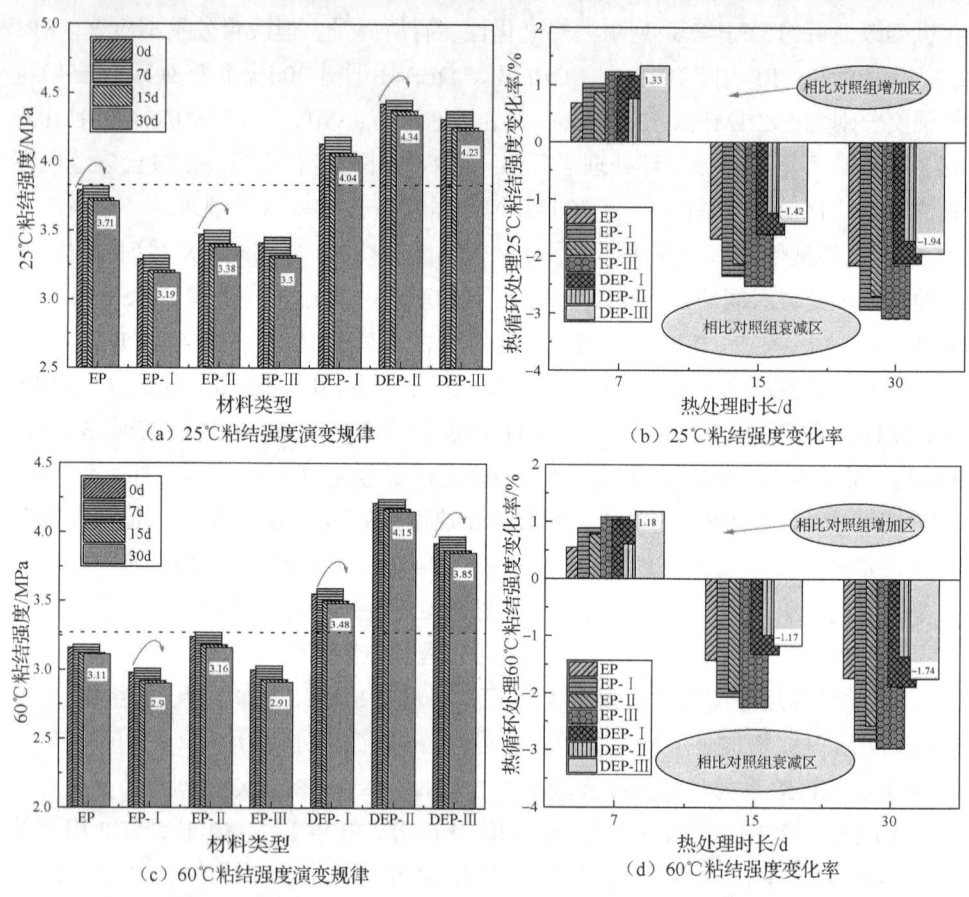

图4.58 不同热循环处理时长DEP-X及对照组灌浆材料粘结强度演变规律及其变化率

由图 4.58 可知，EP、EP-X、DEP-X 系列粘结强度随热循环处理时长增加呈现出先增后减趋势，经 15d 热循环处理后粘结强度开始出现衰减。经 30d 热循环处理后，EP-X 系列衰减率在 2.5%左右，EP、DEP-X 系列衰减率在 1.5%左右，25℃粘结强度由大到小排序为 DEP-Ⅱ>DEP-Ⅲ>DEP-Ⅰ>EP>EP-Ⅱ>EP-Ⅲ>EP-Ⅰ，其中 DEP-X 系列粘结强度相比 EP 分别提升 0.63MPa、0.52MPa、0.33MPa，相比 EP-X 系列分别提升 0.96MPa、0.93MPa、0.85MPa；60℃粘结强度分别为 4.15MPa、3.85MPa、3.48MPa、3.16MPa、3.11MPa、2.90MPa、2.91MPa。可见 30d 热处理后 DEP-X 系列高低温粘结强度均满足《混凝土裂缝用环氧树脂灌浆材料》（JC/T 1041—2007）规范规定粘结强度高于 3MPa 的要求，而 EP、EP-Ⅱ 60℃

粘结强度已降至接近规范值，EP-Ⅲ、EP-Ⅰ60℃粘结强度低于规范值，可见EP-X系列存在耐温变性不良问题。

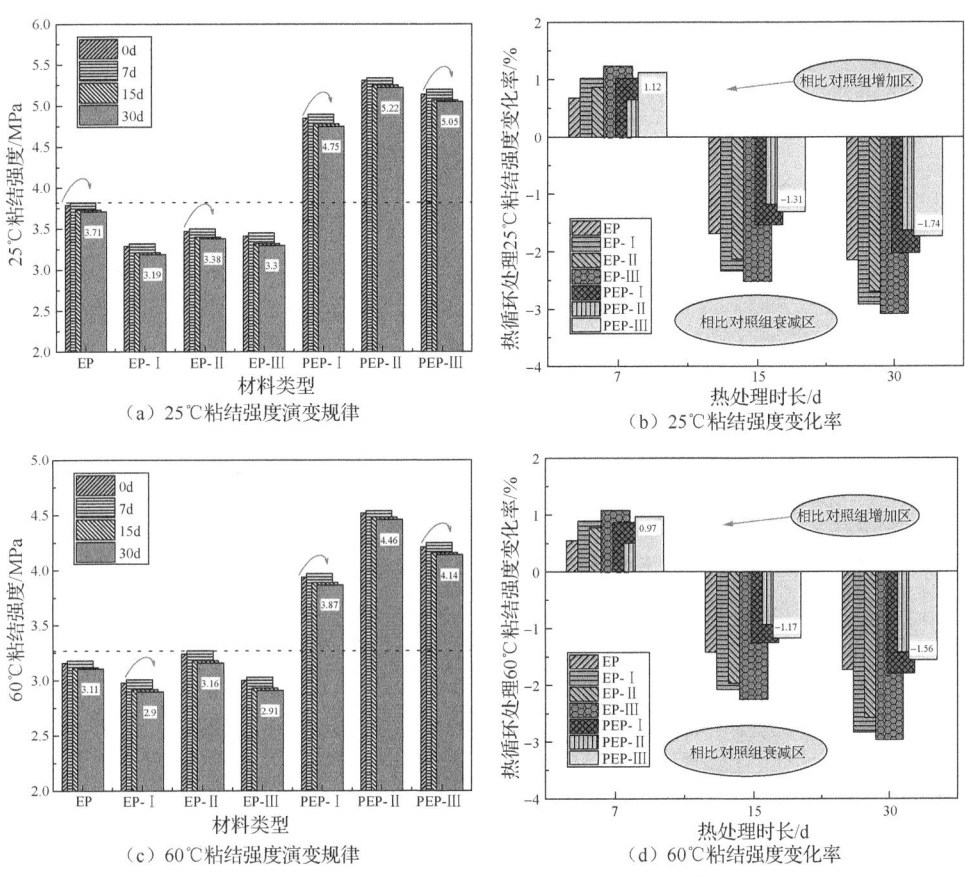

图4.59 不同热循环处理时长PEP-X及对照组灌浆材料粘结强度演变规律及其变化率

（2）PEP-X及对照组灌浆材料热循环处理粘结性能演变规律。

图4.59可知，EP、EP-X、PEP-X系列粘结强度随热循环处理时长增加呈现出先增后减趋势。经30d热处理后，25℃粘结强度、60℃粘结强度由大到小排序均为PEP-Ⅱ>PEP-Ⅲ>PEP-Ⅰ>EP>EP-Ⅱ>EP-Ⅲ>EP-Ⅰ，其中PEP-X系列粘结强度相比EP分别提升1.51MPa、1.34MPa、1.04MPa，相比EP-X分别提升1.84MPa、1.75MPa、1.56MPa。30d热处理后PEP-X系列60℃粘结强度分别为4.46MPa、4.14MPa、3.87MPa，均满足《混凝土裂缝用环氧树脂灌浆材料》（JC/T 1041—2007）规范中粘结强度高于3MPa的要求。

3. 耐冻融性能

我国北方地区季节更替明显，灌浆材料在服役期必将面临冻融作用考验。为明确冻融环境下硅基改性环氧灌浆材料、纯环氧、活性稀释剂降黏环氧灌浆材料性能演变规律，系统研究受不同冻融循环次数后各系列灌浆材料的拉伸性能及粘结性能。

1）耐冻融试验方法

考虑到硅基改性环氧灌浆材料在服役期内受冻融侵害，参照《建筑涂料层耐温变性试验方法》(JG/T 25—2017)规范进行冻融试验。具体试验步骤如下：

（1）制备灌浆材料浆液。

（2）制作8字粘结拉伸试件及哑铃型拉伸试件，在35℃环境箱养生至7d。

（3）将养生完成的8字粘结拉伸试件与哑铃型拉伸试件分为三组，在(23±2)℃水中浸泡18h，然后将试件放入温度为（-20±2)℃的高低温智能交变试验箱冷冻3h，然后在（25±2）℃养生箱中恒温3h，为一个冻融循环，分别冻融循环10次、20次、30次后进行粘结性能与拉伸性能测试。

2）拉伸性能演变规律

为明确冻融作用对各系列灌浆材料拉伸性能的影响，全面测试了环氧灌浆材料的拉伸强度与断裂延伸率，试验结果见图4.60～图4.63。

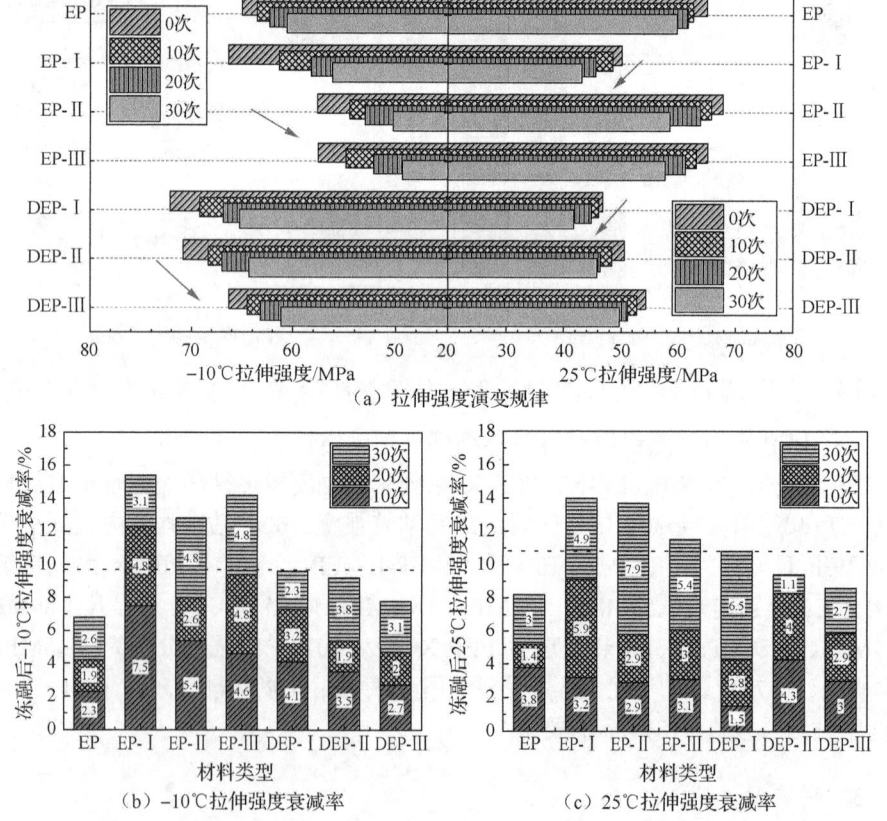

图4.60 不同冻融循环次数DEP-X及对照组灌浆材料拉伸强度演变规律及其衰减率

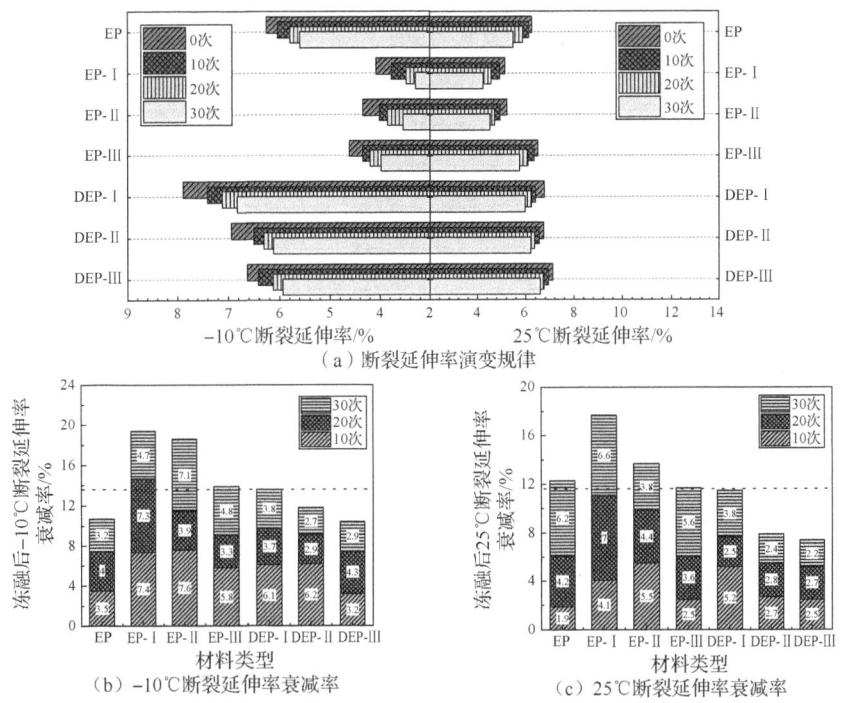

图4.61 不同冻融循环次数DEP-X及对照组灌浆材料断裂延伸率演变规律及其衰减率

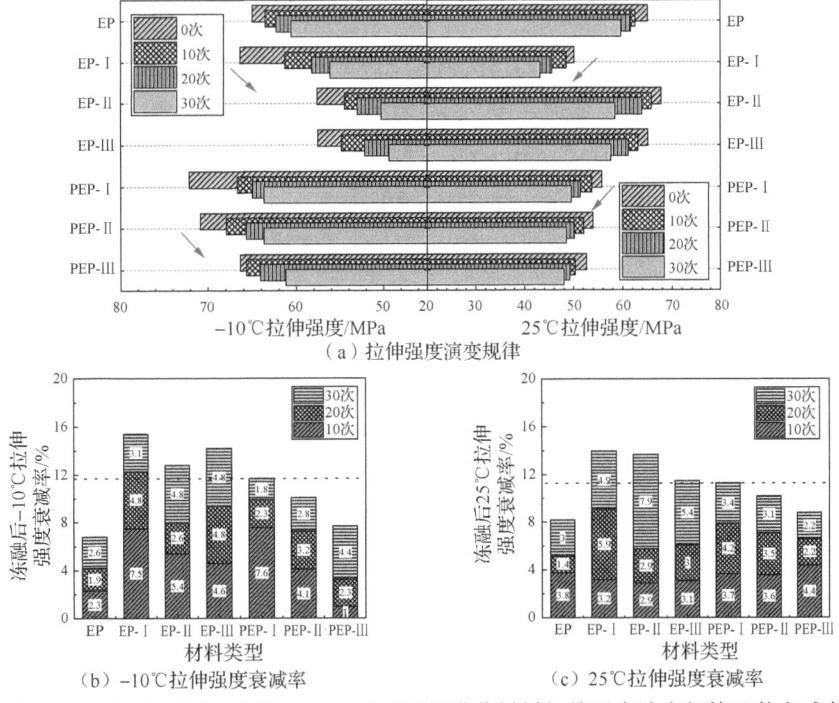

图4.62 不同冻融循环次数PEP-X及对照组灌浆材料拉伸强度演变规律及其衰减率

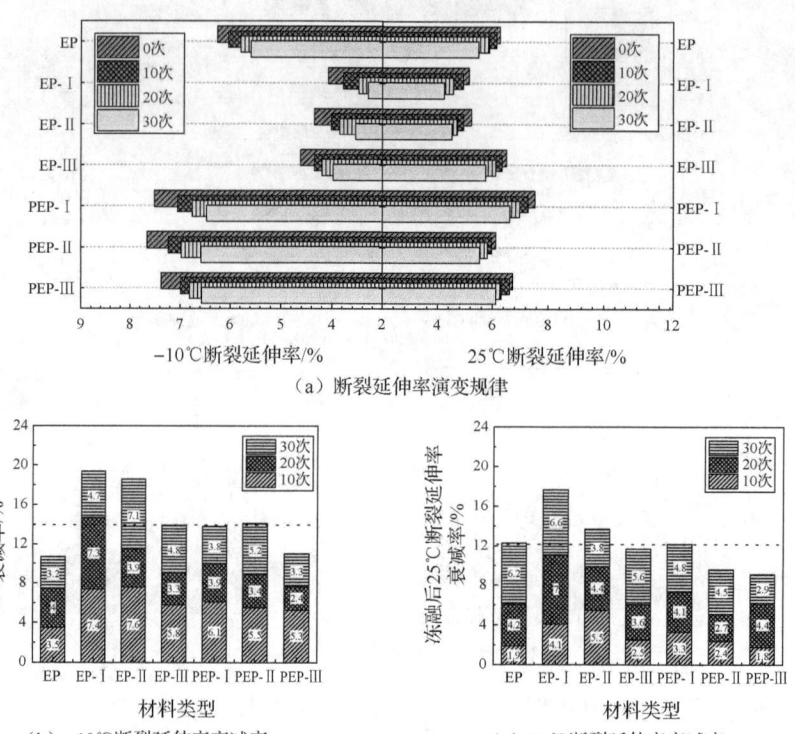

图 4.63 不同冻融循环次数 PEP-X 及对照组灌浆材料断裂延伸率演变规律及其衰减率

（1）DEP-X 及对照组灌浆材料冻融处理拉伸性能演变规律。

① 拉伸强度演变规律：由图 4.60 可知，EP、EP-X、DEP-X 系列拉伸强度随冻融循环次数增加而逐渐降低。就-10℃拉伸强度而言，经受 30 次冻融后，其拉伸强度由高至低排序为 DEP-Ⅰ>DEP-Ⅱ>DEP-Ⅲ>EP>EP-Ⅰ>EP-Ⅱ>EP-Ⅲ，DEP-X 系列拉伸强度衰减率在 7.8%～9.6%，EP 拉伸强度衰减率为 6.8%，EP-X 拉伸强度衰减率在 12.8%～15.4%。就 25℃拉伸强度而言，经受 30 次冻融后，DEP-X 系列拉伸强度衰减率在 10.8%～13.7%，EP 拉伸强度衰减率为 8.2%，EP-X 拉伸强度衰减率在 11.5%～14%。由以上分析可知 DEP-X 系列拉伸强度的冻融衰减率低于 EP-X 系列，表明 DEP-X 系列耐冻融性优于 EP-X 系列。

② 断裂延伸率演变规律：由图 4.61 可知，EP、EP-X、DEP-X 系列断裂延伸率随冻融循环次数增加而逐渐降低。就-10℃断裂延伸率而言，经 30 次冻融后断裂延伸率由高至低排序为 DEP-Ⅰ>DEP-Ⅱ>DEP-Ⅲ>EP>EP-Ⅲ>EP-Ⅱ>EP-Ⅰ，其值分别为 6.82%、6.12%、5.94%、5.59%、3.98%、3.54%、3.29%，相比 EP，DEP-X 系列断裂延伸率分别提升 22%、9.5%、6.3%，相比 EP-X，分别提升 107.3%、72.9%、

49.2%。就 25℃断裂延伸率而言，30 次冻融后断裂延伸率由高至低排序为 DEP-Ⅲ>DEP-Ⅱ>DEP-Ⅰ>EP-Ⅲ>EP>EP-Ⅱ>EP-Ⅰ，其值分别为 6.59%、6.21%、5.98%、5.75%、5.5%、4.52%、4.24%，相比 EP，DEP-X 系列断裂延伸率分别提升 8.7%、12.9%、19.8%，相比 EP-X，分别提升 81.8%、75.4%、65.6%。以上分析表明，DEP-X 系列耐冻融性优于 EP-X 系列。

（2）PEP-X 及对照组灌浆材料冻融处理拉伸性能演变规律。

① 拉伸强度演变规律：由图 4.62 可知，EP、EP-X、PEP-X 系列拉伸强度随冻融循环次数增加而逐渐降低。就-10℃拉伸强度而言，30 次冻融后拉伸强度由高至低排序为 PEP-Ⅰ > PEP-Ⅱ > PEP-Ⅲ > EP-Ⅰ > EP > EP-Ⅱ > EP-Ⅲ，PEP-X 系列拉伸强度衰减率在 7.7%~11.7%，EP 拉伸强度衰减率为 6.8%，EP-X 系列拉伸强度衰减率在 12.8%~15.4%。就 25℃拉伸强度而言，PEP-X 系列拉伸强度衰减率在 8.8%~11.3%，EP 拉伸强度衰减率为 8.2%，EP-X 系列拉伸强度衰减率在 11.5%~14%。由以上分析可知，相比 EP-X 系列，PEP 系列拉伸强度冻融衰减率降低，表明该系列材料的耐冻融性优于 EP-X 系列。

② 断裂延伸率演变规律：由图 4.63 可知，EP、EP-X、PEP-X 系列断裂延伸率随冻融循环次数增加而逐渐降低。就-10℃断裂延伸率而言，经 30 次冻融后断裂延伸率由高至低排序为 PEP-Ⅱ > PEP-Ⅲ > PEP-Ⅰ > EP > EP-Ⅲ> EP-Ⅱ> EP-Ⅰ，其值分别为 6.58%、6.57%、6.47%、5.59%、3.29%、3.54%、3.98%，相比 EP，PEP 系列断裂延伸率分别提升 15.7%、17.7%、17.5%，相比 EP-X，分别提升 62.6%、85.9%、99.7%。就 25℃断裂延伸率而言，受 30 次冻融后断裂延伸率由高至低排序为 PEP-Ⅰ > PEP-Ⅲ > EP-Ⅲ > PEP-Ⅱ > PEP-Ⅰ > EP > EP-Ⅱ> EP-Ⅰ，其值分别为 6.62%、6.13%、5.75%、5.54%、5.24%、4.52%、4.24%，相比 EP，PEP 系列断裂延伸率分别提升 26.3%、5.7%、16.9%，相比 EP-X，分别提升 56.1%、22.6%、6.6%。以上分析表明 PEP-X 系列具有更好的柔韧性，其耐冻融性更强。

3）粘结性能演变规律

研究冻融作用后各系列灌浆材料的粘结性能，试验结果见图 4.64 和图 4.65。

（1）DEP-X 及对照组灌浆材料冻融处理粘结性能演变规律。

由图 4.64 可知，EP、EP-X、DEP-X 系列粘结强度随冻融循环次数增加而降低。就 25℃粘结强度而言，30 次冻融后粘结强度由高至低排序为 DEP-Ⅱ>DEP-Ⅲ > DEP-Ⅰ > EP > EP-Ⅱ> EP-Ⅲ > EP-Ⅰ，其值分别为 4.2MPa、4.06MPa、3.91MPa、3.52MPa、3.18MPa、3.08MPa、2.99MPa，相比 EP，DEP 系列粘结强度分别提升 11.08%、19.32%、15.34%，相比 EP-X，分别提升 30.77%、32.08%、31.82%。30 次冻融后，DEP 系列 25℃粘结强度衰减率在 4.5%~6.0%，EP 25℃

粘结强度衰减率约为6.5%，EP-X系列粘结强度衰减率在8%~10%；DEP系列60℃粘结强度衰减率在5%~6.5%，EP 60℃粘结强度衰减率约为7.2%，EP-X粘结强度衰减率在8.4%~10%。由以上分析可知，DEP系列粘结强度值高且其冻融衰减率低，表明该系列材料的耐冻融性优于EP、EP-X系列。

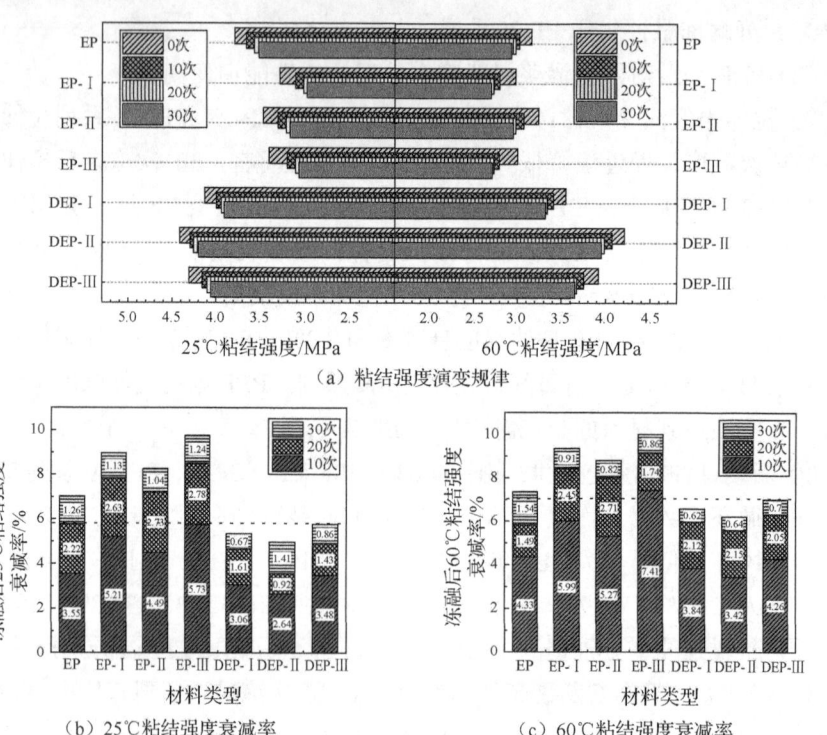

图4.64 不同冻融循环次数DEP-X及对照组灌浆材料粘结强度演变规律及其衰减率

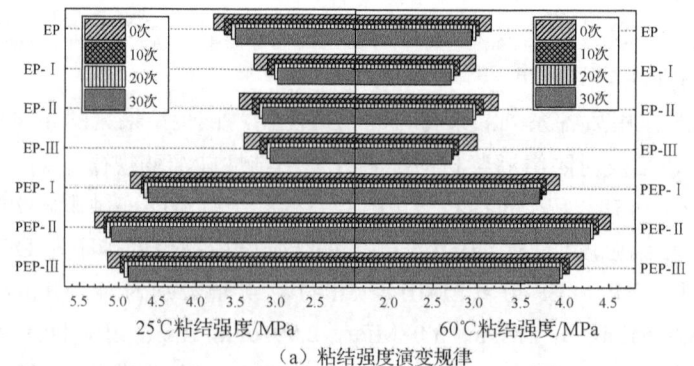

（a）粘结强度演变规律

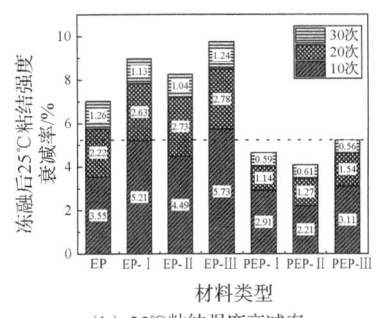
（b）25℃粘结强度衰减率

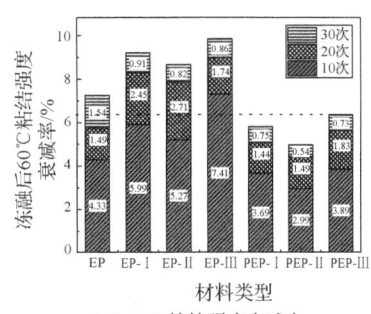
（c）60℃粘结强度衰减率

图 4.65　不同冻融循环次数 PEP-X 及对照组灌浆材料粘结强度演变规律及其衰减率

（2）PEP-X 及对照组灌浆材料冻融处理粘结性能演变规律。

由图 4.65 可知，EP、EP-X、PEP-X 系列粘结强度随冻融循环次数增加而降低。就 25℃粘结强度而言，30 次冻融后粘结强度由高至低排序为 PEP-Ⅱ > PEP-Ⅲ > PEP-Ⅰ > EP > EP-Ⅱ > EP-Ⅲ > EP-Ⅰ，其值分别为 5.09MPa、4.87MPa、4.62MPa、3.52MPa、3.18MPa、3.08MPa、2.99MPa，相比 EP，PEP 系列粘结强度分别提升 31.25%、44.60%、38.35%，相比 EP-X，分别提升 54.52%、60.06%、58.12%。30 次冻融后，PEP 系列 25℃粘结强度衰减率在 4%～5.5%，EP 粘结强度衰减率约为 6.5%，EP-X 系列粘结强度衰减率在 8%～10%。PEP 系列 60℃粘结强度衰减率在 5%～6.5%，EP 拉伸强度衰减率约为 7.2%，EP-X 系列粘结强度衰减率在 8.4%～10%。

第5章 多功能高强防水层间材料研发与性能

防水层间材料是桥面铺装最重要的组成部分之一，直接影响着桥面铺装及桥梁整体的使用品质及耐久性。层间防水、粘结等性能不足，将严重影响桥面铺装正常服役寿命，从而削弱桥梁整体结构的安全度与可靠性。基于此，本章针对传统防水粘结材料抗冲击及耐久等性能不足，基于材料组成及性能调控，研发路用高性能水性环氧树脂，制备桥面铺装防水粘结层用水性环氧改性乳化沥青，明确其配伍及储存稳定性，全面研究水性环氧改性乳化沥青自身基本性能和耐久性能，探究水性环氧改性乳化沥青应用于桥面铺装防水粘结层时的结构性能及耐久性能，提出水性环氧改性乳化沥青防水粘结层施工优化方法，进一步提升桥面铺装防水粘结层使用品质。

5.1 聚氨酯改性水性环氧树脂制备调控及性能研究

现阶段关于水性环氧改性乳化沥青的相关研究和应用，大多直接将市售水性环氧树脂成品添加到乳化沥青中使用，缺乏对水性环氧树脂自身属性及物理性能的系统认识与研究，关于水性环氧树脂的耐久性评价更鲜有涉及。基于此，优化水性环氧树脂材料组成，调控合成聚氨酯改性水性环氧树脂，分析不同聚氨酯对水性环氧树脂的增韧效果，并系统评价聚氨酯改性水性环氧树脂耐久性能非常重要。

5.1.1 水性环氧树脂原材料优选

1. 水性环氧树脂调查及评价

为科学、系统开展高性能水性环氧树脂粘结材料的研发与性能研究，全面调查国内外146项道路、建筑、防水等工程用水性环氧树脂的研究动态、产品开发及实体工程应用现状[16]，主要包括水性环氧树脂组成配比及各项工作性能指标，重点关注力学性能，尤其是拉伸性能、弯曲性能与耐冲击性能，见图5.1～图5.3。

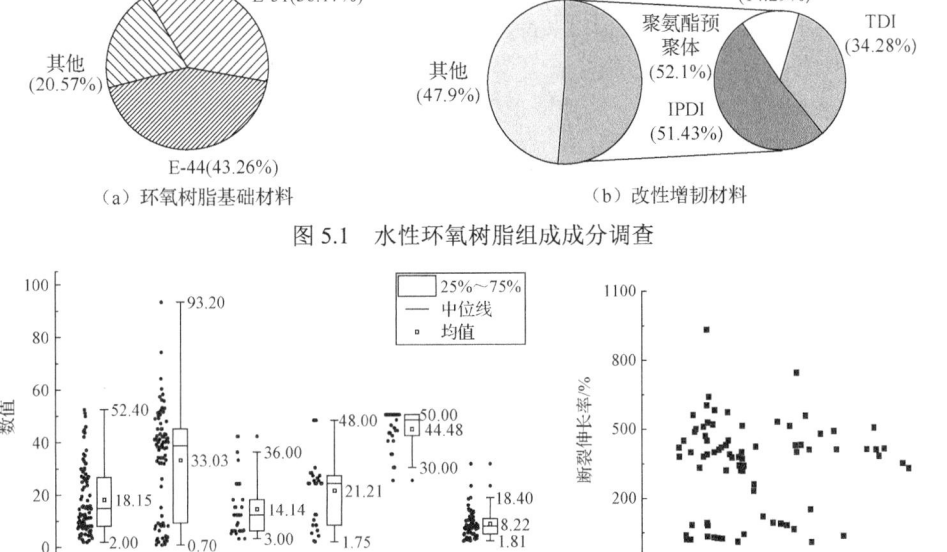

图 5.1　水性环氧树脂组成成分调查

图 5.2　水性环氧树脂相关性能指标范围

图 5.3　拉伸强度与断裂伸长率

由图 5.1 可知，关于材料组成，主要涉及水性环氧树脂基础材料及改性增韧材料等。在检索到的已知数据中，基础材料主要以双酚 A 型 E-44 和 E-51 为主，占 79.43% 以上，前者比例更大，占整体的 43.26%，接近一半。这主要是由于 E-44 与 E-51 的环氧值介于 0.45~0.55，由其固化形成的水性环氧树脂的各项性能较为均衡，不会太"脆"或太"软"，适宜应用于工程领域。固化剂基本以胺类为主，这与水性环氧树脂一般为常温固化有关，特殊情况下也会采用酸酐类进行加热固化。改性材料则以聚氨酯为主，占 50% 以上，主要是通过预聚体共混方式对水性环氧树脂进行性能优化。聚氨酯常见类型为改性异氟尔酮甲苯二异氰酸酯（IPDI）、二苯甲烷二异氰酸酯（MDI）和甲苯二异氰酸酯（TDI），分别占 51.43%、14.29% 和 34.28%。值得注意的是，虽然 IPDI 性能优异，但其材料成本高昂，其在数据统计中占比较大，主要是用于科研，在实际工程实践中，MDI 和 TDI 的推广应用反而较为广泛。

关于掺配比例，主要涉及环氧树脂分别与固化剂、改性材料（主要是聚氨酯）的掺配比例。由于不同类型环氧树脂、胺类固化剂中分别含有的环氧基团、活泼氢含量不同，所以单纯统计分析质量比是不准确的，应该以物质的量之比作为标准。可以发现，在采集的有限数据中，虽然环氧树脂与固化剂的质量之比不尽相同，但如果换算成物质的量之比，比例基本为 1∶1，这也符合化学反应原理。环氧树脂与聚氨酯的配比存在两种情况，且对应于两种改性情况，分别是环氧树脂改性水性聚氨酯和聚氨酯改性水性环氧树脂。这两种情形，虽然合成原理相同，且最终合成的都是水性聚氨酯/环氧树脂复合材料，但是由于主体材料及性能提升方向不同，其配比差异较大。前者集中在环氧树脂：聚氨酯（质量比）=1：（10～20），该比例占整体57.41%以上，这种情形制得的水性聚氨酯/环氧树脂复合材料主要应用于建筑物防水涂料，重点考虑致密、防水和柔韧性能，对桥面铺装防水粘结材料研制的参考价值有限；后者配比主要集中在环氧树脂：聚氨酯（质量比）=1：（0.2～1），该情形制得的水性聚氨酯/环氧树脂复合材料主要用于桥面或路面粘结层，重点考虑粘结性，虽然数据较少，但对桥面铺装防水粘结材料研制有重要参考价值。

以上数据采集的简易程度，一定程度上表明目前环氧树脂改性水性聚氨酯技术已经较为成熟，环氧树脂、聚氨酯等材料已经广泛应用于防水涂料，而具备优异性能的聚氨酯改性水性环氧树脂研发以及其在桥面铺装防水粘结层的应用还需要进一步探索。

综合分析调查数据及图5.2和图5.3，可以得出如下结论：

关于拉伸性能，拉伸强度与断裂伸长率（也称延伸率）呈负相关，两者必须统一分析，不能单独评价。其中，35.05%水性聚氨酯/环氧树脂的拉伸强度<10MPa，其相应断裂伸长率最高可达932%，最低仅为28.24%，主要集中在350%～450%，占28.57%以上；48.46%水性聚氨酯/环氧树脂的拉伸强度为10～30MPa，其相应断裂伸长率最高可达742%，最低仅为9.1%，主要集中在340%～440%，占42.11%以上；16.49%水性聚氨酯/环氧树脂的拉伸强度>30MPa，其相应断裂伸长率最高可达504.65%，最低仅为7%，主要集中在320%～420%，占58.33%以上。可以发现，随着拉伸强度逐渐升高，断裂伸长率逐渐降低。调查数据中，断裂伸长率远远高于 *Standard Specification for Epoxy-Resin-Base Bonding Systems for Concrete*（ASTM C881/C881M-20a）、《公路钢桥面铺装设计与施工技术规范》（JTG/T 3364-02—2019）等国内外相关规范中的要求范围，这是因为采集数据时面向的是所有水性聚氨酯/环氧树脂复合材料，而其中大部分是环氧树脂改性水性聚氨酯，虽然力学性能较好，但其粘结性能低于普通水性环氧树脂及其改性物。值得注意的是，由于重点采集的是科研进展数据，对其中涉及的原材料成本考虑较少，如IPDI聚氨酯，其成本是MDI、TDI的2～3倍，这在实际道路工程中是较难推广应用的，不符合实际。此外，还有固化方式、反应环境等因素。

针对上述情况，重新梳理了调查内容，结果表明东南大学、重庆交通大学、山西省交通科学研究院等道路专业领域内高校、科研机构提供的数据较为符合实际应用情况，更具有参考价值。其中，37.5%以上水性聚氨酯/环氧树脂的拉伸强度>10MPa，其对应断裂伸长率主要集中在25%左右，最高可达41.58%；其余水性聚氨酯/环氧树脂的拉伸强度介于3～10MPa，其相应断裂伸长率主要集中在

28%~32%。可以发现,目前主要用于道路领域的路用聚氨酯改性水性环氧树脂主要分为两种类型:①注重强度,拉伸强度 10~15MPa,对应断裂伸长率略低,25%左右;②注重柔韧性,拉伸强度 5~10MPa,对应断裂伸长率略高,30%左右。

关于固化时间,分为表干时间和实干时间。其中,67.44%以上材料的表干时间小于 2h,且主要集中于 1~2h,占 48.84%;实干时间为树脂乳液彻底固化的时间,最长为 48h,60.71%材料的实干时间小于 24h,且其中超过一半小于 12h。固化时间出现差异较大的原因主要是不同类型的水性环氧树脂固含量不同,使乳液中水分蒸发速度各异,从而导致固化时间范围随之变化。

关于耐冲击性能,分为定性和定量两种测试方法。定性方法,即将 500g 的铁球置于一定高度(1m)后自由落体运动砸至材料表面,观察有无裂纹。采集数据中超过 73.17%采用该方法,且数值集中在 50kg·cm,占 53.33%以上。定量方法则主要借助摆锤式冲击仪,得到试样破坏时的瞬间能量值,最小为 6.6kJ/m^2,一般均超过 10kJ/m^2。

关于耐水性,主要靠吸水率评价,其中,小于 5%的占 30.99%,5%~10%的占 39.44%,10%~15%的占 21.13%,大于 15%的占 8.44%。可以看出,超过三分之二的材料的吸水率小于 10%。此外,还有一些评价指标,如铅笔硬度,一般为 3H;附着力,一般为 1 级。

2. 水性环氧树脂原材料优选

1)基础材料

(1)环氧树脂。通过调查分析,目前道路领域多采用双酚 A 型环氧树脂,具体型号以 E-51、E-44 为主,技术指标见表 5.1。

表 5.1 环氧树脂主要技术指标

序号	项目	技术指标	
		E-51	E-44
1	外观	淡黄色至棕黄色黏厚透明液体	透明液体
2	分子量	350~400	—
3	环氧值/(mol/100g)	0.48~0.54	0.41~0.47
4	有机氯/(mol/100g)	≤0.02	≤0.02
5	无机氯/(mol/100g)	≤0.001	≤0.001
6	挥发分/%	≤2	≤2

由表 5.1 可知,E-51 环氧值为 0.48~0.54mol/100g,环氧值较高,强度较大,但较脆;E-44 环氧值为 0.41~0.47mol/100g,环氧值中等,高、低温度时强度均较好,略低于 E-51。考虑到水性环氧改性乳化沥青桥面铺装防水粘结层所需的粘结强度,结合材料的粘结强度应适当提高,且研究工作后期可通过添加高分子材料、新型化工材料等物质,重点改善环氧树脂的低温柔性、耐冲击性能等,同时

为进一步形成环氧树脂粘结材料的系统性研究，初步选择 E-51、E-44 两种环氧树脂，经过一系列性能测试后优选出基本性能较优的基础粘结材料。

（2）水性固化剂。常温、低温固化一般选用胺类固化剂，选择 5 种水性胺类固化剂，技术指标见表 5.2，具体掺量根据环氧当量和活性值进行理论上的优化计算后确定。

表 5.2　固化剂主要技术指标

性能指标	固化剂类型				
	ZF	JX	ZH	FX	JM
外观	乳白色或透明均匀液体	乳白色或浅棕色均匀液体	微黄色透明液体	透明黏稠液体	淡黄色透明液体
离子类型	非离子	非离子	非离子	非离子	非离子
固含量/%	50±2	≥48	50±2	50±1	60±2
密度/（g/cm³）	1.05～1.10	1.05～1.10	1.05～1.10	1.05～1.1	1.05～1.1
黏度（25℃）/（Pa·s）	≤5	≤50	≤10	4～7	5～7.5
pH	11～13	11～13	11～13	8～9	—
固化适用期（25℃）/h	≤0.75	≤6	≤0.5	—	—
胺值，固体分/%	150±20	150±20	90±20	—	—
活泼氢当量，固体分/%	230	310±10	291	280	240

2）改性材料

环氧树脂脆性较大，抗冲击力差，耐久性不足，需要通过添加聚氨酯来改善其柔韧性能、耐冲击性能。为便于操作，采用聚氨酯预聚体对环氧树脂进行改性。

聚氨酯预聚体由有机多元异氰酸酯和端羟基化合物两部分物质合成。为深入研究聚氨酯对环氧树脂柔韧性能的改善效果，应充分考虑这两种物质的优选。对于端羟基化合物，包括两类，即端羟基聚酯和端羟基聚醚，目前多采用端羟基聚醚型预聚体。端羟基聚醚，是以环氧乙烷、环氧丙烷或四氢呋喃等环氧化合物为单体，用丙二醇、丁二醇、甘油等化合物为起始剂，经离子开环聚合反应制得。主要代表为环氧丙烷（PPG）和聚四氢呋喃二醇（PTMG）两种。对于多元异氰酸酯，按 NCO—的数目可分为二元异氰酸酯、三元异氰酸酯及聚合型异氰酸酯三大类。其中最重要的是甲苯二异氰酸酯（TDI），且根据 NCO—比例（2%～5%）有多种规格。

综上所述，选用聚醚和聚酯两种类型的聚氨酯预聚体对双酚 A 型环氧树脂 E-44 和 E-51 两种类型进行改性，其中，聚醚型为 A～D 共四种，而 E 为聚酯型，具体技术参数见表 5.3。

3）其他试剂

进行聚氨酯改性水性环氧树脂时，需添加催化剂二月桂酸二丁基锡；为减少气泡，需加入一定量消泡剂。

表 5.3 聚氨酯预聚体主要技术指标

性能指标	预聚体型号				
	A	B	C	D	E
NCO—含量/%	2.0±0.2	4.0±0.2	5±0.2	5±0.2	5.0±0.2
黏度（80℃）/(mPa·s)	700~900	500~700	400~600	800~1000	1200~1600
密度（25℃）/(g/mL)	1.06	1.10	1.10	1.2	1.23
硬度/HA	60±3	80±3	90±3	90±3	70±5

5.1.2 水性环氧树脂材料组成及配比优化

固化剂使环氧树脂形成空间网状结构，其种类和用量直接影响最终固化产物的三维交联网络结构及各项使用性能。因此，基于不同材料组成及配比方案，制备不同类型水性环氧树脂，系统研究其拉伸、弯曲、固化时间及硬度等基础物理性能，并引入多指标决策方法，科学评价固化剂类型和掺量对水性环氧树脂固化体系综合性能的影响，从而优化水性环氧树脂组分及配比，确定固化剂的最佳类型和掺量[17]。

1. 水性环氧树脂制备

采用固化剂乳化法制备水性环氧树脂，固含量为50%，具体步骤如下：将环氧树脂、水、固化剂、烧杯、玻璃棒和模具等放入恒温箱，恒温至40℃；向烧杯中先后加入一定质量的固化剂、环氧树脂以及消泡剂，低速搅拌混合均匀（200~300r/min，约30s），使环氧树脂和固化剂充分混合均匀；向烧杯中继续加入一定量的水，高速搅拌均匀（400~500r/min，约3min）；然后采用玻璃棒，手动慢速搅拌30s，进行消泡，即制得水性环氧树脂。

关于固化剂掺量，设计3个水平，分别为理论值（LLZ）、比理论值低和高5%掺量的固化剂用量（LO-5和HI+5）。其中，理论值根据环氧树脂环氧当量和固化剂活性氢值计算得到。不同环氧树脂类型所需各类水性固化剂用量，如表5.4所示。

表 5.4 每100g不同环氧树脂类型所需固化剂（固化剂固含量为50%）用量

环氧树脂类型	固化剂类型	固化剂用量/g		
		LO-5	LLZ	HI+5
E-51	ZF	111.4	117.3	123.2
	JX	145.4	153.0	160.7
	ZH	141.0	148.4	155.8
	FX	135.7	142.8	149.9
	JM	116.3	122.4	128.5

续表

环氧树脂类型	固化剂类型	固化剂用量/g		
		LO-5	LLZ	HI+5
E-44	ZF	104.9	110.4	115.9
	JX	136.8	144.0	151.2
	ZH	132.7	139.7	146.7
	FX	127.7	134.4	141.1
	JM	109.4	115.2	121.0

2. 拉伸性能

为研究不同固化剂类型和掺量对水性环氧树脂拉伸性能的影响，采用拉伸试验测试不同水性环氧树脂设计方案的拉伸强度和断裂伸长率，结果见图5.4和图5.5。

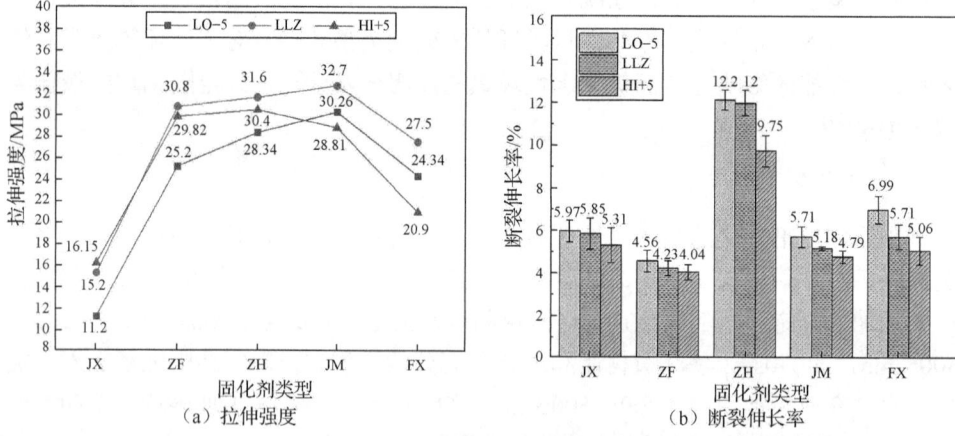

图5.4 E-51水性环氧树脂拉伸性能

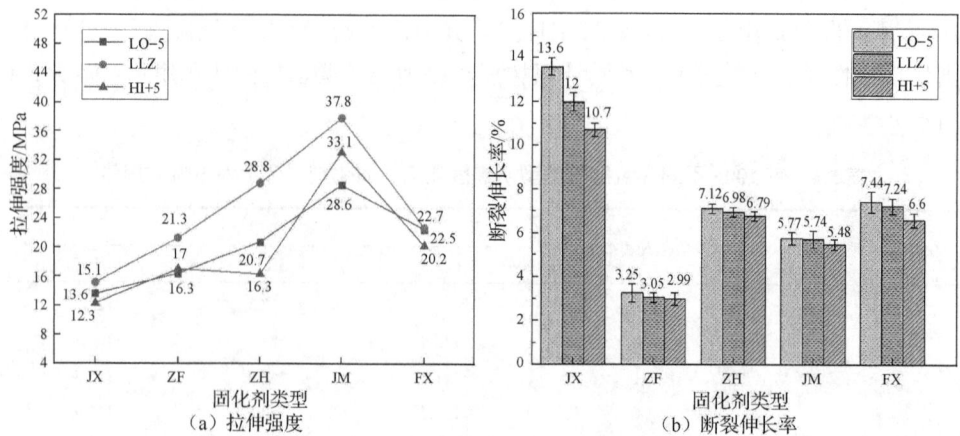

图5.5 E-44水性环氧树脂拉伸性能

由图 5.4 和图 5.5 可知，对于 E-51 水性环氧树脂拉伸强度而言，只有 JX 固化效果较差，仅 15.22MPa，其余四者固化效果较好，最佳强度均超过 25MPa，尤以 JM 最佳，可达 32.7MPa，相比其他三者高出 3.48%～18.91%；此外，采用 ZH 固化 E-51 得到的水性环氧树脂，其断裂伸长率可达 12.2%，固化效果远远大于其他四种固化剂，相比其他四种固化剂高出 74.54%～167.54%；综合考虑拉伸性能，推荐 E-51 使用 ZH 固化剂，推荐 E-44 使用 ZH 或 JM 固化剂。E-51 和 E-44 不同类型水性环氧树脂拉伸强度均呈现出理论值掺量效果最佳现象，这是因为水性环氧树脂固化实质上就是环氧树脂中环氧基与固化剂中氨基所带活泼氢原子进行交联反应，试验中固化剂掺量理论值本身就是据此反应用量计算得出，这也进一步验证了最初试验设计的合理性。

3. 弯曲性能

根据《树脂浇铸体性能试验方法》（GB/T 2567—2021）中弯曲性能试验方法，测试水性环氧树脂的弯曲强度、弯曲变形及弯曲模量，结果见图 5.6 和图 5.7。

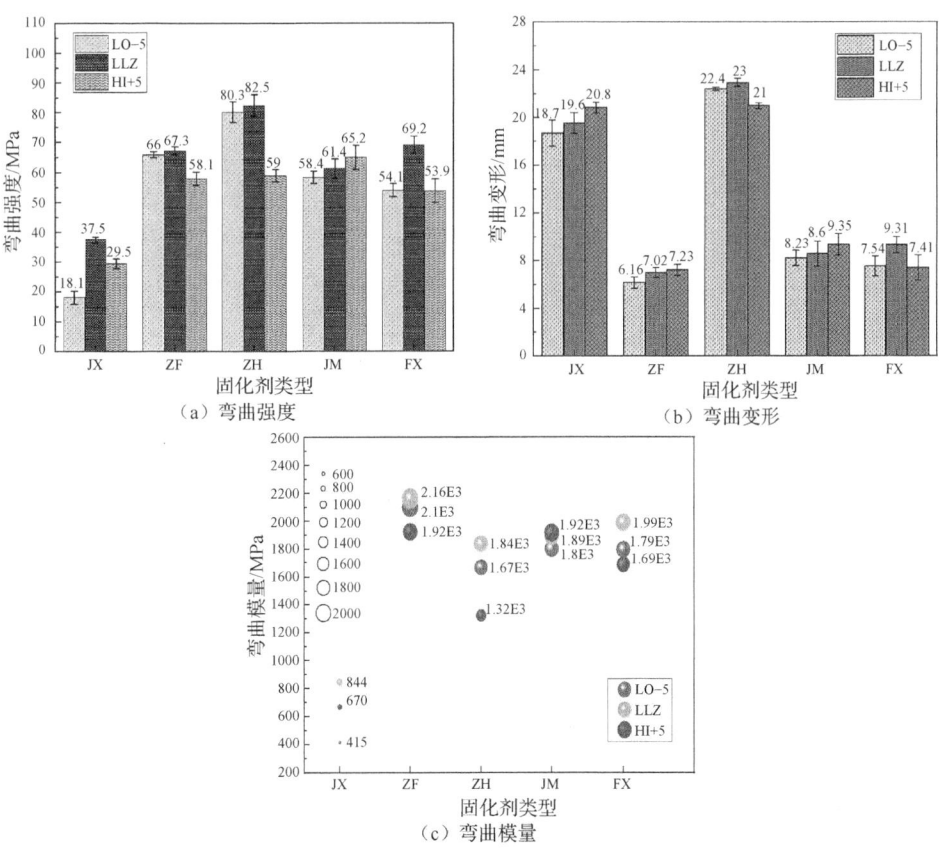

图 5.6 E-51 水性环氧树脂弯曲性能

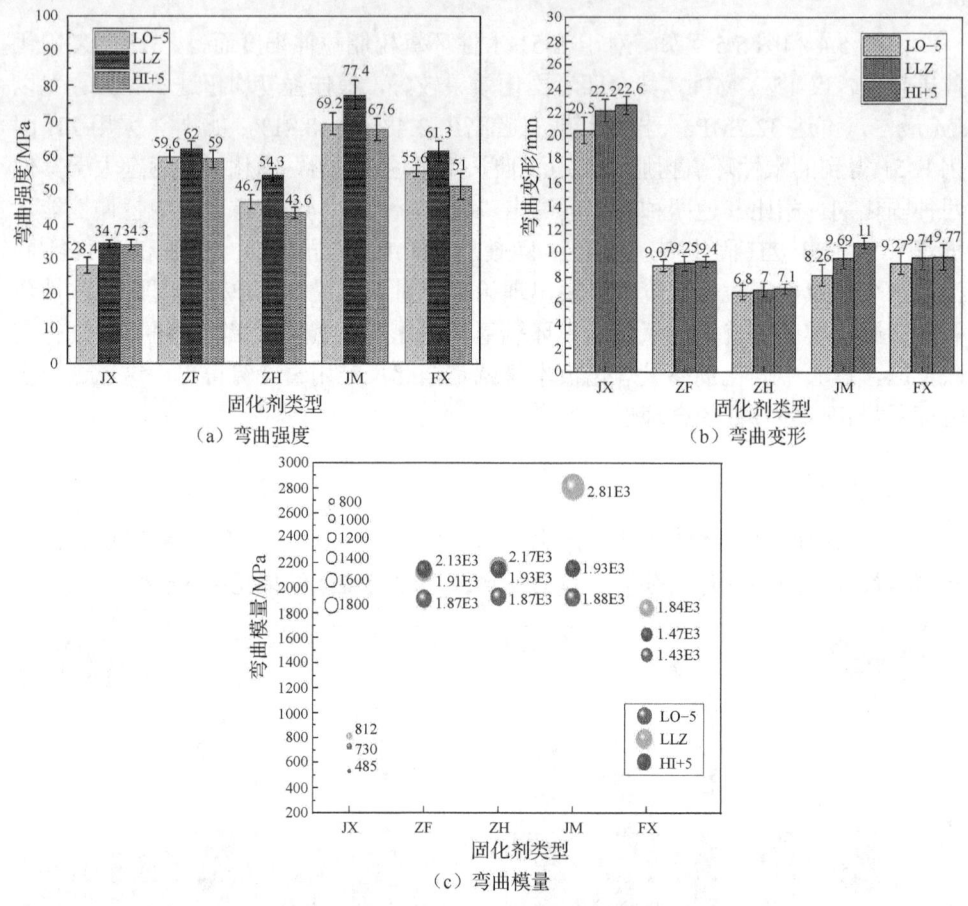

图 5.7 E-44 水性环氧树脂弯曲性能

由图 5.6 和图 5.7 可知，采用 JX 固化 E-51 得到的水性环氧树脂，其弯曲强度和弯曲模量等指标均较差，以下分析和讨论均不予考虑。除此之外，对于弯曲强度，ZH 最大，可达 82.5MPa，超出其他三种固化剂 19.22%～34.36%；对于弯曲变形，ZH 效果最好，超过 20mm。对于弯曲模量，除 JX 外，其余四者效果相近。综合各项弯曲性能指标，推荐 E-51 使用 ZH 固化剂。同上述 E-51 试验情况相似，JX 固化 E-44 弯曲性能明显较差，以下分析和讨论均不予考虑。除此之外，JM 固化 E-44 弯曲强度最大，可达 77.4MPa，超出其他三种固化剂 24.84%～42.54%；对于弯曲变形，JX 最好，其余四者差异较小，均在 10mm 左右；对于弯曲模量，除 JM 弯曲模量超过 2800MPa 外，ZH 弯曲模量较优，处于 1800～2200MPa。综合考虑弯曲性能，推荐 E-44 使用 ZH 或 JM 固化剂。综上可以发现，E-51 和 E-44 固化剂理论值下的弯曲性能均优于理论值±5%掺量，再次验证了试验方案设计的合理性。此外，不同 E-51 水性环氧树脂方案的弯曲性能整体优于 E-44，其原因与上述拉伸性能变化原因一致。

4. 固化时间

水性环氧树脂的固化速率受固化剂类型影响较大，进而影响水性环氧改性乳化沥青的强度形成。测试不同固化剂理论计算值掺量下水性环氧树脂乳液的固化时间，结果见图 5.8 和图 5.9。

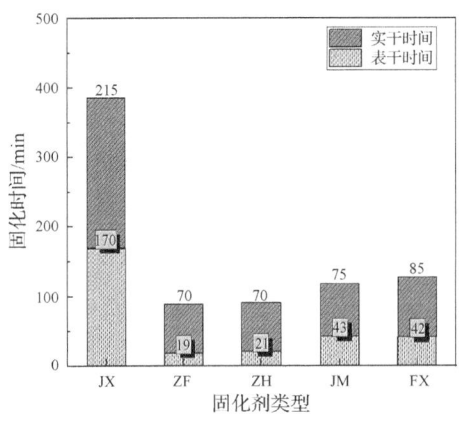

图 5.8　E-51 水性环氧树脂固化时间

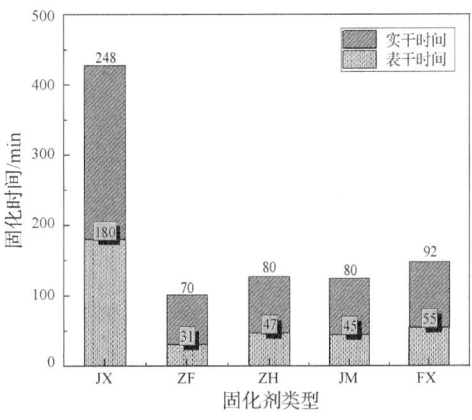

图 5.9　E-44 水性环氧树脂固化时间

由图 5.8 可知，JX 对 E-51 的固化性能较差，其固化时间是其余四种固化剂的 2 倍左右，不推荐使用。ZF 和 ZH 固化后的水性环氧树脂表干时间较短，仅 20min 左右，为 JM 和 FX 的一半。但对于实干时间，四者差异较小，均处于 70~80min。分析图 5.9 可知，对于 E-44，其不同固化剂的实干时间与 E-51 相似，但表干时间稍长，基本在 45~55min。这可能因为 E-44 的分子量比 E-51 大，E-51 水性环氧树脂乳液的水分和分子运动快，所以其表干时间和实干时间缩短。综上所述，根据固化时间，推荐使用 ZF 或 ZH 固化剂。

5. 硬度

采用铅笔硬度试验，测试不同水性环氧树脂的硬度，结果见表 5.5。

表 5.5　不同水性环氧树脂硬度

环氧树脂类型	固化剂类型	硬度		
		LO-5	LLZ	HI+5
E-51	ZF	5H	5H	5H
	JX	4H	4H	4H
	ZH	4H	4H	4H
	FX	2H	2H	2H
	JM	5H	5H	5H

续表

环氧树脂类型	固化剂类型	硬度		
		LO-5	LLZ	HI+5
E-44	ZF	5H	5H	5H
	JX	4H	4H	4H
	ZH	4H	4H	4H
	FX	2H	2H	2H
	JM	5H	5H	5H

由表 5.5 可知，不同固化剂对 E-51 和 E-44 硬度的影响一致，其硬度改善效果排序均为 ZF/JM>ZH/JX>FX。对于硬度而言，除 FX 外，其余 4 种固化剂均适合用于水性环氧树脂的固化。

6. 基于 ECM 的水性环氧树脂性能综合评价

针对上述不同固化剂对应水性环氧树脂基本性能各异的问题，为确定固化剂最佳类型及掺量，进一步合理优化水性环氧树脂配比，引入多指标决策方法，对不同水性环氧树脂试验方案进行多指标综合评价和科学决策。

功效系数法（efficacy coefficient method，ECM）是一种经典的多指标决策方法，其核心思想是将评价体系中多个评价指标同度量化并确定其功效系数值，再将其加权综合，得到一个综合指标，即为总功效系数。相比于其他多指标决策方法，ECM 的计算流程更简便快捷，决策效果更佳。基于上述研究结果，形成样本数据（表 5.6），构建 10 方案 8 指标的功效系数评价体系，进行水性环氧树脂基本性能综合评价，优化水性环氧树脂配比。

表 5.6 水性环氧树脂基本性能样本数据

序号	环氧树脂	固化剂	拉伸强度/MPa	断裂伸长率/%	弯曲强度/MPa	弯曲变形/mm	弯曲模量/MPa	表干时间/min	实干时间/min	硬度/H
1	E-51	ZF	25.2	4.04	58.11	7.00	2164.3	19	70	5
2	E-51	JX	15.22	5.71	37.53	20.85	843.76	170	215	4
3	E-51	ZH	27.84	12.76	82.5	22.99	1667.00	21	70	4
4	E-51	FX	27.48	6.99	69.23	9.31	1988.79	42	85	2
5	E-51	JM	32.7	5.18	61.43	9.35	1888.99	43	75	5
6	E-44	ZF	21.28	2.99	59.62	9.25	2127.68	31	70	5
7	E-44	JX	15.12	12.00	34.71	22.19	717.57	180	248	4
8	E-44	ZH	28.82	6.98	54.33	5.02	2167.3	47	80	4
9	E-44	FX	22.7	7.24	55.58	9.74	1465.14	55	92	2
10	E-44	JM	37.8	5.76	69.22	10.97	1925.36	45	80	5

在对各项评价指标进行分析的基础上，确定评价指标满意值（X_{hi}）和不允许值（X_{si}）。满意值为评价标准中最优限值，不允许值为评价标准中最不利限值，见表5.7。

表 5.7 基本性能数据标准化处理

序号	评价指标	满意值（X_{hi}）	不允许值（X_{si}）	平均值（X_i）
1	拉伸强度/MPa	37.8	15.12	25.416
2	断裂伸长率/%	12.76	2.99	6.965
3	弯曲强度/MPa	82.5	34.71	58.226
4	弯曲变形/mm	22.99	5.02	12.667
5	弯曲模量/MPa	2167.3	717.57	1695.589
6	表干时间/min	19	180	65.3
7	实干时间/min	70	248	108.5
8	硬度/H	5	2	4

性能评价指标包括3种变量，分别为极大型变量、极小型变量和稳定型变量。极大型变量，即评价指标的功效系数值随指标值增大而增大；极小型变量，即评价指标的功效系数值随指标值增大而减小；稳定型变量，即评价指标的功效系数最大值出现在某一点。其中，拉伸强度、断裂伸长率、弯曲强度、弯曲变形为极大型变量；表干时间、实干时间为极小型变量；弯曲模量、硬度为稳定型变量。根据式（5.1）～式（5.3），计算各项基本性能评价指标的单项功效系数，见表5.8。

$$d_{1i} = \begin{cases} \dfrac{X_i - X_{si}}{X_{hi} - X_{si}} \times 0.4 + 0.6, & X_i > X_{si} \\ 1, & X_i \leqslant X_{si} \end{cases} \quad (5.1)$$

$$d_{2i} = \begin{cases} \dfrac{X_i - X_{si}}{X_{hi} - X_{si}} \times 0.4 + 0.6, & X_i < X_{si} \\ 1, & X_i \geqslant X_{si} \end{cases} \quad (5.2)$$

$$d_{3i} = (1 - |X_i - X_{hi}| / |X_{si} - X_{hi}|) \times 0.4 + 0.6 \quad (5.3)$$

式中，d_{1i}为第i个极大型评价指标的单项功效系数值；X_i为第i个评价指标的实际值；X_{hi}为第i个评价指标的满意值；X_{si}为第i个评价指标的不允许值；d_{2i}为第i个极小型评价指标的单项功效系数值；d_{3i}为第i个稳定型评价指标的单项功效系数值。

表 5.8 基本性能评价指标的单项功效系数

序号	评价指标	试验方案									
		1	2	3	4	5	6	7	8	9	10
1	拉伸强度	0.7778	0.6017	0.8243	0.8180	0.9100	0.7086	0.6000	0.8416	0.7336	1
2	断裂伸长率	0.6430	0.7114	1	0.7638	0.6897	0.6000	0.9689	0.7633	0.7740	0.7134
3	弯曲强度	0.7959	0.6236	1	0.8889	0.8236	0.8085	0.6000	0.7642	0.7746	0.8888
4	弯曲变形	0.6441	0.9524	1	0.6955	0.6964	0.6942	0.9822	0.6000	0.7051	0.7324
5	弯曲模量	0.9990	0.635	0.8620	0.9510	0.9230	0.9890	0.6000	1	0.8060	0.9330
6	表干时间	0.6000	0.9751	0.6050	0.6571	0.6596	0.6298	1	0.6696	0.6894	0.6646
7	实干时间	0.6000	0.9258	0.6000	0.6337	0.6112	0.6000	1	0.6224	0.6494	0.6224
8	硬度	1	0.867	0.8670	0.6000	1	1	0.8670	0.8670	0.6000	1

单项功效系数确定后，需要根据各评价指标的重要性对其赋权。采用一种客观赋权方法来计算各项指标权重。先根据式（5.4）计算第 i 项评价指标的变异系数 v_i，再根据式（5.5）计算出第 i 项评价指标的权重 ω_i。计算各项评价指标的权重，结果见表 5.9。

$$v_i = \sigma_i / \overline{X_i} \tag{5.4}$$

式中，v_i 为第 i 项评价指标的变异系数；σ_i 为第 i 项评价指标的标准差；$\overline{X_i}$ 为第 i 项评价指标的平均值。

$$\omega_i = v_i / \sum_1^n v_i \tag{5.5}$$

式中，ω_i 为第 i 项评价指标的权重；$\sum_1^n v_i$ 为第 $1 \sim i$ 项评价指标的变异系数之和；n 为评价指标个数。

表 5.9 各项指标权重

评价指标	拉伸强度	断裂伸长率	弯曲强度	弯曲变形	弯曲模量	表干时间	实干时间	硬度
变异系数	6.8018	2.993	13.59	6.326	504.096	55.9411	62.3061	1.0954
权重	0.0104	0.0046	0.0208	0.0097	0.7718	0.0856	0.0954	0.0017

总功效系数 D_j 可根据式（5.6）计算，结果见图 5.10。对比不同方案的总功效系数，总功效系数最大的即为最优推荐方案，其材料配比为最优配比。

$$D_j = \sum_1^n \omega_i \sqrt{\prod_1^n d_i^{\omega_i}}, \quad j=1,2,\cdots,m \tag{5.6}$$

式中，D_j 为第 j 个方案的总功效系数；m 为方案总个数。

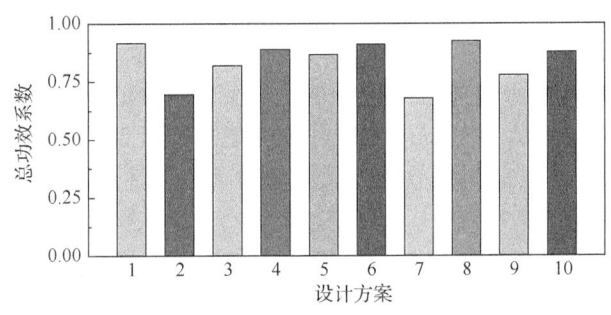

图 5.10 不同方案总功效系数

由图 5.10 可知，对于 E-51，除了 JX，其余四者的固化效果相差较小；对于 E-44，ZH、ZF 和 JM 明显要比另外两种固化剂效果更佳。此外，包含 E-51 和 E-44 两种树脂在内的 10 种不同方案总功效系数的排序为 8>1>6>4>10>5>3>9>2>7，即方案 8 的总功效系数最高，说明采用 ZH 固化的 E-44 水性环氧树脂的综合效果最优。在此基础上，再结合试验过程与材料自身毒性、挥发性等环保情况，综合判定固化剂适宜类型。考虑到 ZH 固化剂挥发性最小、毒性最低，且对于 E-51 和 E-44 两种树脂均具有优良的固化效果，因此，最终推荐采用 ZH 固化剂制备 E-51 和 E-44 水性环氧树脂。

5.1.3 聚氨酯改性水性环氧树脂组成调控

水性环氧树脂具有优异力学性能，但存在脆性大、耐冲击性和耐候性差的缺点，需增韧改性。因此，采用上述确定的基础材料组成方案，基于不同聚氨酯类型及掺量，制备聚氨酯改性水性环氧树脂，并基于力学性能与粘结性能对其组成及配比进行调控。经不同类型聚氨酯改性的水性环氧树脂，其性能差异主要体现在强度和柔韧性方面。因此，采用拉伸强度、弯曲强度、断裂伸长率和弯曲变形等力学性能指标，评价聚氨酯改性水性环氧树脂性能优化效果，进一步优化其材料组成[18]。

1. 聚氨酯改性水性环氧树脂制备

采用固化剂乳化法制备聚氨酯改性水性环氧树脂，固含量为 50%。具体步骤如下：将一定量环氧树脂、适量催化剂和消泡剂加入烧杯中，并置于油浴锅中恒温至 75℃，同时采用搅拌器将三者混合均匀；按照一定比例慢速加入聚氨酯预聚体，反应温度（75±2）℃，搅拌速率 500～550rmp，反应 2h 得聚氨酯改性环氧树脂；将聚氨酯改性环氧树脂、水、固化剂、烧杯、玻璃棒和模具等恒温至 40℃；向烧杯中先后加入水性固化剂、聚氨酯改性环氧树脂以及消泡流平剂，低速搅拌（200～300r/min）约 30s 至混合均匀；向烧杯中继续加入水，调整乳液固含量为 50%，高速搅拌（400～500r/min）约 3min，采用玻璃棒慢速搅拌 30s，消泡，制得聚氨酯改性水性环氧树脂。

2. 聚氨酯NCO—含量优选

聚氨酯与环氧树脂的接枝反应主要与聚氨酯中NCO—含量有关，一般为2%~5%，而NCO—含量对反应的促进程度则基本不受聚氨酯类型及其配比的影响。基于此，为研究NCO—含量对聚氨酯改性水性环氧树脂力学性能的影响，优选聚醚型聚氨酯，其NCO—含量设定为2%、4%和5%三个水平，分别制备不同类型的聚氨酯改性水性环氧树脂，对比分析其力学性能变化，从而确定最佳NCO—含量。此外，根据现有研究结果，初步设定聚氨酯占水性环氧树脂的质量比为20%、35%和50%。

1) 不同NCO—含量对拉伸性能的影响

采用拉伸试验，测试不同聚氨酯改性水性环氧树脂的拉伸强度和伸长率，明确不同NCO—含量聚氨酯对其拉伸性能的影响，结果见图5.11和图5.12。

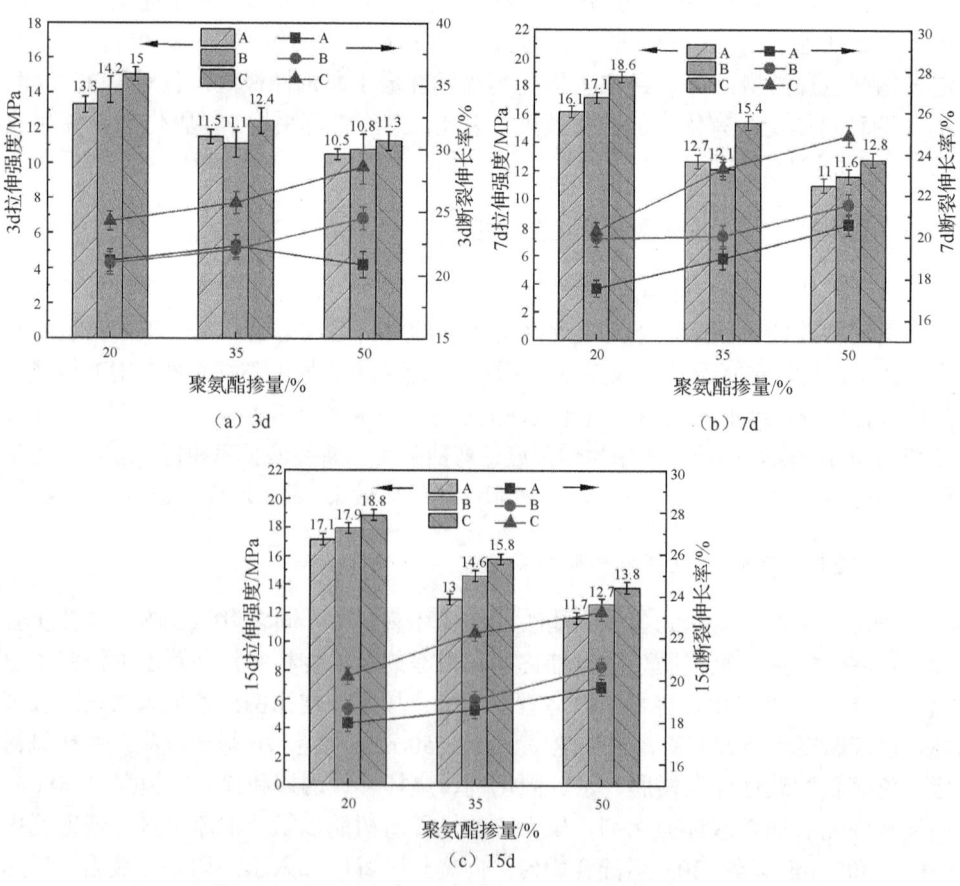

图 5.11 不同 NCO—含量下 E-51 固化物的拉伸性能

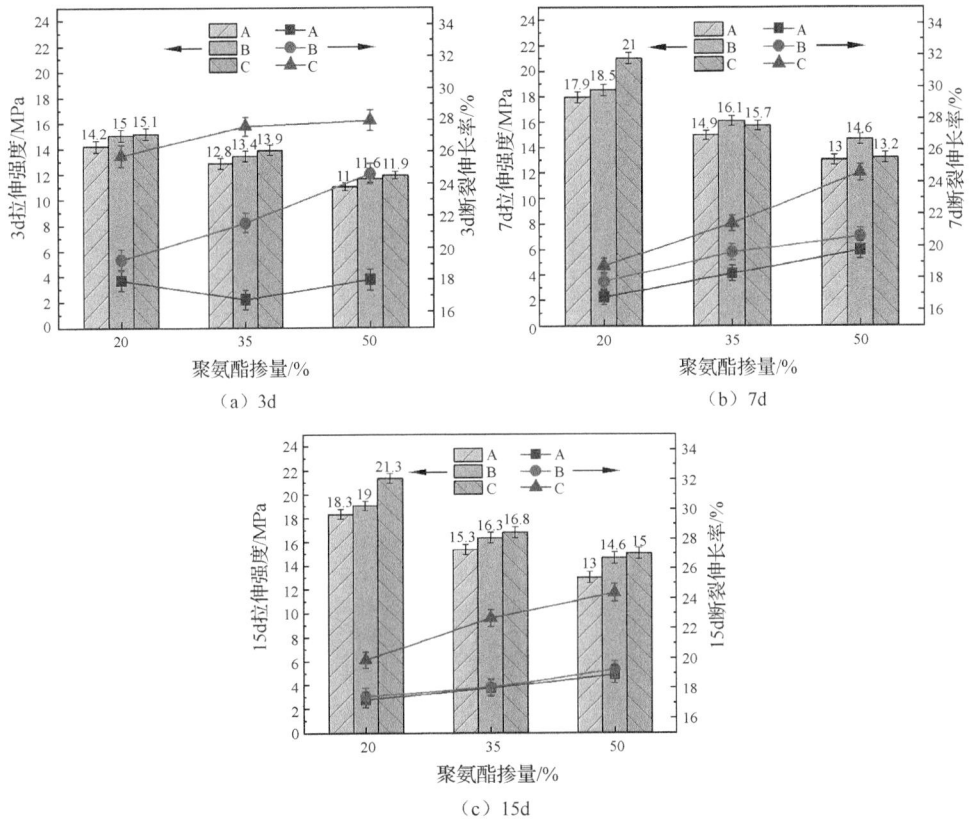

图 5.12 不同 NCO—含量下 E-44 固化物的拉伸性能

由图 5.11 和图 5.12 可知,各聚氨酯改性水性环氧树脂固化物 7d 和 15d 的拉伸强度和断裂伸长率仅存在较小差异,表明 7d 后聚氨酯改性水性环氧树脂固化物的强度基本形成,后续试验中,可采用 7d 拉伸强度和断裂伸长率对其拉伸性能进行评价。

对于 E-51 和 E-44 来说,NCO—含量对聚氨酯改性水性环氧树脂拉伸性能的影响规律基本一致。NCO—含量越高,聚氨酯与环氧树脂形成的网状结构越多,改性效果越好,表现出更高的强度和伸长率。因此,建议采用 5% NCO—含量的聚氨酯进行水性环氧树脂改性。

2) 不同 NCO—含量对弯曲性能的影响

采用弯曲试验,测试聚氨酯改性水性环氧树脂的弯曲强度和弯曲变形,明确不同 NCO—含量聚氨酯对水性环氧树脂弯曲性能的影响,结果见图 5.13~图 5.16。

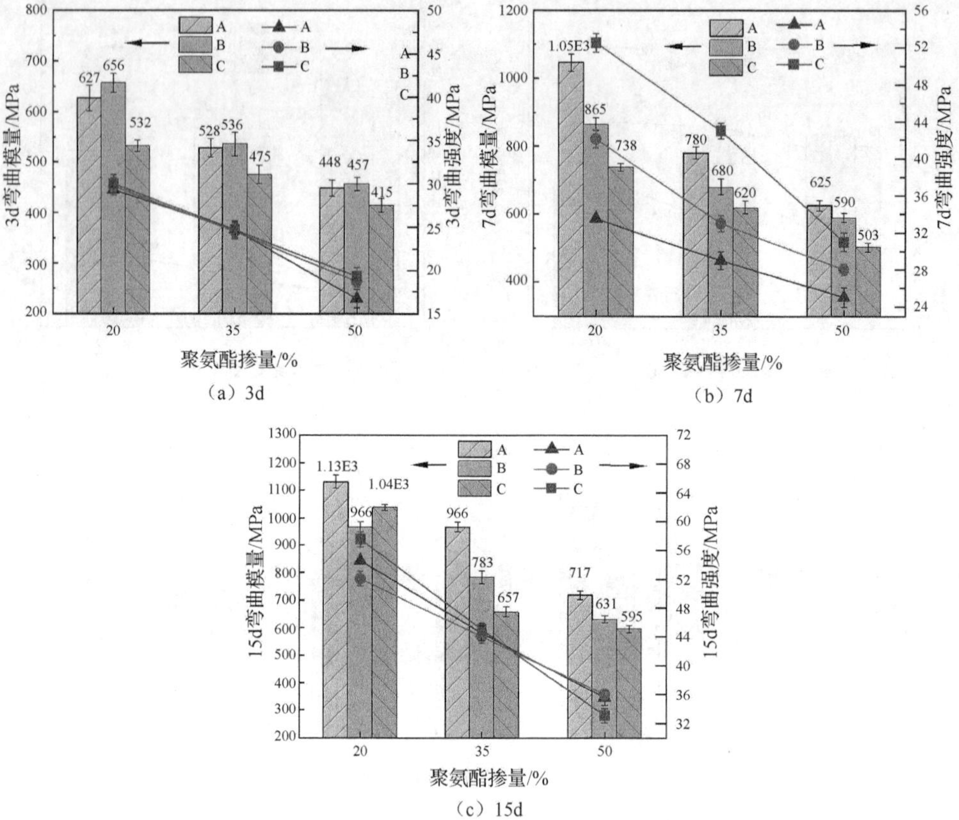

图 5.13 不同 NCO—含量下 E-51 固化物的弯曲强度

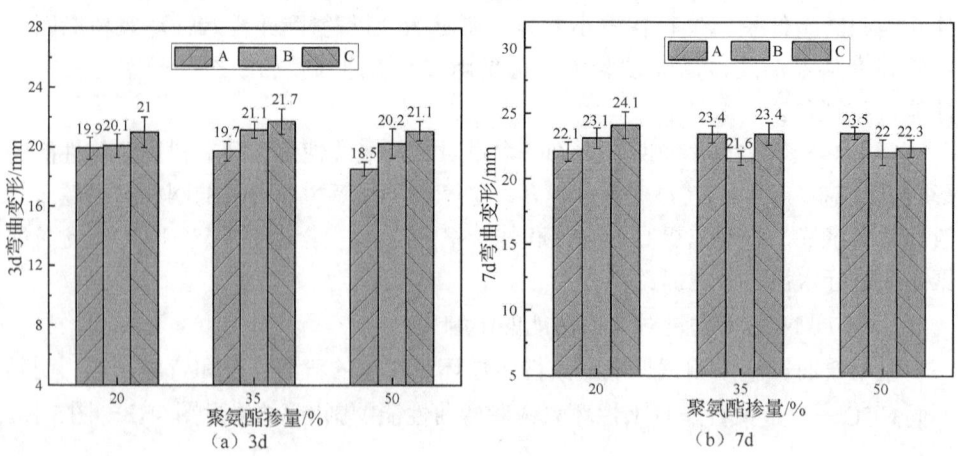

(c) 15d

图 5.14 不同 NCO—含量下 E-51 固化物的弯曲变形

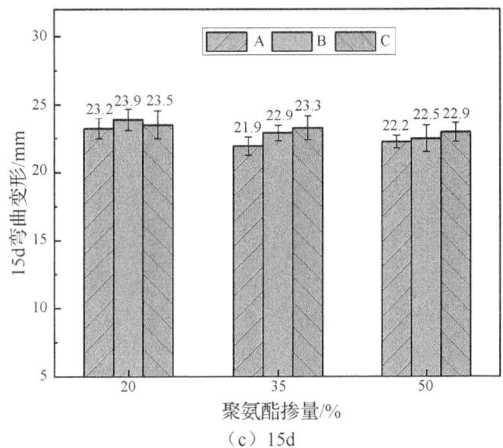

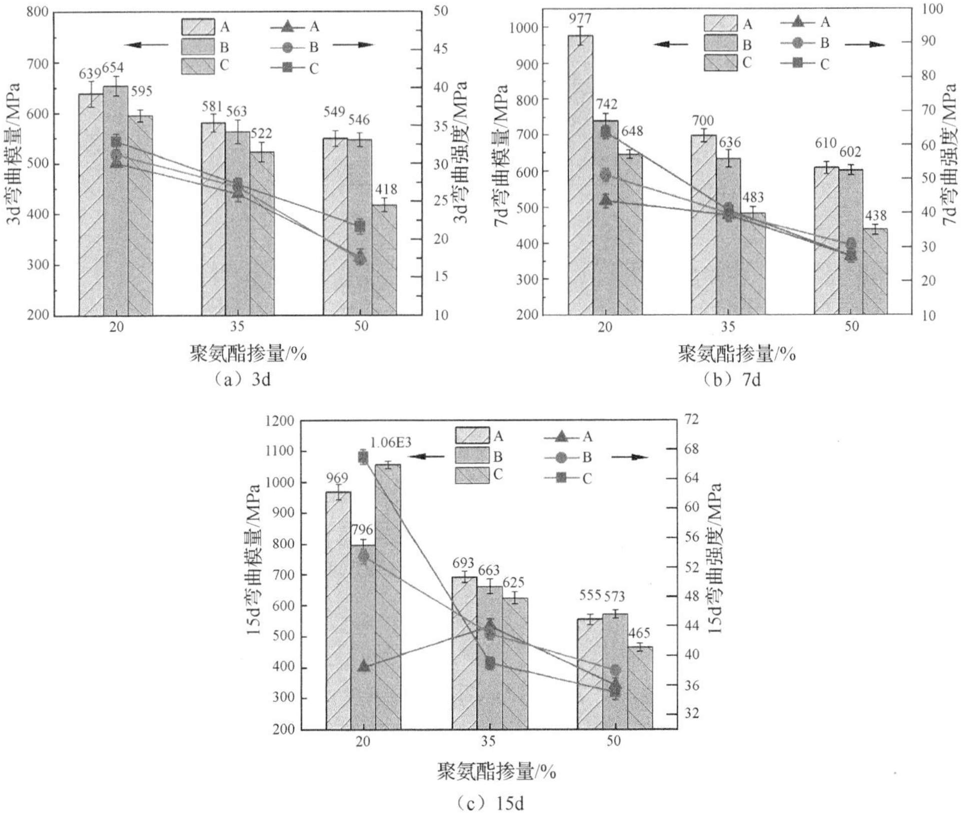

(a) 3d

(b) 7d

(c) 15d

图 5.15 不同 NCO—含量下 E-44 固化物的弯曲强度

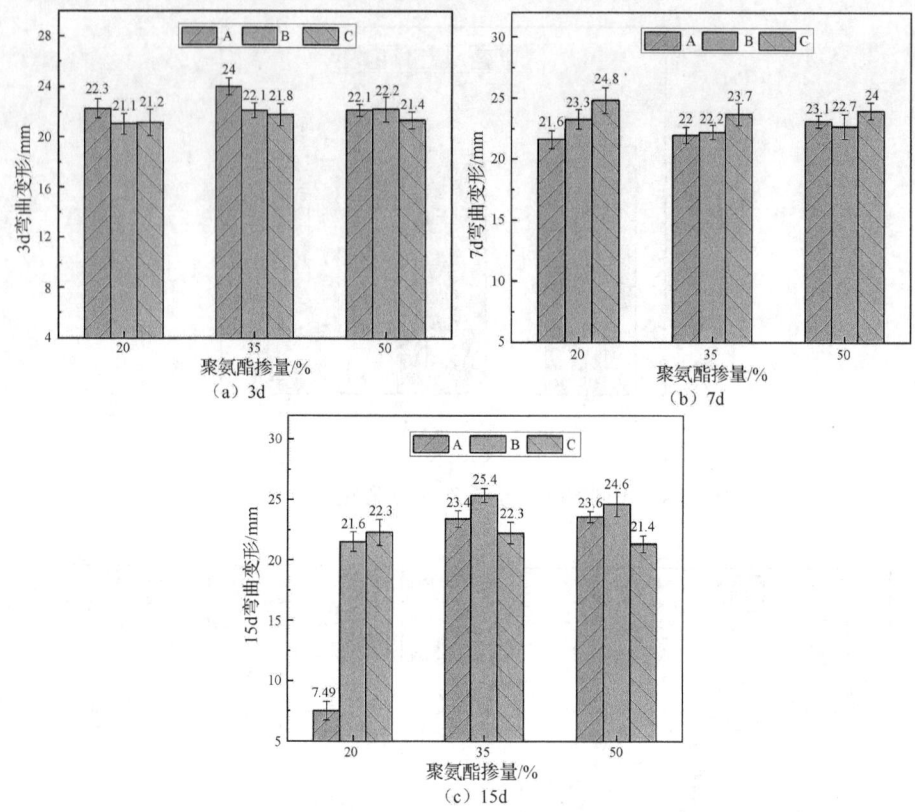

图 5.16　不同 NCO—含量下 E-44 固化物的弯曲变形

由图 5.13～图 5.16 可知，随着聚氨酯 NCO—含量增加，聚氨酯改性水性环氧树脂弯曲强度呈增长趋势，弯曲模量呈减小趋势；与拉伸性能一样，高 NCO—含量聚氨酯制得的改性水性环氧树脂固化物具有更高的弯曲强度和更好的变形能力，同样建议采用 5% NCO—含量的聚氨酯进行水性环氧树脂改性。

此外，随着聚氨酯掺量增加，聚氨酯改性水性环氧树脂的拉伸性能和弯曲性能总体上呈现下降趋势，尤其聚氨酯掺量超过 35% 后，趋势明显。最终建议采用 NCO—含量为 5% 的聚氨酯进行水性环氧树脂改性，且聚氨酯掺量不宜过高。

3. 聚氨酯类型优选及配比确定

聚氨酯分子链中的"软段"对其固化物最终弹性、变形能力起着较大的影响，为探明不同"软段"类型的聚氨酯对水性环氧树脂的增韧效果，采用 NCO—含量为 5% 的 2 种聚醚型聚氨酯与 1 种聚酯型聚氨酯，补充 5%～15% 低掺量聚氨酯改性水性环氧树脂设计方案，系统研究不同类型聚氨酯制得的水性环氧树脂拉伸和弯曲性能，明确聚氨酯类型对改性水性环氧树脂力学性能的影响，从而确定聚氨酯最佳类型及其掺量。

1）不同聚氨酯类型对拉伸性能的影响

采用拉伸试验，测试不同聚氨酯改性水性环氧树脂的拉伸强度和伸长率，明确不同聚氨酯类型对水性环氧树脂拉伸性能的影响，结果见图 5.17 和图 5.18。

（a）3d　（b）7d　（c）15d

图 5.17　不同聚氨酯种类下 E-51 固化物的拉伸性能

（a）3d　（b）7d

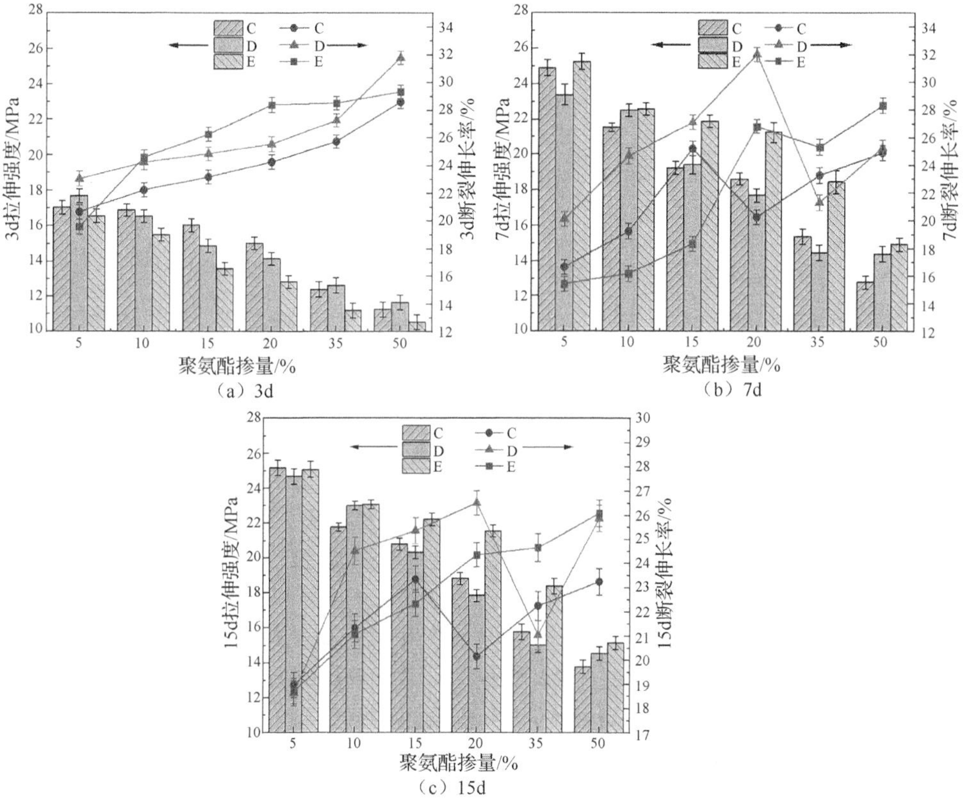

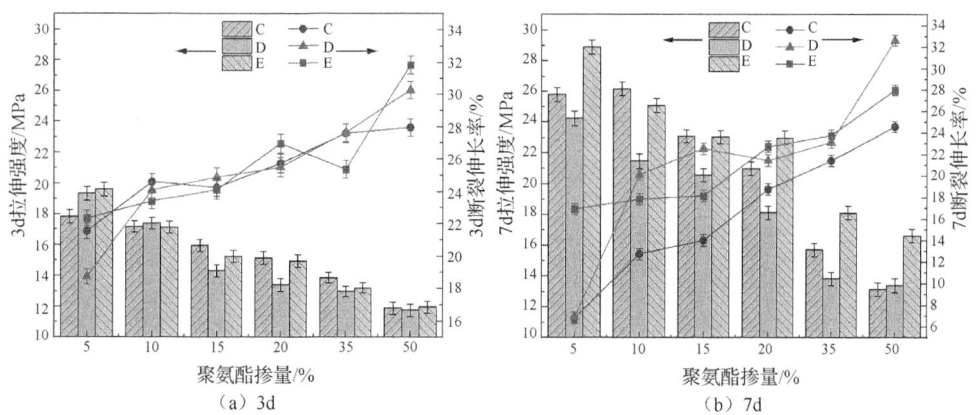

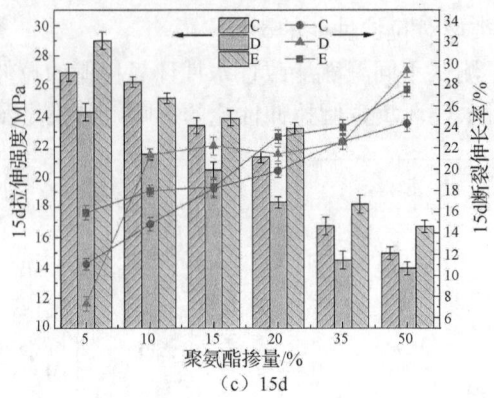

(c) 15d

图 5.18 不同聚氨酯种类下 E-44 固化物的拉伸性能

由图 5.17 和图 5.18 可知，综合考虑拉伸强度和断裂伸长率，建议聚氨酯改性 E-51 水性环氧树脂的掺量为 10%；与 E-51 相比，由于 E-44 水性环氧固化物自身断裂伸长率低，柔韧性较差，需掺加更多聚氨酯才能取得较好的性能改善效果。因此，建议聚氨酯掺量为 20%。

与未改性的 E-51 水性环氧固化物的 7d 拉伸强度和断裂伸长率相比，分别掺加 10%聚氨酯 C、D 和 E 改性后的固化物拉伸强度降低 22.62%、19%和 18.93%，断裂伸长率分别增长 50.9%、93.26%和 26.9%，聚氨酯 D 改性后的 E-51 水性环氧树脂综合性能最佳，建议采用聚氨酯 D 改性 E-51 水性环氧树脂。与未改性的 E-44 水性环氧固化物的 7d 拉伸强度和断裂伸长率相比，聚氨酯 E 改性后的固化物拉伸强度为 23MPa，断裂伸长率为 22.73%，表现出较高的拉伸强度和断裂伸长率，采用聚氨酯 E 改性制备的 E-44 水性环氧树脂固化物综合性能最好，D 次之，C 再次之。因此，建议采用聚氨酯 E 改性 E-44 水性环氧树脂。

2）不同聚氨酯类型对弯曲性能的影响

基于弯曲试验，测试不同聚氨酯改性水性环氧树脂设计方案的弯曲强度、弯曲模量和弯曲变形，明确不同聚氨酯类型对水性环氧树脂弯曲性能的影响，结果见图 5.19～图 5.22。

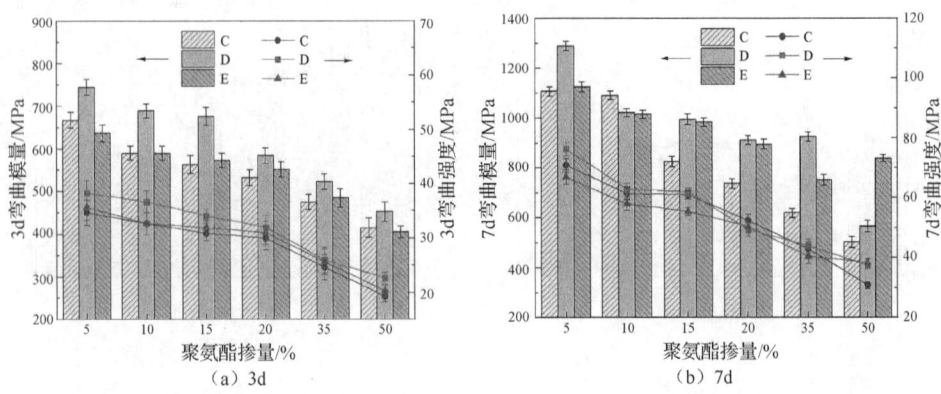

(a) 3d

(b) 7d

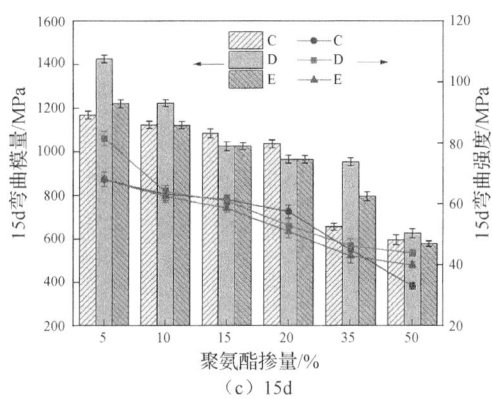

(c) 15d

图 5.19 不同聚氨酯种类下 E-51 固化物的弯曲性能

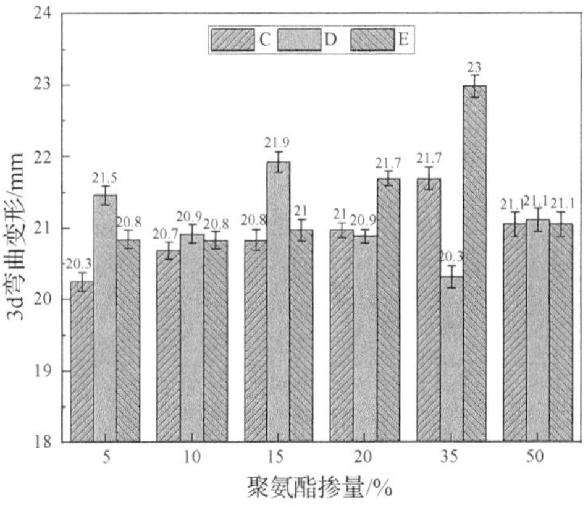

(a) 3d

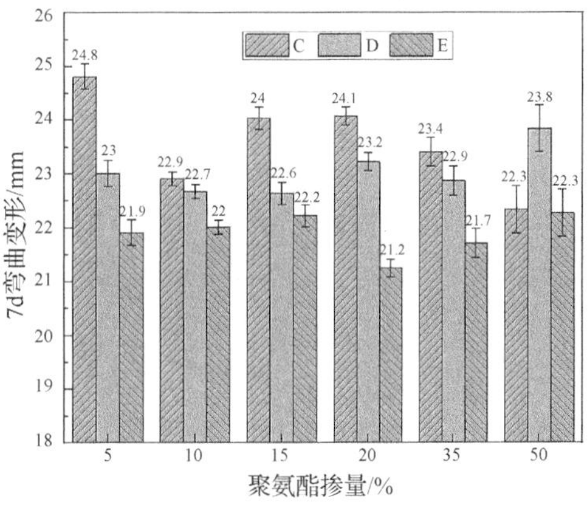

(b) 7d

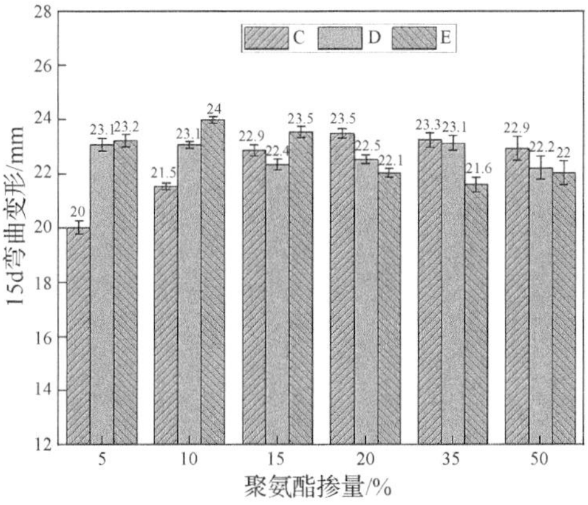

(c) 15d

图 5.20 不同聚氨酯种类下 E-51 固化物的弯曲变形

（a）3d　（b）7d　（c）15d

图 5.21　不同聚氨酯种类下 E-44 固化物的弯曲性能

（a）3d　（b）7d

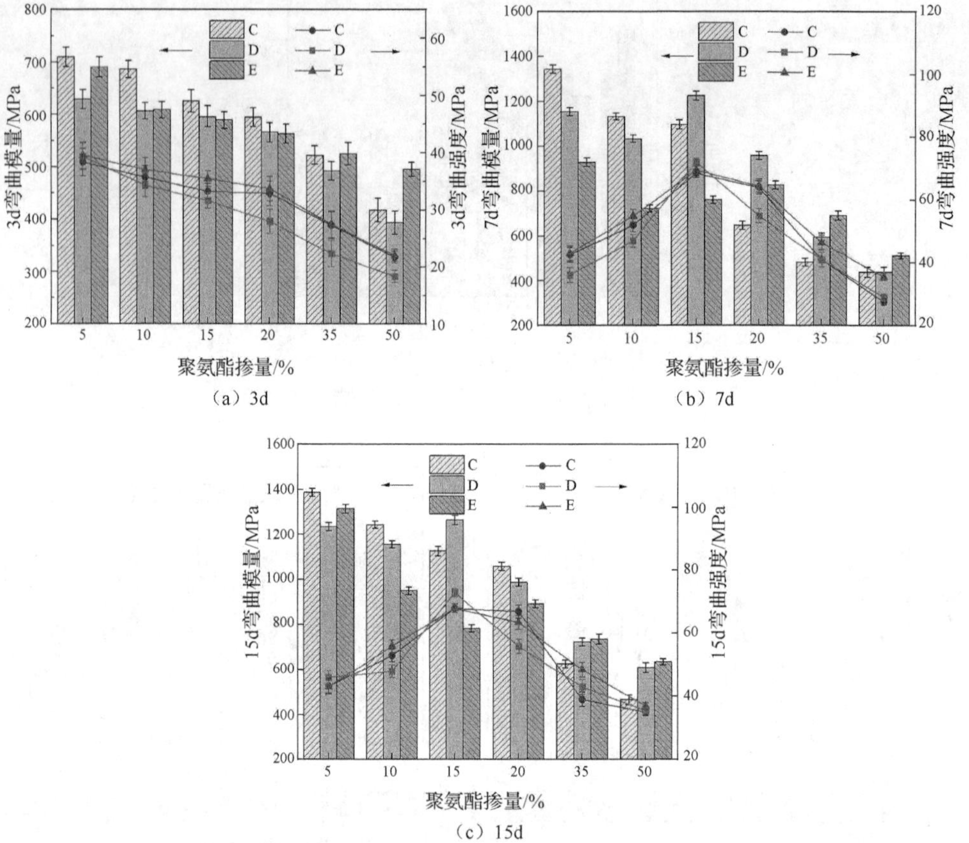

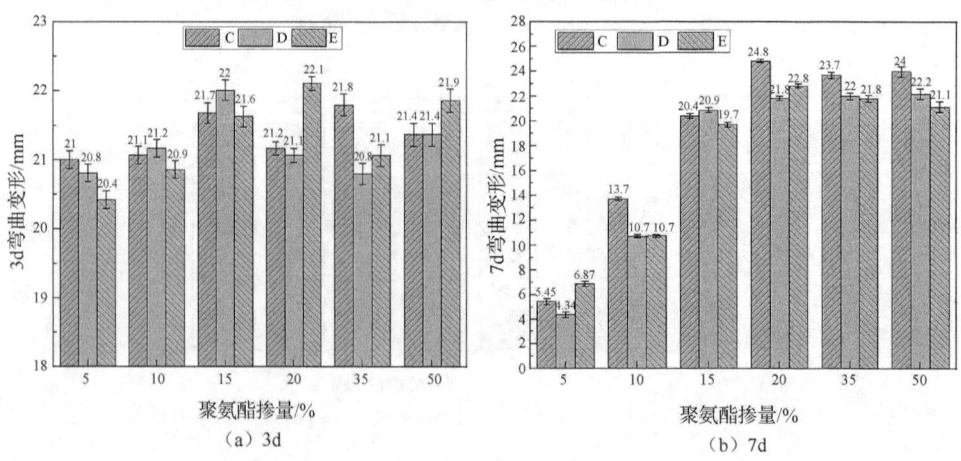

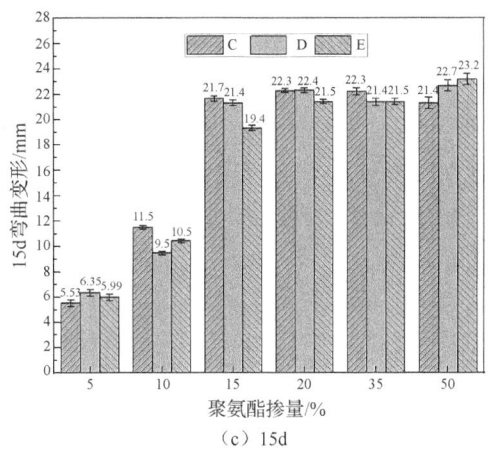

(c) 15d

图 5.22　不同聚氨酯种类下 E-44 固化物的弯曲变形

由图 5.19~图 5.22 可知，与未改性 E-51 水性环氧树脂性能相比，掺加 10%聚氨酯 D 改性 E-51 水性环氧树脂的固化物弯曲强度高达 63MPa，具备较高强度和柔韧性，表现出最佳的综合性能，同样建议采用聚氨酯 D 改性 E-51 水性环氧树脂。与未改性的 E-44 水性环氧固化物 7d 弯曲性能相比，掺加 20%聚氨酯 E 改性水性环氧树脂固化物弯曲强度为 69.5MPa，弯曲 180°不断裂且可恢复，表现出良好的弯曲综合性能，建议采用聚氨酯 E 改性制备 E-44 水性环氧树脂。

综上所述，综合考虑拉伸、弯曲等力学性能，最终建议采用 10%~15%聚氨酯 D 改性 E-51 水性环氧树脂，以及 15%~20%聚氨酯 E 改性 E-44 水性环氧树脂。

5.1.4　改性水性环氧树脂粘结和抗冲击性能

1. 粘结性能

为确保水性环氧改性乳化沥青具有足够的工作性能，水性环氧树脂自身应具备优异的粘结性能。参考《路桥用水性沥青基防水涂料》（JT/T 535—2015），采用拉拔强度评价聚氨酯改性水性环氧树脂的粘结性能，结果见图 5.23。

由图 5.23 可知，综合各掺量下聚氨酯改性水性环氧树脂的拉拔强度，D 类聚氨酯对 E-51 水性环氧树脂粘结性能性能改善效果最佳，E 类聚氨酯对 E-44 水性环氧树脂粘结性能优化效果最佳。对于 E-51，聚氨酯掺量为 10%时，拉拔强度达到最大值，为 2.2~2.4MPa；对于 E-44，聚氨酯掺量为 20%时，拉拔强度达到最大值。因此，根据粘结性能，进一步确定改性 E-51 和 E-44 水性环氧树脂的聚氨酯掺量分别为 10%和 20%。

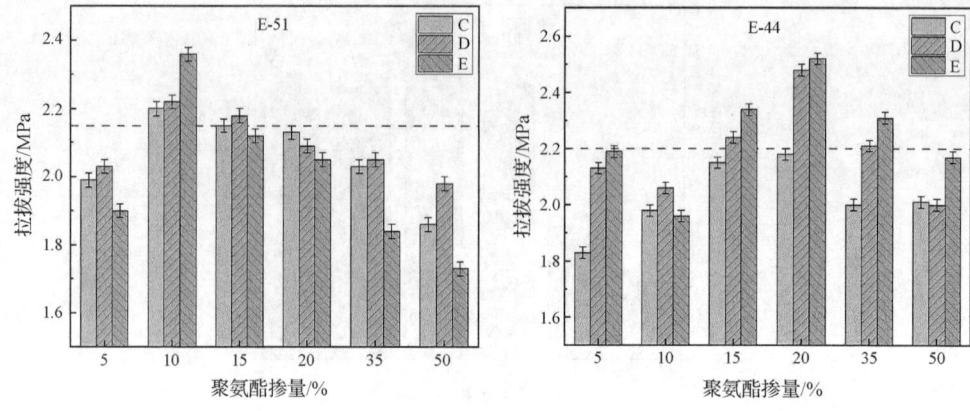

图 5.23 不同聚氨酯类型的聚氨酯改性水性环氧树脂拉拔强度

综合考虑拉伸、弯曲、粘结等性能，最终建议采用 10%聚氨酯 D 改性 E-51 水性环氧树脂，以及 20%聚氨酯 E 改性 E-44 水性环氧树脂。

2．抗冲击性能

为抵抗车辆荷载的冲击破坏作用，水性环氧树脂应具备一定抗冲击性能和韧性。采用冲击强度评价聚氨酯改性水性环氧树脂抗冲击性能。各温度条件下，水性环氧树脂冲击强度测试结果见图 5.24。

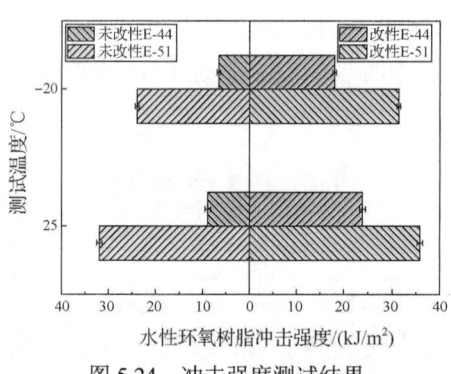

图 5.24 冲击强度测试结果

由图 5.24 可知，添加聚氨酯改性后，水性环氧树脂的抗冲击性能均得到有效提升，E-51 和 E-44 水性环氧树脂冲击强度分别增长了 12.3%～31.1%和 168.0%～174.3%，25℃条件下 10%聚氨酯 D 改性 E-51 水性环氧树脂的冲击强度为 35.83kJ/m^2；同时添加聚氨酯改性后，水性环氧树脂的低温抗冲击性能得到一定的提升，测试温度由 25℃降低到-20℃，未改性和改性 E-51 水性环氧树脂冲击强度分别降低约 12.5%和 25.0%，-20℃条件下改性 E-51 水性环氧树脂的冲击强度为 31.37kJ/m^2，表现出更优的低温抗冲击性能和韧性。

5.1.5 改性水性环氧树脂耐久性能

为有效抵抗高温、低温和各类腐蚀等复杂环境的综合破坏作用，确保水性环氧改性乳化沥青防水粘结层的良好使用品质，水性环氧树脂自身应具备良好的耐久性能。因此，采用稳态/循环湿热老化试验、稳态低温和循环降温处理试验、稳态浸酸/碱/盐/油腐蚀处理试验模拟复杂自然环境的破坏作用，系统研究聚氨酯改性水性环氧树脂的高温、低温耐久性以及耐腐蚀性能。

1. 耐湿热老化性能

1）试验方法

采用优选的 2 种聚氨酯改性水性环氧树脂，分别为 10%聚氨酯 D 改性 E-51、20%聚氨酯 E 改性 E-44，依据前述材料制备方法，制得水性环氧树脂及聚氨酯改性水性环氧树脂的拉伸和弯曲试件，依次进行 40℃养生 2h、常温（25℃）养生 7d；之后，采用稳态/循环湿热老化试验模拟自然复杂环境进行老化处理；最后进行拉伸和弯曲性能测试。其中，"稳态"是指材料经历不同暴露时间（暴露时间设定为 1d、7d 和 15d），"循环"是指材料经历不同 24h 循环作用（循环次数设定为 1 次、7 次和 15 次）（下同）。

借鉴《塑料暴露于湿热、水喷雾和盐雾中影响的测定》（GB/T 12000—2017）与《建筑防水涂料试验方法》（GB/T 16777—2008），采用稳态湿热老化试验和循环湿热老化试验对试件进行老化处理，具体方法如下：对于稳态湿热老化试验，试验箱初始温度和湿度状态应与实验室环境一致，将试件放入试验箱后，控制试验条件：温度（70±2）℃，相对湿度（93±4）%；升温速率小于 1℃/min，当到达规定温度时，2h 内调节相对湿度达到规定水平。对于循环湿热老化试验，将试件放入试验箱后经历一定次数的 24h 循环，其间温度维持在上限温度值和（25±3）℃。首先，从初始温度起开始升温，在（3±0.5）h 达到（70±1）℃，同时相对湿度维持在（93±4）%；经过 12h 后，温度应在 3~6h 降至（25±3）℃，降温过程中，相对湿度不低于 80%；此后，温度维持在（25±3）℃，相对湿度不低于 95%，加上降温过程所需时间共处理 12h，完成一个循环。注意：《塑料暴露于湿热、水喷雾和盐雾中影响的测定》（GB/T 12000—2017）中推荐的高温温度为（60±2）℃，但《建筑防水涂料试验方法》（GB/T 16777—2008）中提到沥青类材料推荐高温温度为（70±2）℃，其他材料推荐高温温度为（80±2）℃，但为与后期水性环氧类乳化沥青耐高温性能进行对比，故将此处高温温度设定为（70±2）℃。

2）拉伸性能耐久性

系统研究经过稳态和循环湿热老化处理后未改性水性环氧树脂和聚氨酯改性水性环氧树脂的拉伸性能，并与未老化处理的对照试件性能进行对比，确定其拉伸性能的衰变情况，明确聚氨酯改性水性环氧树脂粘结材料的拉伸耐久性能，结果见图 5.25 和图 5.26。

由图 5.25 和图 5.26 可知，随着稳态/循环湿热老化处理时间的增加，水性环氧树脂拉伸强度呈增长趋势，断裂伸长率呈减小趋势；聚氨酯 D 改性 E-51 水性环

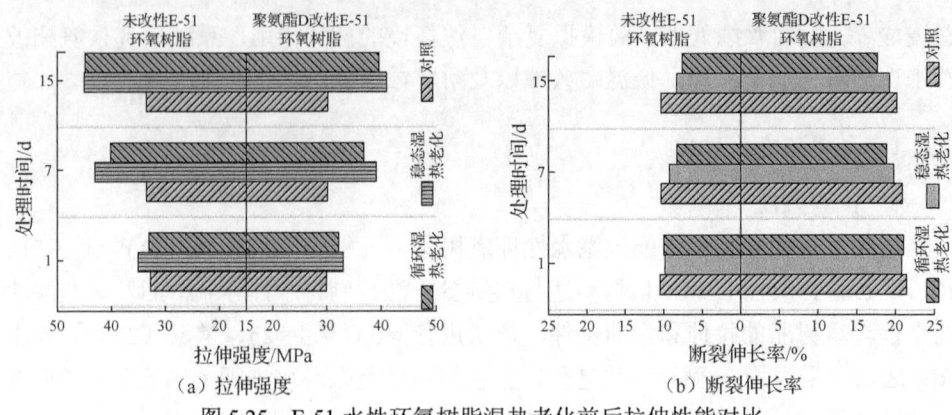

图 5.25　E-51 水性环氧树脂湿热老化前后拉伸性能对比

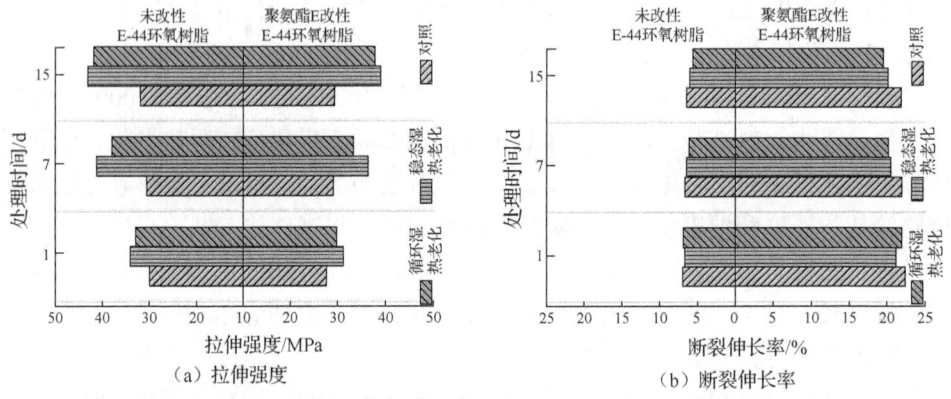

图 5.26　E-44 水性环氧树脂湿热老化前后拉伸性能对比

氧树脂经稳态湿热老化与循环湿热老化处理 15d 后拉伸强度分别增长 35.83%和 31.25%；聚氨酯 D 改性 E-51 水性环氧树脂经稳态湿热老化与循环湿热老化处理 15d 后断裂伸长率分别降低 4.69%和 12.55%，明显低于未改性 E-51 水性环氧树脂的 19.61%和 26.51%；添加聚氨酯改性后，E-44 水性环氧树脂稳态/循环湿热老化后的变形能力得到一定程度的改善，经稳态湿热老化与循环湿热老化处理 15d 后断裂伸长率分别降低 4.39%和 10.63%，拉伸强度和断裂伸长率保持率均高于《道桥用防水涂料》(JC/T 975—2005) 规定的 80%，聚氨酯改性水性环氧树脂表现出较好的抗老化性能，表明聚氨酯能有效改善水性环氧树脂的高温耐久性能，聚氨酯改性水性环氧树脂能更好抵抗湿热破坏。

3）弯曲性能耐久性

系统研究经过稳态和循环湿热老化处理后未改性水性环氧树脂和聚氨酯改性水性环氧树脂的弯曲性能，明确聚氨酯改性水性环氧树脂粘结材料的弯曲耐久性能，结果见图 5.27 和图 5.28。

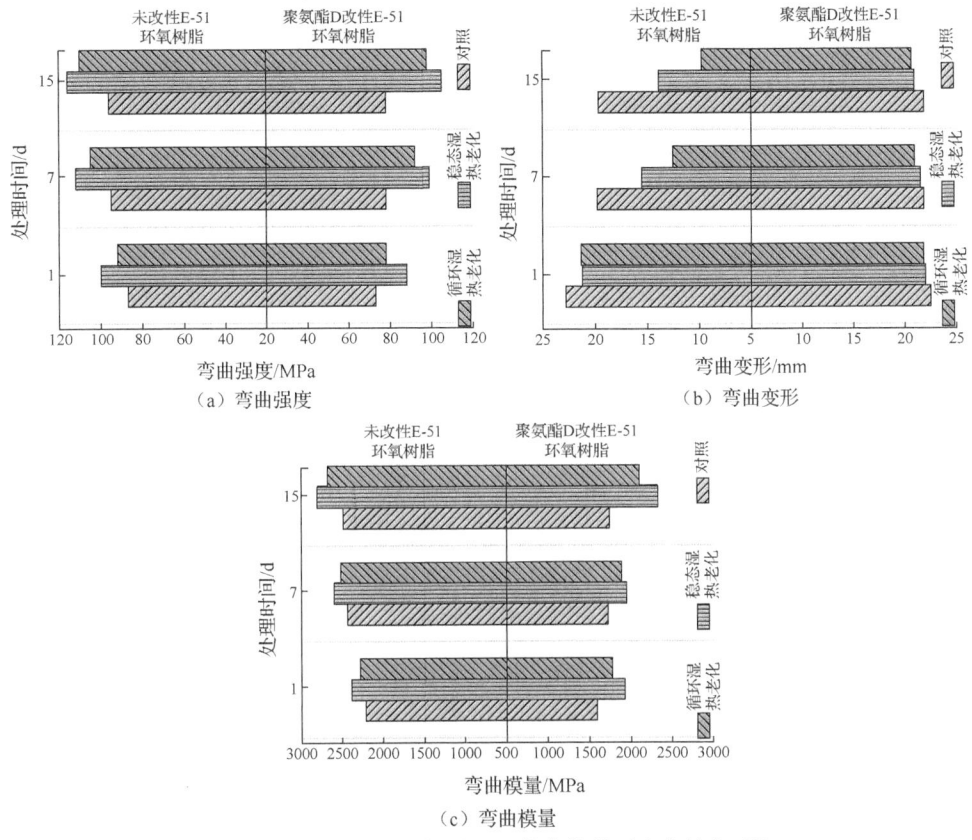

图 5.27 E-51 水性环氧树脂湿热老化前后弯曲性能对比

由图 5.27 和图 5.28 可知，聚氨酯 D 改性 E-51 水性环氧树脂经稳态湿热老化与循环湿热老化处理 15d 后弯曲强度分别增长 34.62%和 25.64%，弯曲模量分别增长 33.91%和 20.88%，E-44 表现出同样的规律。添加聚氨酯改性后 E-51 水性环氧树脂稳态/循环湿热老化后的弯曲变形性能得到明显改善，未改性的 E-51 水性环氧树脂经稳态或循环湿热老化处理 7d 和 15d 后，由弯曲 180°不断裂变为脆性断裂，而聚氨酯 D 改性 E-51 水性环氧树脂经稳态或循环湿热老化处理 7d 和 15d 后，弯曲 180°不断裂，仍表现出良好的柔韧性，表明采用聚氨酯改性水性环氧树脂能有效改善其抗湿热老化性能，使其能更好地抵抗湿热破坏作用。

2. 耐低温性能

1）试验方法

参考《塑料暴露于湿热、水喷雾和盐雾中影响的测定》(GB/T 12000—2017)，设计稳态低温和循环降温试验对试件进行低温破坏处理，然后进行拉伸和弯曲性能测试。其中，对于稳态低温试验，试验箱初始温度和湿度状态应与实验室

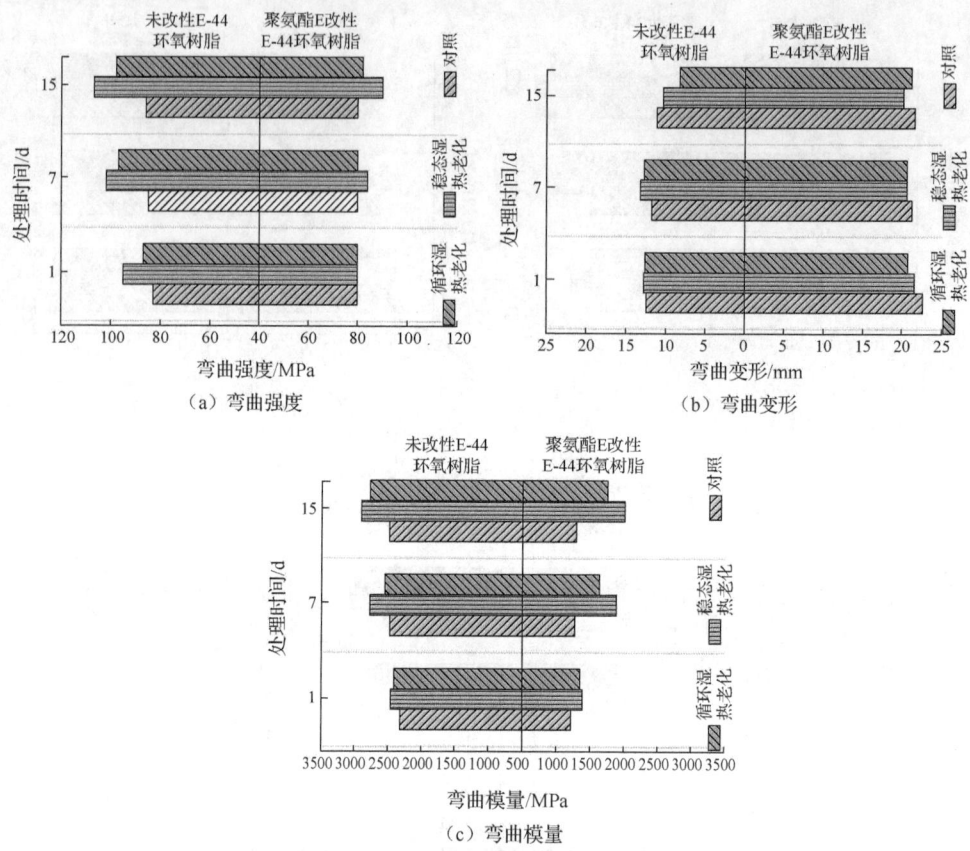

图 5.28 E-44 水性环氧树脂湿热老化前后弯曲性能对比

环境一致，将试件放入试验箱后，控制试验条件：温度（-20±2）℃，降温速率小于 1℃/min；对于循环降温试验，将试件放入试验箱后经历一定次数的 24h 循环，其间温度维持在下限温度值（-20±2）℃和上限温度值（25±3）℃之间。首先，从初始温度起开始降温，在（3±0.5）h 达到（-20±1）℃；经过 12h 后，温度应在 3~6h 升至（25±3）℃；此后，温度维持在（25±3）℃，直至 24h 为一个循环。

2）拉伸性能耐久性

系统研究经过稳态低温和循环降温处理后未改性水性环氧树脂和聚氨酯改性水性环氧树脂的拉伸性能，明确聚氨酯改性水性环氧树脂粘结材料的拉伸性能，结果见图 5.29 和图 5.30。

由图 5.29 和图 5.30 可知，经稳态低温和循环降温处理后水性环氧树脂拉伸强度和断裂伸长率均出现不同程度的降低，循环降温处理的影响程度大于稳态低温处理，同时随着处理时间的增加，与对应对照组性能相比拉伸性能降幅逐渐增大。

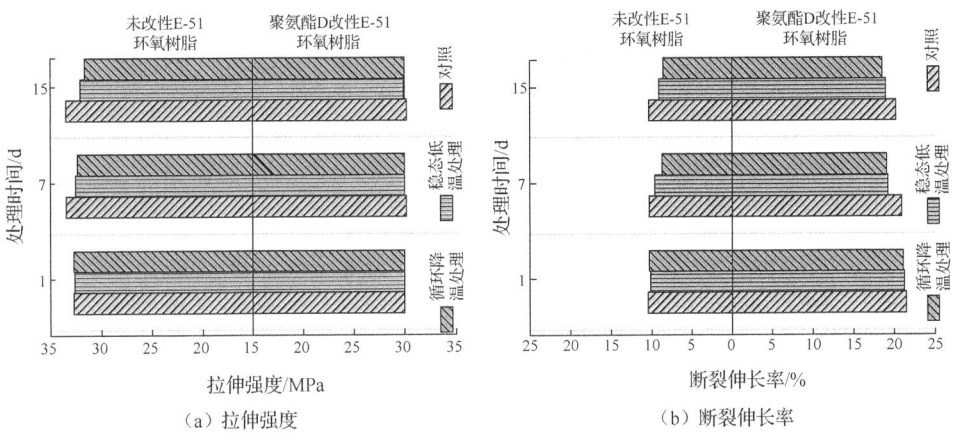

图 5.29 E-51 水性环氧树脂低温处理前后拉伸性能对比

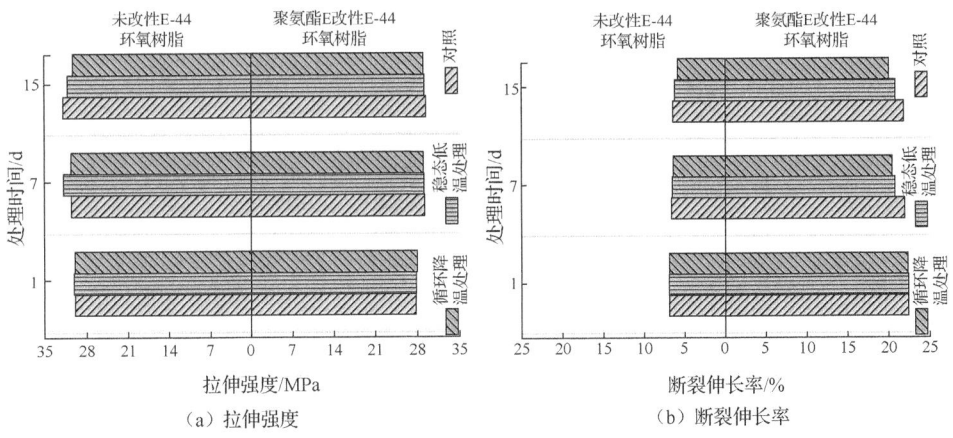

图 5.30 E-44 水性环氧树脂低温处理前后拉伸性能对比

聚氨酯改性 E-51 水性环氧树脂经稳态低温与循环降温处理 15d 后拉伸强度分别降低 0.93%和 1.92%，断裂伸长率分别降低 4.65%和 12.53%，明显低于未改性 E-51 水性环氧树脂拉伸强度的 4.18%和 5.46%，以及断裂伸长率的 19.60%和 26.54%。各 E-44 水性环氧树脂拉伸强度和断裂伸长率变化规律与 E-51 水性环氧树脂的变化规律一致，总体上添加聚氨酯改性后 E-44 水性环氧树脂的拉伸强度和断裂伸长率降低幅度有所减弱，表现出更好的抗低温性能。

3）弯曲性能耐久性

系统研究经过稳态低温和循环降温处理后未改性水性环氧树脂和聚氨酯改性水性环氧树脂的弯曲性能，明确聚氨酯改性水性环氧树脂粘结材料的弯曲耐久性能，结果见图 5.31 和图 5.32。

（a）弯曲强度　（b）弯曲变形　（c）弯曲模量

图 5.31　E-51 水性环氧树脂低温处理前后弯曲性能对比

（a）弯曲强度　（b）弯曲变形

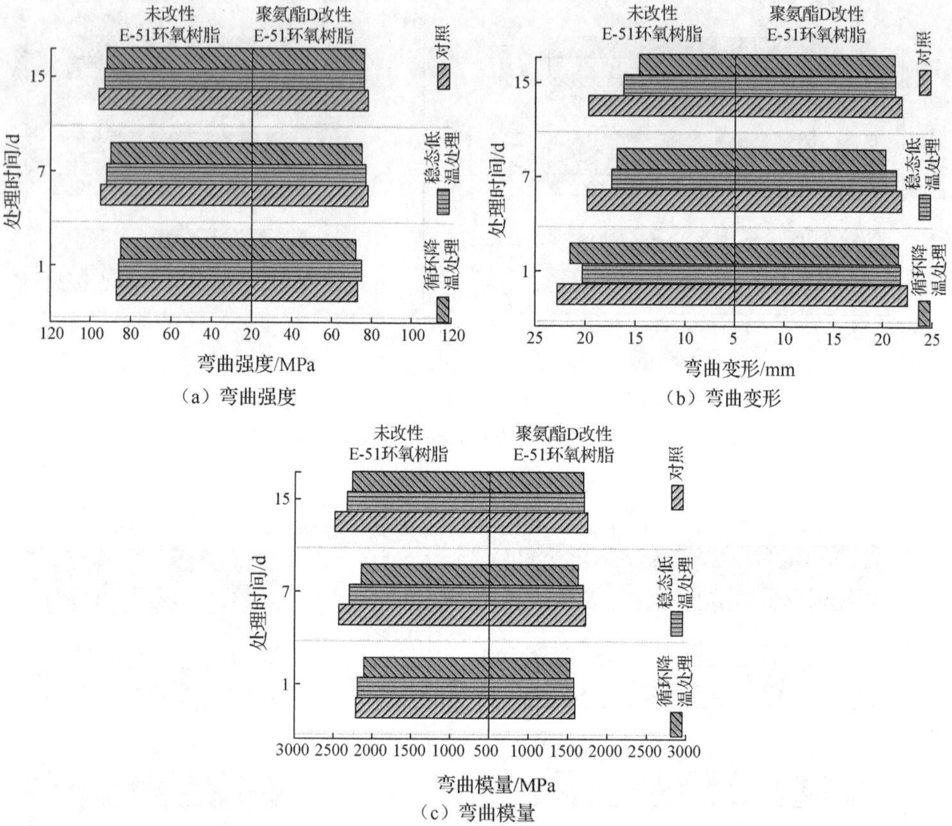

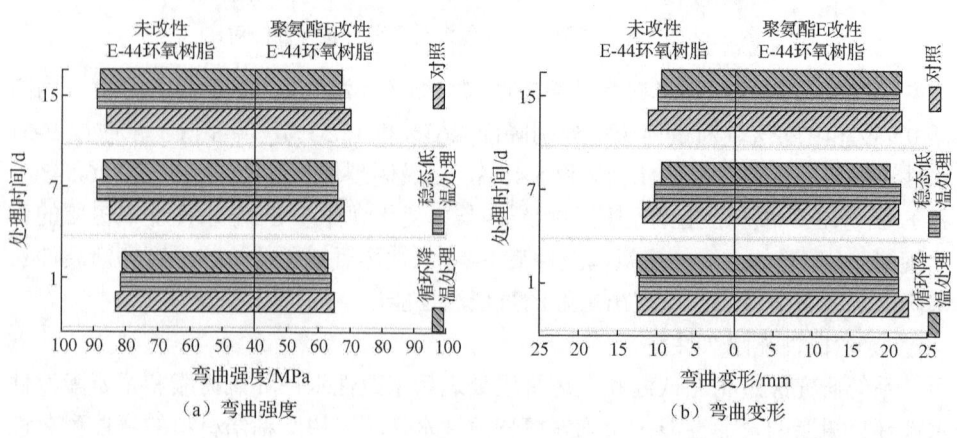

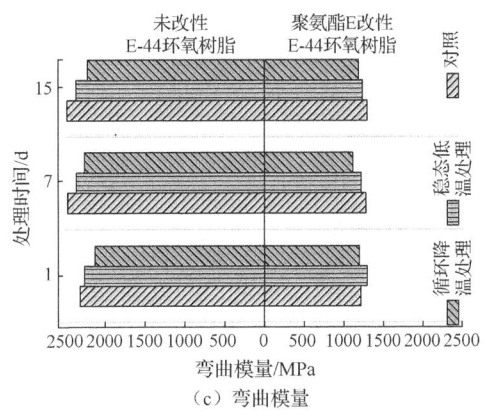

(c) 弯曲模量

图 5.32 E-44 水性环氧树脂低温处理前后弯曲性能对比

由图 5.31 和图 5.32 可知，经稳态低温和循环降温处理后水性环氧树脂弯曲性能变化规律与拉伸性能变化规律一致，总体上弯曲强度、弯曲变形和弯曲模量均出现不同程度的降低，循环降温处理的影响程度大于稳态低温处理，同时随着处理时间的增加，与对照组性能相比弯曲性能降幅逐渐增大。聚氨酯 D 改性 E-51 水性环氧树脂经稳态低温与循环降温处理 15d 后弯曲强度分别降低 2.56%和 3.75%，添加聚氨酯改性后 E-51 水性环氧树脂的弯曲性能耐久性得到一定改善，低温处理后弯曲性能降幅低于未改性水性环氧树脂。未改性 E-44 水性环氧树脂各低温处理前后均表现出弯曲脆断，而聚氨酯 E 改性 E-44 水性环氧树脂稳态低温或循环降温处理前后均表现出弯曲 180°不断裂且不出现应力衰减，持续低温或冻融循环后仍表现出良好的柔韧性，同样表明聚氨酯 E 改性 E-44 水性环氧树脂具有良好的低温耐久性能。

3. 耐腐蚀性能

1）试验方法

参考《塑料暴露于湿热、水喷雾和盐雾中影响的测定》（GB/T 12000—2017）、《路桥用水性沥青基防水涂料》（JT/T 535—2015）与《建筑防水涂料试验方法》（GB/T 16777—2008），分别采用稳态浸盐/酸/碱/油等试验对试件进行腐蚀处理，测试其处理后的拉伸和弯曲性能。稳态浸盐试验，用温度为（25±2）℃的去离子水溶解氯化钠，制得盐溶液，浓度为（50±5）g/L，将试件浸入盐溶液中，pH 为 6.5～7.2，试验温度为（25±2）℃；浸泡一定时间后取出擦干，再在 60℃环境下放置 12h，标准试验条件下放置 12h，之后测试相关性能。同理，稳态浸酸/碱/油试验，即将盐溶液换为酸溶液、碱溶液或机油，溶液浓度均为（50±5）g/L，采用 40#机油。

2）拉伸性能耐久性

系统研究分别经过浸酸/碱/盐/油腐蚀处理后未改性水性环氧树脂和聚氨酯改

性水性环氧树脂的拉伸性能，明确聚氨酯改性水性环氧树脂粘结材料的耐腐蚀性能，结果见图 5.33 和图 5.34。

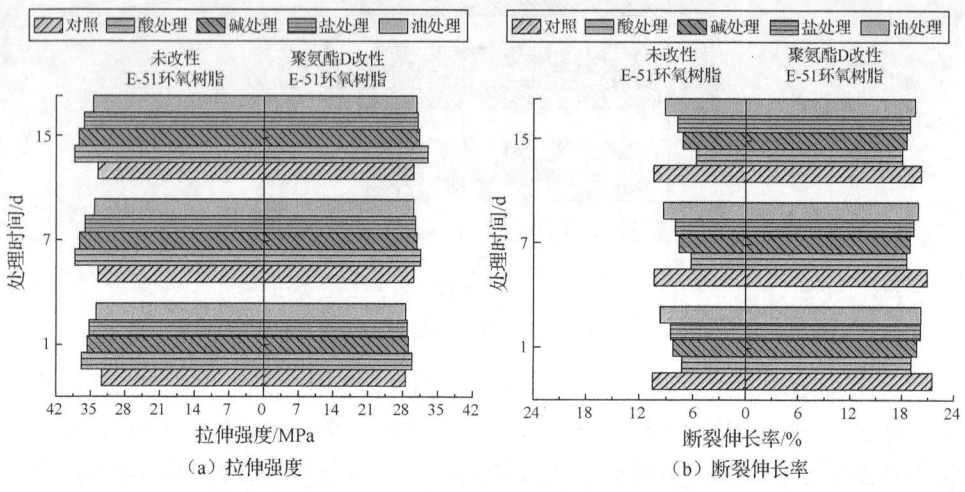

图 5.33 E-51 水性环氧树脂腐蚀处理前后拉伸性能对比

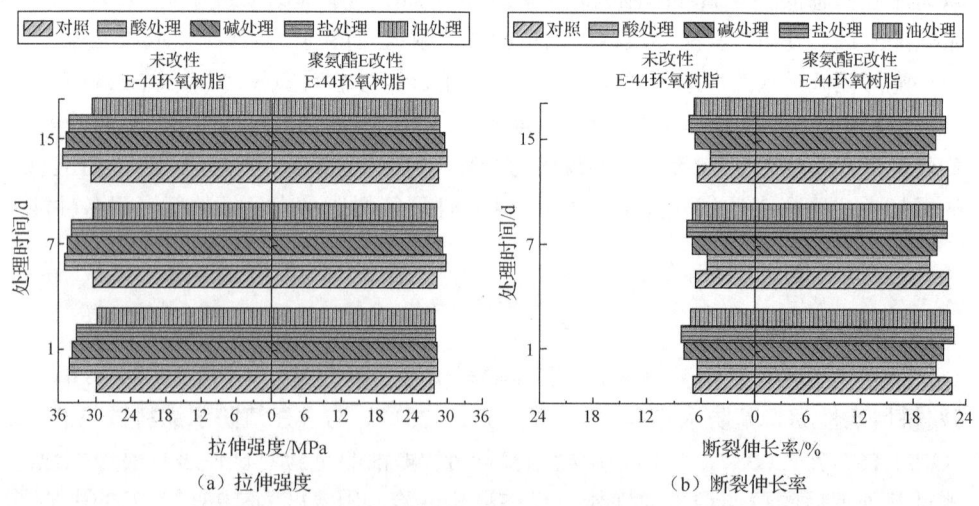

图 5.34 E-44 水性环氧树脂腐蚀处理前后拉伸性能对比

由图 5.33 和图 5.34 可知，聚氨酯 D 改性 E-51 水性环氧树脂经浸酸/碱/盐/油腐蚀处理 15d 后拉伸强度分别增加 9.17%、3.68%、2.67%和 1.82%，断裂伸长率分别降低 10.69%、8.22%、6.34%和 3.51%，断裂伸长率的降幅明显低于未改性 E-51 水性环氧树脂，分别为 45.56%、31.18%、25.2%和 11.97%，表明浸酸处理对水性环氧树脂固化物的拉伸性能影响最大，浸碱处理次之，浸盐处理再次之，同时表明聚氨酯能在一定程度上提升水性环氧树脂的耐腐蚀性能。聚氨酯 D 改性 E-51 水性环氧树脂经浸酸/碱/盐/油腐蚀处理后,拉伸性能保持率均高于 89%,表现出较好的耐腐蚀性能。与对照组性能相比,聚氨酯 E 改性 E-44 水性环氧树脂经浸酸/碱/盐/油腐蚀处理 15d 后拉伸强度分别增长 5.03%、3.70%、0.70%和 0.22%,断裂伸长率分别降低 10.20%、6.45%、1.24%和 3.11%,拉伸强度和断裂伸长率保持率均高于《道桥用防水涂料》(JC/T 975—2005)规定的 80%,表现出良好的耐腐蚀性能。

3)弯曲性能耐久性

系统研究分别经过浸酸/碱/盐/油腐蚀处理后未改性水性环氧树脂和聚氨酯改性水性环氧树脂的弯曲性能,明确聚氨酯改性水性环氧树脂粘结材料的耐腐蚀性能,结果见图 5.35 和图 5.36。

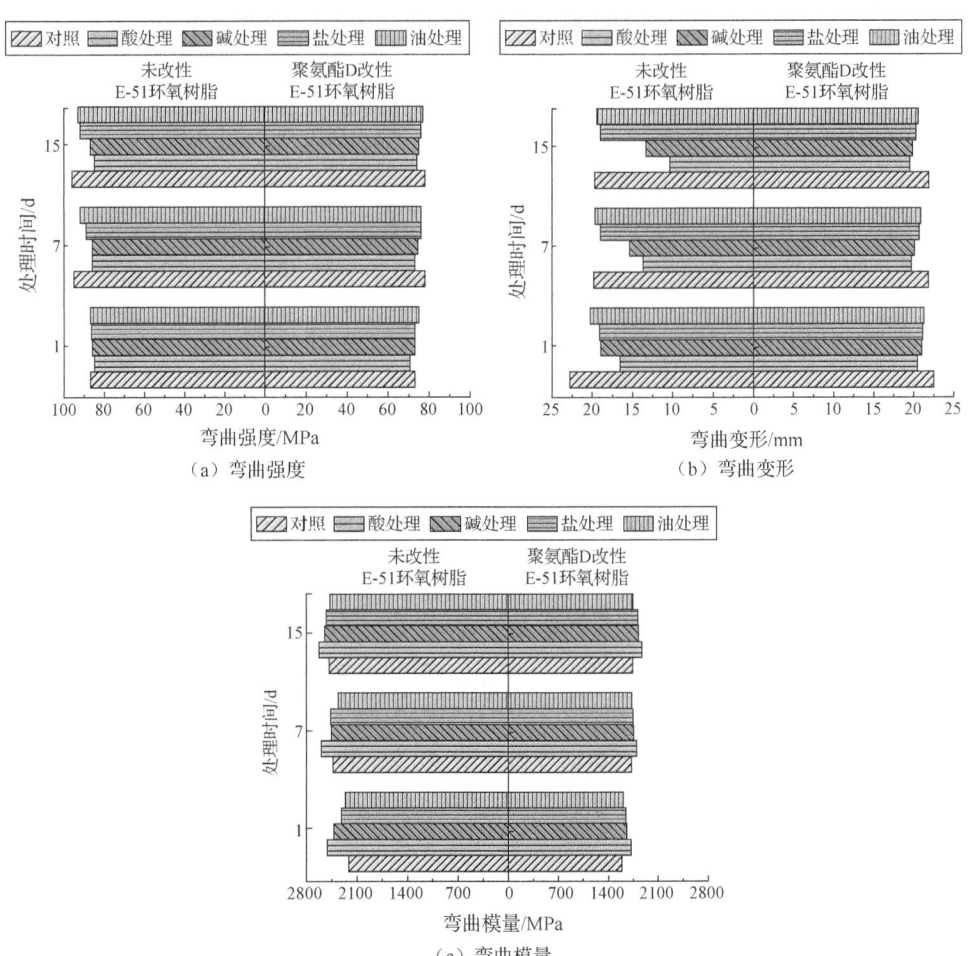

图 5.35 E-51 水性环氧树脂腐蚀处理前后弯曲性能对比

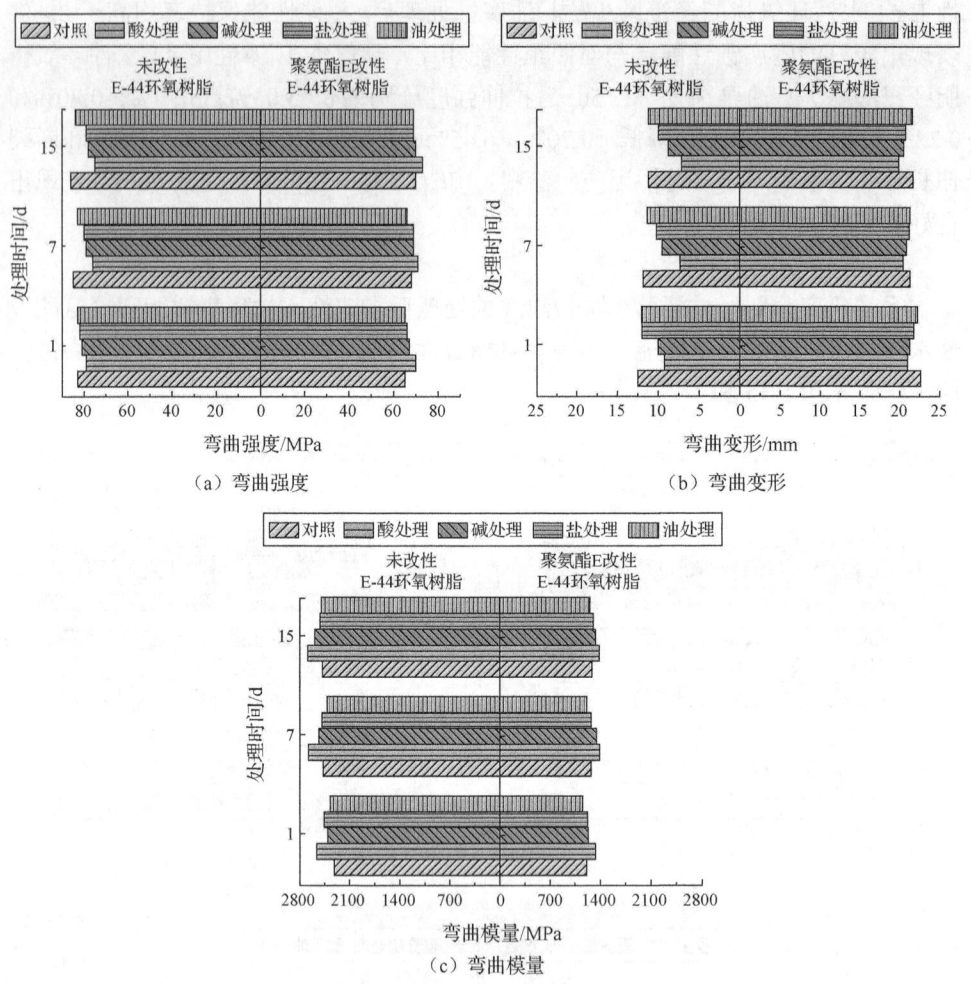

图 5.36　E-44 水性环氧树脂腐蚀处理前后弯曲性能对比

由图 5.35 和图 5.36 可知，添加聚氨酯改性后 E-51 水性环氧树脂耐腐蚀性能得到一定程度的改善，未改性 E-51 水性环氧树脂经浸酸或浸碱腐蚀处理 7d 和 15d 后，由弯曲 180°不断裂变为脆性断裂，而聚氨酯 D 改性 E-51 水性环氧树脂经各腐蚀条件处理 7d 和 15d 后，弯曲 180°不断裂，仍表现出良好的柔韧性，表明聚氨酯改性 E-51 水性环氧树脂具备良好的耐酸/碱/盐/油等腐蚀性能。相同腐蚀处理条件下，各 E-44 水性环氧树脂弯曲性能变化幅度低于对应的 E-51 水性环氧树脂；未改性 E-44 水性环氧树脂各腐蚀条件处理前后均表现出弯曲脆断，而聚氨酯 E 改性 E-44 水性环氧树脂经各腐蚀条件处理前后均表现出弯曲 180°不断裂且不出现应力衰减，弯曲强度保持率均高于 92%，同样表明聚氨酯改性 E-44 水性环氧树脂具有良好的耐腐蚀性能。

综上研究可知，聚氨酯 D 改性 E-51 水性环氧树脂和聚氨酯 E 改性 E-44 水性环氧树脂均表现出较好的高温、低温耐久性能和耐腐蚀性能。

5.2 水性环氧改性乳化沥青配比优化及性能研究

目前，关于水性环氧改性乳化沥青的研究主要集中在其蒸发残留物三大指标等方面，缺乏水性环氧改性乳化沥青力学性能、耐久性能等方面的系统研究与评价。因此，全面分析水性环氧改性乳化沥青储存稳定性，系统研究水性环氧改性乳化沥青粘结材料力学、与集料黏附、高温耐热、低温弯曲、低温抗冲击以及耐久等性能，进一步优选适用于防水粘结层的水性环氧改性乳化沥青。

5.2.1 水性环氧改性乳化沥青制备

原材料主要包括水性环氧树脂、固化剂、基质沥青、乳化剂及稳定剂等。其中，水性环氧树脂采用聚氨酯 D 改性 E-51 水性环氧树脂（PUD-E51）和聚氨酯 E 改性 E-44 水性环氧树脂（PUE-E44）；固化剂采用 ZH 型；基质沥青采用 SK-90#沥青，技术指标见表 5.10；乳化剂采用喷洒型阳离子中裂型；稳定剂为无机稳定剂无水氯化钙和有机稳定剂聚乙烯醇，掺量 0.2%。盐酸来调节皂液 pH。

表 5.10 SK-90#基质沥青技术指标

	指标	测试结果	技术要求
	针入度（25℃）/（0.1mm）	96	60～80
	软化点（R&B）/℃	47.9	≥46
	延度（10℃）/cm	38.3	≥15
	60℃动力黏度/（Pa·s）	226	≥180
	质量变化/%	0.12	≤±0.8
RTFOT 老化后	针入度比（25℃）/%	74.1	≥61
	延度（10℃）/cm	12.4	≥6

注：RTFOT 指旋转薄膜烘箱试验。

1. 乳化沥青制备工艺

沥青乳化设备选用 JM-L65 型胶体磨，加工细度为 2～4μm。具体制备工艺如下：基质沥青温度控制 140～150℃，皂液控制 60～70℃，根据需要依次加入适量乳化剂、盐酸和稳定剂，搅拌混合均匀；将胶体磨预热到与皂液的温度相当后，启动胶体磨循环 30s 左右，使得磨体被皂液充分浸润；然后待浸润所用皂液放出后，加入试验配比所用皂液量，温度要确保 60～70℃，循环 10～20s 后，缓慢加入预热到规定温度的基质沥青；基质沥青加入时要确保匀速，加入完成后继续循环 2～3min，使得皂液与沥青充分混合反应，制得乳化沥青。

2. 水性环氧改性乳化沥青制备工艺

将一定质量聚氨酯改性水性环氧树脂加入乳化沥青中，搅拌混合均匀；利用高速混合剪切仪将该混合乳液先以 100～300r/min 低速剪切搅拌 3min，再以 500～800r/min 高速剪切搅拌 2min，搅拌过程中可适当调整搅拌速度；最后手动慢速搅拌 1min 消泡，制得水性环氧改性乳化沥青。

3. 试验方案设计

采用 PUD-E51 和 PUE-E44 两种水性环氧树脂分别制备水性环氧改性乳化沥青，并选择聚氨酯 E 改性 E-51 水性环氧树脂（PUE-E51）与聚氨酯 D 改性 E-44 水性环氧树脂（PUD-E44）作为对比，探究不同水性环氧树脂类型及掺量分别对水性环氧改性乳化沥青力学及路用等性能的影响，从而优选出适用于桥面铺装防水粘结层的水性环氧改性乳化沥青。通过调查分析，目前道路领域水性环氧改性乳化沥青用于层间粘结材料（简称粘结料）时，水性环氧树脂掺量较高，一般在 20%～30%。因此，初步设定水性环氧树脂掺量为 15%、20%、25%和 30%四个水平。

5.2.2 配伍及储存稳定性

1. 基于荧光图像的配伍性

为确保水性环氧改性乳化沥青的各项力学及路用性能，其各组分之间需具有良好配伍性。因此，采用荧光显微镜观察水性环氧树脂在乳化沥青中的分散状态，分析其稳定性。不同树脂掺量下水性环氧改性乳化沥青荧光图像见图 5.37。试验流程如下：制备不同掺量的水性环氧改性乳化沥青，25℃恒温烘箱中静置 1h；取样滴在载玻片上，用盖玻片从一端小心刮平，使改性乳化沥青厚度均匀；随后将其置于 50℃恒温烘箱保温 3h，固化后利用荧光显微镜（×100）观察水性环氧树脂在乳化沥青中的分散状态。

由图 5.37 可知，随着聚氨酯改性水性环氧树脂掺量的增加，图像中荧光点逐渐增多，乳化沥青中水性环氧树脂逐渐朝着网络状分布发展，掺量增加到 30%后，水性环氧树脂基本已形成交联网络，与沥青紧密结合。但即使高掺量条件下，水性环氧树脂荧光点仍然分布均匀、无明显的大量聚集，这表明水性环氧树脂能够在乳化沥青中分散均匀、稳定存在，各组分间可以形成较稳定的复合结构，水性环氧树脂与乳化沥青具有良好的配伍性。

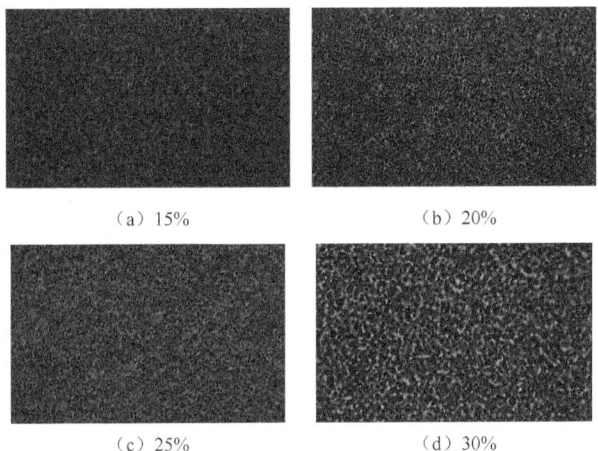

图 5.37 不同树脂掺量下水性环氧改性乳化沥青荧光图像

为进一步研究水性环氧改性乳化沥青离析情况,选择树脂掺量为 20%的乳化沥青,静置 6 h,并分别在上 1/4 和下 1/4 处取样,观察其荧光图像,见图 5.38。

图 5.38 20%掺量水性环氧改性乳化沥青上层及下层荧光图像

由图 5.38 可知,水性环氧改性乳化沥青上层及下层图像中荧光点数量及分布并无明显区别,无明显聚集和离析现象,表明 20%掺量的水性环氧改性乳化沥青具备一定的储存稳定性。

2. 储存稳定性

水性环氧改性乳化沥青制备完成后应具备一定的可施工时间和储存稳定性,采用布氏旋转黏度计,研究水性环氧改性乳化沥青黏度随时间变化规律。试验流程如下:将转子和盛样筒在相同设定温度下保温 1.5h,同时在设定温度下将布氏旋转黏度计恒温容器保温 30min;按照设定的配比制备 20%掺量的 PUD-E51 水性环氧改性乳化沥青,初步选择 21#转子,调整转子转速,测试 25℃、45℃和 60℃三个温度条件下黏度随时间变化规律,见图 5.39。

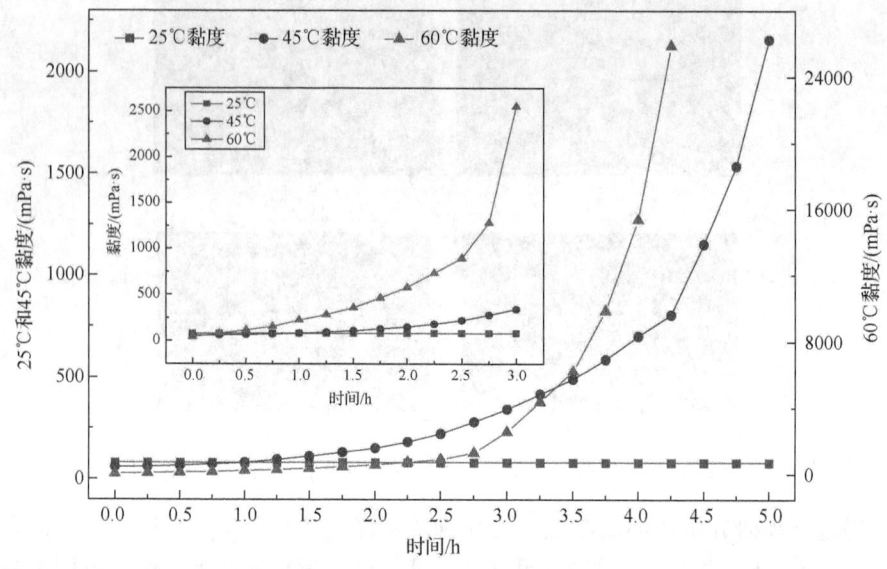

图5.39 水性环氧改性乳化沥青黏度随时间变化规律

由图5.39可知，在45℃和60℃下，水性环氧改性乳化沥青黏度随时间增加不断增长，且温度越高，黏度增加越快；相同温度条件下，黏度增长速率逐渐加快；在25℃条件下，在测试时段内黏度基本不增加，这表明在25℃条件下水性环氧改性乳化沥青可存储一定时间；在45℃条件下，前4h黏度增加较慢，4.5h后黏度超过1000mPa·s，随后黏度快速增加；温度为60℃时，黏度增加较快，在2.5h内增加到1000mPa·s，然后急剧增加，4.5h后达到10000mPa·s以上，这表明45℃条件下水性环氧改性乳化沥青固化速度明显加快，在60℃时，固化速度更快，黏度急剧增加，迅速达到黏稠状态。

水性环氧改性乳化沥青黏度增加受水性环氧树脂与固化剂反应特征影响，起初水性环氧树脂与固化剂反应生成交联产物，黏度增加较慢；随着反应不断进行，以早期反应产物为核心，环氧树脂与固化剂继续反应形成微凝胶体，黏度增加加快；此后微凝胶体不断变大形成大凝胶体使黏度急剧增加，最终形成三维空间网状结构。温度越高，水性环氧树脂和固化剂的反应越剧烈，水性聚氨酯固化速度也越快，水性环氧改性乳化沥青黏度增长速率也越快，可储存时间越短。因此，根据不同温度下水性环氧改性乳化沥青黏度随时间增加规律，水性环氧改性乳化沥青不宜长时间储存，应现配现用。在实际工程应用中，考虑水性环氧改性乳化沥青黏度不断增加的特征，以及温度对黏度变化的影响，推荐水性环氧改性乳化沥青制备及使用温度宜为25℃，储存时间宜为5h。

5.2.3 固化时间及力学性能

1. 固化时间

水性环氧改性乳化沥青干燥和固化直接影响其粘结强度的形成,由于掺加了水性环氧树脂,水性环氧改性乳化沥青的固化时间不能简单通过传统乳化沥青破乳时间来表征。基于此,采用表干时间与实干时间,系统研究不同养生温度下水性环氧改性乳化沥青的固化时间,见图5.40和图5.41。

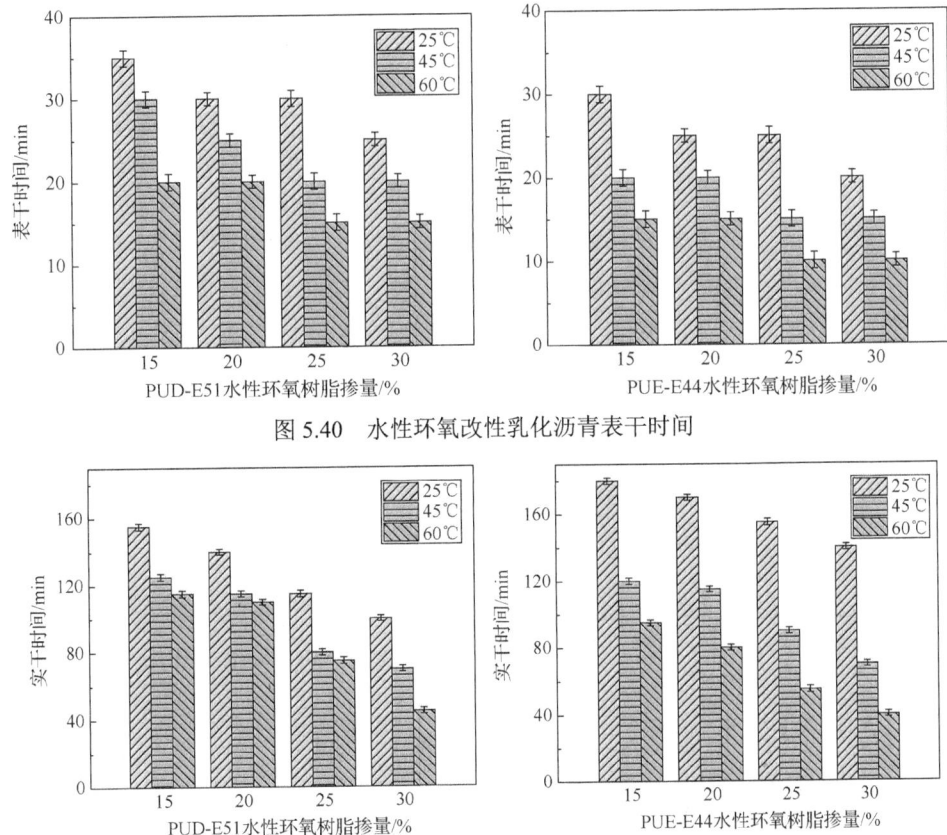

图 5.40 水性环氧改性乳化沥青表干时间

图 5.41 水性环氧改性乳化沥青实干时间

由图5.40和图5.41可知,各养生温度条件下,随着树脂掺量增加,水性环氧改性乳化沥青表干时间及实干时间均逐渐降低;温度对水性环氧改性乳化沥青实干时间和表干时间的影响规律基本一致,随着养生温度升高,表干和实干所需时间逐渐减少,温度从25℃增加到45℃,固化时间降幅较大,这是因为一方面温度越高,水分蒸发越快,另一方面温度越高,环氧树脂固化速度越快,温度到60℃时表干所需时间约为25℃时的一半。

同一树脂掺量下，PUE-E44 水性环氧改性乳化沥青的表干时间略低于 PUD-E51，25℃条件下表干时间分别为 20～30min 和 25～35min；25℃和 45℃条件下，PUE-E44 水性环氧改性乳化沥青的实干时间略高于 PUD-E51。这表明 PUD-E51 水性环氧改性乳化沥青前期固化速率稍慢，存储及施工时间较长，而其洒布表干后，固化速率逐渐加快，后期强度及相关性能形成时间略短，更利于实际施工。因此，推荐 PUD-E51 水性环氧改性乳化沥青作为层间防水粘结材料。

2. 力学性能

不同水性环氧改性乳化沥青性能差异主要体现在强度和柔韧性方面，且两者直接影响水性环氧改性乳化沥青的路用性能。因此，系统研究不同树脂类型及掺量制备的水性环氧改性乳化沥青的拉伸性能，以及水性环氧改性乳化沥青强度形成规律，优化水性环氧改性乳化沥青组成及配比。试验流程如下：制备水性环氧改性乳化沥青拉伸试件，分别在 25℃条件下养生至 3d、7d、15d 和 30d；随后利用万能试验机测试不同水性环氧改性乳化沥青试件的拉伸强度和断裂伸长率，评价水性环氧改性乳化沥青的强度和变形能力，结果见图 5.42 和图 5.43。

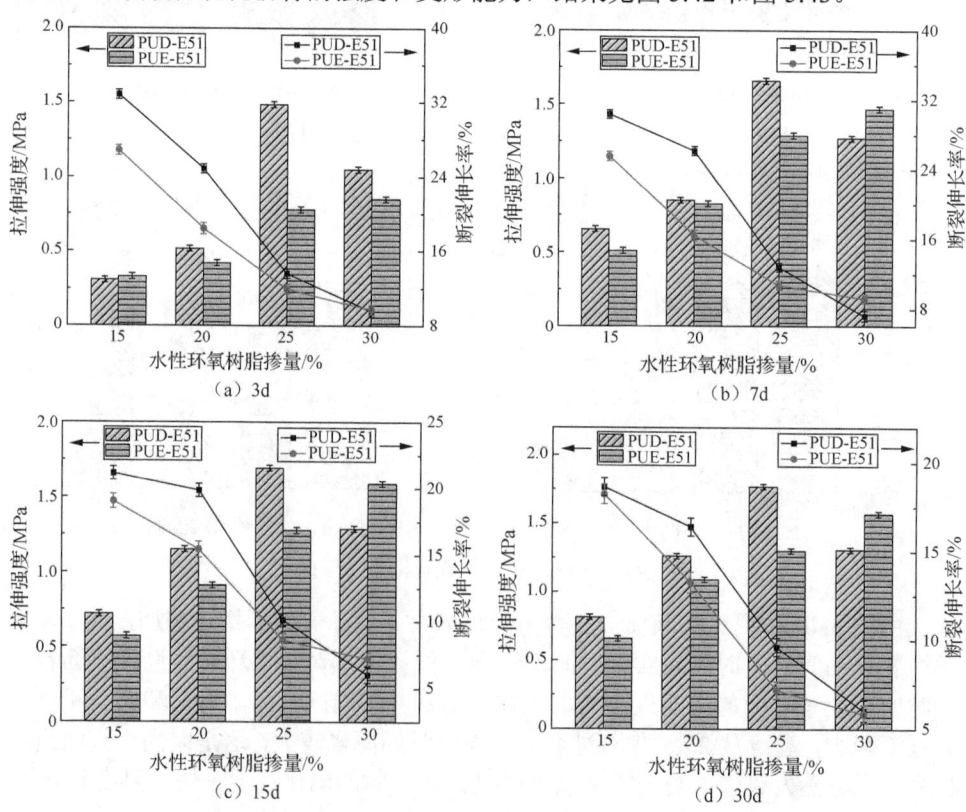

图 5.42 E-51 水性环氧改性乳化沥青不同养生时间拉伸性能

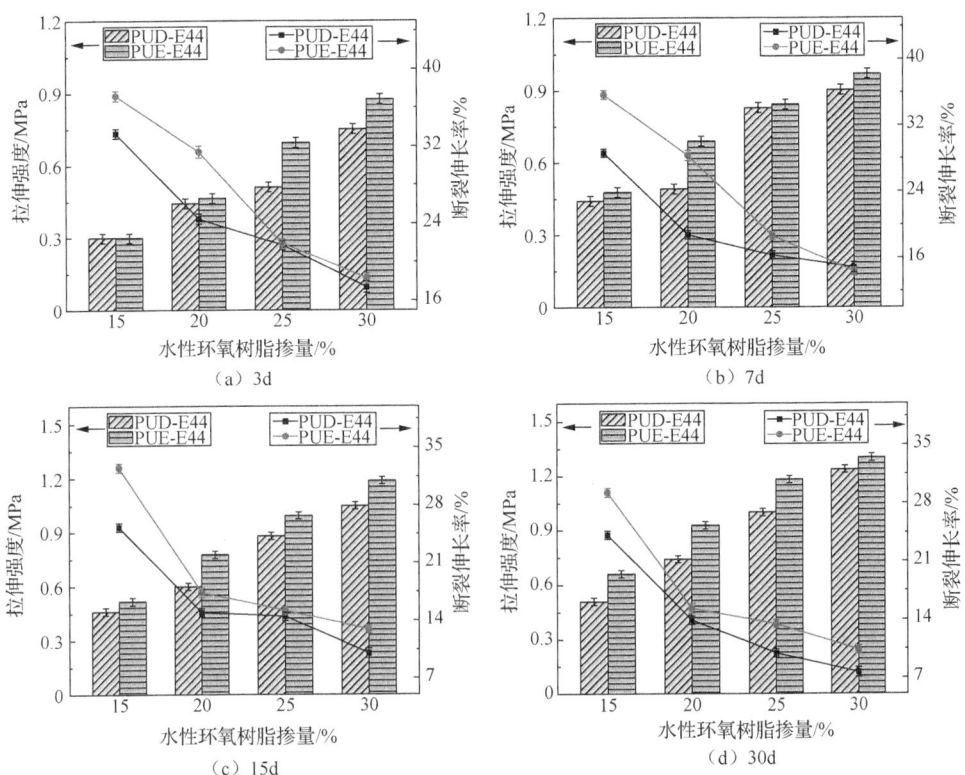

图 5.43 E-44 水性环氧改性乳化沥青不同养生时间拉伸性能

由图 5.42 可知,水性环氧改性乳化沥青的拉伸强度、断裂伸长率与聚氨酯改性水性环氧树脂掺量、类型及养生时间密切相关。随着养生时间增加,水性环氧改性乳化沥青拉伸强度呈增长趋势,断裂伸长率呈降低趋势,与聚氨酯改性水性环氧树脂强度增长规律一致;3d 和 7d 的拉伸强度和断裂伸长率差别较大,7d 和 15d 的拉伸强度和断裂伸长率变化趋势较小。此外,随着聚氨酯改性水性环氧树脂掺量增加,PUD-E51 水性环氧改性乳化沥青拉伸强度呈先增大后减小的趋势,在 PUD-E51 掺量为 25%时水性环氧改性乳化沥青残留物的强度取得最大值;PUE-E51 水性环氧改性乳化沥青残留物拉伸强度呈逐渐增加的趋势,但是强度增长幅度逐渐降低,两种水性环氧改性乳化沥青的断裂伸长率均呈现逐渐减小的趋势。综合考虑水性环氧改性乳化沥青的强度和变形能力,建议聚氨酯改性水性环氧树脂的掺量为 20%~25%。

掺量为 15%~25%时,PUD-E51 水性环氧改性乳化沥青拉伸强度和断裂伸长率均明显优于 PUE-E51,养生 3d 和 30d 的拉伸强度分别为 1.48MPa 和 1.80MPa,具有较高的早期强度和最终强度,同时具有较好的变形能力,表现出良好的综合性能,也证明选择聚氨酯 D 进行 E-51 水性环氧树脂改性的合理性。

由图 5.43 可知，随着树脂掺量增加，水性环氧改性乳化沥青拉伸强度逐渐增大，断裂伸长率逐渐减小；随着养生时间增加，E44 水性环氧改性乳化沥青拉伸强度和断裂伸长率变化规律与 E51 制备的一致，PUE-E44 水性环氧改性乳化沥青拉伸强度和断裂伸长率明显优于 PUD-E44 水性环氧改性乳化沥青，拉伸强度绝对值高 0.2～0.4MPa，断裂伸长率绝对值高 4%～8%，具有更高的强度和变形能力，同样的证明选择聚氨酯 E 进行 E-44 水性环氧树脂改性的合理性。

综上所述，在同一养生时间和树脂掺量条件下，PUD-E51 水性环氧改性乳化沥青拉伸强度和断裂伸长率均明显高于 PUE-E44 制备的。因此，推荐 20%～25%的 PUD-E51 水性环氧改性乳化沥青作为层间防水粘结材料。

5.2.4 黏附性及高低温性能

1. 与集料黏附性能

水性环氧改性乳化沥青与集料的黏附性能不足容易引起粘结破坏，造成推移和剥落等问题。因此，参考《公路工程沥青及沥青混合料试验规程》（JTG E20—2011）水浸法，运用超声波模拟动水压力作用加速粘结料从集料表面脱落，采用粘结料脱落率评价各温度下水性环氧改性乳化沥青与集料黏附性，并与 SBS 改性沥青和胶粉改性沥青粘结料进行对比。试验流程如下：使用 KQ-100KDE 型高功率数控超声波仪，超声波清洗 13.2～16mm 的玄武岩粗集料并干燥备用；称取 5.52g±0.2g 粘结料和 100g 干燥备用的集料搅拌裹附均匀，养生备用；分别在 60℃、80℃和 100℃条件下，采取超声波模拟动水压力处理裹附粘结料的集料 30min；烘干后观察剥落状况并按照式（5.7）计算粘结料脱落率 K。

$$K = \frac{m_1 - m_2}{m_1 - m_0} \qquad (5.7)$$

式中，K 为粘结料脱落率，单位为%；m_0 为集料质量，单位为 g；m_1 为超声波处理前总质量，单位为 g；m_2 为超声波作用后总质量，单位为 g。

超声波模拟动水压力处理前后集料表面状况见图 5.44，各温度条件下粘结料与集料黏附性能测试结果见图 5.45。

由图 5.44 和图 5.45 可知，随着温度升高，水性环氧改性乳化沥青等粘结料与集料的黏附性逐渐衰减；随着聚氨酯改性水性环氧树脂掺量增加，水性环氧改性乳化沥青粘结料脱落率逐渐减少，同时掺量越高，高温黏附性能越好；PUD-E51 和 PUE-E44 水性环氧改性乳化沥青与集料黏附性能分别明显优于 PUE-E51 和 PUD-E44，进一步证明选择聚氨酯 D 改性 E-51 水性环氧树脂和聚氨酯 E 改性 E-44 水性环氧树脂的正确性。

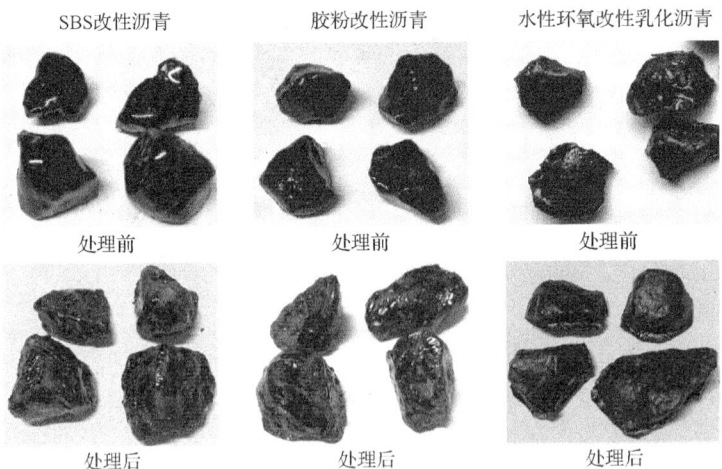

图 5.44 试验前后集料对比

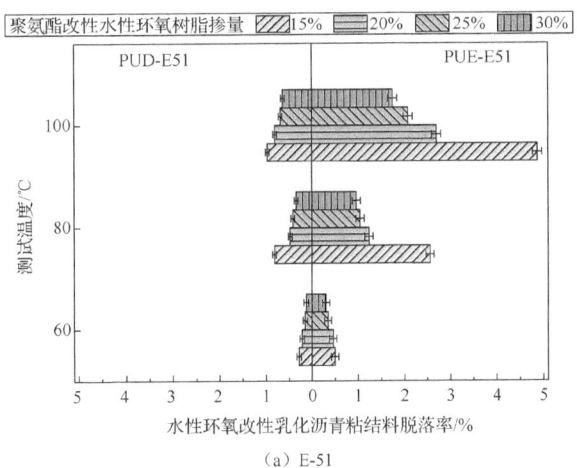

(a) E-51

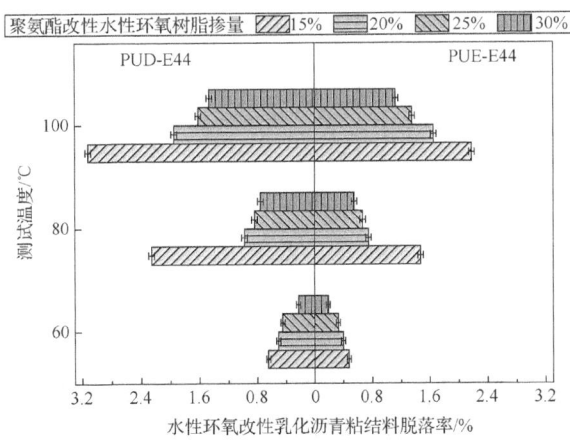

(b) E-44

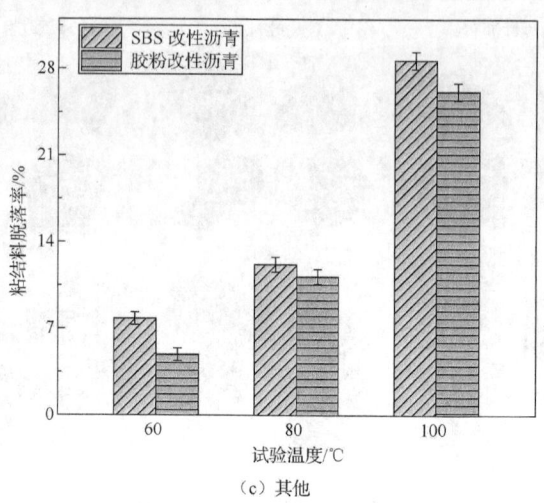

(c) 其他

图 5.45 超声波作用下不同粘结料与集料黏附性

与60℃条件下SBS改性沥青和胶粉改性沥青粘结料脱落率7.8%和4.9%相比，水性环氧改性乳化沥青粘结料脱落率均小于0.7%，水性环氧改性乳化沥青表现出良好的沥青-集料黏附性能；PUD-E51水性环氧改性乳化沥青粘结料脱落率最低，各掺量下粘结料脱落率变化较平稳，均小于0.3%，与集料黏附性最佳。与60℃相比，在80℃条件下，各粘结料与集料的黏附性能均有不同程度的降低，水性环氧改性乳化沥青粘结料脱落率为0.35%～2.56%，同样低于SBS改性沥青和胶粉改性沥青粘结料脱落率12.2%和11.2%；树脂掺量从15%增加到20%时，水性环氧改性乳化沥青与集料黏附性能改善效果明显，粘结料脱落率降低45%～55%。100℃条件下，各粘结材料与集料的黏附性能进一步衰减，但水性环氧改性乳化沥青粘结料脱落率均低于5%，明显低于SBS改性沥青和胶粉改性沥青粘结料的28.7%和26.2%，仍具备良好的与集料黏附性能，表现出较好的高温水稳定性；各温度下，PUD-E51水性环氧改性乳化沥青均表现出最佳的与集料黏附性，脱落率均低于1%，具备更好的耐高温性能和水稳定性。

综上所述，水性环氧改性乳化沥青与集料黏附性能明显优于SBS改性沥青和胶粉改性沥青粘结料，综合考虑粘结材料的高温和水稳定性，推荐PUD-E51水性环氧改性乳化沥青作为层间防水粘结材料。

2. 高温耐热性能

为避免高温层间剪切破坏作用，水性环氧改性乳化沥青防水粘结材料应具备良好的高温稳定性。为评价水性环氧改性乳化沥青耐高温性能，参考《水乳型沥青防水涂料》（JC/T 408—2005）耐热度试验方法，分别采用树脂掺量为15%、20%、25%和30%的水性环氧改性乳化沥青，以及SBS改性沥青和胶粉改性沥青粘结料，制备面积为100mm×50mm,厚度1.5mm±0.2mm的试件。首先在标准试验条件25℃下养护120h,然后在40℃的电热鼓风干燥箱中养护48h,随后将试件置于温度为160℃±2℃的干燥箱中保温2h观察其表面现象,从而对其高温稳定性进行评价,结果见表5.11。

表 5.11 水性环氧改性乳化沥青高温稳定性测试结果

粘结料类型	水性环氧树脂掺量/%	状态描述
纯乳化沥青	—	流动
SBS 改性沥青	—	流动
胶粉改性沥青	—	流动
PUD-E51	15	流淌较少
	20	少量泛油
	25	基本完好
	30	完好
PUE-E51	15	流淌较少
	20	少量泛油
	25	基本完好
	30	完好
PUD-E44	15	流淌较少
	20	少量泛油
	25	基本完好
	30	完好
PUE-E44	15	流淌较少
	20	少量泛油
	25	基本完好
	30	完好

由表5.11可知,不同类型水性环氧改性乳化沥青的高温流淌情况较为一致。在温度为160℃的干燥箱中保温2h后,水性环氧树脂掺量在10%以下的试件流淌明显;掺量提升到15%后,试件流淌较少;掺量达到25%时,试件基本完好。然而SBS改性沥青和胶粉改性沥青粘结料均表现出流动状态,表明随着水性环氧树脂掺量增加,水性环氧改性乳化沥青的耐高温性能逐渐增强,树脂掺量超过15%后,其耐高温性能明显优于SBS改性沥青和胶粉改性沥青粘结料。这可能是因为环氧树脂一定程度上改变了沥青热塑性,使其具备一定的热固性,表现出更好的高温稳定性。根据耐高温性能,推荐层间粘结用水性环氧改性乳化沥青中水性环氧树脂掺量不小于15%。

3. 低温弯曲性能

参考《路桥用水性沥青基防水涂料》(JT/T 535—2015)和《环氧树脂地面涂层材料》(JC/T 1015—2006),采用低温弯曲试验评价粘结料低温柔韧性。分别采用树脂掺量为15%、20%、25%和30%的水性环氧改性乳化沥青以及SBS改性沥青和胶粉改性沥青粘结料,制备面积为100mm×25mm,厚度为2mm的试件。试验时,首先将试件与直径为50mm钢管放在冰柜中,在-20℃条件下保温4h,取出后将试件中线与钢管垂直接触,将试件两边分别绕钢管向下弯曲90°,然后将试件恢复到平整位置,缓慢重复弯曲3次,弯曲后观察试件表面是否有裂纹、断裂等现象,评价粘结材料低温柔韧性,低温弯曲试验结果见表5.12。

表 5.12 水性环氧改性乳化沥青低温弯曲性能测试结果

粘结料类型	水性环氧树脂掺量/%	弯曲破坏状态描述
纯乳化沥青	—	脆断
SBS改性沥青	—	断裂
胶粉改性沥青	—	较多裂纹
PUD-E51	15	完好
	20	完好
	25	少量微裂纹
	30	少量微裂纹
PUE-E51	15	完好
	20	完好
	25	少量微裂纹
	30	较多微裂纹
PUD-E44	15	完好
	20	少量微裂纹
	25	较多微裂纹
	30	断裂
PUE-E44	15	完好
	20	完好
	25	少量微裂纹
	30	少量微裂纹

由表5.12可知,不同类型水性环氧改性乳化沥青的低温弯曲破坏情况较为一

致。与纯乳化沥青、SBS 改性沥青和胶粉改性沥青粘结料在-20℃条件下弯曲后出现断裂或较多裂纹相比,水性环氧改性乳化沥青在-20℃下反复弯折后,表现完好或表面仅有少许微裂纹,表明水性环氧改性乳化沥青的低温弯曲变形能力优于SBS 改性沥青和胶粉改性沥青,表现出优异的低温柔韧性。同时随着树脂掺量的增加,水性环氧改性乳化沥青低温弯曲后由完好状况到逐渐出现微裂纹,所以根据低温弯曲试验结果建议水性环氧树脂掺量不超过 25%。

4. 低温抗冲击性能

根据《脂肪族聚氨酯耐候防水涂料》(JC/T 2253—2014)相关规定,采用冲击强度评价水性环氧改性乳化沥青低温抗冲击性能。分别采用树脂掺量为 15%、20%、25% 和 30% 的水性环氧改性乳化沥青以及 SBS 改性沥青和胶粉改性沥青粘结料,制备面积为 80mm×10mm,厚度为 4mm 的试件,试件成型后在 25℃条件下养生 7d,测试前将其于-20℃恒温冰箱中养生 4h,随后采用简支梁式冲击仪测试水性环氧改性乳化沥青的冲击强度,结果见图 5.46。

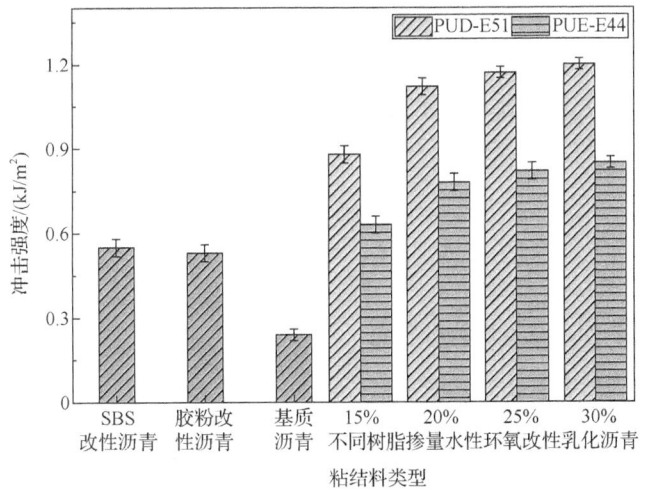

图 5.46 冲击强度测试结果

由图 5.46 可知,在-20℃条件下,基质沥青表现出低温脆性,冲击强度较小,SBS 改性沥青和胶粉改性沥青低温冲击强度相当,约为基质沥青冲击强度的 2.3 倍;掺加水性环氧树脂改性后沥青的低温抗冲击性能得到显著改善,掺加 20% PUD-E51 水性环氧树脂制备的改性乳化沥青冲击强度为 $1.12kJ/m^2$,分别约为基质沥青、SBS 改性沥青和胶粉改性沥青低温冲击强度的 4.7 倍、2.0 倍和 2.1 倍,其制备的桥面铺装防水粘结层能更好地抵抗车辆荷载的冲击破坏作用,但是随着水性环氧树脂掺量的继续增加,改性乳化沥青的低温冲击强度增长不再明显,因此根据低温抗冲击性能建议水性环氧树脂掺量为20%；相同水性环氧树脂掺量下，PUD-E51水性环氧改性乳化沥青的低温冲击强度约为 PUE-E44 水性环氧改性乳化沥青的1.4倍，表现出更加优异的低温抗冲击性能和韧性，进一步确定采用PUD-E51水性环氧树脂制备桥面铺装防水粘结材料。

5.2.5 耐久性能

采用水性环氧改性乳化沥青经高温、低温以及紫外线老化处理后的拉伸性能评价其耐久性。参考《路桥用水性沥青基防水涂料》(JT/T 535—2015)等粘结料规范，制备水性环氧改性乳化沥青(PUD-E51掺量20%)的拉伸试验试件养生7d，然后分别进行高温老化(HT)、低温老化(LT)、紫外线老化(UR)处理，老化结束后取出试件在常温条件下放置4h，然后测试其拉伸强度和断裂伸长率，以拉伸强度和断裂伸长率保持率作为其耐久性能评价指标。具体老化处理如下。高温老化：将干燥箱温度调节到80℃，拉伸试件在该温度下保温168h；低温老化：将恒温冰箱温度调节到-20℃，拉伸试件在该温度下保温168h；紫外线老化：将拉伸试件放入紫外线箱中，紫外线箱温度设置为60℃，灯管全部打开，在该条件下恒温照射168h。不同老化条件对照试件均为25℃恒温干燥箱中养生至相同时间的试件。测试各老化方式处理后水性环氧改性乳化沥青的拉伸强度和断裂伸长率，并与对照试件(U)进行对比，结果见图5.47。

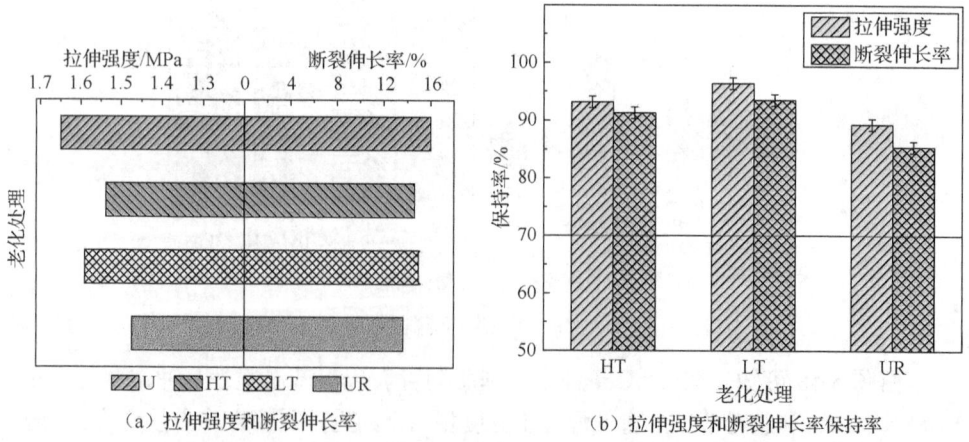

图5.47 不同老化处理后的拉伸强度和断裂伸长率及其保持率

由图5.47可知，经不同老化方式处理后，水性环氧改性乳化沥青的拉伸强度和断裂伸长率均略有降低，紫外线老化后降幅最为明显，其次为低温老化和高温老化，低温老化拉伸强度和断裂伸长率保持率分别为96.4%和93.5%，高温老化分别为93.2%和91.3%，紫外线老化分别为89.3%和85.4%。在不同条件老化处理后,水性环氧改性乳化沥青拉伸强度保持率和断裂伸长率保持率均在85%以上,表明水性环氧改性乳化沥青具备良好高低温耐久性和抗紫外线老化性能。

综合考虑固化时间、拉伸、与集料黏附、耐高温、低温弯曲等性能,建议选择20%~25%掺量的PUD-E51水性环氧改性乳化沥青作为防水粘结材料。

5.3 水性环氧改性乳化沥青防水粘结层路用性能

前述研究内容表明,所制备的水性环氧改性乳化沥青具备优异的使用性能和耐久性能,能较好地适用于水泥混凝土桥面铺装防水粘结层。在此基础上,重点关注水性环氧改性乳化沥青应用于桥面铺装防水粘结层时的结构性能及耐久性能,借助层间剪切、渗水、重锤冲击、加速磨耗等试验,深入探究水性环氧改性乳化沥青防水粘结层的粘结、防水、抗冲击、耐久等性能变化规律,进一步明确桥面铺装高强防水粘结层使用品质。

5.3.1 层间粘结和防水性能

1. 层间粘结性能

防水粘结层最重要的作用之一是保证层间的有效粘结,避免层间滑移引起的推移、开裂、剥离等病害,因此水性环氧改性乳化沥青防水粘结层应具备良好的层间粘结强度。为更好地模拟桥面铺装使用过程中车辆荷载产生的层间剪切、推移破坏作用,参考《水泥混凝土桥面水性环氧沥青防水粘结层施工技术规范》(DB32/T 2285—2012),主要采用层间剪切试验来评价水性环氧改性乳化沥青防水粘结层的层间粘结性能。

根据上述研究结果,选择PUD-E51水性环氧改性乳化沥青,设置15%、20%和25%三个水性环氧树脂掺量。根据前期研究成果,水性环氧改性乳化沥青防水粘结层设置$0.6kg/m^2$、$0.8kg/m^2$和$1.0kg/m^2$三个防水粘结材料洒布量,并同步撒布5~10mm单一粒径玄武岩碎石,碎石覆盖率60%。制备5cm C55水泥混凝土+水性环氧改性乳化沥青同步碎石封层防水粘结层+5cm AC-20改性沥青混合料组合结构试件,室温养生7d后钻取直径为10cm的芯样,为评价水性环氧改性乳化沥青防水粘结层不同温度下的粘结性能,分别在-10℃、25℃和40℃条件下采用直剪仪进行层间剪切强度测试,剪切速率为10mm/min。本节在评价水性环氧改性乳化沥青层间粘结性能的同时,进一步优化其配比,并确定其洒布量。不同温度条件下,各试件层间剪切强度见图5.48。

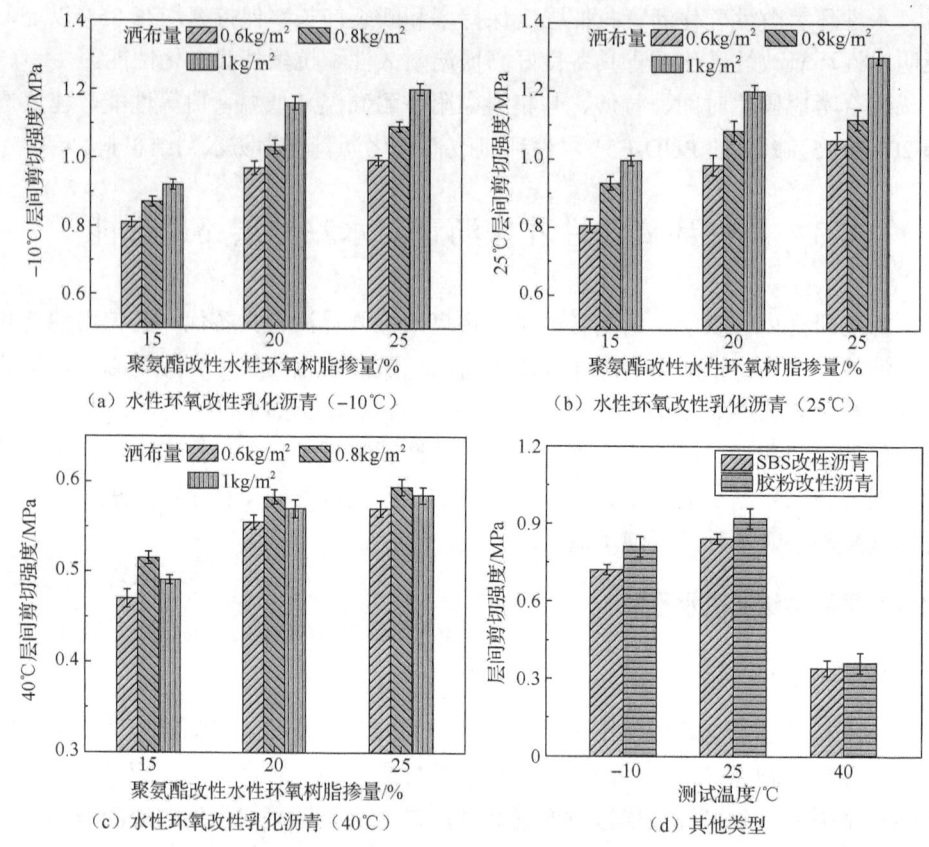

图 5.48 不同类型粘结料层间剪切强度

由图 5.48 可知，与 25℃条件下各防水粘结层的层间剪切强度相比，-10℃和 40℃的层间剪切强度均出现一定程度的降低。各温度下，随着水性环氧树脂掺量的增加，防水粘结层层间剪切强度呈逐渐增大的趋势，从 15%增加到 20%时，层间剪切强度增幅较大；从 20%增加到 25%时，层间剪切强度增长不明显。分析认为水性环氧树脂掺量较低时，随着掺量的增加，沥青与环氧树脂互穿网状结构逐渐形成，引起层间粘结性能增大，而随着环氧树脂掺量的继续增加，存在未与沥青形成网状结构的环氧树脂，粘结性能改善效果变缓。因此，根据层间粘结性能测试结果，推荐水性环氧改性乳化沥青中水性环氧树脂的掺量为 20%。

在-10℃和 25℃条件下，随着洒布量增加，层间剪切强度呈逐渐增加的趋势，洒布量为 1kg/m² 时层间剪切强度取得最大值，当水性环氧树脂掺量为 20%，其-10℃和 25℃层间剪切强度分别为 1.16MPa 和 1.2MPa，明显优于 SBS 改性沥青和胶粉改性沥青的层间粘结性能，两种粘结材料-10℃和 25℃层间剪切强度分别为 0.72~0.81MPa 和 0.84~0.92MPa；在 40℃条件下，随着洒布量的增加，粘结层层间剪切强度呈先增大后减小的趋势，在洒布量 0.8kg/m² 时，层间剪切强度取得最大值约为 0.58MPa，优于 SBS 改性沥青和胶粉改性沥青粘结料的剪切强度 0.34MPa 和 0.36MPa，表明各温度条件下水性环氧改性乳化沥青防水粘结层均表现出优异的粘结性能。综合考虑各温度条件下水性环氧改性乳化沥青防水粘结层的层间粘结性能，确定水环氧改性乳化沥青防水粘结材料洒布量为 1kg/m²。

2. 防水性能

为评价水性环氧改性乳化沥青防水粘结层的防水性能，参考《路桥用水性沥青基防水涂料》（JT/T 535—2015）规范，采用不透水试验仪测试不同渗透水压力下各防水粘结材料的防水效果。基于前文优选出的 PUD-E51 水性环氧改性乳化沥青，分别制备 PUD-E51 掺量为 15%、20% 和 25% 改性乳化沥青不透水试验试件，在 50℃恒温烘箱中养生 24h 形成强度，然后分别测试其在 0.2MPa、0.4MPa、0.6MPa 压力水下作用 30min 是否会出现渗水现象，评价动水压力作用下水性环氧改性乳化沥青防水粘结层的防水性能，结果见表 5.13。

表 5.13 不透水试验结果

渗透水压力/MPa	防水粘结层类型	渗水现象
0.2	15%水性环氧改性乳化沥青 20%水性环氧改性乳化沥青 25%水性环氧改性乳化沥青 SBS 改性沥青 胶粉改性沥青	30min 未出现压力衰减和渗水
0.4	15%水性环氧改性乳化沥青 20%水性环氧改性乳化沥青 25%水性环氧改性乳化沥青	30min 未出现压力衰减和渗水
	SBS 改性沥青	17min 时出现渗水，25min 时被穿透
	胶粉改性沥青	15min 时出现渗水，22min 时被穿透
0.6	15%水性环氧改性乳化沥青	22min 时出现渗水，26min 时被穿透
	20%水性环氧改性乳化沥青 25%水性环氧改性乳化沥青	30min 未出现压力衰减和渗水
	SBS 改性沥青 胶粉改性沥青	2min 时被穿透

由表 5.13 可知，随着 PUD-E51 掺量增加，水性环氧改性乳化沥青防水粘结层防水抗渗性能逐渐增强；PUD-E51 掺量为 20% 和 25% 时，水性环氧改性乳化沥

青试件在 0.6MPa 压力水下作用 30min 未出现渗水现象,且不透水仪未出现压力衰减;然而 SBS 改性沥青和胶粉改性沥青试件在 0.4MPa 水压力作用下已被穿透,水性环氧改性乳化沥青防水粘结层的防水性能显著优于 SBS 改性沥青和胶粉改性沥青,能有效防止外界动水压力穿透粘结层,起到良好的防水隔水作用。分析认为水性环氧改性乳化沥青中的环氧树脂固化后可显著提高沥青强度,聚氨酯成分起到增柔、增韧作用,使水性环氧改性乳化沥青防水粘结层具有良好防水性能,进一步验证采用 20%PUD-E51 制备水性环氧改性乳化沥青防水粘结材料的正确性。

5.3.2 抗冲击性能

为确保桥面铺装在低温条件下的使用品质,防水粘结层应具备良好的低温抗冲击性能。参考《路桥用水性沥青基防水涂料》(JT/T 535—2015)和《环氧树脂地面涂层材料》(JC/T 1015—2006)相关规定进行低温抗冲击试验,评价水性环氧改性乳化沥青防水粘结层的低温柔韧性。

采用 PUD-E51 掺量为 20%的水性环氧改性乳化沥青,洒布量选择 $1kg/m^2$。首先成型 30cm×30cm×5cm 水泥混凝土板,养生、脱模并对其表面进行拉毛处理;清除水泥混凝土板表面灰尘,在其表面均匀地洒布规定质量的防水粘结材料(SBS 改性沥青和胶粉沥青洒布量为 $1.8kg/m^2$),养生完成后的试件置于-20℃冰箱内保温 6h,取出后立即将质量为 500g 钢球从位于试件上方垂直高度 1m 位置处自由落下,分别在试件不同位置冲击 6 处,每处冲击点间距不小于 50mm,且距离试件边缘不小于 50mm,冲击后观察试件表面外观,是否有裂纹、剥落等现象,从而评价防水粘结层抗冲击性能,结果如表 5.14 所示。

表 5.14 低温抗冲击试验后防水粘结层表面状况

防水粘结层类型	表面状况
水性环氧改性乳化沥青	表面少许轻微裂纹、无剥落
SBS 改性沥青	受冲击点沥青大量飞散,严重剥落,出现明显凹陷、坑槽
胶粉改性沥青	受冲击点沥青大量飞散,严重剥落,出现明显凹陷、坑槽

由表 5.14 可知,在-20℃低温条件下,水性环氧改性乳化沥青防水粘结层在遭受冲击荷载后,表面仅有少许裂纹,粘结料并无明显开裂和剥落。SBS 改性沥青和胶粉改性沥青在低温条件下冲击作用后,冲击处出现沥青大量飞散,冲击点沥青严重剥落,出现明显坑槽。表明在-20℃低温条件下,水性环氧改性乳化沥青防水粘结层的低温抗冲击性能显著优于 SBS 改性沥青和胶粉改性沥青粘结料,表现出良好的低温柔韧性。

5.3.3 耐久性能

随着车辆轴载和环境因素的综合破坏作用,若防水粘结层耐久性不足,其各项性能会出现不同程度的衰减,影响桥面铺装的使用品质,甚至威胁桥梁结构的使用安全。因此,成型组合结构试件(室温下养护 7d),分别进行浸水处理、冻融循环处理及加载磨耗处理(10 万次),测试组合结构层间剪切强度,从而评价防水粘结层耐久性能。方案如下。

对于测试浸水处理后的层间剪切强度,需先钻取直径 10cm 的芯样,将组合试件 10cm 芯样置于 25℃的水中浸泡 2d,然后在 25℃条件下静置 4h,随后测试层间剪切强度。

对于测试冻融循环处理后的层间剪切强度,先从组合结构试件中钻取直径 10cm 的芯样,然后进行冻融循环处理,将组合试件 10cm 芯样放入塑料袋中,加入约 10mL 的水,扎紧袋口,将试件放入恒温冰箱中,在冷冻温度为-20℃±2℃的环境中放置 12h 后取出试样,放入温度为 60℃±0.5℃的恒温水槽中保温 12h,如此反复冻融循环 10 次,在 25℃条件下静置 4h 后测试其层间剪切强度。

对于加速磨耗处理,组合结构试件养生完成后,在室温条件下采用四轮磨耗仪进行加速磨耗试验,试验轮选择耐磨性好、邵氏硬度为 70~75A 的聚氨酯轮胎(直径 20cm、宽度 5cm),轮压为 0.7MPa,磨耗 10 万次后钻取直径 10cm 的芯样,在 25℃条件下采用直接剪切仪测试长期磨耗后的层间剪切强度。

分别采用水性环氧改性乳化沥青、SBS 改性沥青和胶粉改性沥青作为防水粘结材料,测试试件在各处理方式作用后的层间剪切强度,结果如图 5.49 所示。

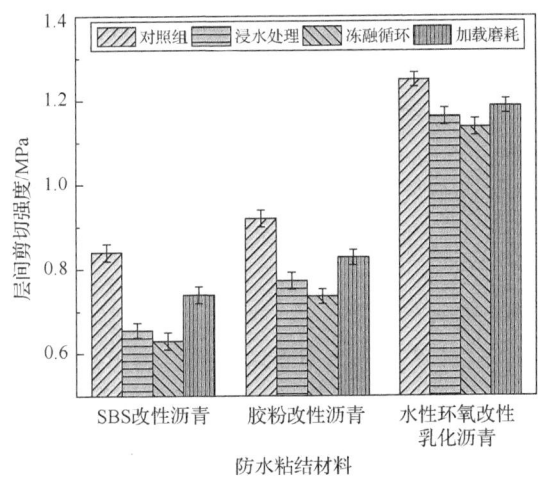

图 5.49 不同方式处理后的层间剪切强度

由图 5.49 可知,组合结构试件经各处理方式作用后,防水粘结层的层间剪切强度均出现一定程度的降低，冻融循环对层间粘结性能的影响最大，各防水粘结层层间剪切强度降低9%~25%，其次是浸水处理，层间剪切强度降低7%~22%，加载磨耗10万次后层间剪切强度降低5%~12%。浸水处理、冻融循环以及加载磨耗前后水性环氧改性乳化沥青防水粘结层的层间剪切强度均明显高于SBS改性沥青和胶粉改性沥青粘结材料，表现出更好的层间粘结性能和水稳定性，经三种方式处理后水性环氧改性乳化沥青防水粘结层的层间剪切强度保持率均高于91%，表现出更好的层间粘结耐久性，表明水性环氧树脂能显著改善乳化沥青的层间粘结性能，且能提高其水稳定性、层间粘结抗疲劳性能。

5.4 水性环氧改性乳化沥青防水粘结层施工方法优化

科学合理的施工方法是桥面铺装防水粘结层使用品质与服役寿命的重要保障，目前关于水性环氧改性乳化沥青同步碎石封层施工中的压实方法与时机尚未明确，为进一步提升防水粘结层使用品质，建立水性环氧改性乳化沥青固化状态综合评价方法，通过有机玻璃界面状态图像观测与碎石封层粘结强度评价，提出水性环氧沥青碎石封层最佳压实方法，推荐最佳压实工艺与时机，为水性环氧改性乳化沥青防水粘结层品质管控提供科学依据与理论支持。

5.4.1 施工现存问题

水性环氧树脂的固化和强度形成，在较大程度上受到固化时间以及养生温度等的影响。与传统改性乳化沥青相比，水性环氧树脂的掺入，水性环氧改性乳化沥青构成了全新的固化体系，这就导致水性环氧改性乳化沥青同步碎石封层防水粘结层完全不同于常规同步碎石封层。但目前国内外关于水性环氧改性乳化沥青同步碎石封层施工方法的系统研究与优化涉及较少，存在以下问题亟需攻关与解决：

水性环氧改性乳化沥青同步碎石封层防水粘结层施工时，水性环氧改性乳化沥青和碎石是同步洒（撒）布的，那么碎石能否有效嵌入沥青膜中？是否需要立即轻微碾压碎石？

水性环氧改性乳化沥青破乳后，碎石可能与沥青膜接触面积减小、粘结性能下降。此时，是否需要对碎石进行再次碾压？何时碾压合适（增加界面接触面积、提升粘结性能）？

因此，针对上述问题，通过开展水性环氧改性乳化沥青同步碎石封层压实方法与时机研究，实现水性环氧改性乳化沥青防水粘结层施工方法优化[19,20]。

5.4.2 防水粘结层固化状态综合评价

水性环氧改性乳化沥青固化状态直接影响防水粘结层界面状态与粘结性能发展。改性乳化沥青中掺加了水性环氧树脂，其干燥时间不能简单通过传统乳化沥青破乳时间来表征，而需要多个指标进行综合表征。基于此，从乳化沥青表面状态与实际水分蒸发两个角度出发，参考《建筑防水涂料试验方法》(GB/T 16777—2008)中乳化沥青干燥时间测试方法，结合水性环氧改性乳化沥青的水分蒸发量变化情况，采用表干时间与实干时间、失水率等指标综合评价水性环氧改性乳化沥青固化状态，明确水性环氧改性乳化沥青处于不同固化阶段时所应具备的指标要求范围，为后期不同固化状态下水性环氧改性乳化沥青同步碎石封层防水粘结层相关性能研究提供支持。

试验流程如下：制备常规 C55 水泥混凝土试件，尺寸为 30cm×30cm×5cm；在水泥混凝土试件上均匀洒布一定量水性环氧改性乳化沥青，置于试验温度进行养生处理；每间隔一定时间，测量不同温度条件下水性环氧改性乳化沥青的失水率、表干时间与实干时间，见图 5.50（注：图中圆框、方框分别强调表干时间与实干时间）。根据前文研究结果，水性环氧改性乳化沥青洒布量为 0.8~1.2kg/m²，养生温度为 15~40℃。

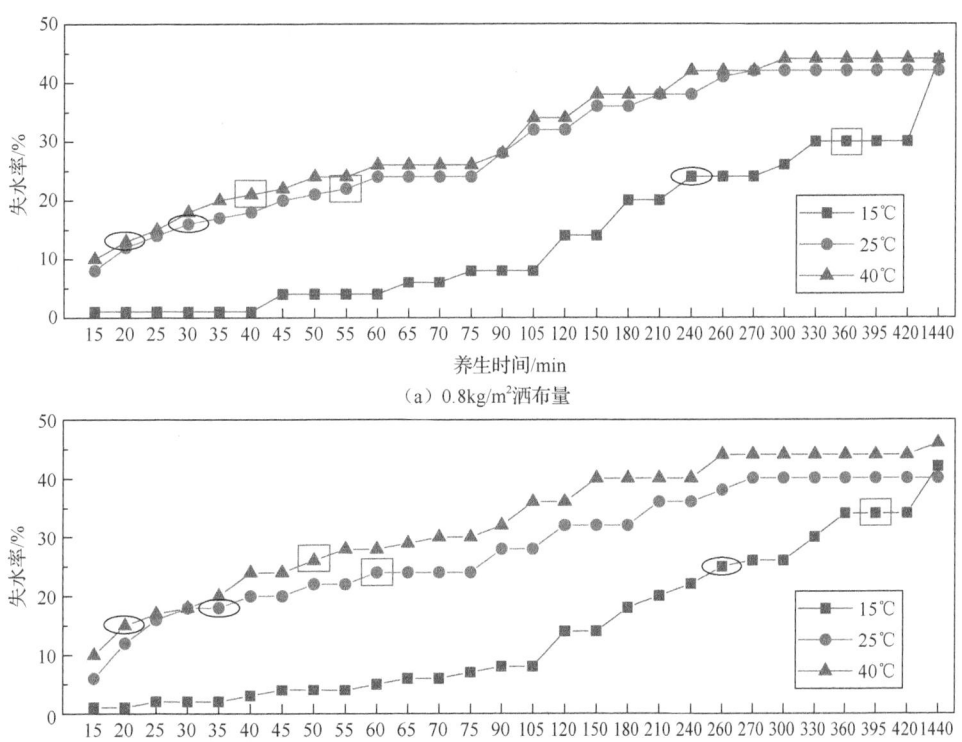

(a) 0.8kg/m²洒布量

(b) 1.0kg/m²洒布量

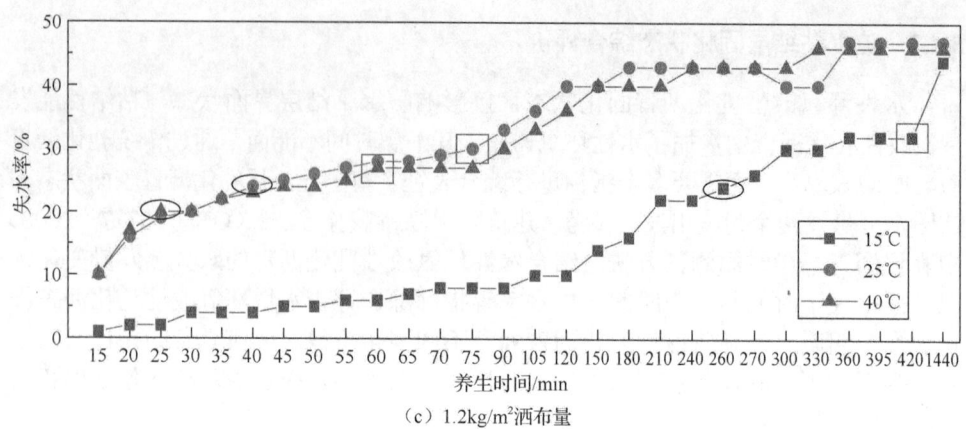

(c）1.2kg/m² 洒布量

图 5.50 水性环氧改性乳化沥青固化状态

由图 5.50 可知，随着养生时间增加，水性环氧改性乳化沥青失水率逐渐增大，固化状态也由乳液逐渐依次转变为表干、实干。洒布量为 0.8kg/m² 时，养生温度的提高会使水性环氧改性乳化沥青水分蒸发速度加快，从而缩短干燥时间；同时，失水率曲线由缓变陡，逐渐呈 45°线性变化。同理，洒布量为 1.0kg/m² 和 1.2kg/m² 时，各指标变化情况相似，只是因为洒布量增加，表干时间、实干时间随之整体增大，但趋势相同。值得注意的是，温度提高会降低水性环氧改性乳化沥青表干、实干时所对应的失水率，这是因为水性环氧改性乳化沥青乳液中水分蒸发时，温度过高，乳液表面较早干燥，阻碍乳液底部水分蒸发，从而降低了失水率。由此可知，提高养生温度一定程度上可以加快水性环氧改性乳化沥青的固化速率，但更多的是加快了其表面固化，对水性环氧改性乳化沥青最终固化产生有害影响。因此，水性环氧改性乳化沥青养生固化时，推荐采用 25℃常温，保证乳液中水分蒸发充分、后期强度发展速度加快。

根据上述试验情况，形成水性环氧改性乳化沥青固化状态综合评价方法，为下一步不同固化状态下水性环氧改性乳化沥青同步碎石封层防水粘结层相关性能测试与研究提供参考。其中，评价指标 3 个，分别为表干时间、实干时间与失水率；试验方法同 5.4.2 小节；水性环氧改性乳化沥青不同固化状态评价指标及其范围，见表 5.15。

表 5.15 不同固化状态评价指标及其范围

洒布量/(kg/m²)	温度/℃	表干状态		表干、实干状态之间		实干状态	
		养生时间/min	失水率/%	养生时间/min	失水率/%	养生时间/min	失水率/%
0.8	15	240	24	240～360	24～30	360	30
	25	30	16	30～55	16～22	55	22
	40	20	13	20～40	13～21	40	21

续表

洒布量/(kg/m²)	温度/℃	表干状态		表干、实干状态之间		实干状态	
		养生时间/min	失水率/%	养生时间/min	失水率/%	养生时间/min	失水率/%
1.0	15	260	25	260~395	25~34	395	34
	25	35	18	35~60	18~24	60	24
	40	20	15	20~50	15~26	50	26
1.2	15	260	24	260~420	24~32	420	32
	25	40	24	40~75	24~30	75	30
	40	25	20	25~60	20~27	60	27

5.4.3 基于有机玻璃界面状态的压实方法评价

施工过程中，水性环氧改性乳化沥青同步碎石封层防水粘结层压实工艺和时机如果管控欠妥，会造成集料刺破沥青膜，导致碎石封层失效破坏。因此，提出两阶段分步式压实方法，并从界面粘结防水状态和剪切破坏强度两方面，系统研究压实工艺对水性环氧改性乳化沥青同步碎石封层防水粘结层粘结、防水性能的影响，确定两阶段分步式压实方法的最佳工艺与压实时机。其中，两阶段分步式压实方法包括：前期轻微压实工艺，指水性环氧改性乳化沥青同步碎石封层刚摊铺完后，立即采用刮板将碎石封层轻微压实；后期标准压实工艺，指水性环氧改性乳化沥青同步碎石封层摊铺完一段时间后，采用轮碾仪进行再次压实。

通常情况下，水性环氧改性乳化沥青同步碎石封层防水粘结层粘结、防水性能需要通过层间拉拔、剪切及渗透等试验来确定，试验量大、耗时长。基于此，引入有机玻璃界面状态图像观测方法，根据沥青膜刺破点数量、粒径分布来表征水性环氧改性乳化沥青同步碎石封层防水粘结层界面粘结、防水状态，从而快速、便捷评判水性环氧改性乳化沥青同步碎石封层防水粘结层工作性能优劣，初步确定适宜压实时机。试验流程如下：在透明有机玻璃上摊铺水性环氧改性乳化沥青同步碎石封层防水粘结层，其中，水性环氧改性乳化沥青洒布量为1.0kg/m²，碎石采用5~10mm单一粒径玄武岩碎石，与乳化沥青同步撒布，覆盖率60%；采用刮板将水性环氧改性乳化沥青同步碎石封层防水粘结层轻微压实；25℃下，将试件分别养生至不同固化状态；优选压实时机及次数，采用轮碾仪模拟压路机对水性环氧改性乳化沥青同步碎石封层防水粘结层再次压实，观察并分析粘结防水破坏状况，见图5.51和图5.52。

图5.51中白点为刺破点或沥青膜较薄处，即将被刺破。由图5.51可知，水性环氧改性乳化沥青同步碎石封层防水粘结层摊铺后，表干之前立即压实与表干之后压实的沥青膜刺破情况较为一致，均是沥青膜在压实前后差异较小，基本无刺破现象。由图5.52可知，水性环氧改性乳化沥青同步碎石封层防水粘结层实干状

态时，沥青膜在压实后出现众多刺破点，严重损坏，丧失部分层间粘结、防水等功能。

图 5.51 不同固化状态下沥青膜压实情况

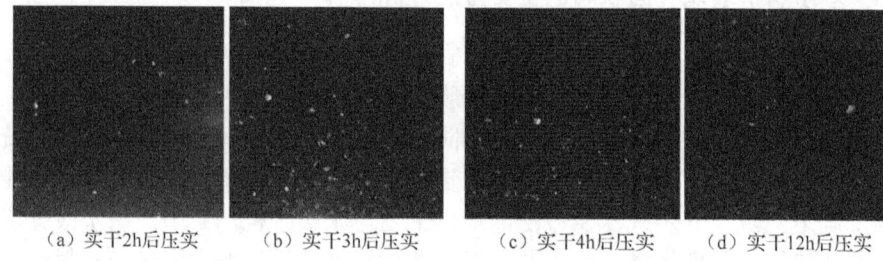

图 5.52 实干后不同养生时间下沥青膜压实情况

为更直观表征沥青膜刺破情况，采用 Photoshop 图像软件，将图 5.51 和图 5.52 进行灰度化处理，计算图片中不同颜色区域的面积比；采用 Nano Measurer 图像软件，统计上述图像中刺破点数量及粒径分布，明确不同固化状态下压实工艺对水性环氧改性乳化沥青同步碎石封层防水粘结层粘结状态的影响，见图 5.53 和图 5.54（注：立即压实、表干与实干之间压实这两种状态下沥青膜刺破点分别为 3 个、0 个，均少于 10 个，无法成图，且统计意义较小）。

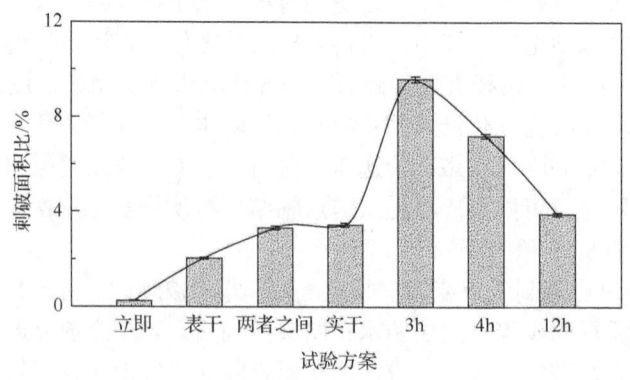

图 5.53 沥青膜刺破面积比

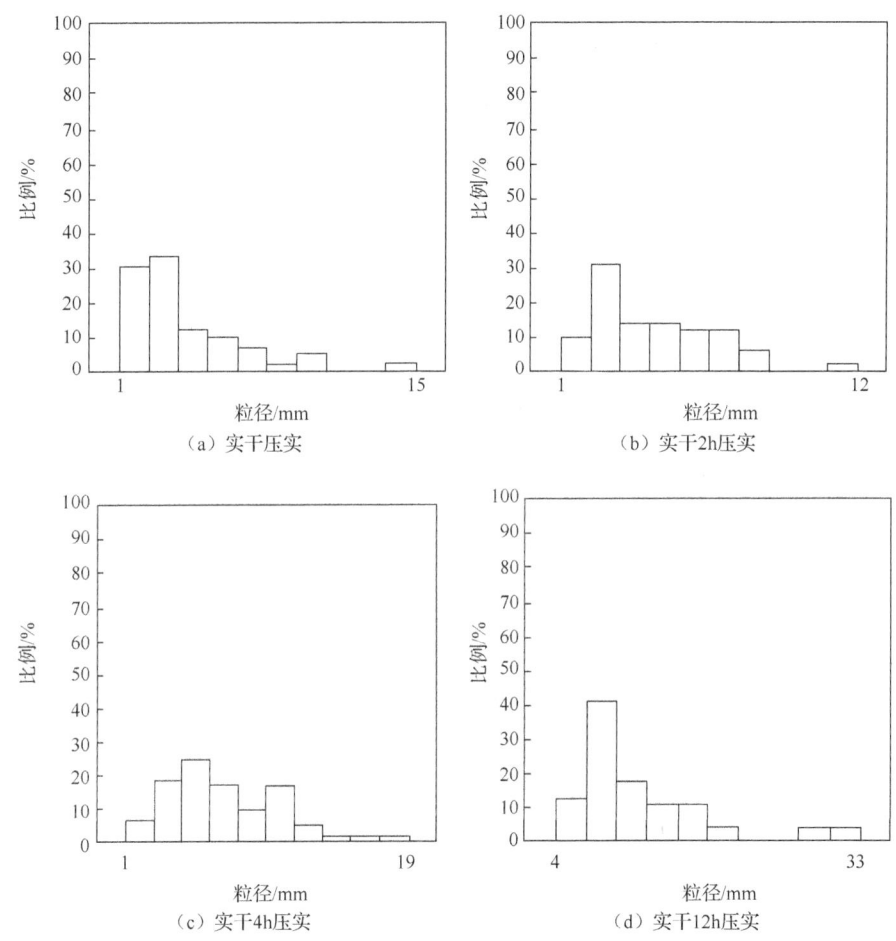

图 5.54 沥青膜刺破点数量及粒径

由图 5.53 可知,随着压实时机的不断后移,沥青膜刺破面积比先增大后减小;立即压实效果最佳,而实干后压实效果普遍较差,当实干 3h 后压实,效果最差,刺破面积比可达 9.58%。表明水性环氧改性乳化沥青同步碎石封层防水粘结层的压实时机适宜选在水性环氧改性乳化沥青实干之前。

分析可知,实干状态时压实,其刺破点数量为 60,粒径范围为 1.21~14.62mm,平均粒径为 3.96mm。其中,63.3%以上刺破点粒径位于 1~3.8mm,但也有较大粒径存在,超过 10mm 的刺破点占总体 6.7%。随着实干后持续养生时间增长,刺破点数量基本维持在 60~70,但刺破点平均粒径及大粒径(>10mm)占比均提高,分别由之前的 3.96mm、6.7%提高到 11.75mm、47.4%,其增幅分别为 196.72%、

607.46%。此外,实干 12h 后压实,其刺破现象出现改善。这是因为改性乳化沥青实干之前,沥青层强度尚未完全形成,虽然沥青层表面形成一层沥青膜,碾压碎石也会将其刺破,但沥青膜表面以下的乳化沥青仍是流动状态,可迅速填补刺破处,愈合破损;实干后,沥青层强度已形成,此时再压实,碎石封层中的碎石会造成沥青膜破坏,而流动乳化沥青已不能及时、充分愈合破损;实干后固化时间越久,流动乳化沥青越少,刺破点愈合效果越差,但达到一定时间后,沥青膜强度与硬度均已发展较为成熟,此时再压实,碎石不易刺破沥青膜,压实工艺对水性环氧改性乳化沥青同步碎石封层防水粘结层的影响将会越来越小。

因此,水性环氧改性乳化沥青同步碎石封层防水粘结层的压实时机确定为水性环氧改性乳化沥青表干与实干之间,即水性环氧改性乳化沥青同步碎石封层防水粘结层在 25℃下养生 40~75min 后进行压实,此时失水率范围为 24%~30%。在此基础上,补做试验:水性环氧改性乳化沥青同步碎石封层防水粘结层在表干与实干之间压实 2 次,结果见图 5.55。

(a) 压实1次　　　　(b) 压实2次

图 5.55　表干与实干之间不同次数下沥青膜压实情况

由图 5.55 可知,水性环氧改性乳化沥青同步碎石封层防水粘结层在表干与实干状态之间压实 1 次后,沥青膜刺破现象较少,但压实 2 次后,沥青膜刺破现象较为严重。与此同时,两次压实对碎石的破坏也较大,会将部分碎石挤碎,使碎石整体粒径变小。因此,水性环氧改性乳化沥青同步碎石封层防水粘结层表干与实干之间的压实次数确定为 1 次。

5.4.4　基于粘结强度的压实方法评价

两阶段分步式压实方法,理论上可以让碎石与水性环氧改性乳化沥青粘结料以及水泥混凝土桥面板接触面积更大,但其对桥面铺装层间粘结性能的直接影响尚不明确。为进一步明确压实工艺与时机对水性环氧改性乳化沥青同步碎石封层防水粘结层使用性能的影响,研究不同固化状态下防水粘结层层间粘结性能,并综合考虑界面粘结防水状态及层间粘结强度，完善水性环氧改性乳化沥青同步碎石封层防水粘结层两阶段分步式压实方法，推荐最佳压实工艺与时机。

1. 压实工艺组合对层间粘结性能的影响

设计系列试验，分析不同压实工艺组合搭配下水性环氧改性乳化沥青同步碎石封层防水粘结层层间粘结强度，明确两阶段分步式压实方法对水性环氧改性乳化沥青同步碎石封层防水粘结层层间粘结性能的影响，方案见表5.16，结果见图5.56。

表5.16 压实工艺组合方案

序号	类型	前期轻微压实工艺（是/否）	后期标准压实工艺	
			时间	（是/否）
1	试验组	是	表干与实干之间	是
2	对照组1	否	表干与实干之间	否
3	对照组2	是	表干与实干之间	否
4	对照组3	否	表干与实干之间	是

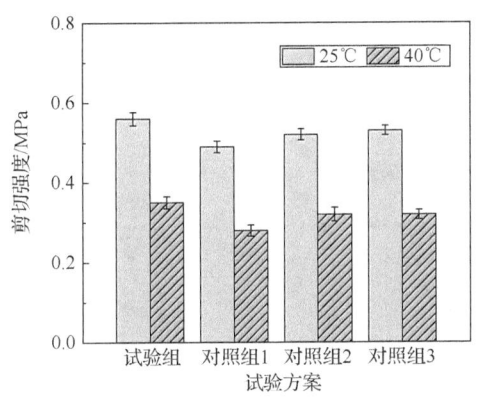

图5.56 不同压实工艺方案层间粘结强度

由图5.56可知，前期轻微压实工艺和后期标准压实工艺均能够提高水性环氧改性乳化沥青同步碎石封层防水粘结层层间粘结性能；两者提升幅度相近，为5%~6%；两者协同作用时，增幅将提高到14.29%以上。随着温度上升到40℃，增幅将更加明显，单项工艺提升幅度、两项工艺协同提升幅度分别达到9.38%、25%以上，表明温度越高，压实工艺对水性环氧改性乳化沥青同步碎石封层防水粘结层层间粘结性能的影响程度越大。上述现象主要是因为碎石封层刚摊铺时，水性环氧改性乳化沥青处于流动状态，此时采用轻微压实工艺，将碎石挤向水性环氧改性乳化沥青中，碎石沾染、黏附更多乳化沥青，同时因为力度较小，还可有效避免碎石被碾碎，这一措施使原本相互独立的碎石与乳化沥青在一定程度上形成了更为紧密的"碎石-沥青"交联网络，提升了碎石封层整体粘结性能；当水性环氧改性乳化沥青处于表干与实干状态之间时，其流动性减小，碎石封层强度逐渐形成，此时采用标准压实工艺将碎石向沥青膜中挤压，同样增大了碎石与水性环氧改性乳化沥青的接触面积，提升了两者之间黏附性能，从而提高了防水粘结层层间粘结性能。

因此，在水性环氧改性乳化沥青同步碎石封层防水粘结层施工阶段，建议采用两阶段分步式压实方法，通过前期轻微压实工艺与后期标准压实工艺，协同提升防水粘结层层间粘结性能。

2. 后期标准压实工艺的时机优选

基于上述确定的压实工艺组合方案，从粘结强度出发，进一步研究后期标准压实工艺中压实时机对同步碎石封层防水粘结层层间粘结强度的影响，并结合界面粘结防水状态，进行综合考虑，最终推荐后期标准压实工艺的最佳时机，方案见表5.17，结果见图5.57。

表5.17 后期标准压实工艺试验方案

序号	前期轻微压实工艺（是/否）	后期标准碾压工艺	
		固化状态及时间	（是/否）
1	是	立即碾压	是
2	是	表干	是
3	是	表干与实干之间	是
4	是	实干	是
5	是	实干后 3h	是
6	是	实干后 6h	是
7	是	实干后 12h	是
8	是	实干后 24h	是

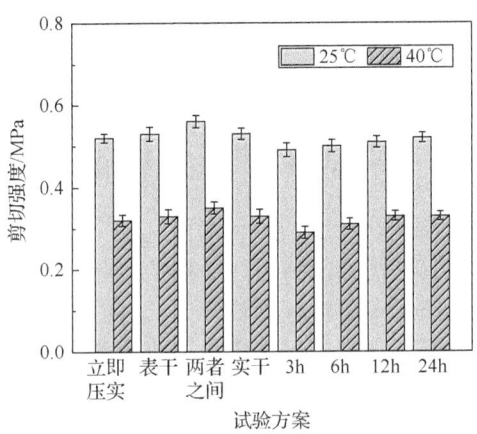

图 5.57 不同压实时机方案层间剪切强度

由图 5.57 可知，随着养生时间增加，水性环氧改性乳化沥青同步碎石封层防水粘结层层间剪切强度呈现先增、后减、再增、之后平缓的趋势，以"表干与实干之间"这一时间状态为分水岭；"表干与实干之间"之前，剪切强度随养生时间增加而提高，"表干与实干之间"时的剪切强度比立即压实时高出 7.69%；"表干与实干之间"之后，剪切强度随养生时间增加先降低再提高，变化幅度维持在 6.12%~14.29%。综合图像观测与剪切试验两项结果，明确了后期标准压实工艺对防水粘结层层间粘结性能的影响，同时也验证了"表干与实干之间"进行后期标准压实工艺的合理性。

综上所述，水性环氧改性乳化沥青同步碎石封层防水粘结层的两阶段分步式压实方法最终推荐为：水性环氧改性乳化沥青同步碎石封层防水粘结层摊铺后，立即采用前期轻微压实工艺，对防水粘结层进行碾压，1 次；常温（25℃）养生固化一段时间，待水性环氧改性乳化沥青处于表干与实干之间时，采用后期标准压实工艺，对防水粘结层进行再次碾压，1 次。

第6章 重载桥面铺装层高模量沥青混合料制备与性能

高模量沥青混凝土具有优异的高温性能和抗疲劳性能,对增强重载桥面铺装层的耐久性、延长桥梁使用寿命具有重要意义。目前,我国高模量沥青混合料以外掺剂型为主,而外掺剂型高模量混合料存在改性剂制备复杂、性价比较差以及高模量沥青及其混合料路用性能与动态模量之间关联性尚未明确等问题。因此,本章提出高模量沥青及其混合料性能等级划分标准,研发兼具性能与经济优势的高模量沥青及其混合料,确定高模量沥青最佳制备工艺,揭示改性剂作用机理,明确高模量沥青混合料力学与路用性能水平,构建高模量沥青混合料动态模量预估模型,为提升重载桥面铺装层耐久性及使用品质提供技术支持。

6.1 高模量沥青及其混合料性能等级划分

为对比评价不同类型高模量沥青及其混合料各单项性能水平,为制备的高模量沥青及其混合料性能评价提供依据,基于2.2.1小节调查结果及数理统计原理,提出高模量沥青及其混合料单项性能等级划分标准[3,21]。采用极好、优秀、一般、较差四个评语,选取箱形图的较小四分位数 Q_1、中位数 Q_2 及较大四分位数 Q_3 并适当取整作为各单项指标的等级划分标准。高模量沥青与高模量沥青混合料的性能等级划分标准见表6.1~表6.4。

表6.1 高模量沥青性能等级划分标准

划分标准	关键指标		参考指标	
	软化点/℃	车辙因子/kPa	蠕变劲度模量/MPa	蠕变速率
Q_3	63	2.5	440	0.33
Q_2	58	1.6	310	0.30
Q_1	52	1.0	270	0.27
极好	[63, +∞)	[2.5, +∞)	[0, 270)	[0.33, +∞)
优秀	[58, 63)	[1.6, 2.5)	[270, 300)	[0.30, 0.33)
一般	[55, 58)	[1.0, 1.6)	—	—
较差	[0, 55)	[0, 1.0)	[300, +∞)	[0, 0.30)

注:(1)规范要求软化点>55℃,该处以规范要求为准。
(2)规范要求蠕变劲度模量<300MPa,蠕变速率>0.3,不满足要求即视为较差水平。
(3)参考指标仅为辽宁省地方规范提出,其他地区可不做强行要求。

表6.2　低标号高模量沥青混合料性能等级划分标准

划分标准	动态模量/MPa	动稳定度/(次/mm)	极限弯拉应变/με	残留稳定度/kN	TSR/%
Q3	24000	6500	2900	92	88
Q2	21000	2800	2600	89	87
Q1	17600	2100	2000	86	84
极好	[24000, +∞)	[6500, +∞)	[2900, +∞)	[92, +∞)	[88, +∞)
优秀	[21000, 24000)	[3000, 6500)	[2600, 2900)	[89, 92)	[87, 88)
一般	[17600, 21000)	—	[1900, 2600)	[86, 89)	[84, 87)
较差	[14000, 17600)	[0, 3000)	[0, 1900)	[80, 86)	[80, 84)

注：规范要求动稳定度>3000次/mm，不满足要求即视为较差水平。

表6.3　自调合高模量沥青混合料性能等级划分标准

划分标准	动态模量/MPa	动稳定度/(次/mm)	极限弯拉应变/με	残留稳定度/kN	TSR/%
Q3	17000	8000	3600	94	90
Q2	15000	5700	3100	92	87
Q1	13000	4800	2300	90	85
极好	[17000, +∞)	[8000, +∞)	[3600, +∞)	[94, +∞)	[90, +∞)
优秀	[15000, 17000)	[5700, 8000)	[3100, 3600)	[92, 94)	[87, 90)
一般	[14000, 15000)	[4800, 5700)	[2300, 3100)	[90, 92)	[85, 87)
较差	[0, 14000)	[3000, 4800)	[1900, 2300)	[80, 90)	[80, 85)

注：规范要求动态模量>14000MPa，该处以规范要求为准。

表6.4　外掺剂高模量沥青混合料性能等级划分标准

划分标准	动态模量/MPa	动稳定度/(次/mm)	极限弯拉应变/με	残留稳定度/kN	TSR/%
Q3	17700	10700	3000	96	93
Q2	16000	8800	2500	94	90
Q1	12000	6400	2200	92	84
极好	[17700, +∞)	[10700, +∞)	[3000, +∞)	[96, +∞)	[93, +∞)
优秀	[16000, 17700)	[8800, 10700)	[2500, 3000)	[94, 96)	[90, 93)
一般	[14000, 16000)	[6400, 8800)	[2200, 2500)	[92, 94)	[84, 90)
较差	[0, 14000)	[3000, 6400)	[1900, 2200)	[80, 92)	[80, 84)

6.2 原材料优选与超高分子聚合物改性沥青制备

国内部分研究单位借鉴国外产品设计思路着手研发了高模量外掺剂，但由于存在制备过程复杂、性价比较差等问题而难以形成完整的生产线。基于此，本节拟优选性能优异且成本合理的材料制备高模量沥青改性剂，基于正交试验确定高模量沥青最佳改性工艺，全面研究高模量沥青基本性能及流变性能，借助扫描电镜、差热分析等微观手段，揭示高模量沥青的微观结构及改性机理[22]，为高模量沥青混合料的制备奠定基础。

6.2.1 原材料优选与制备工艺

1. 高模量沥青改性剂制备及优选

已有研究表明聚烯烃物质能有效改善沥青高温性能，增强其抗车辙性能，因此本节以聚烯烃为主，考虑成本高低、制备难易等因素优选高模量沥青改性剂基础材料，并基于不同基础材料性能增强原理，采用化学交联、物理共混等方法制备高模量沥青改性剂，基于高模量沥青基本性能指标评价不同改性剂的改性效果，优选最佳高模量沥青改性剂。

1) 基础材料

（1）超高分子聚合物（ultra high molecular weight polymer）。选用的超高分子聚合物是一种未曾应用于道路工程领域的工程塑料，为方便叙述，下文简称为 UP，其属于聚烯烃类物质，具有一般热塑性树脂无法比拟的优异性能，如超强的耐磨性、自润滑性，强度比较高，化学性质稳定，抗老化性能强。加入沥青混合料后，在受热时熔化，冷却后变硬，能使沥青结合料的常温黏度增大，从而使高温稳定性增加，其物性指标见表 6.5。

表 6.5 UP 物性表

序号	性能	单位	测试数据
1	外观	—	白色粉末
2	密度	g/cm^3	0.920~0.964
3	粒度	目	120
4	熔点	℃	130~136

已有研究表明，UP 在熔融状态的黏度高达 108Pa·s，熔体指数几乎为零，工

业领域常通过交联反应改善其流动性，增加其可塑性。选用一种强氧化剂作为交联剂，其物性指标见表 6.6。

表 6.6 交联剂物性表

序号	性能	单位	测试数据
1	外观	—	白色晶体
2	密度	g/cm^3	1.082
3	熔点	℃	>39

（2）聚丙烯（polypropylene，PP）。PP 是一种常见的聚烯烃类塑料，具有应用广泛、成本低的特点，常用于沥青卷材的改性剂。一般认为 PP 与沥青分散性好，可以提高沥青的软化点，但此类聚合物通常会对沥青低温性能造成损害。在实际生产中，为使产品具有最佳物理特性，通常将两种或多种物料熔融混合。

已有研究表明，弹性体具有增韧效果，而无机刚性粒子具有增强效果，将弹性体、无机刚性粒子与 PP 混合形成混合聚合物，能在保证强度的前提下适当改善其韧性，避免改性沥青低温性能过度受损，保证改性沥青高低温性能均衡，其物性指标见表 6.7。

表 6.7 PP 物性表

序号	性能	单位	测试数据
1	外观	—	透明颗粒
2	密度	g/cm^3	0.851~0.935
3	熔点	℃	165

聚丙烯弹性体（polyolefin elastomer，POE）是一种常见的聚丙烯增塑剂，可以改性通用刚性塑料，提高刚性塑料的韧性。滑石粉（talc）是一种硅酸镁盐类矿物，化学性质稳定，常用于塑料类产品的填料。将 POE 作为增韧材料，将滑石粉作为无机刚性粒子，以 PP 为基体制备密炼 PP。POE 与滑石粉的物性指标见表 6.8 与表 6.9。

表 6.8 POE 物性表

序号	性能	单位	测试数据
1	外观	—	透明颗粒
2	密度	g/cm^3	0.852~0.880
3	熔点	℃	50~70

表 6.9　滑石粉物性表

序号	性能	单位	测试数据
1	外观	—	白色粉末
2	密度	g/cm^3	2.7～2.8
3	熔点	℃	800

2）高模量沥青改性剂制备工艺

（1）交联 UP 制备工艺。由于 UP 与交联剂都是粉体材料，选用行星式高能球磨仪将二者混合均匀再进行交联；交联反应需要在高温、高压条件下进行，选用的哈克流变仪配备有双转子系统小型密炼机，被广泛应用于研制开发新型高性能聚合物，满足试验要求。

调配：取 10mL 无水乙醇倒入 50mL 烧杯，加入 10g UP，一边加入一边用玻璃棒搅拌，然后加入 0.25g 交联剂与 0.1g 抗氧化剂，搅拌均匀。

混合：将搅拌后的混合溶液倒入球磨罐，用少量无水乙醇清洗烧杯，将冲洗液一同倒入罐中，按球料比 5∶1 加入氧化锆球，启动球磨机，以转速 180r/min 球磨 2h。球磨完成后等待乙醇完全挥发，即得到混合好的粉末，储存待用。

交联：将混合粉末投入哈克流变仪密炼腔，密炼温度 170℃，转子转速 50r/min 条件下密炼 10min，接着在 185℃温度下以转速 50r/min 密炼 10min，记为交联 UP。

（2）密炼 PP 制备工艺。以 PP 为基体，POE 为弹性体，滑石粉为无机刚性粒子，在高温条件下制备密炼 PP，具体制备过程如下所示。

调配：将所有原料充分烘干后按比例掺配，具体为 80 份 PP、20 份 POE、40 份滑石粉、3 份 CSW。

密炼：将混合物投入哈克流变仪密炼腔，密炼温度 170℃，转子转速 50r/min，密炼时间 10min，取出后趁热切成颗粒，记为密炼 PP。

为对比 UP 与 PP 处理前后对沥青的改性效果，也将基础材料 UP 与 PP 分别作为改性剂。

3）高模量沥青改性剂优选

为验证改性剂对沥青的改性效果，采用高速剪切搅拌机在相同工艺条件下制备改性沥青并开展基本性能试验，以软化点、针入度、延度为指标评价不同改性剂对基质沥青的改性效果，优选高模量沥青改性剂。初步拟定改性剂掺量为沥青质量的 4%，制备所得改性沥青依次命名为交联 UP 沥青、密炼 PP 沥青、UP 沥青及 PP 沥青。

为排除改性工艺对试验结果的影响，所有改性沥青制备工艺均保持一致，具体为：将基质沥青 SK-70 加热到 175℃，待温度稳定后，分次缓慢加入改性剂，同时手动搅拌 5min；启动高速剪切仪，将剪切仪转子放入搅拌桶，以 3000r/min

剪切 40min，结束后，将仪器调为低速状态再将转子取出搅拌桶，其间保持加热温度（175±5）℃；将制备好的改性沥青手动搅拌 10min，去除气泡，倒入三大指标试验模具，剩余沥青储存待用。4 种改性沥青基本性能测试结果见表 6.10。

表 6.10 改性沥青基本性能测试结果

序号	沥青类型	针入度/（0.1mm）	软化点/℃	延度/mm
1	基质沥青	65	46.1	>150
2	交联 UP 沥青	52	51.8	101
3	密炼 PP 沥青	50	52.2	>150
4	UP 沥青	48	53.1	78
5	PP 沥青	53	51.2	>150

分析针入度指标可知，4 种改性沥青针入度均在 4~6mm，属于 50#沥青，相较于基质沥青下降了一个标号，表明 4 种改性剂均能改善基质沥青高温性能。相较于基质沥青，制备的 4 种改性沥青软化点均有所提高，幅度在 11.06%~15.18%，依次为 UP 沥青>密炼 PP 沥青>交联 UP 沥青>PP 沥青。其中，UP 沥青软化点提高了 15.18%，为 53.1℃，其次是密炼 PP 沥青，软化点提高了 13.23%，为 52.2℃。分析认为，UP 本身具有超长分子链与超高分子量，经高速剪切后可均匀分散在沥青中，起到提高软化点的作用。剪切作用不仅破坏了交联 UP 的三维空间结构，也使其主要原材料 UP 本身的分子链被破坏，因此改性效果反而不如未经交联的 UP。对比密炼 PP 与 PP 型沥青，二者软化点相差仅 1℃，说明加入弹性体与无机刚性粒子对增强 PP 改性沥青效用较低。

尽管国内外相关规范均未对高模量沥青延度作出规定，仍可针对其比较改性沥青性能。相较于基质沥青，密炼 PP 沥青与 PP 沥青的延度变化不明显，而交联 UP 沥青与 UP 沥青延度下降明显，说明 UP 对沥青低温性能影响大于 PP。

综合上述分析，鉴于道路工程领域已有关于 PP 改性沥青的研究，而密炼 PP 对高温性能改善并不明显，因此不再将 PP 与密炼 PP 为制备高模量沥青改性剂。交联 UP 的改性效果不如 UP，最终选取基础材料 UP 作为高模量沥青改性剂。

2. UP 高模量沥青制备工艺

为研究改性工艺对高模量沥青性能的影响，拟设计正交试验制备不同工艺改性高模量沥青并研究其基本性能，通过极差分析确定 UP 高模量沥青的最佳制备工艺。

1) 正交试验设计

由前文研究可知,当 UP 掺量为沥青质量的 4%时,高模量沥青软化点相对基质沥青仅提高 15.18%,想进一步增强改性效果则需在可接受成本范围内增加 UP 掺量,因此拟定 UP 掺量为沥青质量的 6%。由于现行高模量沥青混合料相关规范均未对高模量沥青低温延度作出要求,本节以 5℃软化点、当量软化点、25℃针入度及针入度指数评价不同工艺高模量沥青的高温性能及温度敏感性能,作为确定最佳制备工艺依据。

采用高速剪切搅拌机制备 UP 高模量沥青,UP 能在高速剪切作用下均匀分散于沥青中,但剪切速率过高会导致沥青产生气泡,影响其感温性,此外,剪切温度过高和剪切时间过长则会影响沥青的老化性能。为研究剪切工艺对 UP 高模量沥青性能的影响,拟采用正交试验确定 UP 高模量沥青的最佳制备工艺。选用三因素三水平正交表($L_9(3^3)$),采用 SPSS 数据统计软件设计正交试验,研究 UP 高模量沥青最佳制备工艺。正交试验因素与水平见表 6.11。

表 6.11 正交试验因素与水平

水平	因素		
	剪切温度/℃	剪切时间/min	剪切速率/(r/min)
1	150	30	3000
2	170	40	5000
3	190	50	7000

图 6.1 150℃剪切时高模量沥青状态

试验过程中发现,当剪切温度为 150℃时,UP 始终无法充分熔化,而是在沥青中结团、呈絮状,说明在该温度下,UP 不能完全分散于沥青之中,无法与沥青形成相容体系,该混合物状态见图 6.1。

后续不再进行 150℃下改性试验,但为了保证数据分析顺利进行,仍按照正交试验设计方案在 170℃、190℃温度条件下制备高模量沥青,测定 5℃软化点及 15℃、25℃、30℃针入度,并计算针入度指数与当量软化点,UP 高模量沥青正交试验见表 6.12。

第6章 重载桥面铺装层高模量沥青混合料制备与性能

表 6.12 UP 高模量沥青正交试验

试验编号	因素及水平			软化点/℃	针入度/(0.1mm)				针入度指数	T_{800}
	剪切温度/℃	剪切速率/(r/min)	剪切时间/min		15℃	25℃	30℃	R^2		
1	150	3000	40	—	—	—	—	—	—	—
2	150	5000	50	—	—	—	—	—	—	—
3	150	7000	30	—	—	—	—	—	—	—
4	170	3000	30	56.2	17	44	67	0.999	0.011	56.8
5	170	5000	40	58.9	15	35	60	0.998	0.057	58.7
6	170	7000	50	59.1	15	38	57	0.999	0.187	59.3
7	190	3000	50	57.3	15	37	61	0.999	-0.069	57.8
8	190	5000	30	58.2	16	41	61	0.999	0.161	58.4
9	190	7000	40	59.0	12	29	51	0.997	-0.225	59.3

2）极差分析

极差分析的原理是利用正交试验设计的整齐可比性，计算某个因素在每一水平下的试验指标均值 Ki 与极差 R，通过比较不同因素的极差大小确定其对试验指标的影响程度。对方案 4～方案 9 的测试数据进行极差分析，相应指标随因素水平变化趋势见图 6.2（图中右上角标注为各因素对试验指标影响的主次顺序）。

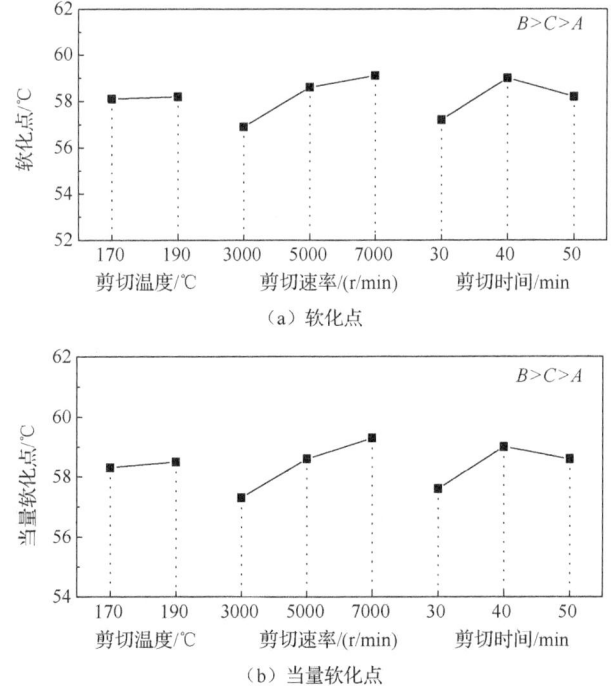

（a）软化点

（b）当量软化点

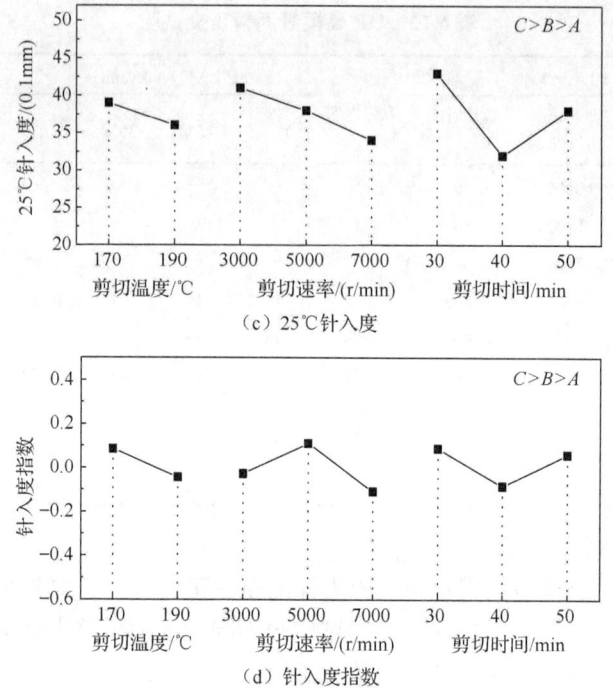

图 6.2 各评价指标随因素水平变化趋势

A、B、C 分别表示剪切温度、剪切速率和剪切时间对不同指标的影响程度

由图 6.2 可知,从各指标极差变化来看,三种因素对高模量沥青软化点、当量软化点的影响作用从大到小依次为剪切速率>剪切时间>剪切温度,对针入度及针入度指数影响作用从大到小依次为剪切时间>剪切速率>剪切温度,因此,在确定最佳制备工艺时应着重考虑剪切时间和剪切速率对沥青性能的影响,剪切温度作为次要因素考虑,取 170℃。

当剪切速率小于 5000r/min 时,软化点和当量软化点随着剪切速率增大而增大,剪切速率大于 5000r/min 时,软化点和当量软化点增长幅度放缓,说明只持续提高剪切速率并不能持续提高高模量沥青耐高温性能;针入度随剪切速率增大而降低,说明高模量沥青稠度增大;针入度指数随剪切速率的提高先增大后减小,表明高模量沥青感温性能先减小后增大。分析原因是过高的剪切速率加剧了沥青的老化,导致沥青变硬变脆,性能下降,因此确定最佳剪切速率为 5000r/min。

软化点和当量软化点随剪切时间的延长先增大后减小,表明高模量沥青的耐高温性能先提升后降低;针入度和针入度指数随剪切时间的延长先减小后增大,表明高模量沥青的稠度先增大后减小,感温性能先增大后减小。分析认为在一定时间范围内,延长剪切时间可以促进改性剂在沥青中的分散,从而提高沥青性能,但时间过长会加速沥青老化,损伤其性能,因此确定最佳剪切时间为 40min。

综上，高模量沥青的最佳制备工艺为剪切温度170℃、剪切速率5000r/min、剪切时间40min。

6.2.2 基本性能及流变性能研究

1. 基本性能

沥青的基本性能主要包括感温、高温、低温等性能，由于现行高模量沥青混合料相关规范均未对高模量沥青低温延度作出要求，因此本节以软化点、当量软化点、针入度及针入度指数评价不同类型高模量沥青的高温性能及温度敏感性能。选取UP掺量为4%、6%和8%，各性能指标测试结果见表6.13。

表6.13 不同类型UP高模量沥青基本性能指标

序号	沥青类型	软化点/℃	针入度/（0.1mm）				针入度指数	当量软化点/℃
			15℃	25℃	30℃	R^2		
1	UP-4	53.1	16	48	71	0.997	-0.595	53.6
2	UP-6	58.9	15	35	60	0.998	0.057	58.7
3	UP-8	60.9	11	30	44	0.999	-0.280	59.5

由表6.13可知，UP高模量沥青的针入度随掺量的提高逐渐递减，软化点和当量软化点均随掺量的提高而增大，表明UP明显改善了基质沥青的高温性能。

UP-6的软化点比UP-4提高了5.8℃，当量软化点提高了5.1℃，提高幅度分别为10.92%和9.51%，针入度降低了1.3mm，降低幅度为27.08%；UP-8软化点比UP-6提高了2.0℃，当量软化点提高了0.8℃，提高幅度分别为3.40%和1.36%，针入度降低了0.5mm，降低幅度为14.29%，表明随着掺量的增加，高模量沥青的高温性能改善幅度有所降低。

随着UP掺量增加，高模量沥青针入度指数先增大后减小，表明高模量沥青感温性能先减小后增大。分析认为：一方面UP不与沥青发生化学反应，其在沥青中以微粒形式存在；另一方面UP分子细度大，即使掺量不高，UP微粒数量极多，这些微粒广泛分散在沥青胶体中，在一定程度上改变了沥青体系的溶凝胶特性，使高模量沥青对温度变化变得敏感。

2. 流变性能

流变学理论在沥青材料研究领域的运用已有数十年历史，通过研究沥青变形随加载时间变化规律，可以解释不同情况下沥青黏弹性能。UP改性剂的加入势必改变沥青流变性能。为进一步研究UP高模量沥青的流变特性，拟采用流变试验测试其在不同加载条件下的应力与应变响应，试验方案见表6.14。

表 6.14　UP 高模量沥青流变试验方案

序号	试验	UP 掺量/%	试验温度/℃
1	温度扫描试验	4、6、8	58～82
2	弯曲蠕变劲度试验	4、6、8	−12

1）高温流变性能

温度扫描试验可以确定沥青的复数剪切模量 G^*（简称复数模量）和相位角 δ。G^* 是表征黏弹性材料变形特征的重要参数，可以分解为储存剪切模量（实部）和损耗剪切模量（虚部）。一定程度上，储存剪切模量表征黏弹性材料的弹性变形特征，损耗剪切模量表征黏弹性材料的黏性变形特征。δ 可以度量沥青的应力与应变响应，反映材料黏弹性成分比例。相位角越大，说明沥青的应变响应越迟缓，黏性成分越大。车辙因子 $G^*/\sin\delta$ 是表征沥青抗车辙能力的指标，$G^*/\sin\delta$ 越大，沥青的高温抗车辙能力越强。所用沥青为原样沥青，采用 25mm 平行板；试验温度 58～82℃，间隔 6℃，应变水平 12%，加载频率 10rad/s，正弦波加载周期 20 次，取后 10 个周期试验数据计算。仪器为动态剪切流变仪。根据试验结果，整理出各温度下高模量沥青车辙因子和 PG 高温等级，见表 6.15。

表 6.15　不同掺量 UP 高模量沥青温度扫描试验结果

沥青类型	温度/℃	复数模量/Pa	相位角/(°)	车辙因子/Pa	PG 高温等级
UP-4	58	4674	85.63	4688	70
	64	2052	86.31	2056	
	70	1002	86.31	1004	
	76	537	85.58	538	
	82	300	84.31	302	
UP-6	58	10461	84.33	10512	70
	64	4060	86.17	4069	
	70	1804	87.05	1806	
	76	905	87.21	906	
	82	544	88.08	544	
UP-8	58	14148	83.45	14241	76
	64	5520	85.53	5537	
	70	2523	86.58	2528	
	76	1243	86.53	1246	
	82	649	86.50	650	

(1)温度扫描试验结果分析。为研究不同掺量 UP 高模量沥青高温性能随温度变化规律,绘制复数剪切模量、相位角及车辙因子随温度变化趋势图,见图 6.3。

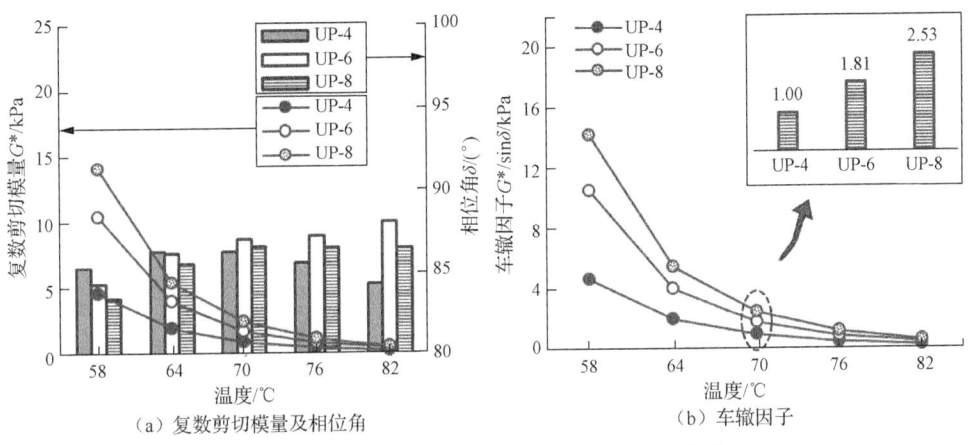

(a)复数剪切模量及相位角　　　(b)车辙因子

图 6.3　不同掺量 UP 高模量沥青温度扫描试验结果

由图 6.3 可知,不同类型沥青的复数模量都随温度上升而呈指数型减小,说明 UP 并未改变沥青的黏弹特性,70℃时 UP-4 的复数模量是 70#沥青的 2 倍,UP-6 是其 3.76 倍,UP-8 是其 5.26 倍,说明 UP 有效改善了基质沥青的高温性能。

58~64℃时,不同类型沥青的相位角随温度上升均呈增大趋势,温度较低时 UP 高模量沥青的相位角与 70#沥青相差不大,当温度大于 64℃时,不同掺量 UP 高模量沥青的相位角均小于 70#沥青,说明高模量沥青体系弹性增大,UP 改善了高温条件下沥青的黏弹性。此外,UP-4 高模量沥青在 70~82℃时相位角有所下降,分析认为这是 UP-4 高模量沥青体系不够稳定导致的相位角波动。

制备的 UP 高模量沥青满足技术规范(DB21/T 1754—2009)中对高模量沥青 70℃车辙因子大于 1000Pa 的要求,其中 UP-4 与 UP-6 高模量沥青 PG 高温等级能达到 70℃,而 UP-8 高模量沥青的 PG 高温等级能达到 76℃。

不同掺量的 UP 高模量沥青车辙因子均随温度的增加呈指数型下降模式。相同温度下,UP 掺量越大,高模量沥青车辙因子越大,表明增加 UP 掺量有利于提高高模量沥青的抗车辙性能。70℃条件下,UP-6 车辙因子相较于 UP-4 提升了 79.88%,UP-8 的车辙因子相较于 UP-6 提升了 39.98%,说明随着改性剂掺量提高,车辙因子的改善幅度在逐步减小。

(2)改进车辙因子结果分析。改进车辙因子 $G^*/(\sin\delta)^9$ 用于评价高模量沥青高温性能,其对高模量沥青相位角的变化更为敏感。为对比改进车辙因子与车辙因子评价效果,提出差值百分比,其计算方法见式(6.1)。

$$差值百分比 = \frac{G^*/(\sin\delta)^9 - G^*/\sin\delta}{G^*/\sin\delta} \times 100\% \qquad (6.1)$$

将改进车辙因子与差值百分比绘制成图,见图6.4。

由图6.4可知,改进车辙因子与车辙因子呈现的规律一致,相同掺量下改进车辙因子随温度的上升呈指数型下降趋势,相同温度下随掺量的增加呈增大趋势。观察差值百分比变化趋势可以看出,其与高模量沥青相位角变化趋势有相关关系,将二者绘制成条形图,见图6.5。

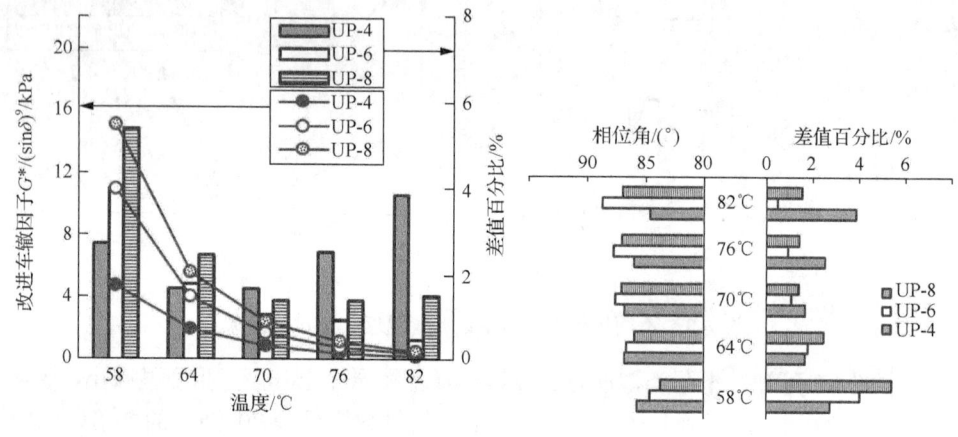

图6.4 改进车辙因子与差值百分比   图6.5 相位角与差值百分比

对比同一温度下不同掺量高模量沥青的相位角与差值百分比可知二者存在负相关关系,意味着相位角越大,差值百分比越小,当相位角小于85°时,差值百分比可达到4%~6%。所制备的高模量沥青相位角基本都在85°以上,改进车辙因子与车辙因子差值百分比在4%以内,差值可以忽略不计,因此对于相位角大于85°的高模量沥青,改进车辙因子或车辙因子对沥青性能的区别度不大,二者均适用。

2)低温流变性能研究

低温环境下沥青胶结料失去黏性而变硬变脆,抗拉伸能力显著降低,易发生脆性断裂破坏,引起混合料低温开裂。研究表明矿质集料对沥青混合料的低温抵抗性能贡献有限,远低于沥青胶结料的作用,因此沥青的低温流变性能可有效反映其混合料低温抗裂性能,采用弯曲蠕变劲度试验测试高模量沥青低温性能。所用试样为压力老化沥青,选择-12℃、-18℃试验温度,研究不同掺量UP高模量沥青的低温蠕变性能,各性能指标随加载时间变化规律见图6.6。

由图6.6可知,同一温度下,UP高模量沥青的蠕变劲度模量S随加载时间增加而减小,随UP掺量的增大而增大。-12℃条件下,加载60s时,UP-4高模量沥青S值为232MPa,UP-6高模量沥青S值为284MPa,相较于UP-4增大了22.41%,UP-4与UP-6均满足$S\leqslant300$MPa的要求。UP-8高模量沥青S值为302MPa,相较于UP-6增大了6.34%,增幅明显下降。-18℃条件下,三种UP高模量沥青的S

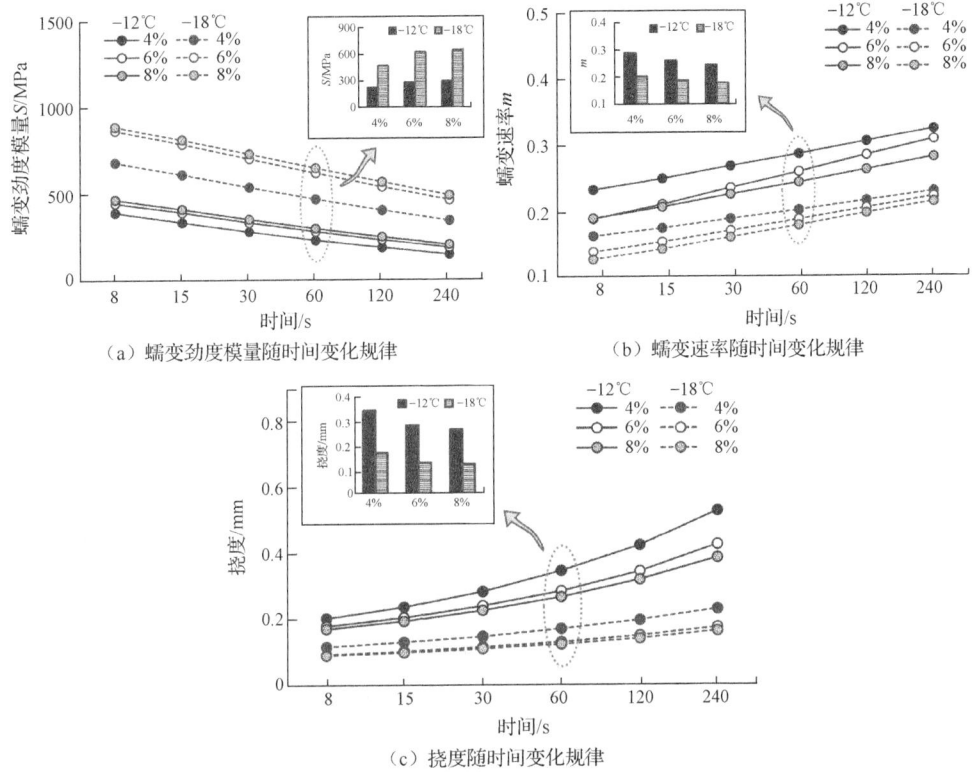

图 6.6 UP 高模量沥青低温弯曲蠕变试验结果

值进一步增大，变化规律与-12℃相似。分析认为，UP 改性剂对基质沥青的低温蠕变劲度影响显著，掺量从 4%增加到 6%时，S 值大幅上升，当掺量为 8%时高模量沥青的蠕变劲度模量不满足规范要求。

同一温度下，UP 改性高模量沥青的蠕变速率 m 随加载时间增加而增大，随 UP 掺量的增大而减小。-12℃条件下，加载 60s 时，UP-4 改性高模量沥青 m 值为 0.289，UP-6 改性高模量沥青 m 值为 0.262，相较于 UP-4 减小了 9.34%，UP-8 改性高模量沥青 m 值为 0.246，相较于 UP-6 减小了 6.11%，降幅有所减小。-18℃条件下，三种 UP 高模量沥青的 m 值进一步减小，变化规律与-12℃相似。三种 UP 改性高模量沥青的蠕变速率均不满足 $m \geq 0.3$ 的要求，表明 UP 高模量沥青在低温下易呈现脆性，说明 UP 会损害沥青的低温性能。

同一温度下，UP 高模量沥青的挠度随加载时间增加而增大，随 UP 掺量的增大而减小。-12℃条件下，加载 60s 时，UP-4 高模量沥青挠度为 0.345mm，UP-6 高模量沥青挠度为 0.284mm，相较于 UP-4 减小了 40.60%，UP-8 高模量沥青挠度为 0.266，相较于 UP-6 减小了 6.34%，降幅有所减小。-18℃条件下，三种 UP 高模量沥青的挠度进一步减小，变化规律与-12℃相似。

6.2.3 微观结构及性能机理

沥青是一种化学成分复杂的有机高分子材料,而改性剂的添加使沥青的组成结构更加复杂,因此,选取合适的方法表征其微观组成及结构能更好地了解沥青的改性机理,对评价沥青材料具有重要现实意义。随着现代材料微观测试技术的发展,许多新的测试手段被应用于道路材料领域,选用扫描电子显微镜(scanning electron microscope,SEM)与差示扫描量热(differential scanning calorimeter,DSC)两种微观测试手段研究 UP 改性沥青的微观组成与结构,揭示 UP 改性机理。

1. SEM 分析

为研究 UP 在沥青中的分散程度,利用扫描电子显微镜观察 UP 高模量沥青的微观结构形状及改性剂分布状况。SEM 是通过电子束扫描样品并利用样品的二次电子信号成像来观察样品表面形貌的一种材料微观形态分析手段,因为沥青为非导电材料,为保证成像稳定,需对试验所用沥青样品进行喷金处理。UP 高模量沥青 SEM 照片见图 6.7。

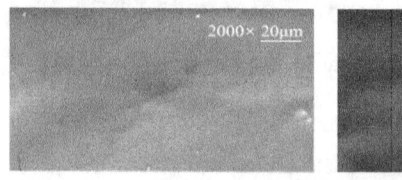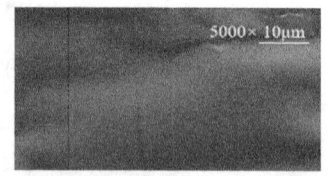

图 6.7 UP 高模量沥青 SEM 照片

UP 分子细度大,比表面积大,表面能高,将其用于改性沥青须避免其在沥青介质中出现团聚现象,影响改性效果。观察放大倍数为 2000 倍的 SEM 照片可以发现 UP 改性剂以粉末状态均匀分布在沥青介质中,表明其与沥青并未发生化学反应,而是以物理方式与沥青介质共存。观察放大倍数为 5000 倍的 SEM 照片可以发现 UP 高模量沥青表面光滑,改性剂 UP 与沥青之间无明显界面分离现象,说明高速剪切作用能有效促使 UP 均匀分散于沥青介质中,保证高模量沥青均匀性。UP 分子量高、分子链长,可与沥青中的大分子链互相交缠形成宏观稳定、均匀的整体,从而改善沥青性能。

2. DSC 分析

为研究 UP 对沥青性能的影响,通过对比 UP 改性沥青与基质沥青的 DSC 图像,确定 UP 对基质沥青性能的影响规律。选用的待测样品为 SK-70 沥青及 UP 掺量分别为 4%、6%、8%的改性沥青。

DSC 曲线以样品吸热或放热的速率,即热流率(单位为 mW)为纵坐标,以温度为横坐标，通过曲线离开基线的位移判断样品吸热或放热的速率，而吸热峰面积与放热峰面积的大小反映了沥青随温度改变发生化学变化或物理变化所需能量的多少，因而 DSC 曲线可测量沥青发生物理或化学变化时的热效应，评价沥青的温度敏感性；DSC 曲线上的玻璃化转变温度 T_g 则可用来评价沥青的低温性能。当沥青处于玻璃态区域时，分子链被冻结，只有较小单元的侧链可围绕固定位置产生微小振动，此时沥青较脆，抗变形能力较弱，易产生裂缝。因此沥青玻璃化转变温度越低，沥青的低温性能越好。样品加热速率为 10℃/min，不同类型沥青的 DSC 曲线见图 6.8。

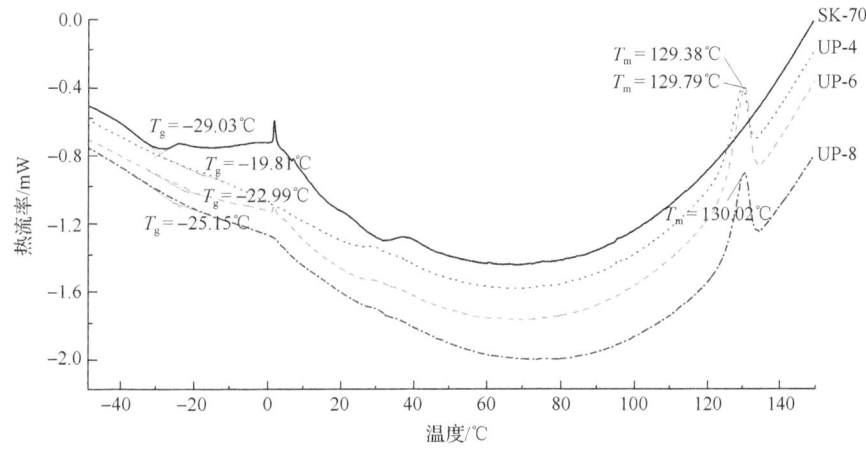

图 6.8 SK-70 和不同 UP 含量改性沥青 DSC 曲线

图 6.8 中热流曲线的吸热效应由正向凸起的峰表示。分析可知，3 种掺量改性沥青在-50～120℃的热效应变化趋势一致，且与 SK-70 基质沥青类似。0℃左右时，SK-70 热流曲线出现了较大波动，但 3 种改性沥青在该位置的热流曲线均无明显变化，分析认为 SK-70 是第一个测试样品，仪器状态尚不稳定，导致测试结果在正负温度交替时出现波动。120～130℃时，3 种改性沥青的热流曲线均出现明显吸热峰，表明在该温度区间沥青中有结晶组分熔融或非晶组分的相变化。通过计算温度区间和吸热峰面积，可以得到沥青样品的熔融热焓，反映沥青状态变化的难易程度。3 种改性沥青样品的 DSC 分析结果见表 6.16。

表 6.16 改性沥青样品 DSC 分析结果

样品	T_g/℃	峰值/℃	峰宽度/℃
SK-70	-29.03	—	—
UP-4	-19.81	129.38	122.61～133.54
UP-6	-22.99	129.79	122.71～133.92
UP-8	-25.15	130.02	122.90～133.66

由表 6.16 可知，SK-70 沥青的玻璃化转变温度 T_g 最低，为-29.03℃，3 种改性沥青的 T_g 有所上升，说明 UP 加入改变了基质沥青的低温稳定性，这与低温弯曲流变试验结果一致。重组分含量对沥青的玻璃化转变温度有较大影响，UP 是大分子物质，其加入导致沥青重组分含量增多，进而使 T_g 升高，沥青低温性能受到影响。

基质沥青在 130℃左右并无吸热峰，而 3 种改性沥青在该范围均出现一个较大的吸热峰，峰值与峰宽相近，表明 3 种改性沥青发生相态变化难易程度相近，且该分解温度与 UP 本身熔点接近，分析认为该吸热峰是加入沥青的 UP 受热融熔导致。

6.2.4 性能等级评价

为进一步评价 UP 高模量沥青各单项性能水平，选取必要指标软化点、车辙因子，参考指标蠕变劲度模量、蠕变速率，与高模量沥青性能调查结果对比，将 UP 高模量沥青各项性能与调查结果对比，见图 6.9，并根据高模量沥青性能等级划分标准，明确 UP 高模量沥青各单项性能等级。

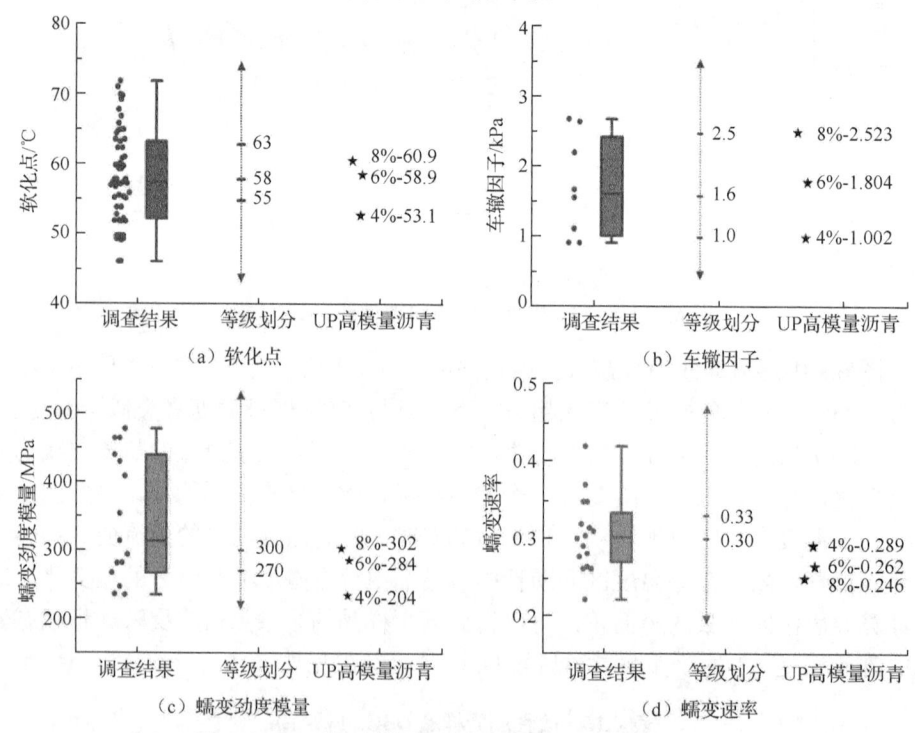

图 6.9 UP 改性高模量沥青各项性能与调查结果对比

由图 6.9 可知，与调查结果相比，UP-4 高模量沥青软化点在[0，55)，处于较差水平，而 UP-6 高模量沥青与 UP-8 高模量沥青在[58，63)，处于优秀水平，说明当 UP 掺量为 4%时，对沥青软化点改善效果一般，进一步提高 UP 掺量可以取得明显效果。

与调查结果相比，UP-4 高模量沥青车辙因子在[1.0，1.6），处于一般水平，说明低掺量对沥青车辙因子改善效果较弱，而 UP-6 高模量沥青在[1.6，2.5），处于优秀水平，UP-8 高模量沥青的车辙因子在[2.5，+∞），处于极好水平。

与调查结果相比，UP-4 改性高模量沥青的蠕变劲度模量在[0，270），处于极好水平，UP-6 高模量沥青在[270，300），处于优秀水平，UP-8 改性高模量沥青在[300，+∞），处于较差水平。观察箱形图可知，UP 高模量沥青蠕变劲度模量分布在箱形图尾部，说明与调查结果相比制备的高模量沥青蠕变劲度模量处于较好水平。

与调查结果相比，UP 高模量沥青蠕变速率均在[0，0.30），进一步验证高模量沥青低温性能难以满足规范要求。

软化点与车辙因子均反映沥青高温性能，而高模量沥青应重点考虑车辙因子，因此以车辙因子作为 UP 高模量沥青高温性能水平评定依据。综上所述，UP-4 高模量沥青的高温性能处于一般水平，UP-6 高模量沥青处于优秀水平，UP-8 高模量沥青处于极好水平，考虑成本因素，最终确定 UP 掺量为 6%。

6.3 高模量沥青混合料制备及性能评价

力学性能与路用性能研究是全面把控高模量沥青混合料特性的基础，为进一步验证前期研究所优选改性剂用于制备高模量沥青混合料的可行性，本节制备并对比分析不同类型高模量沥青混合料力学性能与路用性能[22]，明确高模量沥青混合料力学性能与路用性能水平，并建立基于区间数海明距离决策方法的高模量沥青混合料性能综合评价体系，为新型高模量沥青混合料的推广应用提供技术支撑。

6.3.1 原材料优选与配合比设计

1. 高模量沥青混合料制备

本节以马歇尔试验为基础，建立沥青用量与马歇尔稳定度、流值、空隙率等关键指标的关系，从而确定最佳沥青用量，明确高模量沥青混合料制备工艺。

1）原材料

（1）集料。所用粗集料为玄武岩，表面洁净粗糙，接近立方体，细集料由玄武岩破碎而成，无杂质、风化。依照规范进行粗细集料技术性质测试，详见表 6.17 和表 6.18。

表 6.17 粗集料物理性能

试验指标	单位	试验方法	技术要求	测定值
压碎值	%	T0316	≤ 24	13.2
洛杉矶磨耗值	%	T0317	≤ 30	15.7
表观相对密度	—	T0304	≥ 2.5	2.702
吸水率	%	T0304	≤ 2.0	0.821
坚固性	%	T0314	≤ 8	7.4
针片状含量	%	T0312	≤ 12	5.6
<0.075mm 颗粒含量	%	T0310	≤ 1	0.9
软石含量	%	T0320	≤ 5	3.2
与沥青的黏附性	级	T0663	≥ 4	5

表 6.18 细集料技术指标检验结果

试验指标	单位	试验方法	技术要求	测定值
表观相对密度	—	T0328	≥ 2.5	2.703
坚固性（>0.3mm 部分）	%	T0340	≤ 12	9.6
含泥量（<0.075mm 部分）	%	T0333	≤ 3	0.5
砂当量	%	T0334	≥ 60	73.9
亚甲蓝值	g/kg	T0346	≤ 25	19
棱角性	%	T0345	≥ 30	35

（2）矿粉。矿粉由石灰岩磨细而成，对其技术性质进行测试，试验结果见表 6.19。

表 6.19 矿粉技术指标检验结果

试验指标		单位	试验方法	技术要求	测定值
表观相对密度		—	T0352	≥ 2.5	2.693
粒度范围	<0.6mm	%	T0351	100	100
	<0.15mm			90~100	98.6
	<0.075mm			75~100	93.4
外观		—	—	无团粒结块	无团粒结块
亲水系数			T0353	< 1	0.7
塑性指数			T0354	< 4	2.7

（3）改性剂。改性剂采用石膏晶须（calcium sulfate whisker，CSW），又名石膏纤维或硫酸钙晶须，是具有均匀横截面和完善内部结构的纤维状单晶体，平均

直径 1～8μm，平均长度 30～200μm，具有优良的物理力学性能，是一种无毒的绿色环保材料，且成本较低。CSW 能显著提高沥青混合料的动稳定度，改善沥青混合料的高温稳定性，因此可将其作为辅助材料，与 UP 或 PP 复配，达到进一步提高性能、节省成本的目的。

根据前文试验结果可知，UP-6 高模量沥青具有优秀的高温性能，而 UP-4 高模量沥青及 PP-6 高模量沥青性能稍有逊色，为保证改性效果，拟采用 CSW 分别与 UP-4 及 PP-6 复配制备高模量沥青混合料，以达到进一步增强混合料性能与节约成本的目的，具体方案见表 6.20。需要说明的是，表中 UP 和 PP 的掺量分别由前文研究中该改性剂相对沥青质量比换算而来。

表 6.20 高模量沥青混合料制备方案

序号	混合料类型	UP 掺量（占混合料质量比）	PP 掺量（占混合料质量比）	CSW 掺量（占混合料质量比）
1	UP	0.34%	—	—
2	UC	0.22%	—	0.3%
3	PC	—	0.34%	0.3%

2）矿料配合比设计

考虑到高模量沥青混合料主要应用层位为易产生车辙变形的路面结构中下面层，采用《高模量沥青路面施工技术指南》(T/CHTS 10004—2018) 推荐的典型高模量沥青混合料 AC-16 级配，级配曲线见图 6.10。

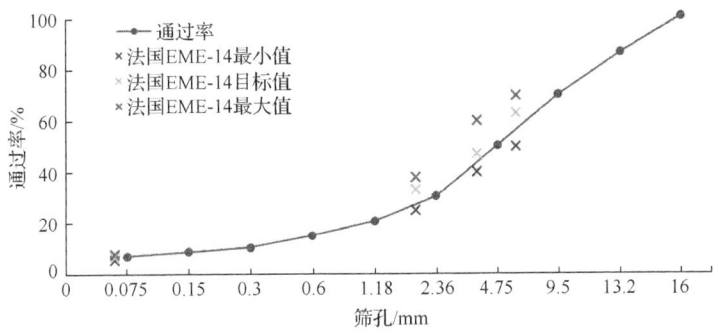

图 6.10 高模量沥青混合料 AC-16 级配曲线

由图 6.10 可知，选用的级配形成了较好的 S 形曲线，同时也满足法国高模量沥青混合料 EME-14 型级配规定的 0.063mm、2mm、4mm 及 6mm 四个限制筛孔推荐的通过率范围。

3）改性剂掺入方式

高模量沥青混合料湿法工艺是指将改性剂与沥青拌和，制成改性沥青后再与矿料进行拌和，形成沥青混合料；干法工艺是指将外掺剂颗粒与石料在高温下干拌，然后向其中加入沥青，再次拌和后得到沥青混合料。以 UP 为改性剂分别用干法和湿法工艺制备高模量沥青混合料，UP 掺量为沥青质量 6%，沥青用量为 5.6%，制作马歇尔试件并测定其稳定度与流值。结果表明干法工艺制备高模量沥青混合料马歇尔指标优于湿法工艺，因此采用干法工艺制备 3 种高模量沥青混合料。

4）最佳沥青用量确定

以 UP 为改性剂制备混合料，确定最佳沥青用量。GB/T 36143—2018 规定高模量沥青混合料最低沥青用量不低于 5.2%，因此将初始沥青用量定为 5.6%，分别以沥青用量 4.6%、5.1%、5.6%、6.1%、6.6% 拌制沥青混合料，采用马歇尔击实仪每面击实 75 次成型 5 组试件，按规范要求测定各项参数，测试结果见图 6.11。

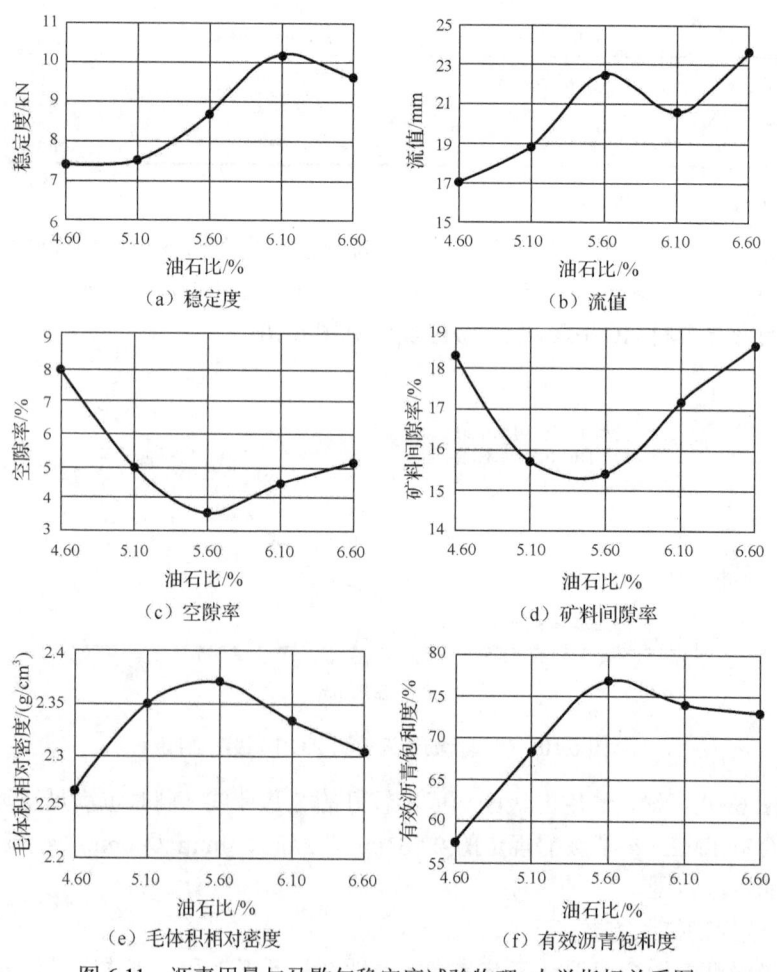

(a) 稳定度 (b) 流值

(c) 空隙率 (d) 矿料间隙率

(e) 毛体积相对密度 (f) 有效沥青饱和度

图 6.11 沥青用量与马歇尔稳定度试验物理-力学指标关系图

从图 6.11 中找出稳定度最大值、毛体积密度最大值、空隙率≤4%、沥青饱和度中值对应的沥青用量 a_1、a_2、a_3、a_4，四者均值为最佳沥青用量初始值 OAC_1；求出各指标均符合技术要求的沥青用量范围，其中值为最佳沥青用量初始值 OAC_2，则最佳沥青用量 $OAC=(OAC_1+OAC_2)/2$，按上述方法确定的最佳沥青用量为 5.6%，满足 GB/T 36143—2018 最低沥青用量不低于 5.2%的要求。

当干法制备工艺时，改性剂对沥青混合料的改性作用主要发生在混合料搅拌过程中，集料的加热温度、混合料拌和温度以及拌和时间对高模量剂改性效果的发挥起着决定性作用。通常外掺剂型高模量沥青混合料加集料与外掺剂干拌时间为 20～30s，所用改性剂为粉末状，拌和 30s 时降下拌锅，观察到部分改性剂呈絮状，并未完全熔融，见图 6.12，说明应适当延长集料与改性剂干拌时间。

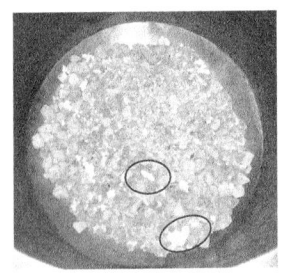

图 6.12　干拌 30s 时改性剂在集料中的分布状态

调整后的高模量沥青混合料拌和流程如下：①将粗细集料按设计级配及每锅用量称量，混合均匀，矿粉单独放入小盆里，集料与矿粉加热温度为 195℃；②用烘箱将沥青加热至规定的拌和温度 175℃，备用；③拌和机预热至拌和温度以上 10℃，即 185℃，将已预热的集料与改性剂放入拌锅，干拌 90s；在集料中间挖出一凹槽，倒入保温的沥青，湿拌 60s，加矿粉拌和 60s。

6.3.2　力学性能

为进一步验证上述高模量沥青混合料的力学性能，基于单轴压缩试验对比研究不同种类高模量沥青混合料动态模量随温度、频率变化规律，深入分析混合料动态模量主曲线特征，明确不同类型高模量沥青混合料力学性能特点及差异。

1. 动态模量

1）试验原理

试验时量测各试验条件下最后 5 次加载循环中荷载的平均幅值 p_i 和可恢复轴向变形平均幅值 Δ_i 及同一加载循环下变形峰值的平均滞后时间 t_i，根据式（6.2）～式（6.5）计算测试沥青混合料的动态模量及相位角。

$$\sigma_0 = \frac{p_i}{A} \tag{6.2}$$

式中，σ_0 为轴向应力幅值，单位为 MPa；p_i 为最后 5 次加载中荷载的平均幅值，单位为 N；A 为试件径向横截面面积，单位为 mm^2。

$$\varepsilon_0 = \frac{\Delta_i}{l_0} \tag{6.3}$$

式中,ε_0 为轴向应变幅值,单位为 mm/mm;Δ_i 为最后 5 次加载中荷载的可恢复轴向变形平均幅值,单位为 mm;l_0 为试件上位移传感器的量测间距,单位为 mm。

$$|E^*|=\frac{\sigma_0}{\varepsilon_0} \tag{6.4}$$

式中,$|E^*|$ 为动态模量,单位为 MPa。

$$\varphi=\frac{t_i}{t_p}\times 360 \tag{6.5}$$

式中,φ 为相位角,单位为(°);t_i 为最后 5 次加载循环中平均滞后时间,单位为 s;t_p 为最后 5 次加载循环的平均加载周期,单位为 s。

2)试验方案

采用旋转压实仪成型高 170mm、直径 150mm 沥青混合料圆柱体试件,钻芯得到高 150mm±2.5mm、直径 100mm±2mm 试件,在 15℃、30℃、45℃、60℃下采用 0.1Hz、0.5Hz、1Hz、5Hz、10Hz、20Hz、25Hz 加载频率测试动态模量。

3)试验结果

高模量沥青混合料的动态模量和相位角试验结果分别见图 6.13 和图 6.14。

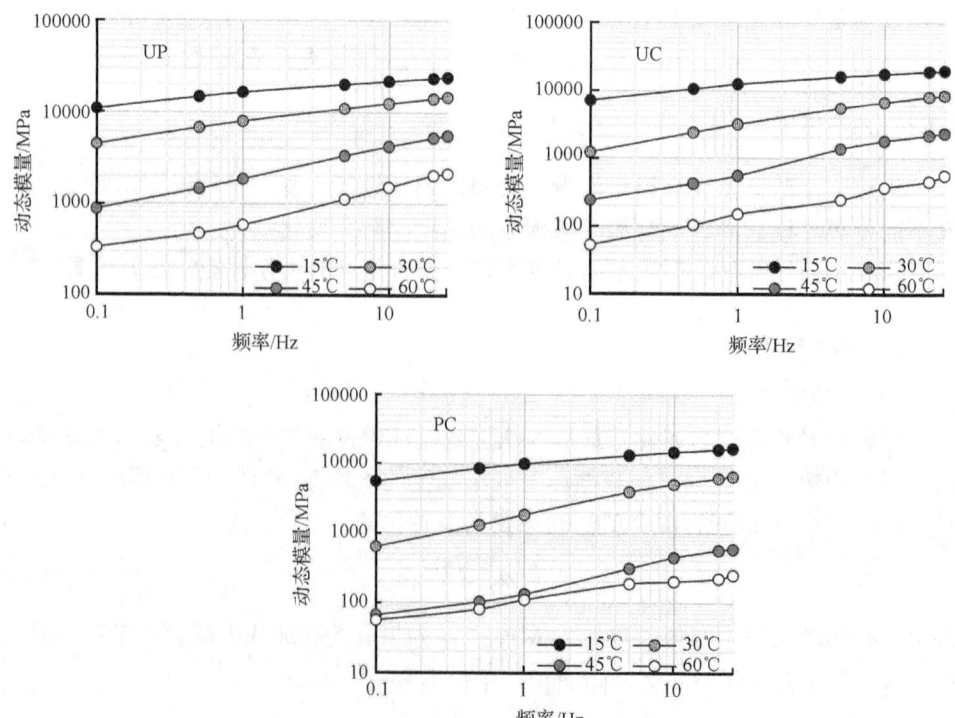

图 6.13 高模量沥青混合料动态模量试验曲线

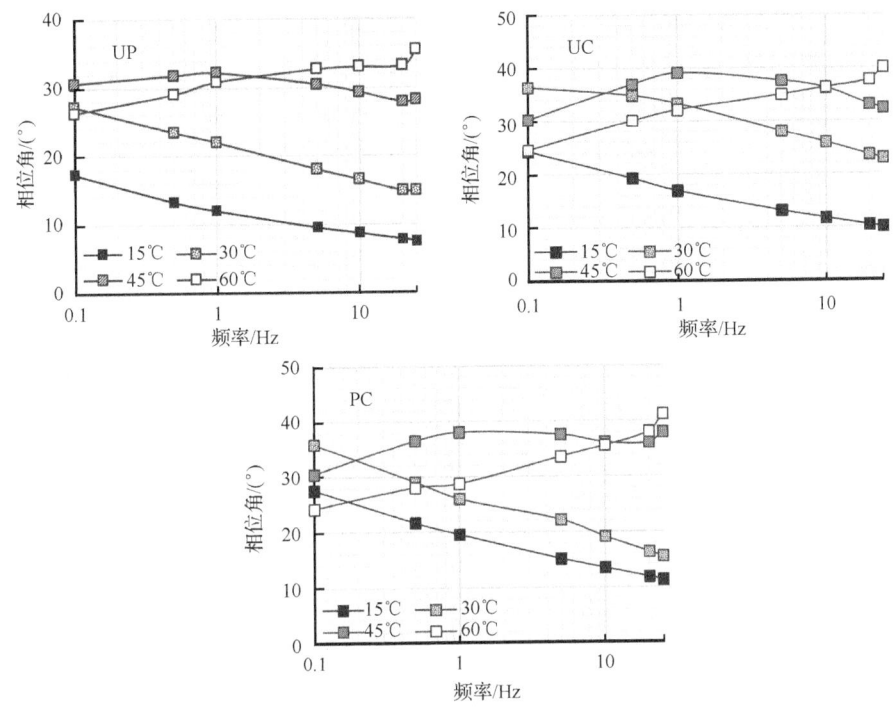

图 6.14 高模量沥青混合料相位角试验曲线

由图 6.13 和图 6.14 可知，UP 改性沥青混合料在 15℃、10Hz 条件下的动态模量值为 21835MPa，UC 改性沥青混合料的动态模量值为 17505MPa，PC 改性沥青混合料的动态模量值为 14906MPa，均满足 DB21/T 1754—2009 中大于 14000MPa 的要求。UP 改性沥青混合料在 45℃、10Hz 条件下的动态模量值为 4182MPa，满足 GB/T 36143—2018 中大于 4000MPa 的要求，UC 改性沥青混合料的动态模量值为 1774MPa，PC 改性沥青混合料的动态模量值为 444MPa，说明 UP 改性沥青混合料在低温和高温条件下都具有优秀的力学性能，而 UC 和 PC 改性沥青混合料在高温时力学性能无法满足规范要求，表明二者温度敏感性较强。

温度和频率是影响沥青混合料动态模量的重要因素。三种改性沥青混合料的动态模量随温度的升高而降低，随频率的增大而增大。车辆行驶速度越高、温度越低，沥青路面动态模量越小，路面变形越大，这与沥青路面在高温条件和长大纵坡等低速区易产生车辙病害的实际情况相吻合。

温度较低时，沥青混合料弹性特征比较明显，相位角较小，呈较好规律性，当温度为 45～60℃时，沥青黏性特征较明显，相位角较大，且出现波动。

2. 动态模量主曲线研究

利用时温等效原理平移不同温度和加载频率下的模量曲线，将其叠加为一条光滑曲线，可以建立主曲线以预测不同温度、频率及极端条件下的动态模量。通常先选取模型对不同温度下的试验结果进行拟合，然后求取各温度曲线的时间-温度平移因子，最后根据平移因子将曲线平移即可得到动态模量主曲线。

选用 Sigmoid 函数为拟合模型，运用非线性最小二乘法进行数值拟合，Sigmoid 函数表达式见式（6.6）：

$$\log E^* = \delta + \frac{\alpha}{1+e^{\beta+\gamma\log\omega_r}} \tag{6.6}$$

式中，$|E^*|$ 为动态模量，单位为 MPa；ω_r 为缩减频率，单位为 Hz；δ 为动态模量极小值的对数值，单位为 MPa；β、γ 为拟合系数，$\delta+\alpha$ 为动态模量极大值的对数值，单位为 MPa，由 Hirsch 模型计算得到。

采用 Arrhenius 方程计算缩减频率，表达式见式（6.7）：

$$\log\omega_r = \log\omega + \frac{\Delta E_a}{19.14714}\left(\frac{1}{T+273.15}+\frac{1}{T_r+273.15}\right) \tag{6.7}$$

式中，T_r 为参考温度，单位为℃；T 为试验温度，单位为℃；ΔE_a 为活化能。

时间-温度平移因子 $\alpha(T)$ 表示不同温度下沥青混合料动态模量曲线平移到参考温度下的距离，是建立沥青混合料动态模量主曲线的关键。缩减频率、加载频率与平移因子的关系表达式见式（6.8）：

$$\log\omega_r = \log\omega + \log[\alpha(T)] \tag{6.8}$$

式中，ω 为加载频率，单位为 Hz。

因此位移因子可以表示为

$$\log[\alpha(T)] = \frac{\Delta E_a}{19.14714}\left(\frac{1}{T+273.15}-\frac{1}{T_r+273.15}\right) \tag{6.9}$$

选定参考温度，利用 EXCEL 软件规划求解得到拟合系数 β、γ、δ、α 及 ΔE_a。高模量沥青混合料动态模量曲线 Sigmoidal 函数拟合结果见表 6.21。

表 6.21 高模量沥青混合料动态模量曲线拟合结果

混合料类型	参考温度/℃	δ	α	β	γ	ΔE_a
UP 沥青混合料	15	1.373	2.152	-2.541	-0.729	200000
	30	1.373	2.152	-1.233	-0.729	200000
	60	1.373	2.152	1.029	-0.729	200000
UC 沥青混合料	15	0.509	3.016	-2.140	-0.631	208603
	30	0.509	3.016	-0.960	-0.631	208603
	60	0.509	3.016	1.083	-0.631	208603

续表

混合料类型	参考温度/℃	δ	α	β	γ	ΔE_a
PC 沥青混合料	15	0.982	2.543	−1.901	−0.822	238012
	30	0.982	2.543	−0.146	−0.822	238012
	60	0.982	2.543	2.889	−0.822	238012

由表 6.21 可知，同一种混合料的 δ、α、γ 及 ΔE_a 都相同，只有 β 随参考温度升高由负数变为正数。参数 δ 主要影响主曲线的最低趋近值，其值越小，则主曲线最低趋近值越小，曲线末端越下沉。参数 β 主要影响主曲线中段斜率，是影响主曲线形状最明显的参数，可能表征频率敏感度，其值越大，0.01Hz 以上频率段内主曲线斜率越大，函数值对频率波动越敏感，可作为高模量沥青混合料动态模量对频率变化的敏感性鉴别指标。参数 γ 对主曲线的影响与其类似，但影响程度更小。表中 β 的变化表明温度变化时，常规频率段内主曲线对频率波动的敏感性有所改变。

根据拟合系数，可以绘制出不同试验温度下高模量沥青混合料的动态模量值的拟合曲线，见图 6.15。

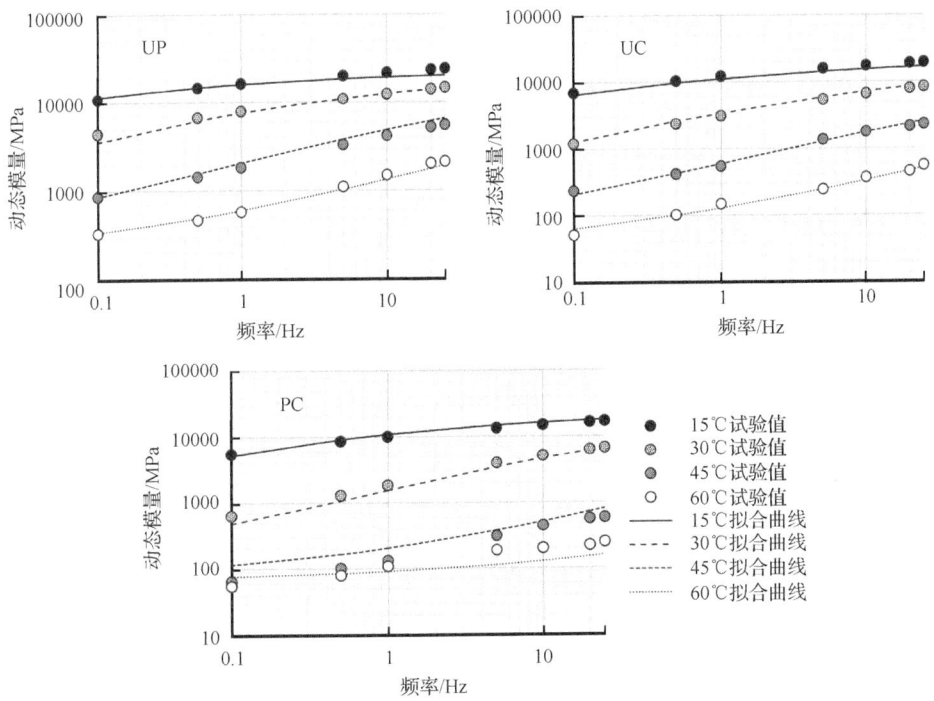

图 6.15 高模量沥青混合料动态模量拟合曲线

以 30℃为参考温度，根据式（6.9）求得不同类型混合料在参考温度下的平移因子 $\alpha(T)$，见表 6.22。

表 6.22 高模量沥青混合料动态模量曲线平移因子

混合料类型	参考温度/℃	$\log[\alpha(15)]$	$\log[\alpha(30)]$	$\log[\alpha(45)]$	$\log[\alpha(60)]$
UP	30	1.793	0	−1.624	−3.102
UC	30	1.810	0	−1.694	−3.235
PC	30	2.134	0	−1.933	−3.691

绘制不同类型混合料在参考温度下的主曲线，见图 6.16。

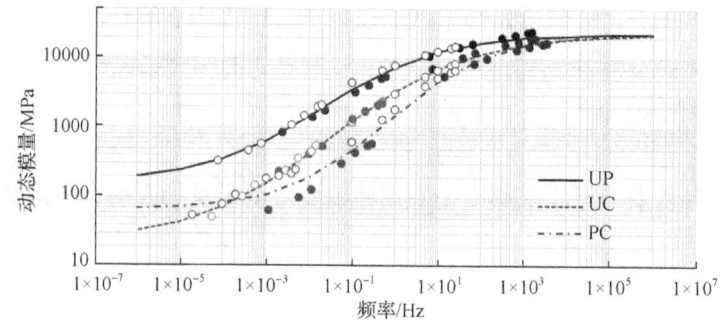

图 6.16 不同类型高模量沥青混合料 30℃动态模量主曲线

已有研究成果表明，10Hz 的加载频率相当于 72～80km/h 的行车速度，由图 6.16 可知，当行车荷载以高速行驶时，3 种高模量沥青混合料的动态模量从大到小依次为 UP>UC>PC，但彼此差值不大，说明 3 种高模量沥青混合料在高频或低温时都具有优秀的力学性能；当处于道路长大纵坡或车辆出现超载重载现象时，车速为 10～20km/h，对应的频率约为 1.5Hz，3 种高模量沥青混合料的动态模量从大到小依次为 UP>UC>PC，但动态模量差异有所扩大；观察主曲线左端可以发现，UP 高模量沥青混合料与 PC 高模量沥青混合料主曲线尾部较为平缓，而 UC 高模量沥青混合料尾部下沉明显，说明极端低频与高温条件下 UP 高模量沥青混合料依然具有优秀的力学性能，而 UC 高模量沥青混合料在低频高温条件下动态模量最低，温度敏感性最强。

以 UP 高模量沥青混合料为例，将各个参考温度的主曲线汇集形成主曲线簇，见图 6.17。

图 6.17 中高模量沥青混合料在低温、中温和高温环境内动态模量随加载频率的变化趋势可以看出，不同参考温度下的主曲线均随频率升高而增大，但增大趋势有所不同。参考温度对动态模量主曲线的影响主要体现在对曲线参数 β 的影响，

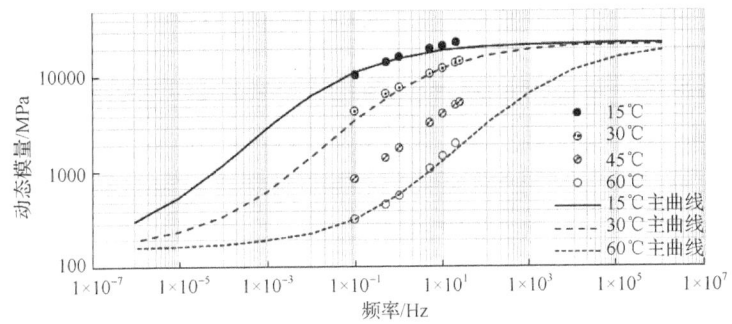

图 6.17　UP 高模量沥青混合料不同参考温度的主曲线

参考温度越高，β 值越大，曲线斜率越大。60℃主曲线斜率最大，其次为 30℃ 与 15℃主曲线，说明随着温度升高，动态模量对频率变化的敏感性增强。15℃与 30℃主曲线斜率在低频区爬升明显，说明中低温时动态模量对低频区频率波动较为敏感。60℃主曲线斜率在 0.1～100Hz 频率爬升明显，在低频区与高频区较为平缓，说明高温时动态模量对 0.1～100Hz 频率波动敏感。

6.3.3　路用性能

为明确制备高模量沥青混合料路用性能优劣，本节基于车辙试验、低温小梁弯曲试验及冻融劈裂试验，对比评价不同类型高模量沥青混合料路用性能；在此基础上，为进一步提升高模量沥青混合料高/低温性能，在 SK-70 基质沥青中掺入 15%的橡胶粉，制备 UP-胶粉复合改性高模量沥青混合料，以期为高模量沥青混合料进一步推广应用奠定基础。

1. 高温稳定性

沥青混合料的高温稳定性能的评价方法较多，如车辙试验、圆柱体试件的单轴静载、动载、重复荷载试验等。我国现行标准《公路沥青路面施工技术规范》（JTG F40—2004）规定，沥青混合料采用马歇尔试验进行配合比设计时必须采用车辙试验对抗车辙能力进行检验，结果见图 6.18，其中，胶粉沥青混合料是指在基质沥青 SK-70 中掺加 15%胶粉改性，UP-胶粉高模量沥青混合料是指在胶粉改性沥青混合料中掺加 UP 高模量剂，掺量同样为 6%。

由图 6.18 可知，UP、UC、PC 等 3 种高模量沥青混合料的动稳定度并不理想，其中动稳定度次数最高的 UP 高模量沥青混合料仅达到 3247 次/mm。与之相比，胶粉沥青混合料、UP-胶粉高模量沥青混合料高温性能可分别提升 12.9%、83.03%，其中 UP-胶粉高模量沥青混合料动稳定度可达 5943 次/mm，高温性能提升效果较为明显。表明尽管 UP 可以显著提升沥青混合料的动态模量，但其对于沥青混合料动稳定度的改善作用十分有限，在胶粉沥青混合料中添加 UP 高模量剂可以明显改善上述问题。分析认为，UP 高模量沥青混合料动稳定度低的原因主要是 UP 高模量剂不与沥青发生化学反应，且掺量偏小，而在高温条件下 UP 仅通过物理作用无法对软化的沥青起到加强效果，最终导致沥青混合料动稳定度偏小。

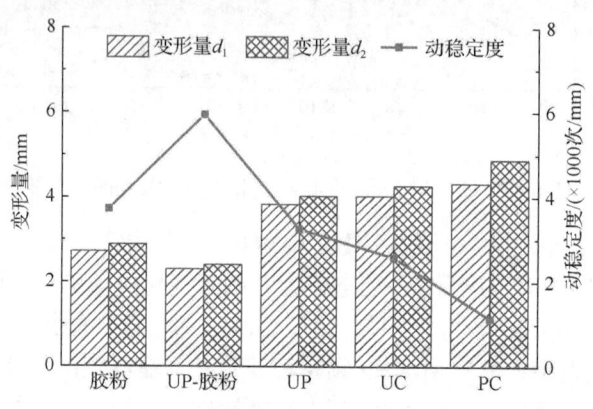

图 6.18　高模量沥青混合料动稳定度

2. 低温抗裂性

冬季气温骤降时，路面内部产生的温度应力来不及松弛而逐渐达到沥青混合料的容许应力值时，就会导致沥青路面出现裂缝，因此沥青混合料需具备一定的低温抗裂性能。我国现行标准《公路沥青路面施工技术规范》（JTG F40—2004）中规定，采用低温弯曲试验的破坏应变作为指标评价沥青混合料的低温抗裂性能，结果见图 6.19。

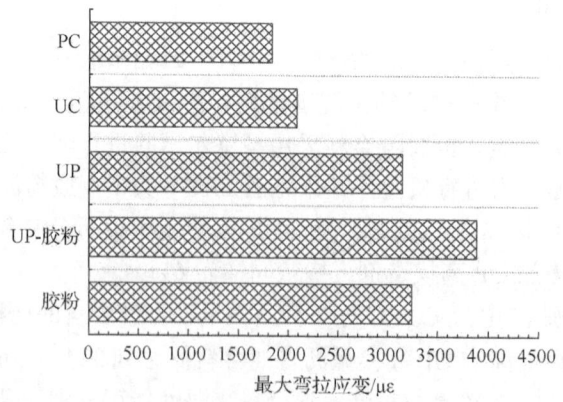

图 6.19　高模量沥青混合料最大弯拉应变

由图 6.19 可知，4 种高模量沥青混合料最大弯拉应变从大到小依次为 UP-胶粉高模量沥青混合料>UP 高模量沥青混合料>UC 高模量沥青混合料>PC 高模量沥青混合料。与 UP 高模量沥青混合料相比，胶粉沥青混合料低温性能提升效果并不明显，仅增强 3.15%，而 UP-胶粉高模量沥青混合料低温性能提升效果较为显著，可提升 23.42%。UC（UP+CSW）高模量沥青混合料低温性能较好，但掺加 PC（PP+CSW）改性剂的混合料低温性能不满足规范要求，表明聚丙烯类改性剂 PP 比聚乙烯类改性剂 UP 对混合料低温性能负面影响更大。此外，上述试验表明，在胶粉沥青混合料中掺加 UP 高模量改性剂是可行的，其不仅提升了混合料的高温性能，而且低温性能增强效果同样较为明显。

3. 水稳定性

水分作用促使沥青从集料颗粒表面剥离，松散集料颗粒被滚动车轮带走，在路表形成大小坑槽，即水损害。冻融劈裂试验可以模拟冬季冰冻地区水对沥青路面的破坏，因此采用冻融劈裂试验方法评价沥青混合料的抗水损害性能，结果见图 6.20。

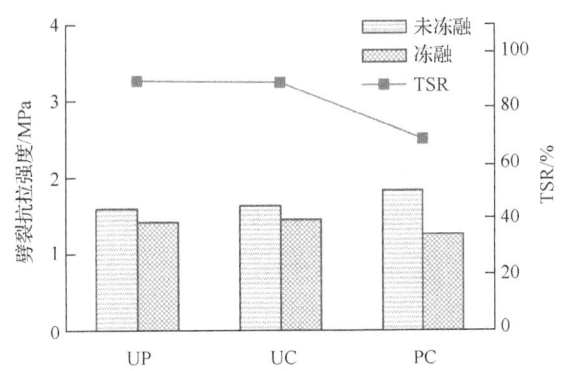

图 6.20 不同类型高模量沥青混合料冻融劈裂试验结果

由图 6.20 可知，UP 高模量沥青混合料与 UC 高模量沥青混合料的冻融劈裂强度比 TSR 均满足规范要求，表明二者具有良好的水稳定性。尽管冻融前 PC 高模量沥青混合料具有较高的劈裂强度，但冻融后劈裂强度下降明显，冻融劈裂强度比 TSR 最小，不满足规范要求，水稳定性较差。

6.3.4 综合性能评价

为明确制备的高模量沥青混合料在同类混合料中的性能水平，基于高模量沥青混合料单项性能等级划分标准分别评价其力学性能与路用性能，结合区间数逼近原理评价高模量沥青混合料综合性能，为高模量沥青混合料性能评价提供参考。

1. 力学性能评价

将制备的高模量沥青混合料15℃、10Hz条件下的动态模量与调查结果进行对比，见图6.21，并根据外掺剂型高模量沥青混合料力学性能等级划分标准，明确制备的高模量沥青混合料力学性能等级。

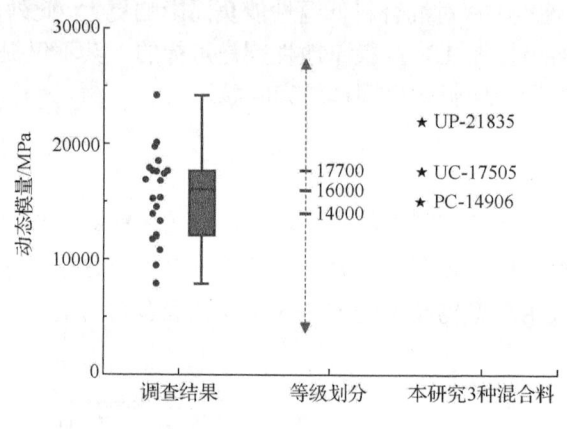

图6.21 力学性能对比

由图6.21可知，根据6.1节高模量沥青混合料等级划分标准，15℃、10Hz条件下制备的UP高模量沥青混合料的动态模量在[17700，+∞)，大于调查结果中95.65%的外掺剂制备高模量沥青混合料，处于"极好"水平；UC高模量沥青混合料动态模量在[16000，17700)，大于调查结果中77.27%的外掺剂制备高模量沥青混合料，处于"优秀"水平；PC高模量沥青混合料动态模量在[14000，16000)，大于调查结果中34.78%的外掺剂制备高模量沥青混合料，处于"一般"水平。

45℃、10Hz条件下动态模量于近年被纳入高模量沥青混合料规范，相关研究较少，调查结果中仅有4条数据，不满足绘制箱形图的条件，也无法划分等级，现将调查数据罗列如下，做简单对比：2356MPa、3484MPa、4535MPa及4106MPa。制备的UP高模量沥青混合料的动态模量为4182MPa，与调查结果相比处于中等偏上水平；UC高模量沥青混合料动态模量为1774MPa，与调查结果相比处于较低水平；PC高模量沥青混合料动态模量为444MPa，与调查结果相比处于较低水平。

综上所述，制备的UP高模量沥青混合料力学性能最好，其动态模量在15℃、10Hz和45℃、10Hz条件下均处于较高水平，UC高模量沥青混合料力学性能次之，其动态模量在15℃时处于较高水平，但在45℃时处于较低水平，说明其力学性能对温度变化比较敏感，而PC高模量沥青混合料的动态模量在15℃和45℃均处于平均水平以下,且45℃时动态模量衰减较快,说明PC高模量沥青混合料力学性能对温度变化最为敏感。

2. 路用性能评价

将制备的3种高模量沥青混合料各项路用性能与调查结果对比,见图6.22,并依据提出的外掺剂型高模量沥青混合料路用性能等级划分标准,明确制备的3种高模量沥青混合料路用性能等级。

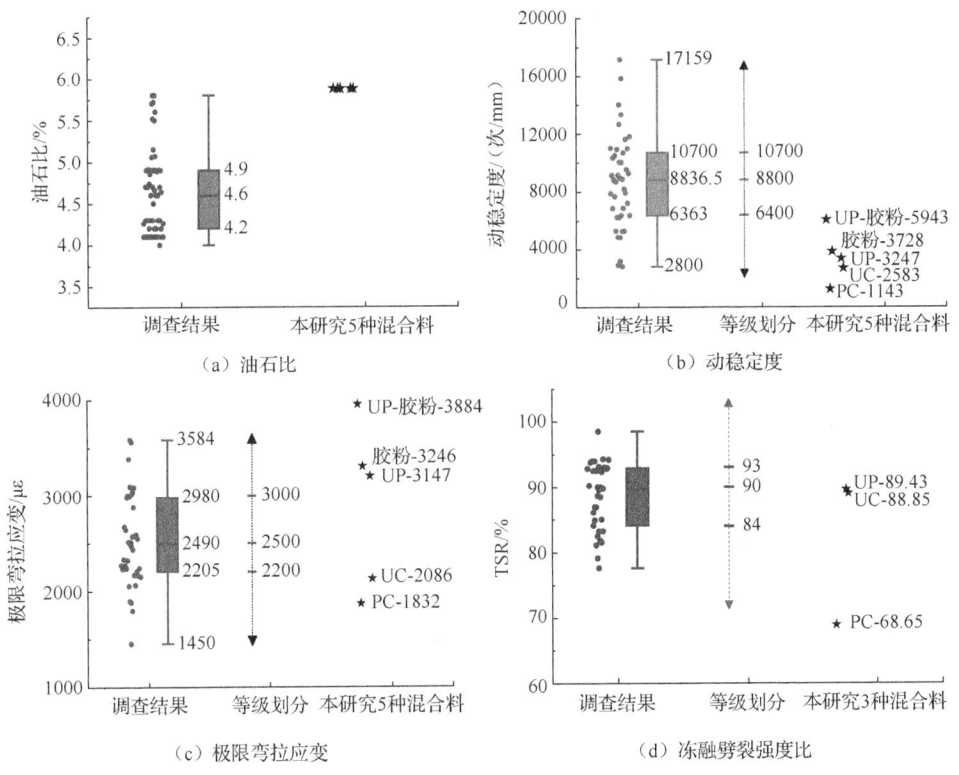

图 6.22 路用性能对比

由图 6.22 可知,制备的 4 种高模量沥青混合料油石比为 5.9%,与调查结果相比处于较高水平,一方面因为高模量沥青混合料的油石比相较于普通沥青混合料高,一般为 5%上下;另一方面制备高模量沥青混合料所用改性剂 UP 为分子细度大的粉体材料,而 UC 高模量沥青混合料与 PC 高模量沥青混合料中均加入了 CSW 纤维,3 种混合料的改性剂吸油量大是导致油石比较高的主要原因。虽然油石比高的混合料增加了成本,但已有研究表明此类混合料通常具有抗裂性能好、疲劳寿命长的优点。

制备的 UP、UC、PC 等 3 种高模量沥青混合料动稳定度均处于较差水平,其中 UP 与 UC 高模量沥青混合料动稳定度尚处于箱形图尾部区域内,而 PC 高模量沥青混合料动稳定度明显低于所有调查数据。制备的 UP-胶粉高模量沥青混合料高温性能提升效果较为明显,动稳定度可达 5943 次/mm。

制备的胶粉沥青混合料、UP-胶粉和 UP 高模量沥青混合料极限弯拉应变在[3000,+∞),处于极好水平;UC 与 PC 高模量沥青混合料在[0,2200),处于较差水平;对比 4 种高模量混合料极限弯拉应变排序可知,UP 和 UP-胶粉相较于 PP 更有利于混合料的低温性能。

制备的 UP 和 UC 高模量沥青混合料冻融劈裂强度比均在[84,90),分别大于 45%和40%的外掺剂制备的高模量沥青混合料,且均处于一般水平;PC 高模量沥青混合料的冻融劈裂强度比在[0,80),处于较差水平。

综上,制备的 4 种高模量沥青混合料性能水平评定如下:UP-胶粉和 UP 高模量沥青混合料的动稳定度处于较差水平,但极限弯拉应变处于极好水平;UP 高模量沥青混合料冻融劈裂强度比处于一般水平;UC 高模量沥青混合料的动稳定度与极限弯拉应变处于较差水平,冻融劈裂强度比处于一般水平;PC 高模量沥青混合料的动稳定度、极限弯拉应变、冻融劈裂强度比均处于较差水平。

3. 基于区间数海明距离决策的综合性能评价

1) 区间数海明距离决策原理

为进一步评估 3 种高模量沥青混合料的整体水平,本节基于区间数海明距离决策理论评价其综合性能。与定值估计不同,区间数逼近决策方法将评价指标的不同等级定义为区间数并以此反映数值变化,使数据代表性更强,评价结果更准确可靠。

选择混合料动态模量、动稳定度、极限弯拉应变、冻融劈裂强度比作为综合评价指标体系。设评价指标集为$\{I_1, I_2, \cdots, I_n\}$,评价集为$\{C_1, C_2, \cdots, C_m\}$,$C_k$ ($k=1, 2, \cdots, m$)表示评定等级,则等级评价标准可用表的形式表达出来,它实际上是路用性能评价指标的单因素等级划分表(表 6.23)。表 6.23 中$\left[x_{ij}^L, x_{ij}^U\right]$表示各单项指标等级划分度量值。

表 6.23 各单项性能指标等级划分表

指标	I_1	I_2	I_3	...	I_n
C_1	x_{11}^L, x_{11}^U	x_{12}^L, x_{12}^U	x_{13}^L, x_{13}^U	...	x_{1n}^L, x_{1n}^U
C_2	x_{21}^L, x_{21}^U	x_{22}^L, x_{22}^U	x_{23}^L, x_{23}^U	...	x_{2n}^L, x_{2n}^U
⋮	⋮	⋮	⋮		⋮
C_m	x_{m1}^L, x_{m1}^U	x_{m2}^L, x_{m2}^U	x_{m3}^L, x_{m3}^U	...	x_{mn}^L, x_{mn}^U

决策矩阵可以表示为

$$X = \begin{bmatrix} [x_{01}^L, x_{01}^U] & \cdots & [x_{0n}^L, x_{0n}^U] \\ \vdots & & \vdots \\ [x_{m1}^L, x_{m1}^U] & \cdots & [x_{mn}^L, x_{mn}^U] \end{bmatrix} \begin{matrix} C_X \\ \vdots \\ C_m \end{matrix} \quad (6.10)$$

指标属性集 X 一般情况下可以分为效益型和成本型两种类型,"效益型"指标越大越好,"成本型"指标越小越好。当指标量纲不统一时,需对原始决策矩阵进行规范化处理,使其转化为 0 到 1 之间的纲数,均值化变换、始点零象化变化、归一化变换等都是常见的实数矩阵规范化处理方法,相关文献给出了决策矩阵为区间数的规范化方法,具体计算公式如下。

对于效益型指标,令

$$y_{ij}^L = \frac{x_{ij}^L}{\sum_{i=1}^m x_{ij}^U}, \quad y_{ij}^U = \frac{x_{ij}^U}{\sum_{i=1}^m x_{ij}^L} \quad (6.11)$$

式中,$i=1, 2, \cdots, m$;$j=1, 2, \cdots, n$。

对于成本型指标,令

$$y_{ij}^L = \frac{1/x_{ij}^U}{\sum_{i=1}^m 1/x_{ij}^L}, \quad y_{ij}^U = \frac{1/x_{ij}^L}{\sum_{i=1}^m 1/x_{ij}^U} \quad (6.12)$$

显然,$y_{ij}^L, y_{ij}^U \in [0, 1]$,由此可得规范化区间数决策矩阵:

$$Y = \begin{bmatrix} [y_{01}^L, y_{01}^U] & \cdots & [y_{0n}^L, y_{0n}^U] \\ \vdots & & \vdots \\ [y_{m1}^L, y_{m1}^U] & \cdots & [y_{mn}^L, y_{mn}^U] \end{bmatrix} \begin{matrix} C_Y \\ \vdots \\ C_m \end{matrix} \quad (6.13)$$

设备指标权向量为 $w=(w_1, w_2, \cdots, w_n)$,则综合评价时指标权重为 $\theta_i = \frac{w_i}{w_1+w_2+w_3}$,满足 $\sum_{j=1}^n \theta_j = 1$,$\theta_j \geq 0$。基于简单加权平均法则对规范化的决策矩阵 Y 及权重集结,得到区间数决策评价矩阵为

$$R = \begin{bmatrix} [r_{01}^L, r_{01}^U] & \cdots & [r_{0n}^L, r_{0n}^U] \\ \vdots & & \vdots \\ [r_{m1}^L, r_{m1}^U] & \cdots & [r_{mn}^L, r_{mn}^U] \end{bmatrix} \begin{matrix} C_Y \\ \vdots \\ C_m \end{matrix}$$

$$= \begin{bmatrix} [y_{01}^L \theta_1, r_{01}^U \theta_1] & \cdots & [y_{0n}^L \theta_n, y_{0n}^U \theta_n] \\ \vdots & & \vdots \\ [y_{m1}^L \theta_1, r_{m1}^U \theta_1] & \cdots & [y_{mn}^L \theta_n, y_{mn}^U \theta_n] \end{bmatrix} \begin{matrix} C_Y \\ \vdots \\ C_m \end{matrix} \quad (6.14)$$

区间数逼近决策的原则是评价方案到指标各等级的距离越短表示越接近,最小距离所在等级即为待评方案的评估级别。计算待评集 C_X 到指标各等级 C_i 的距离公式为

$$d_i = d(C_X, C_i) = \sqrt{(d_{i1}^+)^2 + (d_{i2}^+)^2 + \cdots + (d_{in}^+)^2} \quad (6.15)$$

式中,$d_{i1}^+ = \max\left(\left|r_{0j}^L - r_{ij}^L\right|, \left|r_{0j}^U - r_{ij}^U\right|\right)$,$i=1, 2, \cdots, m$;$j=1, 2, \cdots, n$。

按照最小的 d_i 值确定待评方案的评估级别。

2) 性能综合评价

依据选定的评价指标体系,设 I_1={动态模量},I_2={动稳定度},I_3={极限弯拉应变},I_4={冻融劈裂强度比},C_1={极好},C_2={优秀},C_3={一般},C_4={较差},其中 C_1 上限取箱形图上边缘值,C_4 下限取箱形图下边缘值,则外掺剂型高模量沥青混合料综合评价单项指标划分见表 6.24。

表 6.24 外掺剂型高模量沥青混合料综合评价单项指标划分

	I_1	I_2	I_3	I_4
C_1	[17700, 24200]	[10700, 17200]	[3000, 3600]	[93, 99]
C_2	[16000, 17700)	[8800, 10700)	[2500, 3000)	[90, 93)
C_3	[14000, 16000)	[6400, 8800)	[2200, 2500)	[84, 90)
C_4	[7900, 14000)	[3000, 6400)	[1900, 2200)	[80, 84)

UP 高模量沥青混合料决策矩阵可以表示为

$$X = \begin{bmatrix} [21835,21835] & [3247,3247] & [3147,3147] & [89.43,89.43] \\ [17700,24200] & [10700,17200] & [3000,3600] & [93,99] \\ [16000,17700] & [8800,10700] & [2500,3000] & [90,93] \\ [14000,16000] & [6400,8800] & [2200,2500] & [84,90] \\ [7900,14000] & [3000,6400] & [1900,2200] & [78,84] \end{bmatrix} \begin{matrix} C_X \\ C_1 \\ C_2 \\ C_3 \\ C_4 \end{matrix} \quad (6.16)$$

选定指标均为效益性指标,但量纲不同,规范化区间数决策矩阵为

$$Y = \begin{bmatrix} [0.855,0.855] & [0.017,0.017] & [0.733,0.733] & [0.566,0.566] \\ [0.601,1] & [0.542,1] & [0.647,1] & [0.732,1] \\ [0.497,0.601] & [0.408,0.542] & [0.353,0.647] & [0.584,0.732] \\ [0.347,0.497] & [0.239,0.408] & [0.176,0.353] & [0.311,0.584] \\ [0,0.347] & [0,0.239] & [0,0.176] & [0,0.311] \end{bmatrix} \begin{matrix} C_X \\ C_1 \\ C_2 \\ C_3 \\ C_4 \end{matrix} \quad (6.17)$$

采用主观赋权法为评价指标体系赋权,权重向量为 w=(0.4, 0.2, 0.2, 0.2),

由式（6.18）可以建立 UP 高模量沥青混合料的决策矩阵 R：

$$R = \begin{bmatrix} [0.291,0.291] & [0.003,0.003] & [0.147,0.147] & [0.125,0.125] \\ [0.204,0.4] & [0.119,0.2] & [0.142,0.2] & [0.161,0.2] \\ [0.169,0.204] & [0.090,0.119] & [0.078,0.142] & [0.128,0.161] \\ [0.127,0.169] & [0.053,0.090] & [0.039,0.078] & [0.068,0.128] \\ [0,0.127] & [0,0.053] & [0,0.039] & [0,0.068] \end{bmatrix} \begin{matrix} C_X \\ C_1 \\ C_2 \\ C_3 \\ C_4 \end{matrix} \quad (6.18)$$

计算可得 UP 高模量沥青混合料指标集合到各等级的距离：d_1=0.261，d_2=0.225，d_3=0.260，d_4=0.392。

根据评定准则按最小 d_i 值确定待评方案的评估级别。由计算结果可知 UP 高模量沥青混合料的 d_2 为最小值，即其指标集合到等级 C_2 距离最短，所在等级为优秀，故 UP 高模量沥青混合料四项指标的评价等级为优秀。同理，可以计算出 UC 高模量沥青混合料与 PC 高模量沥青混合料综合评价等级分别为一般和较差。

建议高模量沥青混合料各单项性能评价保持在一般及以上等级，综合评价在优秀或以上等级。若各单项性能评价在一般以下或综合评价在优秀以下等级，可采取进一步增大改性剂掺量或添加已有复合改性剂方式达到提升性能的目的。

6.4 高模量沥青混合料动态模量预估

动态模量不仅是高模量沥青混合料的重要衡量标准，更是路面结构设计的重要参数，但由于动态模量试验所用设备多为进口产品，存在设备昂贵、试验成本高等问题，部分实验室并不具备开展动态模量试验的条件。若能建立高模量沥青或高模量沥青混合料路用性能与动态模量的关系，可有效解决上述问题。然而目前高模量沥青混合料动态模量研究结果散乱，数据量较小，建立基于大量样本数据的预估模型较困难。基于此，本节拟采用 MATLAB、SPSS 等数据分析软件，明确高模量沥青及其混合料路用性能与动态模量相关性，构建高模量沥青混合料动态模量预估模型[23]，为简化试验程序、提高动态模量预估准确度提供途径。

6.4.1 传统多元回归预估模型

1. 概述

国内已有部分学者对高模量沥青混合料动态模量预估展开了相关研究，但现有研究仅针对混合料某一特定性能建立其与动态模量的回归方程，且数据来源仅为制备的几种混合料，样本量不足，相关系数偏小，准确度有待评估。

因此，拟在第 2 章调查数据基础上，选取同属高温性能的高模量沥青性能指标及其混合料性能指标，采用传统多元回归、广义回归神经网络（GRNN）及支持向量机（SVM）神经网络等方法，构建基于小样本数据的高模量沥青混合料动态模量预估模型，全方位、多角度分析高模量沥青及其混合料各性能指标与动态模量之间的相关性，深入挖掘利用路用性能进行动态模量预估的科学性，并对比评价不同预估模型的输出稳定性与准确度，优选出效果最佳的预估模型。

2. 基础数据处理

设定高模量沥青混合料的动态模量为因变量（Y），选用同属高温性能的指标作为自变量，分别为高模量沥青针入度（X_1）、软化点（X_2）、车辙因子（X_3）、高模量沥青混合料稳定度（X_4）、动稳定度（X_5），建立动态模量预估模型。

以 15℃、10Hz 动态模量为基准，整理预估模型基础数据见表 6.25。

表 6.25 动态模量预估模型基础数据

研究单位	X_1	X_2	X_3	X_4	X_5	Y
1	21.0	62.1	5.50	14.01	7311	19702
2	14.7	66.0	7.36	12.50	6848	28442
3	20.4	65.1	5.70	11.90	7895	26479
4	23.7	59.9	3.81	13.10	2838	23893
5	14.0	68.0	6.50	16.40	4136	22711
6	24.0	61.0	4.90	12.30	2812	20737
7	19.9	64.6	5.40	18.30	7254	17580
8	36.0	63.7	5.39	14.50	4789	15065
9	36.0	63.7	5.39	14.20	4950	14285
10	42.1	88.7	6.31	14.12	7288	11763
11	26.0	85.5	5.81	12.36	5675	20895
12	32.0	57.7	12.30	14.14	6237	13905
13	59.0	56.0	2.22	12.32	4846	11982
14	36.0	65.0	5.12	13.57	4126	15674
15	38.0	62.5	5.46	14.01	4255	16879
16	39.0	60.0	4.92	12.31	5250	16953
17	48.0	53.1	1.00	11.12	2583	14906
18	35.0	58.9	1.80	8.70	3247	21835
19	30.0	60.9	2.52	10.69	1143	17505
20	19.9	64.6	5.40	23.90	4874	14654

在进行神经网络预估模型构建时，为避免样本数据间差值较大而导致网络无法收敛或训练时间延长等问题，需对样本数据按式（6.19）进行标准化处理。

$$X_i = \frac{X - X_{\min}}{X_{\max} - X_{\min}} \tag{6.19}$$

式中，X_i 为标准化数据；X 为样本数据；$X_{\min}$ 为样本数据最小值；$X_{\max}$ 为样本数据最大值。

3. 一元回归预估模型

采用 SPSS 数据分析软件，基于常用初等函数，分别建立因变量 Y 对各个自变量的最佳一元回归模型 $Y=f_i(X_i)$（$i=1\sim5$），对比分析其相关系数（R），选择合适的一元回归模型，见表 6.26。

表 6.26 一元回归模型及系数

自变量	一元回归模型	相关系数（R）
X_1	$Y=35502.845-786.361X_1+6.488X_1^2$	0.849
X_2	$Y=-172489.497+5362.898X_2-36.713X_2^2$	0.564
X_3	$Y=5211.658+4034.071X_3-265.446X_3^2$	0.417
X_4	$Y=140874.692-16206.612X_4+524.359X_4^2$	0.433
X_5	$Y=45591.796-11.178X_5-0.001X_5^2$	0.505

由表 6.26 可知，当采取一元回归模型时，各自变量与因变量相关系数从大到小依次为针入度（X_1）>软化点（X_2）>动稳定度（X_5）>稳定度（X_4）>车辙因子（X_3）。其中与动态模量（Y）相关性最大的自变量为 X_1，相关系数为 0.849。X_2 与 Y 的相关系数为 0.564，而 X_3、X_4 与 X_5 与 Y 的相关系数较小。可以看出，各自变量与动态模量相关性系数均在 0.9 以下，表明一元回归模型准确度并不理想，需要进一步建立多元回归模型。

4. 多元回归预估模型

为全面分析高模量沥青及其混合料性能与动态模量之间的相关性，分别建立基于针入度、软化点、车辙因子、稳定度、动稳定度 5 个自变量的二元、三元、四元及五元回归模型，分析共计 $C_5^2+C_5^3+C_5^4+C_5^5=26$ 个回归模型的相关系数，优选高模量沥青混合料动态模量最佳预估模型。26 个回归模型的相关系数计算结果见表 6.27。

表 6.27 相关系数

序号	自变量	相关系数	序号	自变量	相关系数
1	X_1、X_2	0.857	8	X_3、X_4	0.667
2	X_1、X_3	0.891	9	X_3、X_5	0.638
3	X_1、X_4	0.960	10	X_4、X_5	0.782
4	X_1、X_5	0.890	11	X_1、X_2、X_3	0.915
5	X_2、X_3	0.592	12	X_1、X_2、X_4	0.970
6	X_2、X_4	0.775	13	X_1、X_2、X_5	0.933
7	X_2、X_5	0.776	14	X_1、X_3、X_4	0.969

续表

序号	自变量	相关系数	序号	自变量	相关系数
15	X_1、X_3、X_5	0.941	21	X_1、X_2、X_3、X_4	0.998
16	X_1、X_4、X_5	0.980	22	X_1、X_2、X_3、X_5	0.986
17	X_2、X_3、X_4	0.822	23	X_1、X_2、X_4、X_5	0.993
18	X_2、X_3、X_5	0.959	24	X_1、X_3、X_4、X_5	0.996
19	X_2、X_4、X_5	0.756	25	X_2、X_3、X_4、X_5	0.999
20	X_3、X_4、X_5	0.907	26	X_1、X_2、X_3、X_4、X_5	0.999

由表 6.27 可知，二元回归模型的相关系数最小，仅为 0.592。三元回归模型的相关系数基本在 0.9 以上。四元回归模型中相关系数在 0.986～0.999。五元回归模型的相关系数为 0.999。这表明多元回归预估模型自变量与因变量之间的相关性随自变量数量的增加而提高。

进一步选取判定系数（R^2）大于 0.9 的预估模型（表 6.28），验证其输出稳定性及预估准确性，并对测试集数据进行预估，结果见图 6.23。

表 6.28　回归预估模型（$R^2>0.9$）

序号	预估模型	R^2
1	$Y = 93423.05 - 1189.723X_1 - 6110.695X_4 + 25.437X_1X_4 + 6.944X_1^2 + 142.752X_4^2$	0.921
2	$Y = 88639.004 - 884.509X_1 + 843.517X_2 - 10920.476X_4 - 5.577X_1X_2 + 39.228X_1X_4 + 58.286X_2X_4 + 5.413X_1^2 - 9.927X_2^2 + 164.529X_4^2$	0.941
3	$Y = 50908.774 - 955.491X_1 + 3123.979X_3 - 1626.14X_4 - 10.104X_1X_3 + 18.105X_1X_4 - 263.252X_3X_4 + 5.36X_1^2 + 29.575X_3^2 + 49.024X_4^2$	0.939
4	$Y = 110656.631 - 1280.02X_1 - 10467.593X_4 + 4.517X_5 + 55.535X_1X_4 - 0.039X_1X_5 - 0.41X_4X_5 + 6.147X_1^2 + 360.134X_4^2$	0.960
5	$Y = 103658.4 - 1433.557X_2 - 30437.188X_3 + 13.253X_5 + 440.443X_2X_3 - 0.633X_2X_5 + 2.309X_3X_5 + 17.679X_2^2 - 586.769X_3^2 + 0.001X_5^2$	0.920
6	$Y = 62018.428 - 1990.383X_1 - 2597.742X_4 - 68.109X_1X_4 + 554.347X_1X_3 + 0.996X_1X_4 + 253.463X_2X_3 + 304.297X_2X_4 - 2727.888X_3X_4 + 50.018X_1^2 - 23.046X_2^2 + 375.436X_3^2 - 127.912X_4^2$	0.996
7	$Y = -68635.135 + 2082.956X_1 + 3823.682X_2 - 33.416X_5 - 80.07X_1X_2 + 184.77X_1X_5 + 0.15X_1X_5 - 83.988X_2X_3 + 3.29X_3X_5 + 22.793X_2^2 - 6.952X_2^2 - 1246.046X_3^2 + 0.001X_5^2$	0.972
8	$Y = 325615.554 - 1532.608X_1 - 6637.453X_2 - 13748.372X_4 + 24.671X_5 + 35.92X_1X_2 - 5.982X_1X_4 - 0.294X_1X_5 - 1.074X_4X_5 + 5.743X_1^2 + 38.3X_2^2 + 665.09X_4^2$	0.986
9	$Y = 69989.91 - 6102.336X_3 - 4491.458X_4 + 3.572X_5 + 72.615X_1X_3 - 53.917X_1X_4 - 0.099X_1X_5 + 1.374X_3X_5 - 0.592X_4X_5 + 9.073X_1^2 - 272.144X_3^2 + 286.187X_4^2$	0.992
10	$Y = 205353.815 - 3885.777X_2 - 19395.397X_3 - 5926.33X_4 + 16.572X_5 + 287.339X_2X_3 - 87.746X_2X_4 - 0.453X_2X_5 + 2.579X_3X_5 - 0.965X_4X_5 + 40.402X_2^2 - 822.101X_3^2 + 598.769X_4^2 + 0.001X_5^2$	0.998
11	$Y = -26254.691 - 89.279X_2 + 8888.267X_4 - 1.841X_5 - 30.222X_1X_2 + 253.913X_1X_3 - 72.27X_1X_4 - 0.033X_1X_5 + 165.611X_2X_3 - 1441.992X_3X_4 + 0.921X_3X_5 - 0.527X_4X_5 + 24.933X_1^2 - 180.823X_3^2 + 107.771X_4^2$	0.998

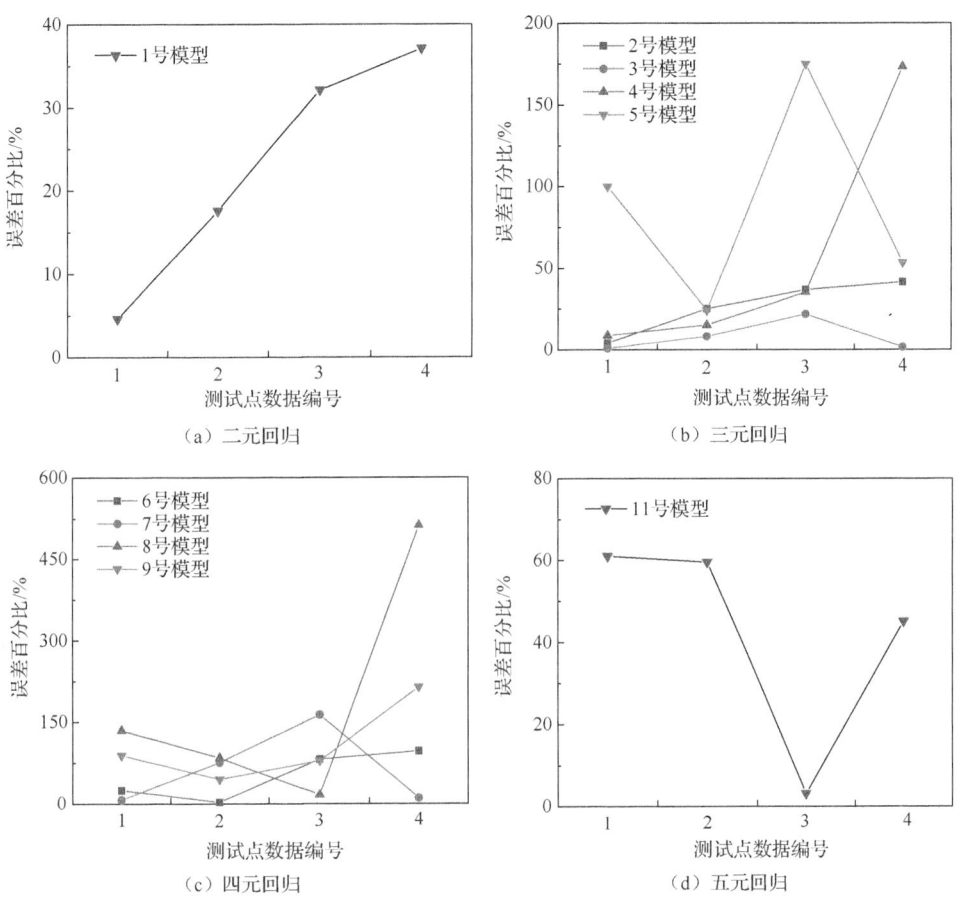

图 6.23　多元回归模型的预估误差

由图 6.23 可知，采用多元回归模型预估时，除了以针入度、车辙因子、稳定度为自变量建立的 3 号回归模型预估误差介于 1.48%～21.67%，其余多元回归模型的预估误差远大于 3 号模型，表明多元回归模型在预估高模量沥青混合料动态模量时预估精度低，误差离散程度较大，模型不稳定。选取预估误差不超过 100%的多元回归预估模型，对比不同多元回归预估模型的平均绝对误差（mean absolute error，MAE）、平均绝对百分比误差（mean absolute percentage error，MAPE）以及均方根误差（root mean square error，RMSE），见图 6.24。

由图 6.24 可知，以针入度、车辙因子、稳定度为自变量建立的 3 号预估模型的 MAE、MAPE 和 RMSE 值分别为 8.57%、8.02%、12.17%，明显小于其余 4 组预估模型，表明 3 号模型在预估高模量沥青混合料动态模量时更具优势，模型输出较稳定,且3号预估模型的预估值比实际值偏小,在实体工程中,若预估值满足规范要求,则实际值必定满足使用要求。

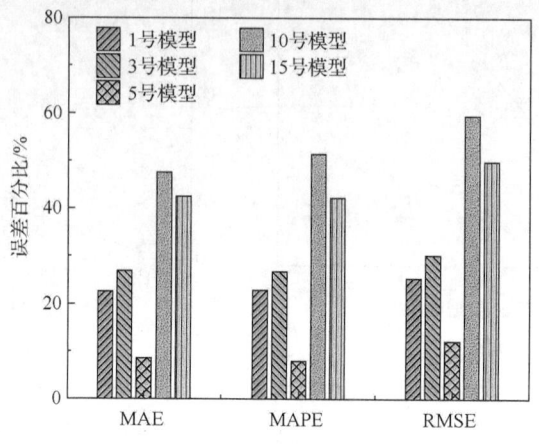

图6.24 多元回归预估误差对比

6.4.2 广义回归预估模型

近年来随着计算机科学的飞速发展,神经网络在道路工程领域得到广泛使用,大量学者采用反向传播(back propagation,BP)神经网络、径向基函数(radial basis function,RBF)神经网络、广义回归神经网络(general regression neural network,GRNN)等进行预估。为了解决多元回归模型存在的问题,本节采用神经网络建立预估模型,以进一步提高预估准确性。

1. 广义回归神经网络预估原理

广义回归神经网络是一种4层径向基函数神经网络,与传统径向基函数神经网络相比,其非线性映射能力和学习速率方面更具优势,具有高度容错性和鲁棒性,目前在处理不稳定数据方面得到广泛应用。GRNN的四层神经元分别为输入层、模式层、求和层、输出层。根据非线性回归理论以及联合概率密度函数,GRNN模型可表示为

$$\hat{Y}(X) = \frac{\sum_{i=1}^{n} Y_i \exp\left[-\frac{(X-X_i)^{\mathrm{T}}(X-X_i)}{2\sigma^2}\right]}{\sum_{i=1}^{n} \exp\left[-\frac{(X-X_i)^{\mathrm{T}}(X-X_i)}{2\sigma^2}\right]} \tag{6.20}$$

式中,$\hat{Y}(X)$为网络预估输出;σ为高斯函数宽度系数,即光滑因子。

径向基函数是 GRNN 的理论基础，其取值仅依赖离原点距离的实值函数，满足式（6.21）的函数即为径向基函数。合理的扩展系数可使径向基神经元对输入向量所覆盖区间产生响应以增强网络对样本的逼近能力。

$$R(x_p - c_i) = \exp\left(-\frac{1}{2\sigma^2}\|x_p - c_i\|^2\right) \quad (6.21)$$

式中，$\|x_p - c_i\|$ 为欧式范数；c_i 为高斯函数中心；σ 为高斯函数的方差。

2. 广义回归神经网络预估效果

采用 GRNN 建立预估模型时，GRNN 中输入层神经元数目等于输入向量维数，模式层与输入层全连接，神经元数目为学习样本个数，求和层共有两个神经元节点，第一个节点为模式层每个神经元输出的算术求和，第二个节点为模式层每个神经元节点输出的加权求和，输出层神经元数目等于样本输出个数。此外，适宜的扩展系数可获得较好的预估效果，其取值范围通常为 0.1~2。采用循环交叉验证的方式，根据动态模量预估 MAE 确定 GRNN 模型的扩展系数，见图 6.25。

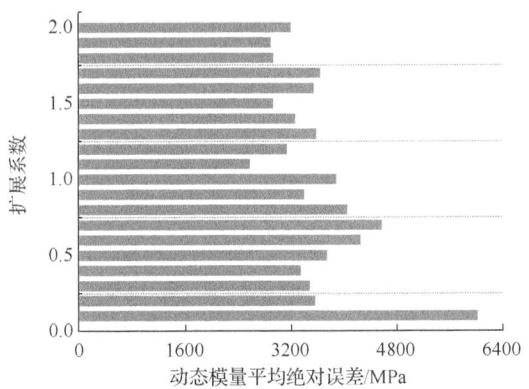

图 6.25　GRNN 模型扩展系数优选

由图 6.25 可知，扩展系数为 1.1 时，MAE 最小。因此，构建扩展系数为 1.1 的 5×20×2×1 型 GRNN 模型，预估效果见图 6.26。

由图 6.26 可知，GRNN 模型预估误差介于 4.74%~23.15%，表明 GRNN 预估模型的输出稳定性、预估准确度较差，这可能是因为 GRNN 对训练数据本身要求较高，且需要在大量样本数据训练的前提下才能获得稳定可靠、预估准确的预估模型。

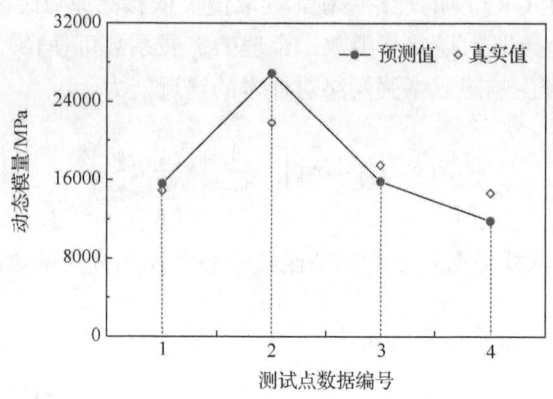

图 6.26　GRNN 模型预估效果

6.4.3　支持向量机预估模型

多元回归模型输出稳定性及预估准确度较差，GRNN 模型对样本数据要求较高，这两种预估模型均不适用于小样本数据预估。基于此，引入支持向量机（support vector machine，SVM）算法建立高模量沥青混合料动态模量的预估模型。

1. 支持向量机神经网络预估原理

支持向量机理论是基于结构风险最小化思想所建立，在理论上较完善、算法简单，与其他预估方法相比，支持向量机更适用于解决小样本的学习问题。此外，支持向量机可解决传统神经网络方法中无法避免的局部极值问题，将实际问题通过非线性方法转换至高维特征空间，巧妙解决维度带来的问题，其在模式分类和非线性回归等领域得到广泛应用。

支持向量机回归算法基础主要为核函数算法，本节采用式（6.22）径向基核函数为非线性化原有算法。一般支持向量机回归模型可表示为式（6.23）形式。

$$K(x,x_i)=\exp\left(-\frac{1}{2\sigma^2}\|x-x_i\|^2\right),\quad \frac{1}{2\sigma^2}>0 \quad (6.22)$$

式中，$\|x-x_i\|$ 为欧式范数；x_i 为高斯函数中心；σ 为高斯函数的方差。

$$Y_i = w\times\phi(x)+b \quad (6.23)$$

假设训练集为 N 维，其中某一个样本点为 (x_i, y_i)，则带有损失函数度量的支持向量机回归模型可表示为

$$\min_{\breve{\alpha},\hat{\alpha}} \frac{1}{2} \sum_{i=1,j=1}^{m} (\hat{\alpha}_i - \breve{\alpha}_i)(\hat{\alpha}_j - \breve{\alpha}_j) K_{ij} + \sum_{i=1}^{m} (\varepsilon - y_i)\hat{\alpha}_i + (\varepsilon + y_i)\breve{\alpha}_i$$

$$\text{s.t.} \sum_{i=1}^{m} (\hat{\alpha}_i - \breve{\alpha}_i) = 0, \quad 0 < \hat{\alpha}_i < C, \quad 0 < \breve{\alpha}_i < C \quad (i=1,2,\cdots,m)$$
(6.24)

式中，$\hat{\alpha}_i, \breve{\alpha}_i > 0$，为拉格朗日系数；$K_{ij}$ 为核函数；C 为固定参数；$\varepsilon > 0$，为损失限（常量）。

对于目标函数式（6.22），求出对应 $\hat{\alpha}_i$、$\breve{\alpha}_i$，进而求出回归模型系数 w、b。

2. 支持向量机神经网络预估效果

采用 RBF 核函数并随机选取训练集和测试集，以提升预估模型的稳定性以及降低系统和人为分配样本数据而引起的误差。但 SVM 模型中的惩罚参数 c 及核函数参数 g 未给出确定的取值范围，因此通过交叉验证，确定了最优惩罚参数、核函数参数取值介于 $-0.1 \sim 0.1$。此外，为快速、准确获取最优惩罚参数、核函数参数，首先通过基于交叉验证的网格划分法确定最优惩罚参数 c 为 0.03，进而根据 MAE 确定最优核函数参数 g。具体预估效果见图 6.27 和图 6.28。

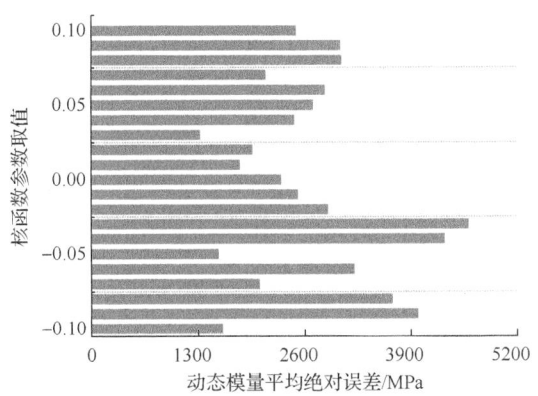

图 6.27　惩罚参数及核函数参数优选

由图 6.27 可知，惩罚参数 c 及核函数参数 g 均为 0.03 时，MAE 最小。根据图 6.28，SVM 模型的预估误差的最大绝对值为 2013MPa，最小绝对值为 215MPa，预估误差介于 0.98%～9.71%，表明相比于 GRNN 模型，SVM 模型的预估准确度较高，模型输出稳定、可靠。

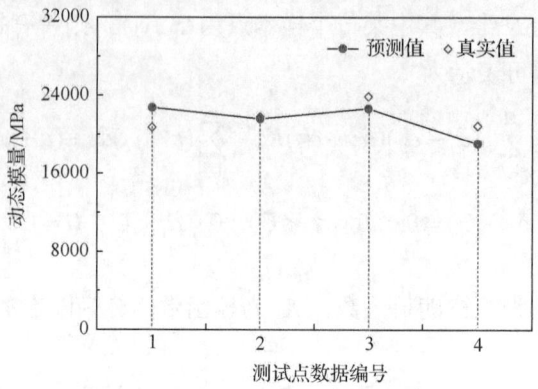

图 6.28　SVM 神经网络模型预估效果

6.4.4　不同模型预估结果对比分析

以 MAE、MAPE 和 RMSE 作为误差判别指标,对比分析多元回归模型、GRNN 模型以及 SVM 模型间的预估误差,明确不同预估模型的准确度与输出稳定性。其中,MAE、MAPE 及 RMSE 根据式(6.25)~式(6.27)计算,不同模型预估结果对比见图 6.29。

$$\text{MAE} = \frac{1}{n}\sum_{i=1}^{n}\left|\hat{Y}_i - Y_i\right| \tag{6.25}$$

$$\text{MAPE} = \frac{1}{n}\sum_{i=1}^{n}\left|\frac{\hat{Y}_i - Y_i}{Y_i}\right| \tag{6.26}$$

$$\text{RMSE} = \sqrt{\frac{1}{n}\sum_{i=1}^{n}(\hat{Y}_i - Y_i)^2} \tag{6.27}$$

式中,n 为测试样本数;$\hat{Y}_i$ 为预估值;Y_i 为实际值。

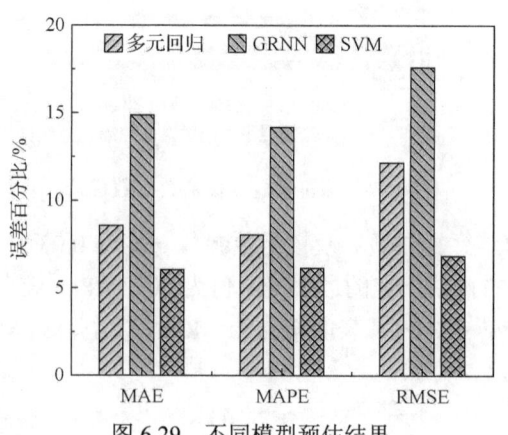

图 6.29　不同模型预估结果

由图 6.29 可知，GRNN 模型的预估误差较其余两种方法建立的预估模型误差更大，这是因为训练 GRNN 需要的样本数据量庞大，对样本数据本身要求较高。SVM 模型的 MAE、MAPE、RMSE 分别为 6.04%、6.14%和 6.84%，较多元线性回归预估模型的 MAE、MAPE、RMSE 分别降低了 2.53%、1.88%和 5.33%，较 GRNN 模型的 MAE、MAPE、RMSE 分别降低了 8.84%、8.03%和 10.78%，表明 SVM 模型在预估精度和输出稳定性方面优于其余两种预估模型，SVM 模型更适用于解决小样本情况下的预估问题。

为检验 SVM 模型的预估精度以及在小样本下的预估优势，与以前研究结果对比，见表 6.29。

表 6.29 不同研究结果对比

序号	预估模型	R^2	RMSE
1	SVM 模型	—	1494
2	传统 Witczak 模型	0.8219	9664
3	BP 神经网络模型	0.9636	1880

由表 6.29 可知，与传统 Witczak 模型及 BP 神经网络模型预估结果相比，所建立的 SVM 模型预估精度更高。因此，SVM 模型更适用于高模量沥青混合料动态模量的预估。

第 7 章 高品质桥面铺装层精细化施工技术

桥面铺装层精细化施工技术不仅决定桥面铺装层使用性能的正常发挥，还影响桥梁结构的本质安全和耐久性。如何有针对性地开展精细化施工，确保桥面铺装层建设的安全、耐久和可靠，是桥面铺装耐久性提升技术顺利推广应用的关键问题。因此，本章基于已取得的研究结果，创建现浇混凝土铺装层、桥面防水粘结层和高模量沥青混凝土铺装层精细化施工技术，为桥面铺装施工品质管控提供指导。

7.1 现浇混凝土铺装层精细化施工技术

现浇混凝土铺装层精细化施工技术主要包含三部分：材料检验、现浇混凝土铺装层浇筑与桥面板抛丸。

7.1.1 材料检验

原材料进场前，进行现场取样，按照规范要求进行逐项试验，经试验合格的原材料，采取有效的防护措施，防止损害。材料检验具体包括：钢筋线材检验、钢筋网片检验与混凝土原材检验。

1. 钢筋线材检验

（1）具备出厂合格证、材质单，每个检验批次不大于 60t，各截取 500mm 钢筋 5 根，300mm 钢筋 3 根，截取位置应距端头 500mm 以上，分别进行物理（抗弯、抗拉、重量偏差）和化学检测（光谱分析法）。

（2）HPB300 钢筋屈服强度≥300MP，抗拉强度≥420MPa，断裂伸长率≥25%；弯曲试验检验外观无可见裂纹；碳含量≤0.25%，硫含量≤0.05%。

（3）HRB400 钢筋屈服强度≥400MP，抗拉强度≥540MPa，断裂伸长率≥16%；弯曲试验检验外观无可见裂纹；碳含量≤0.25%，硫含量≤0.045%。

2. 钢筋网片检验

（1）拉伸弯曲试验：试样均应从钢筋网片成品上截取，每批钢筋网片随机抽取一张，在纵、横向钢筋上各截取 2 个试样，分别进行强度（包括伸长率）和弯曲试验。每个试样应含有不少于 1 个焊点，交叉焊点不得开焊，试样长度应保证试验设备夹具之间的距离不小于 20 倍直径，且不短于 180mm，其检验指标与钢筋线材检验相同。

（2）剪切试验：每批钢筋网片中随机抽取一张，在同一根非受拉钢筋上随机截取 3 个抗剪试样。钢筋焊接网焊点的抗剪力不应小于试件受拉钢筋规定屈服力值的 0.3 倍。

3. 混凝土原材检验

（1）水：拌和水中无明显杂质，无变色、无异味；检验后方可使用。
（2）骨料：混凝土所用粗骨料须采用坚硬的碎石，并采用连续级配，含泥量≤0.5%，压碎值<20%。
（3）砂：含泥量<30%，细度模数 23～30。
（4）水泥：采用 42.5 号及以上普通硅酸盐水泥，初凝时间≥45min，终凝时间≤630min。

7.1.2 现浇混凝土铺装层浇筑

桥面现浇混凝土铺装层浇筑宜单幅全宽施工，减少纵向接缝；必须设置接缝时，现浇箱梁宜设在车道标线处，预制梁宜设在距湿接缝（铰缝）30cm 以上位置。桥面现浇混凝土铺装层浇筑具体流程如下：梁板粗糙度处理→测量放样→铺设、绑扎钢筋网片→桁架式整平机轨道安装→混凝土摊铺、收面→混凝土养护→伸缩缝处置→桥面铣刨。

1. 梁板粗糙度处理

（1）施工前清理已拉毛的梁板顶面上所有浮渣、浮浆，清除泥土、石粉等杂物。对梁板顶面原拉毛不到位的，必须进行二次凿毛处理，并在安装钢筋网片前清扫、用水冲洗干净。

（2）如果梁板顶面上出现油渍等难清理地方，则凿除部分混凝土至露出新鲜砼面，以确保新老混凝土粘结牢固。清理完成后进行自检，自检合格并经监理验收合格后方可进入后续施工。

（3）将铣刨或凿毛后的浮浆，用鼓风机、高压水枪彻底清理干净，做到无积尘、浮浆、无油污及松散砼，以保证浇筑后混凝土与梁体的整体一致性，使其具备良好的粘结性能。

2. 测量放样

（1）对梁板顶面高程进行复测，与桥面铺装高程进行比较，在保证现浇混凝土铺装层厚度的基础上微调高程。

（2）高程确定后，测量人员依据桥梁中线对每块钢筋焊网的安装位置进行弹线放样。

3. 铺设、绑扎钢筋网片

（1）钢筋网片采用成品焊接网片，曲线段和异型桥面网片根据尺寸定做。

（2）钢筋搭接采用平接法，要求在伸缩缝区间不间断，在伸缩缝处设置板端加强筋。

（3）检查架立筋，恢复调直变形筋，补齐缺失架立筋。

（4）绑扎钢筋网时将顺桥向钢筋放在上面，横桥向钢筋放在下面，接头应错开布置，搭接不小于30倍直径，交叉点呈梅花形绑扎牢固。

（5）按照放样高程点将钢筋网片焊接在架立钢筋上，保证钢筋网片保护层厚度为2.5cm。

4. 桁架式整平机轨道安装

（1）全自动桁架式整平机轨道采用50cm宽的同等标号混凝土作为标高带，其顶面高程即是桥面铺装混凝土的控制标高。

（2）先在两侧护栏顶面上安装轨道，每隔50cm置一道U形钢筋夹，将U形钢筋夹紧于护栏顶部，钢筋夹外套塑料软管或包裹土工布防损坏护栏表面，再在U形钢筋上焊接方钢轨道。

（3）根据放样高程对轨道不平处进行微调，保证轨道顶标高平行于桥面。

（4）将桁架式整平机安装在轨道上，使用时利用升降装置调整桁架式整平机高度至桥面铺装层。

5. 混凝土摊铺、收面

（1）采用全自动桁架式整平机进行混凝土的摊铺和振捣，采用振捣棒辅助振捣，并配备驾驶式抹光机及其他辅助设备。

（2）混凝土拌和在搅拌站集中拌制，控制好出厂的混凝土坍落度。混凝土搅拌车运输至现场，采用全自动桁架式整平机进行摊铺整平。

（3）混凝土布料时需均匀布料，禁止用振动棒赶料，避免造成水泥浆过分集中而出现表面收缩裂缝。

（4）桥面铺装混凝土以联为单位，分左右幅整幅进行浇筑，浇筑混凝土时从每联一端向另一端平铺浇注。每联桥面铺筑混凝土一次成型，中间不设施工缝。

（5）混凝土浇筑要连续，宜从下坡向上坡进行，混凝土浇筑自由下落高度不宜大于2m。进行人工布料摊铺时，应用铁锹反扣，严禁抛掷和搂耙，靠边角处应先用插入式振捣器顺序振捣，辅助布料。

（6）混凝土初凝后采用驾驶式抹光机抹光、收面、提浆，进一步提高桥面铺装层密实性、平整度。

（7）全自动桁架式整平机进行摊铺整平过程中，采用无人机进行现浇混凝土铺装层平整度的实时监测，发现平整度不合格的位置，采用驾驶式抹光机进行抹光、精平。

6. 混凝土养护

（1）非承重侧模板在混凝土强度达到 2.5MPa 后可以拆除模板。拆模时应注意模板碰撞混凝土表面，防止发生掉块、掉角或擦伤混凝土表面现象。

（2）铺装混凝土采用土工布全覆盖养护，开始养护时不宜洒水过多，保持土工布表面湿润为宜，防止混凝土表面起皮。

（3）混凝土终凝后再满水养护，以土工布浸水饱和为宜，养护期不少于 7d。

7. 伸缩缝处置

沥青混凝土路面摊铺前，使用低标号混凝土或碎石将伸缩缝填满，以保证摊铺机通过，在伸缩缝安装时再将混凝土剔除。

8. 桥面铣刨

（1）现浇混凝土铺装层达到设计强度后，采用 300 型铣刨机去除桥面板浮浆，铣刨机转子刀间距不大于 6mm，且具有单线双刀功能。

（2）表面处理：达到 95% 以上创面；骨料露出，无松动骨料。

（3）构造深度，采用铺砂法检测，2.5~4mm。

7.1.3 桥面板抛丸

桥面现浇混凝土铺装层浇筑完成后，需对桥面板进行抛丸。采用手推式抛丸机，把丸料（钢珠）以很高的速度和一定的角度抛射到工作表面上，让丸料均匀冲击工作表面，然后在机器内部通过配套吸尘器进行气流清洗，将丸料和清理下来的杂质分别回收，获得不同的表面处理效果。具体流程如下：桥面清扫→抛丸处理。

1. 桥面清扫

抛丸作业前，桥面需进行清扫，混凝土表面严重的油污和尘土等附着物用清洗剂及工具清除；保证施工桥面板干净、干燥、整洁。

2. 抛丸处理

（1）抛丸机在装卸过程前检查钢丝绳无破丝情况下，在机器指定的位置上固定好钢丝绳的卡扣。

（2）抛丸过程采用4寸钢丝刷，S460钢丸，抛丸机以7～8m/min匀速行驶。抛丸过程中，抛丸机应沿路面纵向往复行进。

（3）作业环境条件：温度5～40℃、相对湿度≤85%，阴雨天停止作业。

（4）抛丸机起步阶段，先按下抛丸机行走开关，让机器先处于行走状态，再打开抛丸阀门，防止在起步阶段形成凹坑。

（5）钢丸经多次使用后，部分钢丸被损耗，质量减小，致使抛丸效率降低，根据实际情况定期补充新的钢丸。

（6）抛丸处理后混凝土表面不能长时间外露，下道工序要紧密衔接。

（7）工作效率：≤200m²/h。

（8）表面处理：深度≥3mm，平整均匀、无浮浆、无杂物；达到100%创面清理；骨料露出，无松动骨料。

（9）构造深度，采用铺砂法检测，0.4～0.8mm。

7.1.4 细微裂缝处治

桥面现浇混凝土铺装层细微裂缝处治过程分为：细微裂缝表面处理→细微裂缝几何特征识别→修补材料配制→细微裂缝渗透灌浆等步骤。

1. 细微裂缝表面处理

（1）沿桥面现浇混凝土铺装层细微裂缝走向，采用工业吸尘器将细微裂缝表面及缝内灰尘清除干净。

（2）采用多功能手持式切割机配备厚度为1.2mm超薄刀片，以11000r/min旋转速度沿细微裂缝走向进行开槽，槽宽3～4mm、深4～5mm，呈V字形。

（3）采用工业吸尘器对V字形槽及裂缝的灰尘进行清理，以保证细微裂缝缝隙内干净清洁，便于修补材料完全渗入裂缝内部。

2. 细微裂缝几何特征识别

采用基于超声波技术的裂缝检测仪测试细微裂缝的宽度与深度。

3. 修补材料配制

待细微裂缝检测完毕，将修补材料的双组分混合均匀，采用小型搅拌装置充分搅拌5～8min，制得低黏型裂缝修补材料。

4. 细微裂缝渗透灌浆

（1）采用带针头的 100mL 医疗注射器吸取细微裂缝修补材料，沿着裂缝表面 V 字形槽走向注射修补材料。

（2）不断向 V 字形槽内补充浆液，待槽内浆液量恒定，保持 3min。

（3）采用探地雷达对修补后的细微裂缝进行检测，根据裂缝两端的雷达波极化方式的变化，判断细微裂缝是否填充饱满。

7.1.5 施工品质管控

针对现浇混凝土铺装层平整度难以有效控制和进一步提高，以及铺装层细微裂缝频发的工程难题，开发了基于无人机的平整度实时检测装置，优化了驾驶型抹光机行走路径，提出了细微裂缝检测方案，研发了适用于不同细微裂缝的快速高效耐久细微裂缝修补材料，有效提升了现浇混凝土铺装层的施工品质。

1. 现浇混凝土铺装层平整度控制

目前现浇混凝土铺装层整平施工过程中，无法实现平整度的实时检测，严重影响施工进程。此外，桁架式整平机施工完成后，采用的驾驶式抹光机仅靠经验行走，其路径不合理，亟需优化。

1）管控措施

（1）措施一：采用无人机搭载高精度激光扫描设备低空飞行，无干扰实时检测整平过程中现浇混凝土铺装层平整度，以便及时发现问题并进行修补。平整度实时检测与控制过程见图 7.1。

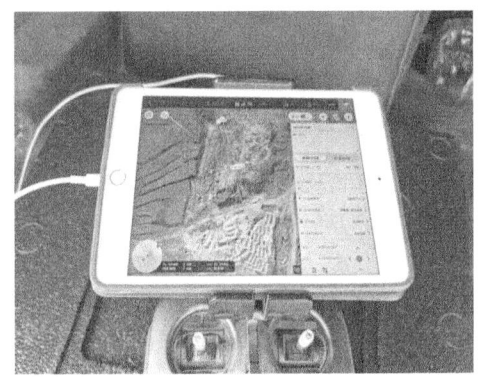

(a) 无人机现场组装及高程精度调整　　　　(b) 航线设定及定位

(c)无人机检测

(d)检测数据读取

(e)铺装层平整度调整

图 7.1 现浇混凝土铺装层平整度实时检测与控制

（2）措施二：提出了优化后的驾驶型抹光机行走路径，进一步提升了现浇混凝土铺装层平整度精度控制。

① 允许工作时间为 $T = T_2 - \left(T_3 + T_5 + \dfrac{L \times B \times h}{Q} \right) \leqslant T_2 - T_1$。

② 水泥混凝土最大工作段长度计算公式为 $L = Tv_1 D/(2B)$ 或 $L = 3Tv_1 D/(2B)$，校验公式为 $T \times v_2 \leqslant L$。

2）现场效果测试

现浇混凝土铺装层施工完成后，根据《公路路基路面现场测试规程》（JTG 3450—2019），采用 3m 直尺检测现浇混凝土铺装层平整度，检测结果见表 7.1，其中实测点数 120 个，合格点数 118 个，平整度合格率高达 98.33%，现浇混凝土铺装层平整度得到有效保障。

表 7.1 现浇混凝土铺装层现场检测结果

项目	部位									
	1	2	3	4	5	6	7	8	9	10
平整度实测值（最大间隙 h/mm）	2.0	4.0	4.8	4.2	4.4	3.6	4.6	3.6	2.4	2.6
	4.3	4.2	2.6	3.8	2.6	2.6	3.8	3.4	4.2	4.2
	4.8	4.6	4.4	4.6	4.8	4.8	4.6	4.4	4.8	2.6
	4.0	2.8	4.0	2.8	4.0	4.0	4.2	4.0	4.2	4.4
	4.2	4.4	2.0	2.4	4.2	4.2	4.6	2.4	1.8	1.8
	4.0	4.6	4.4	4.4	4.2	4.3	4.6	4.2	4.0	2.4
	2.2	2.4	5.1	4.8	4.6	5.2	4.0	4.2	4.2	4.0
	4.6	4.7	2.4	2.6	3.8	4.6	4.4	4.2	4.4	2.0
	2.8	4.0	4.0	4.2	4.0	3.8	4.0	4.8	4.2	4.4
	4.4	4.2	4.3	4.6	4.2	4.0	4.4	4.6	5.0	4.2
	4.0	3.2	4.2	4.6	4.5	4.3	4.2	2.6	3.8	2.6
	2.6	3.8	4.6	4.4	4.2	4.0	2.8	4.0	2.8	4.0

2. 现浇混凝土铺装层细微裂缝精准修复

细微裂缝的出现与扩展会影响桥面铺装的强度、行车舒适性以及耐久性，甚至威胁桥梁结构的承载力，因此有必要掌握细微裂缝宽度、深度等破损状况，并采取适当的修补措施以修复现浇混凝土铺装层的强度和安全性。

1）管控措施

（1）措施一：采用探地雷达和"显微摄像测宽与超声波测深"两种方案进行现浇混凝土铺装层细微裂缝检测，实现了裂缝宽度自动识别和深度精准计算。检测过程见图 7.2 和图 7.3。

 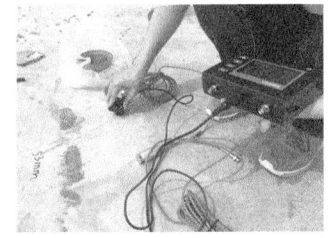

图 7.2 探地雷达现场检测　　图 7.3 "显微摄像测宽与超声波测深"现场检测

（2）措施二：采用自主研发的低黏高性能修补材料进行细微裂缝修补，具体方式为无压力自由渗透。主要步骤如下：铺装层表面清理→细微裂缝表面开槽→V 字形槽内灰尘清理→修补材料制备→细微裂缝渗透灌浆→养生固化。部分修补过程见图 7.4～图 7.7。

图 7.4 细微裂缝表面开槽

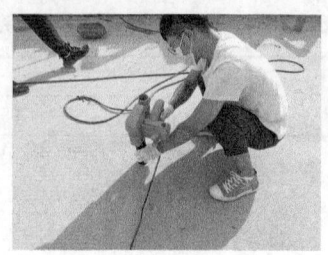
图 7.5 V 字形槽内灰尘清理

图 7.6 修补材料制备

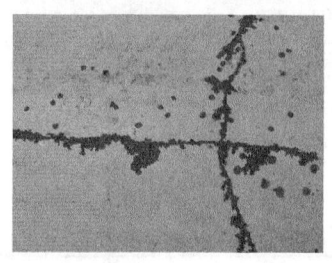
图 7.7 细微裂缝渗透灌浆

2）现场效果测试

通过探地雷达检测结果得知，现浇混凝土铺装层裂缝宽度过小，探地雷达无法较好适应现场测试环境，致使细微裂缝的部分雷达波场特征非常微弱，成像能力不足，无法提供裂缝的宽度、深度和倾向等属性参数。因此，为进一步提升桥面现浇混凝土铺装层细微裂缝检测效率，采用基于"显微摄像测宽与超声波测深"的裂缝检测技术测试细微裂缝的宽度与深度。

采用裂缝检测仪进行现场检测，随后进行钻芯取样，测试裂缝深度，见图 7.8。经裂缝检测仪识别，该桥面现浇混凝土铺装层细微裂缝宽度集中于 0.5～1mm，其深度为 3～5cm。钻芯取样后，采用直尺分别测量裂缝的宽度、深度，与裂缝测试仪测试结果一致，表明超声波裂缝检测仪具备较高的检测精度。且与探地雷达相比，基于超声波技术的裂缝检测仪能够准确读取现浇混凝土铺装层细微裂缝宽度与深度特征。

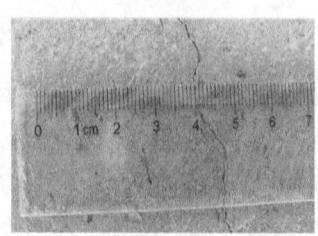 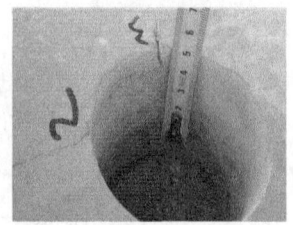

图 7.8 细微裂缝检测

采用探地雷达对修补后的细微裂缝进行检测，根据裂缝两端的雷达波极化方式的变化，判断细微裂缝内部是否填充饱满，见图7.9（a）。通过检测，发现裂缝注浆后，探地雷达波场特征变得更微弱，探地雷达难以检测出修补材料在细微裂缝缝隙内的存在状态和填充效果。

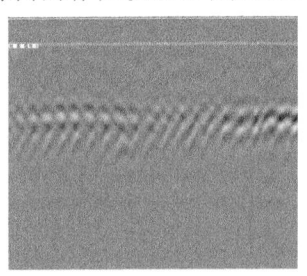 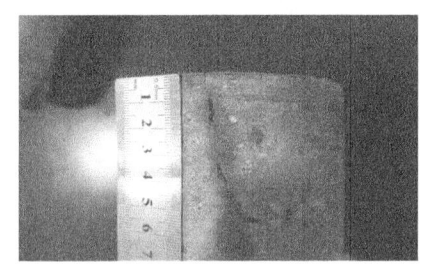

（a）探地雷达图　　　　　　　　（b）钻芯取样

图7.9　细微裂缝修补

为了更加准确、直观地检验桥面现浇混凝土铺装层细微裂缝处治材料在裂缝中的填充程度及处治效果，待修补材料固化形成强度后，钻芯取样评价其渗透及修补效果，见图7.9（b）。通过现场灌缝观察和芯样观察发现，修补材料具有良好的流动性和渗透效力，能较好地进行现浇混凝土铺装层细微裂缝修补，同时表现出优异的粘结强度，有效控制细微裂缝的扩展，提高桥面现浇混凝土铺装层使用品质和耐久性。

7.2　桥面防水粘结层精细化施工技术

桥面防水粘结层精细化施工技术主要包括：粘结材料生产→防水粘结层施工→养生。

7.2.1　粘结材料生产

粘结材料生产，包括乳化沥青生产和水性环氧改性乳化沥青生产两部分。

1. 乳化沥青生产

（1）生产前，基质沥青加热至140～150℃，使用皂液及热水清洗车间磨机至少2遍。

（2）按需称量乳化剂及胶乳配制皂液，调节皂液pH为11～12。

（3）生产过程中，应控制在5～10min取样一次，进行蒸发残留物试验，控制其蒸发残留物含量在50%～55%。

（4）生产完成后，取样检测乳化沥青的蒸发残留物含量。

2. 水性环氧改性乳化沥青生产

（1）配制时间：施工前1小时。

（2）将乳化沥青及水性环氧树脂、固化剂按比例加入搅拌机中，进行机械剪切搅拌3~5min，制得水性环氧改性乳化沥青，常温储存备用。

（3）配制过程中，乳化沥青温度不得超过50℃。

（4）最终制得的水性环氧改性乳化沥青不得超过50℃。

7.2.2 防水粘结层施工及养生

桥面经过抛丸处理后，进行水性环氧改性乳化沥青防水粘结层施工，防水粘结层施工前必须保证施工路段干净、干燥。

（1）施工机械准备：采用沥青洒布车及集料撒布机配合或直接采用智能同步碎石封层车，洒布结束后及时清洗喷洒设备，严禁长时间脱水。

（2）现浇混凝土铺装层彻底清扫干净，对坑槽和细微裂缝等进行处理或挖补，施工前用强力吹风机对路面再除尘。

（3）水性环氧改性乳化沥青温度控制在25℃，泵入洒布车贮存罐。

（4）洒布车开至施工现场，按要求设置好喷洒量。

（5）根据风速大小，调整洒布车喷洒臂距地高度，保证喷洒达到三重叠效果。根据路面宽度，调整每幅施工宽度，进行防水粘结层施工。

（6）调整完毕后，洒布车开至距施工起点30m的位置，确保洒布车行至起点时车速能达到5km/h，然后进行防水粘结层施工。

（7）水性环氧改性乳化沥青洒布过程中，保持行车匀速顺直，确保洒布均匀、无漏洒；当车辆到达终点时，立即停止洒布。

（8）水性环氧改性乳化沥青不得在桥面形成油膜甚至流淌，控制单次洒布量，进行多次洒布。

（9）施工中，注意纵向和横向衔接与已洒布部分重叠不少于10cm。

（10）矿料采用玄武岩碎石，规格采用S10，用量根据矿料尺寸、形状、种类等情况确定，一般覆盖60%。

（11）防水粘结层施工完成后，立即将随行水车中的清水泵入沥青洒布车或智能同步碎石封层车的储料罐中，循环清洗管道，避免堵管。

（12）防水粘结层养生必须确保适宜条件与时间：5℃以下不宜施工，25℃以上4~6h，25℃以下10h左右。

（13）防水粘结层干燥后，尽快进行混合料摊铺，温度不低于170℃。

7.2.3 施工品质管控

针对层间体系耐久性不足导致铺装层早期破坏的问题,研发了适用于水泥混凝土桥面铺装的防水粘结层用水性环氧改性乳化沥青,改善了桥面铺装层间粘结和防水性能,提升了桥面铺装防水粘结层使用品质和耐久性。

1. 管控措施

合成了具备良好力学性能、粘结性能及耐久性能的改性水性环氧树脂,制备了桥面防水粘结层用水性环氧改性乳化沥青,将其应用于现场。根据现场工程量及施工条件,采用不同施工方案。对于大桥及特大桥,推荐采用智能同步碎石封层车进行施工;对于小桥,推荐采用小型隔膜泵喷涂车进行施工。具体方案及应用如下。

(1)施工方案一:采用智能同步碎石封层车施工,如图7.10所示。

(a)同步喷洒(撒)　　　　　　(b)施工效果

图7.10　智能同步碎石封层车施工过程

(2)施工方案二:采用小型隔膜泵喷涂车施工,如图7.11所示。

(a)喷洒施工　　　　　　(b)封层车倒撒碎石

图7.11　小型隔膜泵喷涂车施工过程

2. 现场效果测试

1）水性环氧改性乳化沥青性能测试

按照《公路工程沥青及沥青混合料试验规程》(JTG E20—2011)、《建筑防水涂料试验方法》(GB/T 16777—2008)、《水乳型沥青防水涂料》(JC/T 408—2005)等标准，检测水性环氧改性乳化沥青质量，结果见表 7.2。所检项目结果均符合规范技术要求，水性环氧改性乳化沥青质量良好。

表 7.2 水性环氧改性乳化沥青检测结果

项次	检查项目		技术要求	测试结果	单项判定
1	蒸发残留物		≥43%	59.5%	合格
2	标准黏度 $C_{40℃, 4mm}$		5～50s	46s	合格
3	相对密度（20℃）		实测	1.025	—
4	pH（10%水溶液）		7～11	8.23	合格
5	柔韧性（−20℃±2℃）		无裂纹	无裂纹	合格
6	耐热性（160℃±2℃）		不流淌，不滑动	不流淌，不滑动	合格
7	不透水性		0.3MPa，30min，不渗水	0.3MPa，30min，不渗水	合格
8	干燥性（25℃）	表干时间	≤3h	1.25h	合格
		实干时间	≤10h	7.42h	合格

2）防水粘结层性能测试

为评价水性环氧改性乳化沥青防水粘结层的现场应用效果，防水粘结层和沥青混凝土均施工完成后，现场钻芯取样，测试其层间拉拔和剪切强度，测试结果见表 7.3。

表 7.3 防水粘结层现场检测结果

项次	检查项目	检查方法	温度/℃	结果/MPa	评价标准/MPa	单项判定
1	拉拔强度	拉拔仪（拉拔速度：10mm/min）	25	0.86	≥0.4（DB32/T 2285—2012）	合格
			40	0.51	≥0.3（DB32/T 2285—2012）	合格
2	抗剪强度	剪切仪（剪切速度：10mm/min）	25	1.26	≥0.5（DB32/T 2285—2012）	合格
			40	0.58	≥0.35（DB32/T 2285—2012）	合格

由表 7.3 可知，水性环氧改性乳化沥青防水粘结层具备较高的层间拉拔和剪切强度，层间粘结性能明显高于《水泥混凝土桥面水性环氧沥青防水粘结层施工技术规范》(DB32/T 2285—2012) 中相关规定和设计要求，表现出优异的层间粘结性能。

7.3 高模量沥青混凝土铺装层精细化施工技术

沥青混凝土铺装层精细化施工技术，主要包括：高模量沥青混合料拌和→沥青混合料运输→测量放样→沥青混合料摊铺→沥青混合料碾压→交通管制→接缝设置。

7.3.1 高模量沥青混凝土铺装层施工

1. 高模量沥青混合料拌和

（1）高模量剂添加时采用专用添加机械向拌和站拌锅中定量吹入。

（2）高模量沥青混合料采用集中拌制，拌和前需进行混合料抽检试验，控制混合料级配和油石比。

（3）集料经加热、除尘后，0.075mm 筛孔通过率不大于 1%，回收粉通过专门管道经加水湿润后直接排到废粉池。

（4）高模量沥青混合料施工温度见表 7.4，路面沥青混合料温度低于 50℃时可开放交通。

表 7.4 沥青混合料施工温度

工序	改性沥青温度范围/℃	工序	改性沥青温度范围/℃
沥青加热	170～175	混合料摊铺	≥160
集料加热	190～195	混合料初压	≥150
混合料出料	≥175	碾压结束表面	≥90

（5）拌和时间根据试拌确定，一般不少于 45s，其中干拌时间 15s（较普通沥青混合料延长 10s），湿拌时间 40s，必须使集料颗粒被沥青完全包裹，混合料充分拌和均匀。

（6）观察混合料外观质量，出现花白料、糊料、冒青烟、离析等现象禁止上路。

2. 沥青混合料运输

（1）高模量沥青混合料采用自卸车运输，拌和机向料车放料时，运料车前后移动多次放料，以减少粗集料离析现象。

（2）运料车装入混合料起至开始摊铺为止，运料及等待时间不超过 1.5h。

（3）严格控制混合料从拌和出厂、混合料到达现场及碾压终了时间。

(4) 运料车进入摊铺现场时,轮胎上不得沾有泥土等可能污染路面的脏物,否则设水池洗净轮胎后进入工程现场。

(5) 运料车需全程覆盖篷布,直到摊铺机前准备卸料时方可打开。

(6) 运输过程中采用数字显示插入式热电偶温度计,检测沥青混合料出厂温度和到场温度。

3. 测量放样

(1) 沥青混凝土中面层采用两侧挂钢丝进行厚度和高程控制,上面层采用平衡梁进行厚度控制。

(2) 施工中面层前,根据实测桥面混凝土铺装高程进行控制高程计算和调整,每10m一个断面按控制高程挂钢丝。

(3) 钢丝控制桩采用钢筋挂钩挂在两侧混凝土护栏,高程误差不大于1mm。

4. 沥青混合料摊铺

(1) 摊铺机成梯队同步摊铺作业,前后错开10～20m,相邻两幅间应有30～60cm左右宽度搭接,并避开车道轮迹带,上下层搭接位置宜错开20cm以上。

(2) 摊铺机开工前,提前0.5～1h预热熨平板,不低于100℃。

(3) 铺筑过程中,熨平板振捣具有振动频率和振幅,熨平板加宽连接必须仔细调节至摊铺的混合料没有明显的离析痕迹。

(4) 摊铺机具备自动找平装置,下面层摊铺时,采用钢丝挂线控制高程和厚度,中、上面层采用平衡梁控制厚度。

(5) 摊铺作业应缓慢、均匀、连续不间断。摊铺过程中不得随意变换速度或中途停顿。摊铺速度宜为1.5～2m/min。

(6) 摊铺作业初始阶段,加强松铺厚度检测,偏差较大时,进行厚度调节,厚度调节不可太快,需平缓过渡,松铺厚度检测必须连续。

(7) 摊铺温度检测:摊铺作业后,对松铺层混合料温度进行检测。

(8) 采用水准仪,检测松铺层纵向、横向高程,及时修正偏差。

5. 沥青混合料碾压

(1) 初压:采用2台13t双钢轮压路机静压1遍。

(2) 复压:采用2台13t双钢轮压路机弱振碾压1遍,采用2台30t胶轮压路机碾压3遍。

(3) 终压:采用1台13t双钢轮压路机静压1遍,消除轮迹。

(4) 路面边部由2t小压路机进行碾压,避免碰撞护栏。

（5）压路机轮迹应重叠 1/3～1/2 碾压宽度，碾压过程中注意温度检测。

（6）碾压应紧跟摊铺机进行，碾压段长度宜为 60～80m。初压后检查厚度、平整度及路拱，有严重缺陷时进行修整乃至返工。

（7）碾压时，将压路机驱动轮面向摊铺机，从外侧向中心碾压；由两侧向中间碾压，在一个往返过程中，振动压路机频率应保持一致。

（8）振动压路机必须先行驶后起振、先停振后停驶。碾压过程中进行喷水碾压，喷水方式采用间歇式，严格控制间歇时间。

（9）初压后，沥青混凝土层不得产生推移、开裂现象；复压后，沥青混凝土层表面要求无明显轮迹；终压后，要求沥青混凝土层表面平整，光洁，颜色均匀一致，无明显轮迹。

（10）为确保桥面铺装沥青混凝土路面的施工质量，沥青混合料碾压温度和厚度均需严格控制。

（11）禁止在新铺筑路面上进行停机，加水、加油等活动，压路机不准停留在温度尚未冷却至自然温度以下的已完成路面。

6. 交通管制

（1）摊铺的沥青混合料下面层冷却至 50℃后才可开放交通。

（2）条件不允许时，可采用洒水降温，待摊铺层完全自然冷却至周围地面温度时开放交通。

7. 接缝设置

（1）当天施工结束后或第二天开始施工前，用 3m 直尺沿路面纵向在接缝处测量，使 3m 直尺间隙在 1mm 以下，确定横向接缝位置。

（2）接缝中、下面层可采用平接缝或斜接缝，上面层宜采用平接缝，宜在当天施工结束后切割、清扫、成缝。

（3）横缝施工前，在接茬处涂刷适量沥青，摊铺机熨平板放置在接茬处已铺路面上，预热熨平板。熨平板宽度方向垫三块木板，厚度为铺层虚铺量厚度。

（4）上下相连两层横向接缝错开 2m 以上。

（5）采用两台摊铺机并列梯队方式摊铺施工时，纵向接缝应采用热接缝；若冷接缝，宜采用平接缝。两台摊铺机宜相距 10～20m，纵缝两侧一同碾压。

（6）上下层接缝应错开 150mm（热接缝）或 300～400mm（冷接缝）以上。

（7）冷接缝施工时，涂洒黏层油，摊铺时应重叠在已铺筑层上 50～100mm。碾压时先压实新铺部分，预留 100～150mm 进行跨缝挤紧压实。

7.3.2 施工品质管控

针对重载桥面沥青铺装材料耐久性不足的问题，研发了新型高模量改性剂及其沥青混合料，解决了目前国内掺剂型高模量改性剂制备复杂、性价比差的问题，进一步提升了重载桥面沥青铺装层使用品质及耐久性。

1. 管控措施

研发了新型高模量改性剂，并制备了成本低、制备易的高模量沥青混合料，将其应用于现场。实体工程应用时，高模量改性剂通过专用添加机械向拌和站拌锅中定量吹入。高模量沥青混合料的干拌时间15s（较普通沥青混合料延长10s）、湿拌时间40s，出料温度190℃。高模量沥青混合料的生产和施工相关过程见图7.12和图7.13。

图7.12 高模量沥青混合料生产与运输

图7.13 高模量沥青混合料摊铺与碾压

2. 现场效果测试

为确保桥面沥青铺装层使用品质,施工完成后,根据《公路工程质量检验评定标准 第一册 土建工程》(JTG F80/1—2017)相关规定,路面完全冷却三天以后进行钻芯取样,对沥青铺装层压实度、渗水系数等指标进行全面检测,测试结果见表 7.5 与表 7.6。

表 7.5 高模量沥青混合料路面芯样检测结果

序号	空中重/g	水中重/g	表干重/g	毛体积密度/(g/cm³)	压实度/%	空隙率/%	标准击实密度/(g/cm³)
1	1165.2	680.3	1167.7	2.391	99.2	4.6	2.410
2	1158.4	674.1	1160.6	2.381	98.8	5.0	2.410

表 7.6 高模量沥青混合料路面渗水检测结果

项目	单位	结果	要求
渗水系数	mL/min	30	≤300

由表 7.5 可知,施工现场拌制的沥青混凝土中加入高模量改性剂后,对路面压实状况几乎没有影响,拌制的高模量沥青混合料可达到良好施工效果。

由表 7.6 可知,高模量沥青混凝土路面密闭性优良,具备优良的抗水损坏能力。

参 考 文 献

[1] 王朝辉, 郭瑾, 陈宝, 等. 桥面铺装结构的应用现状与发展[J]. 筑路机械与施工机械化, 2017, 34(12): 42-52.

[2] 陈仕周, 闫东波. 钢桥面浇注式沥青混凝土铺装技术[M]. 北京: 人民交通出版社, 2015.

[3] 王朝辉, 舒诚, 韩冰, 等. 高模量沥青混凝土研究进展[J]. 长安大学学报(自然科学版), 2020, 40(1): 1-15.

[4] 王朝辉, 陈谦, 高志伟, 等. 浇注式沥青混凝土现状与发展[J]. 材料导报, 2017, 31(9): 135-145.

[5] 王朝辉, 傅一, 陈谦, 等. 环氧沥青混凝土桥面铺装材料研究与应用进展[J]. 材料导报, 2018, 32(17): 2992-3009.

[6] 陈宝, 樊振通, 张长林, 等. SMA 沥青混凝土桥面铺装材料的应用与研究进展[J]. 筑路机械与施工机械化, 2019, 36(7): 35-40.

[7] Zhou L, Zhang D, Li X, et al. Overview: Application of resin waterproof adhesive materials in bridge deck pavement in China[J]. Advances in Civil Engineering, 2022, 2022: 2320374.

[8] 蒋春阳, 韩晓霞, 王朝辉. 现浇混凝土超宽桥面铺装的平整度控制方法[J]. 筑路机械与施工机械化, 2018, 35(1): 106-110.

[9] 王朝辉, 陈谦, 左志武, 等. 桥面现浇混凝土抹光机行走路径设计及优化[J]. 公路, 2021, 66(7): 30-34.

[10] 张长林, 刘鲁清, 李林, 等. 现浇混凝土桥面施工期裂缝修补的现状与发展[J]. 筑路机械与施工机械化, 2018, 35(12): 44-51.

[11] 肖绪荡. 现浇混凝土桥面铺装细微裂缝低粘灌浆材料制备及性能研究[D]. 西安: 长安大学, 2020.

[12] Wang C, Fan Z, Li C, et al. Preparation and engineering properties of low-viscosity epoxy grouting materials modified with silicone for microcrack repair[J]. Construction and Building Materials, 2021, 290: 123270.

[13] Wang C, Niu L, Zhang H, et al. Working performance and composition optimization of low viscosity epoxy grouting material for cast-in-place cement concrete[J]. Journal of Materials in Civil Engineering, 2022, 34(9): 04022196.

[14] 陆由付, 王朝辉, 王学成, 等. 桥面现浇混凝土细微裂缝用环氧灌浆材料的环境适应性[J]. 材料导报, 2022, 36(1): 84-90.

[15] Wang C, Zhang D, Chen H, et al. Preparation and properties of silicon-modified epoxy grouting material for repairing microcracks[J]. Journal of Materials in Civil Engineering, 2022, 34(3): 04021479.

[16] 陈谦, 王朝辉, 周璐, 等. 中国路用水性环氧材料工作性能研究与应用进展[J]. 长安大学学报(自然科学版), 2022, 42(3): 26-40.

[17] Chen Q, Lu Y, Wang C, et al. Effect of raw material composition on the working performance of waterborne epoxy resin for road[J]. International Journal of Pavement Engineering, 2022, 23(7): 2380-2391.

[18] Chen Q, Wang S, Wang C, et al. Modified waterborne epoxy as a cold pavement binder: Preparation and long-term working properties[J]. Journal of Materials in Civil Engineering, 2021, 33(5): 04021079.

[19] 杨国林. 湿热多雨地区水性环氧改性乳化沥青开普封层制备及性能演化研究[D]. 西安: 长安大学, 2020.

[20] 陈谦, 王朝辉, 傅豪, 等. 基于性能演变的水性环氧沥青开普封层施工方法优化[J]. 中国公路学报, 2021, 34(7): 236.

[21] 傅一. 高模量沥青及其混合料制备与性能研究[D]. 西安: 长安大学, 2020.

[22] Wang C, Zhou X, Yuan H, et al. Preparation and performance of UHMWP modified asphalt and its high modulus mixture [J]. Construction and Building Materials, 2021, 294: 123629.

[23] Wang C, Tan S, Chen Q, et al. Dynamic modulus prediction of a high-modulus asphalt mixture[J]. Advances in Civil Engineering, 2021, 2021: 9944415.